프로이트와 함께 읽는 탈무드

정신건강의학과 전문의 이병욱 지음

TALMUD READING WITH FREUD

학지사

나의 사랑하는 가족에게

이 책을 바친다.

프롤로그

인류 역사 이래 가장 긴 망국의 슬픔을 누렸던 민족은 유대인이다. 그들은 수천 년에 이르는 망국의 아픔을 안고 오랜 떠돌이 생활로 온갖 박해와 수모를 겪으면서도 끝내 멸종하지 않고 살아남은 유일한 민족이기도 하다. 기원전 587년 유다 왕국의 멸망에서 비롯된 바빌론 포수捕囚 이후 1948년 이스라엘 건국이 선포될 때까지 무려 2535년 동안이나 나라를 잃은 민족으로 지내온 그들이 어떻게 그런 시련을 극복하고 살아남아 오늘날의 번영을 누리게 되었는지 참으로 수수께끼 같은 일이 아닐 수 없다. 그야말로 그들이 믿고 있는 것처럼 신의 선택을 받은 민족이기 때문일까.

지금으로부터 이천 년 전, 예수의 십자가 처형 사건이 있고 나서 수십 년이 지나 유대인의 대대적인 반란이 일어나자 로마제국 군대가 유대 땅을 초토화시키고 예루살렘 대학살을 자행한 후부터 유대민족은 뿔뿔이 흩어져 전 세계로 정처 없는 유랑의 길을 떠날 수밖에 없었는데, 유대인의 디아스포라diaspora는 그렇게 시작된 것이다. 하지만 유대인이 가는 길에 목적지는 처음부터 없었다. 발길 닿는 대로 떠돌아다녀야만 하는 운명이 그들을 기다리고 있었다. 이디시어로 부르는 유대민요 〈어디로 가야 하나?〉는 자신들의 처량한 신세를 잘 드러낸 매우 슬픈 곡이다. 그들은 이방인 취급을 받으며 항상 멸시의 대상이었고 걸핏하면 추방과 학살을 당하기 일쑤였다.

설상가상으로 중세기독교 천 년 동안 유대인은 예수를 처형시킨 장본인들로 낙인 찍혀 예수 살해자Jesus killer라는 오명을 뒤집어 쓴 채 인간 이하의 대우를 받으며 이중으로 핍박을 받는 비참한 처지로 전락했다. 심지어 종교개혁을 단행한 마르틴 루터조차 유대인 마을을 불태우라 독려했으니 그들이 마음 편하게 발 뻗고 누울 곳은 어디에도 없었다. 그렇게 해서 다윗의 별은 사악하고 혐오스러운 족속의 상징이 되어 왔다. 돈 몇 푼에 스승을 팔아넘긴 가룟 유다는 비열한 유대인상의 원조가 되었으며, 셰익스피어는 《베니스의 상인》에서 피도 눈물도 없는 유대인 수전노 샤일록을 통해, 그리고 찰스 디킨스는 《올리버 트위스트》에서 유대인 소매치기 두목 페이긴을 통해 가증스러운 유대인상의 전형을 새롭게 창조해 냄으로써 유대인에 대한 서구인들의 부정적인 이미지와 선입견에 선도적인 역할을 하기도 했다.

특히 중세 암흑기에 전 유럽을 공포의 도가니로 몰고 간 페스트의 창궐은 곧바로 힘없는 유대인을 속죄양으로 몰아 결국 수많은 유대인이 우물에 독을 타서 괴질을 퍼뜨렸다는 억울한 죄목으로 학살당하기까지 했다. 하지만 세상으로부터 그 어떤 멸시와 박해를 당하면서도 유대인들은 지저분한 게토 안에 함께 어울려 살며 자신들의 정체성을 끝까지 포기하지 않는 끈질긴 저력으로 그 생존을 유지해 왔다. 심지어는 살아남기 위해 기독교로 개종한 것처럼 위장한 상태에서도 몰래 숨어서 탈무드를 읽기까지 했다.

반유대주의, 보다 정확히 말해서 반셈주의antisemitism라는 인종차별은 상당히 오랜 역사를 지녀온 기독교 사회의 고질병이었다. 더군다나 마녀사냥으로 광란의 집단 히스테리를 일으키던 중세 암흑기에는 늘 유대인 학살이 뒤따르기 일쑤여서 콜럼버스의 신대륙 발견 이후로는 수많은 유대인이 새로운 희망의 땅을 찾아 신세계로 먼 항해의 길을 떠났다. 잔혹한 유대인 학살은 특히 제정 러시아에서 악명이 자자했으며, 나치 독일이 저지른 홀로코스트는 바로 그런 해묵은 인종적 편견이 낳은 최악의 시나리오였던 셈이다.

그럼에도 유대인은 끈질기게 살아남았다. 그들이 몸담은 곳이 어디든 그 어떤 시련과 고난이 닥치든 유대인은 자신들의 메시아 신앙 및 탈무드 교육에 힘입어 민족 동질성을 결코 잃어버린 적이 없었다. 특히 탈무드는 어릴 때부터 철저한 교육을 통하여 자신들의 정체성을 지켜 나가도록 했으며, 그 결과 유대인은 비천한 신분에도 불구하고 뛰어난 순발력과 관찰능력, 직관력, 창의력 및 지혜와 명석함을 인정받아 오늘날에 이르기까지 사회 각 분야에서 뛰어난 업적들을 많이 남기게 되었다.

그런 점에서 사회적 진출과 출세의 기회가 철저히 봉쇄됐던 절대왕정시대가 막을 고하고 만민 평등사상이 보편화되기 시작한 20세기는 그야말로 유대인의 천부적 자질이 유감없이 발휘된 시대다. 그동안 수천 년에 걸쳐 키워온 숨은 잠재력이 마치 물 만난 고기처럼 한꺼번에 폭발적인 분출을 일으키며 전 세계적으로 분포한 수많은 유대인의 머리에서부터 온갖 형태의 창조적 혁명이 불타오르기 시작한 것이다. 그중에서도 특히 20세기 사상사에 커다란 획을 그은 가장 혁명적인 사건은 다름 아닌 '정신분석의 탄생'이라고 할 수 있다.

20세기에 들어서 인류의 사고방식을 뿌리째 뒤흔들어 놓은 3대 혁명이 있다면 '러시아혁명, 정신분석, 상대성원리'를 들 수 있다. 기존의 고질적인 고정관념의 틀을 일거에 타파하고 새로운 혁명적 인식의 대전환을 이끌었던 이들 3대 사건은 공교롭게도 모두 유대인의 머리에서 비롯된 결과였다. 마르크스, 프로이트, 아인슈타인이 바로 그 주인공들이다. 마르크스주의는 한때 지구를 양분할 정도로 막강한 사상적 기반이 되었으며, 프로이트의 정신분석은 의학, 철학, 사상, 예술, 교육 분야에 이르기까지 실로 광범위한 영역에 큰 영향을 끼쳤다. 아인슈타인의 상대성이론은 절대주의 인식론을 타파하고 일거에 상대주의 인식론을 널리 전파하였다.

그중에서도 특히 정신분석은 비록 프로이트 한 개인의 천재적인 발상에서 비롯된 것임을 부인할 수는 없겠으나 부분적으로는 탈무드의 흔적을 엿볼 수 있다는 점이 매우 흥미롭다. 물론 탈무드는 수천 년이라는 오랜 세월 동안 유대인의 삶에 희망과 용기를 불어넣어 주는 활력소로 작용한 정신적 지주 역할을 해 온 것이 사실이다. 그런 배경을 참작해 볼 때 유대인 박해가 기승을 떨던 시대에 태어나 신분적 장벽 때문에 교수가 될 수 없어 자신의 꿈을 접어야 했던 프로이트 입장에서 새로운 학문 정립에 대한 야망이 남달리 컸을 것으로 보이기도 하지만, 그럼에도 프로이트 역시 다른 유대인과 마찬가지로 탈무드의 영향에서 결코 자유로울 수는 없었을 것이다.

정신분석 100년사에 걸쳐 실로 방대한 논문과 관련문헌들이 쏟아져 나왔지만, 막상 정신분석운동을 주도한 유대인 분석가들의 사상적 배경 및 유대적 영향력에 대해서는 일체 입을 다물어 온 느낌을 준다. 그 이유는 과연 무엇일까? 우선 생각해 볼 수 있는 점은 첫째, 인종주의적 차별과 박해에 대한 극히 민감한 반응 또는 피해의식 때문일 수 있다. 둘째, 어느 특정 민족을 언급함으로써 학문적 순수성을 의심받거나 훼손당할 수 있다. 셋째, 과학지향적인 학문의 성격상 보편성의 추구나 획득에 손상을 입을 수 있다. 넷째, 유대적 배경을 언급함으로써 뿌리 깊은 반유대주의를 불필요하게 자극할 수 있다.

필자의 생각으로는 대충 이런 이유들 때문에 그토록 조심스럽게 말을 아끼고 공개적인 언급을 꺼리는 묵시적 합의가 이루어져 온 것이 아닐까 한다. 유대인들에 있어서 탈무드의 존재는 우리가 상상하는 것 이상으로 절대적인 영향을 끼쳐 왔다. 그 점은 유대인들 스스로도 인정하는 부분이다. 물론 자신들이 속한 문화권의 영향도 무시할 수 없겠지만, 어린 시절부터 자의반 타의반 집중적으로 받은 탈무드 교육의 영향력은 평생을 두고 인격의 일부를 이루며 개개인의 삶에 관여하게 된다는 점에서 결코 무시할 수 없는 정신적 자양분의 주된 토대를 이루어 왔다고 할 수 있다.

따라서 유대인의 인격이나 심성의 올바른 성장에 긍정적으로 작용해 온 탈무드의 배경에 관심을 기울이는 것이 결코 정신분석의 가치나 의미를 평가절하하는 것은 아니라고 본다. 정신분석이론의 개척자들을 포함해 수많은 유대인 의학자, 과학자, 사상가, 예술가들의 뛰어난 창의적 노력과 업적이 과연 우연한 기회로 얻어진 것이라 평가하기에는 너무도 단기간에 집중적이고도 엄청난 폭발적 위력을 지니고 일어난 현상이었기 때문이다.

인류 역사 이래로 인간 정신의 치료 및 이론에 있어서 단기간에 걸쳐 그토록 뜨거운 열정과 창의성을 집단적으로 보인 적은 일찍이 단 한 번도 없었다고 감히 단언할 수 있다. 그리고 그런 폭발적인 열정은 20세기 들어 그동안 유대인에게 가해졌던 제도적 족쇄가 풀리게 되면서, 사회적 평등사상의 도래와 더불어 인간 심성의 계발에 대한 유대인의 오랜 관심과 지식 등 그들의 숨은 잠재력이 엄청난 폭발력으로 일시에 튀어나오게 된 것이라고 본다. 따라서 유대인의 잠재력은 어느 날 갑자기 형성된 것이 결코 아니며, 유구한 세월 동안 집요하게 정신적으로 무장시킨 탈무드 교육의 결과로 볼 수밖에 없다.

이제 탈무드는 유대인만의 전유물도 아니며 비밀리에 전수되는 비전秘典도 아닌 시대가 되었다. 오히려 올바른 심성의 계발로 이끄는 탈무드의 탁월한 교육적 가치에 대해 전 세계인들의 주목을 받고 있는 실정에 있다. 그러나 20세기에 접어들어 어둡고 더러운 게토를 박차고 뛰쳐나온 유대인들이 다방면에 걸쳐 뛰어난 두각을 나타내기 시작하자 이런 그들의 능력에 두려움과 시기심, 위기의식을 느낀 사람들은 오히려 서구인들이었으며, 그 결과 그들은 온갖 악의에 찬 소문과 경멸감으로 유대인을 억압하고 박해함으로써 자신들의 탐욕과 사악함을 애써 잊으려 했던 것이다. 히틀러와 스탈린 등은 바로 그런 편집적 성향의 서구인을 대표하는 인물들이었다.

정신분석 초창기에 빈 정신분석학회 일원이며 프로이트의 제자였던 유대인 분석가 이지도르 자트거는 비록 나치 수용소로 끌려가 비극적인 최후를 맞았지만, 1907년 한 모임에서 제안하기를, 유대인의 강박적 특성, 다시 말해 수천 년을 두고 심사숙고하며 끊임없는 물음의 반복 속에 살아온 특성들이 정신분석의 태동에 영향을 주었으며, 그런 점에서 심도 있게 탈무드를 연구해 보자고 제안한 적이 있었다.

프로이트의 오른팔이었던 영국의 어네스트 존스도 유대인은 심리적 직관력에 남다른 자질이 있는 것 같다고 말하기도 했다. 하지만 프로이트는 이 모든 제안들을 무시하고 일축해 버렸는데, 그것은 정신분석이 유대인의 좁은 울타리에 안주하지 않고 인류 보편적인 학문으로 정착되고 인정받기를 기대했기 때문으로 보인다. 더욱이 불필요하게 반유대주의를 자극할 위험을 감수하면서까지 탈무드를 연구할 필요성을 느끼지 못했을 것이 분명하다.

물론 오늘날에 이르러 우리가 생각하는 것처럼 유대인이라고 모두가 탈무드를 익히고 공부하는 것은 아니다. 수많은 유대인이 탈무드와는 전혀 상관없는 삶을 살아가고 있기도 하다. 프로이트 역시 그런 사람들 가운데 한 사람이었다. 하지만 그렇다고 해서 탈무드의 영향이 전혀 없었다고는 볼 수 없다. 일단 유대인으로 태어난 이상 알게 모르게 탈무드의 가치관에 노출되기 마련이기 때문이다.

탈무드는 실로 방대한 체계다. 유대인들조차 탈무드를 전부 소화시킬 수는 없다. 그러나 탈무드의 저변에 놓여 있는 핵심적인 사상이나 경향을 두루 살펴보면 부분적으로는 프로이트의 이론과 유사한 측면이 적지 않음을 알 수 있다. 유대인으로서 그들의 정신적 지주라고도 할 수 있는 탈무드의 자취를 전혀 느낄 수 없다면 오히려 그 점이 더욱 납득하기 어려운 현상이 아닐까. 그런 점에서 탈무드는 정신분석의 어머니라고 해도 결코 지나친 말이 아니며, 정신분석을 이해하는 데도 적지 않은 도움이 될 수 있다고 믿는다.

필자가 이 책을 쓴 이유도 바로 그 점에 있다. 더욱이 망국의 슬픔과 이산의 아픔, 그리고 온갖 고통과 시련을 겪어야만 했던 두 민족 유대인과 한국인의 가슴 아픈 역사를 돌이켜볼 때, 더 나아가 요즘처럼 온갖 거짓과 선동, 분열로 인해 극심한 혼란을 겪고 있는 우리 사회의 현실을 지켜보면서 필자는 탈무드의 지혜와 정신분석이 지향하는 갈등 없는 사회야말로 우리에게 가장 절실한 모토가 아닐까 생각하였다.

이 책은 모두 3부로 이루어져 있다. 1부는 수천 년간 나라를 잃고 방황하던 유대인이 숱한 박해와 수모를 겪으면서도 자신들의 정체성을 잃지 않고 끝까지 살아남아 오늘날의 번영을 구가하는 데 가장 큰 정신적 기둥으로 작용한 탈무드의 역할을 설명하고, 더 나아가 뛰어난 인재들을 배출해 인류 문화에 큰 업적을 쌓도록 기여한 탈무드의 지혜와 정신에 대해 소개했으며, 2부는 인간의 무의식을 최초로 발견하고 신경증적 인간의 갈등 해결에 신기원을 이룩한 프로이트의 정신분석 발전에 핵심적인 역할을 담당한 유대인 학자들의 업적 및 그 시대적 배경을 다루었다.

3부에서는 이미 오래전부터 인간 심리의 내면에 정통했던 탈무드 정신을 통하여 건전한 자아의 발달과 갈등의 뿌리를 찾는 데 크게 기여한 정신분석이론과의 유사성을 다루어 보았다. 물론 필자는 이런 유사성으로 인해 정신분석이론의 독자성이 크게 손상될 수 있다고 보진 않는다. 모든 학문적 이론은 학자들이 처한 시대정신과 결코 무관할 수 없기 때문이다. 그런 점에서 탈무드가 유대인의 생존철학을 뒷받침한 중심 기둥이었다면, 부분적으로 탈무드의 흔적을 엿볼 수 있는 정신분석의 존재는 갈등 없는 사회를 목표로 삼은 미래지향적인 학문이라 할 수 있다.

따라서 단순한 성공 지침서나 처세술 정도로 여기고 탈무드를 대하던 사람들은 이 책을 통해 그 인식을 좀 달리했으면 한다. 물론 오늘날에 이르러 이 땅의 많은 학부모가 올바른 자녀교육의 지혜를 얻기 위해 탈무드에 지대한 관심을 기울이고 있는 것으로 안다. 하지만 정신분석이 지향하는 목표 또한 건전하고 성숙한 심성의 발달이라고 봤을 때, 탈무드와 정신분석의 목적은 그런 점에서 일치한다. 다만 정신분석은 이론적 전문성으로 인해 그 접근이 용이하지 않다는 점에서 대중적이지 못하다는 단점을 지니고 있지만, 이 책을 통해 그런 단점이 다소 극복되었으면 하는 것이 필자의 작은 소망이기도 하다.

끝으로 이처럼 몹시 딱딱할 수 있는 내용의 글을 책으로 펴내는 데 흔쾌히 허락해 주신 학지사의 김진환 사장님과 그동안 수고하신 편집부 직원 여러분께 감사의 말씀 올린다.

이병욱

차례

C O N T E N T S

탈무드와 유대인

유대인이 정신분석의 기둥을 이루다

탈무드의 역사

탈무드는 '위대한 연구'라는 뜻을 지닌 히브리말로 유대인들은 탈무드를 '바다'라고 부르기도 한다. 탈무드에는 온갖 방대한 것들이 모두 들어 있으며 깊이 들어갈수록 심오하여 탈무드 전체를 이해한다는 것은 바다 전체를 알려고 하는 것처럼 불가능하기 때문이다. 유대교 랍비 마이클 카츠가 쓴 《탈무드의 바다에서 헤엄치며》라는 제목의 저서에서도 보듯이 바다라는 비유는 아주 적절한 표현 같다. 1986년 노벨 평화상을 받은 홀로코스트 생존자 엘리 위젤의 회고록 제목도 《모든 강은 바다로 흐른다》이며, 헝가리의 유대인 분석가 페렌치가 출간한 저서 《탈라싸Thalassa》의 제목도 바다라는 뜻이다. 이처럼 유대인들은 지식의 바다에 대한 남다른 갈망과 친화력을 지닌 듯하다.

탈무드는 말 그대로 지혜의 바다이며 유대인의 생존 그 자체라 해도 과언이 아니다. 왜냐하면 탈무드가 없는 유대인이란 상상하기 어렵기 때문이다. 탈무드는 보통 두 부분으로 나뉘는데, 미슈나Mishnah라는 본문과 게마라Gemara로 불리는 주해 부분으로 이루어져 있다. 미슈나는 모세의 율법을 중심으로 랍비들이 사회 전반적 현상이나 세부적 사항들에 맞추어 적절한 해답을 수록한 것으로 히브리어로 씌어 있으며, 게마라는 미슈나를 주해하고 해설하여 그에 덧붙여진 전설들을 모아 구전된 교의를 확대·발전시킨 것으로 아람어로 씌어 있다. 일반적인 의미에서 통용되는 탈무드란 게마라를 지칭하는 수가 많다.

탈무드에는 보통 팔레스타인 탈무드와 바빌로니아 탈무드 두 종류가 있는데, 일반적으로 말할 때의 탈무드는 바빌로니아 탈무드를 가리키는 경우가 많다. 탈무드는 서기 500년에 바빌로니아에서 책으로 편성되기 시작했지만, 본래는 오래전부터 입에서 입으로 구전되어 오기만 하던 것을 기원전 200년에서 서기 500년에 이르기까지 약 700년의 세월에 걸쳐 학자들과 랍비들 사이에 연구와 토론을 거듭한 끝에 종합, 정리되어 이루어진 것이라고 할 수 있다. 특히 로마제국에 의해 성전이 파괴된 이후에는 바빌론의 수라와 품베디타에 정착한 학자들에 의해서 탈무드가 발전되고 기록으로 집대성되기 시작했다.

하지만 탈무드가 소실될 위험을 걱정하여 기록으로 남겨야겠다는 최초의 자각은 랍비 유다 에서부터 시작되었다. 그리 고 그런 우려는 현실로 나타 났다. 1244년에는 파리에 있 던 모든 탈무드가 기독교도 에 의해 몰수되어 불태워졌 으며, 1415년에는 모든 유대

인의 탈무드 읽는 행위가 법으로 금지되었다. 1520년 로마에서도 모든 탈무드가 압수되어 불태워졌다. 그 후에도 계속해서 탈무드를 찾아내어 압수하고 찢어버리거나 불태우는 작업들은 나치독일에 이르기까지 이어졌다. 실로 1500년에 달하는 오랜 기간의 파기와 분서에도 불구하고 탈무드는 끝내 살아남아 전수되고 있는 놀라운 책이다.

유대인들에 있어서 하느님을 섬기는 최대의 행위는 열심히 공부 하는 것이다. 따라서 공부를 하지 못하게 만들면 이미 그는 유대인 이 아닌 셈이다. 일찍이 로마제국은 모든 유대인을 비유대인화 시 키기 위해 탈무드 연구와 공부를 금지시켰고, 수많은 학교와 성전 을 파괴해 버렸다. 그리고 자신들의 생명보다 더 소중한 탈무드를 지키기 위해 수많은 유대인이 목숨을 잃었다. 그러나 유대인의 생 명은 빼앗을 수 있었지만 그들에게서 탈무드를 빼앗을 수는 없었 다. 왜냐하면 탈무드는 그들의 머릿속에 든 것으로 입에서 입으로 전승되어 이어졌기 때문에 그 맥을 완전히 끊을 수는 없었던 것 이다.

유대민족 오천 년의 역사에서 생존을 위한 온갖 지혜의 보고일 뿐만 아니라 뿔뿔이 흩어진 민족의 아픔을 달래주고 자신들의 동질성 확립에 끼친 탈무드의 역할은 가히 절대적이었다. 강력한 정신적 지주로서의 탈무드는 나라와 언어를 빼앗긴 상태에서도 끊임없이 그 맥을 이어가면서 날이 갈수록 그 내용이 보다 풍부하게 보강되었다. 더욱이 탈무드는 현실생활과 아주 밀접한 실제적인 내용들로 가득 차 있기 때문에 훌륭한 처세 지침서의 역할도 맡아 왔다.

현대의 가장 위대한 랍비로 존경받는 아딘 스타인잘츠는 성서가 유다이즘의 초석이라면 탈무드는 그 위에 쌓아올린 중심기둥이 된다며 탈무드 공부를 계속할 수 없는 유대사회는 이미 생존의 희망이 사라진 죽은 사회라고 말했다. 뿐만 아니라 탈무드야말로 유대인에게는 창조적인 영감의 원천이며 탈무드를 이해한다는 것은 모든 유대인 문화를 열 수 있는 열쇠를 손에 지닌 것과 다름없다고도 했다. 그의 말이 사실이라면, 탈무드는 유대인을 유대인답게 만들어 주는 역할뿐 아니라 창조적 영감의 원천도 된다는 것인데, 이 말만은 매우 그럴듯하게 들리기도 한다. 오랜 세월 그들에게 채워진 족쇄가 풀어지면서 그동안 유대인들이 보여 준 눈부신 업적과 활약을 부인할 수 없기 때문이다.

탈무드는 단순한 율법서가 아니다. 탈무드는 일종의 문학이다. 허구적으로 창작된 내용이라는 뜻에서 하는 말이 아니라 흥미진진한 이야기 형식으로 되어 있다는 의미다. 탈무드는 아이들의 뇌리 속에 오래 남아 있도록 이야기처럼 구성되어 있다. 기록된 경전은 불태워질 수 있지만 흥미로운 이야기 형식은 아이들의 기억 속에 오래 살아남기 때문에 그 어떤 박해자들도 탈무드를 완전히 제거할 수 없었다. 따라서 탈무드의 역사는 유대인과 그 운명을 함께 공유해 왔다. 그리고 수천 년에 달하는 그 오랜 기간 동안 탈무드는 유대인의 가슴에서 신에 대한 외경심 및 메시아 사상과 더불어 그 누구도 지울 수 없는 마음의 기록으로 살아남았다.

구약성서가 유대인의 역사뿐 아니라 신과의 언약에 관한 기록이라면 탈무드는 유대인의 생존에 필요한 삶의 지혜를 이끌어 주는 지침서라 할 수 있다. 우리 식으로 말하면 일종의 명심보감과도 같은 책이다. 하지만 탈무드는 딱딱한 교리문답서도 아니요, 그렇다고 단순한 처세술이나 보신술을 가르치는 세속적인 지침서만도 아니다. 탈무드는 신앙과 율법, 처세와 교훈, 생존과 양생법, 미담과 유머 등이 혼재된 일종의 백과전서식의 민족교육서라 하겠다.

이처럼 매우 특이한 형태의 지침서를 지닌 민족은 지구상에서 유대인 말고 찾아보기 어려울 듯하다. 물론 중국의 《채근담》, 《명심보감》 등이 있지만, 탈무드처럼 그렇게 시대적 간격을 뛰어넘어 널리 읽히고 있지는 못하다. 더군다나 탈무드는 그 내용이 이미 오래전에 완결된 것도 아니다. 탈무드의 내용은 현재 진행형이며, 앞으로도 얼마든지 보완되고 수정이 가능한 실로 기묘한 책이다. 그것은 일정한 원작자가 있는 것이 아니라 권위 있는 탈무드 학자들에 의해 끊임없이 연구되고 다듬어져 나가기 때문이다. 따라서 구약성서가 한 글자도 수정이나 가필이 불허된 경전에 속한다면, 탈무드는 앞으로도 얼마든지 수정과 보완이 가능한 내용이다. 물론 거기에는 권위 있는 탈무드 학자들의 손을 거쳐야 한다는 단서가 붙지만 말이다.

위대한 랍비 중의 한 사람이었던 아키바는 로마 병사들에 의해 잔혹한 죽임을 당했지만, 그가 남긴 '여우와 물고기'에 관한 이야기는 유대인과 탈무드의 관계를 극명하게 보여 준다. 냇가를 지나가던 여우가 물속에서 열심히 헤엄치며 바쁘게 돌아다니는 물고기들을 보고 무엇 때문에 그리도 바쁘냐고 물었다. 물고기가 대답하기를, 우리를 낚으려는 그물이 무서워서 그런다고 하자 여우는 사정이 정 그렇다면 자신이 도와줄 테니 물 밖으로 나오는 게 어떻겠냐고 제안했다. 그러나 물고기는 여우의 속내를 알아차리고 코웃음치며 그 제안을 거절했다는 것이다.

이들 물고기처럼 유대인은 그물에 잡혀 죽지 않기 위해 쉬지 않고 학문을 연마해 왔다고 할 수 있다. 그들에게 탈무드 공부는 마치 물과 물고기의 관계처럼 떼려야 뗄 수 없는 관계로, 모든 것을 잃은 유대인에게는 배움과 교육이야말로 자신들의 생존을 유지해 주는 마지막 보루라고 여긴 것이다. 따라서 랍비 벤 자카이는 로마제국이 성전을 파괴하고 유대인의 모든 교육을 금지시켰을 때 학교만은 제발 없애지 말아달라고 간청했던 것이다. 이처럼 교육만이 살 길이라고 생각한 유대인의 판단은 마치 일제강점기의 도산 안창호 선생을 연상시킨다. 그것은 위기에 처한 약소민족만이 느낄 수 있는 마지막 히든카드요, 처절한 생존의 몸부림이었던 것이다. 오늘날 유대민족과 우리 한민족에서 볼 수 있는 교육에 대한 이상 열기는 바로 그런 생존에 대한 위기의식에서 비롯된 여파 때문이 아니겠는가.

심지어 탈무드에서 기도는 되도록 짧게 하고 학문은 오래 하라고 가르친다. 이 얼마나 실용적인 가르침인가. 기도만이 능사가 아니니 결코 공부를 게을리하지 말라고 가르치는 종교는 지구상에 아마 유대교밖에 없을 듯싶다. 물론 동양에는 학문을 중시한 유교가 있지만 종교라고 보기는 어려우며, 불교나 이슬람교, 기독교 등도 학문 자체보다는 기도를 무엇보다 강조하고 매달리지 않는가. 그래서 오늘날에 이르기까지 세계적인 학자들이 특히 유대인사회에서 쏟아져 나온 결과, 전 세계 인구의 0.3%에도 못 미치는 유대인이 노벨상 수상자의 20%를 차지하고 있는 현실도 결코 무리가 아니라는 생각이 든다.

이처럼 유대인에게 오래 세월 정신적 지주 역할을 도맡아 온 탈무드야말로 유대인을 유대인답게 만든 원동력인 동시에 서로를 지켜 준 불가분의 관계에 있었다고 해도 과언이 아닐 것이다. 유대인은 탈무드를 지키고자 필사적인 노력을 기울였으며, 탈무드 역시 유대인을 보호하고 지켜 준 영적인 스승 노릇을 해왔기 때문이다. 일정한 국토와 민족적 지도자를 지니지 못했던 유대인 입장에서 볼 때, 그토록 오랜 세월 소멸당하지 않고 끈질긴 명맥을 이어 올 수 있게 만든 가장 주된 요인은 바로 구약성서를 기반으로 한 종교적 신념과 탈무드를 통한 민족 정체성의 확립에 있었다고 볼 수 있다.

물론 이천 년 만에 나라를 되찾

은 오늘날에 와서는 탈무드에 대한 의존도가 예전만 못하다고 하지만, 그럼에도 유대인에게 탈무드의 가르침은 알게 모르게 영향을 줄 수밖에 없다. 특히 결혼 및 가족문제, 소송문제, 인간관계, 상거래 문제, 교육문제 등에 대해서는 아무리 서구화된 유대인이라 할지라도 탈무드의 기본 정신에서 결코 자유로울 수 없을 것이다. 왜냐하면 유대인만큼 가족 간의 유대관계가 끈끈한 민족도 찾아보기 힘들뿐더러 그 밑바탕을 이루고 있는 탈무드 정신은 항상 그들 사이에 보이지 않는 연결고리를 이루고 있기 때문이다.

역사적으로 보면 본의 아니게 기독교로 개종한 유대인조차 은밀히 탈무드를 공부했음을 알 수 있다. 그것은 마치 미국에 살면서도 김치를 담가먹지 않을 수 없는 한국인처럼 손쉽게 떨쳐버리기 어려운 입맛과도 같은 것이다. 유대인 자신들도 상당히 서구화된 세파르디 계와 정통 유대교 생활방식을 따르던 동구의 아슈케나지 계를 구분하고 있지만, 그런 비순응적인 태도 때문에 동구의 유대인이 더욱 큰 핍박과 시련을 겪은 것도 사실이다.

특히 독일과 러시아, 폴란드 등지에 거주하던 아슈케나지 계 유대인이 대량학살의 희생양이 된 것도 자신들의 전통을 끝까지 고수했기 때문이다. 물론 이들 생존자의 대다수는 주로 미국으로 도피했지만, 그럼에도 자신들의 민족적 정체성까지 잃은 것은 결코 아니다. 그리고 이들 유대인 망명자들 간에 이루어진 보이지 않는 유대관계의 이면에는 탈무드 정신에 바탕을 둔 민족 정체성의 동질감 및 치열한 생존욕구가 그 뒤를 받치고 있었던 것이다.

수천 년에 걸친 유랑생활과 천민 신분을 청산하고 오늘날 유대인이 보인 눈부신 성공과 업적의 배경은 사실 탈무드의 가르침에 있다고 해도 과언이 아니다. 그것은 다음과 같은 탈무드의 가르침을 통해서도 분명히 드러난다. 즉, '돈이 없는 것은 인생의 절반을 잃는 것이고, 용기가 없는 것은 인생의 전부를 잃는 것이다.' 라는 말에서도 보듯이 유대인은 돈을 죄악시하지도 않을뿐더러 오히려 삶의 유용한 도구로 받아들인다. 더 나아가 그들은 하루하루를 처음이자 마지막 순간처럼 여기고 최선을 다해 열심히 배우고 익히기에 여념이 없는 것이다.

그래서 탈무드는 승패의 갈림길을 매우 분명한 모습으로 보여준다. '승자의 하루는 25시간이며, 패자의 하루는 23시간이다.' 라고 독려하는가 하면, '승자는 눈을 밟아 길을 만들지만, 패자는 눈이 녹기만을 기다린다.'고 일침을 가한다. 또한 '승자는 자기보다 우월한 자를 보면 그를 존경하고 배울 점을 찾지만, 패자는 그를 시기하고 그의 허물만을 찾으려 든다.'는 것이다. 그뿐만이 아니다. 승자는 7전8기의 정신으로 다시 해 보자고 도전하지만 패자는 일곱 번 쓰러진 사실만 후회하고 해봐야 별 수 없다고 체념하기 마련이며, 게다가 승자는 여차하면 다른 길도 찾아보지만 패자는 오로지 한 길만을 고집한다는 것이다.

생각해 보라. 어려서부터 이런 가르침에 익숙한 사람들과 경쟁을 한다고 쳤을 때, 과연 최후의 승자가 누가 될 것인지 상상하기는 그리 어렵지 않을 듯하다. 단일 민족으로 노벨상 수상자의 절대 다수를 차지한 민족이 바로 유대인이라는 사실을 우리가 겸허히 받아들인다면, 탈무드의 이런 가르침과 전혀 무관하다고 자신 있게 단언할 수 있겠는가.

유대인은 한마디로 지독한 사람들이다. 그들은 절대로 포기하는 법이 없는 민족이다. 그리고 그 힘은 탈무드에서 나온다. 비록 그들이 탈무드를 읽지 않는다 해도 그 힘은 분명 탈무드에서 나오는 것이다. 유감스럽게도 유대인 못지않게 유구한 역사를 자랑하는 우리에게는 그런 민족적 얼과 지혜를 가르치고 한마음으로 결집시키는 정신적 기둥이 존재하지 않는다는 점에서 아쉬움을 금할 수 없다.

그런 점에서 유대인은 정녕 위기를 기회로 전환시키는 데 있어서 남다른 저력을 키워 온 매우 특이한 민족임에 틀림없다. 따라서 자신을 지키고 타인과 더불어 살 수 있는 노하우를 오래전부터 익혀 온 이들 유대인의 얼이 속속들이 녹아 있는 탈무드의 지혜는 단순히 유대인만의 지적 자산에 그치는 것이 아니라 어둡고 삭막한 현대를 살아가는 인류 전체의 심성을 밝혀주고 덥혀줄 수 있는 살아있는 지식의 보고寶庫라 해도 과언이 아닐 것이다.

탈무드의 정신

유대인은 수천 년의 기나긴 세월을 나라 없는 설움 속에 떠돌아 다녔다. 심지어는 강압에 의한 개종 후에도 몰래 탈무드를 읽을 정도로 그들은 자신들의 민족 정체성을 잃지 않았다. 그런 점에서 탈무드야말로 유대인을 하나로 결속시켜 주는 유일한 수단이었으며 민족혼 그 자체였다고 할 수 있다. 유대인이 탈무드에서 깨우친 두 가지 핵심 좌우명은 곧 '생존철학'과 '교육'으로 압축될 수 있다.

따라서 유대인 사회에서는 열심히 공부해 지식을 연마하고 그것을 또 후대에 전수하며 교육시키는 작업이 줄기차게 이어져 내려온 전통이 되었는데, '아는 것이 힘'이라는 굳은 신념 아래 무식한 지배자의 나라에 정착하더라도 유식한 떠돌이는 나름대로의 대우를 받으며 삶을 보장받을 수 있었기에 유대인만큼 교육을 통한 생존법칙에 일찍부터 통달한 민족도 지구상에서 찾아보기 힘들 것이다. 오늘날에 이르러서도 유대인의 교육열은 자타가 인정하는 바다.

유대인에 대한 오해 중에 가장 큰 것 가운데 하나로 살아남기 위해서는 수단방법을 가리지 않고 무슨 짓이라도 한다는 소문을 꼽을 수 있다. 하지만 그런 소문은 모든 사회적 진출의 기회를 박탈당하고 생계를 유지할 수단이 오로지 상업밖에 없었던 유대인의 입장에서 본다면 동어반복의 모순에 지나지 않을 것이다.

당연히 그런 모순과 편견은 셰익스피어의 희극《베니스의 상인》에서 돈밖에 모르는 수전노 샤일록이 피도 눈물도 없이 채무자인 안토니오의 몸에서 계약 증서 내용대로 고기 한 덩이를 요구했을 때, 그렇다면 피 한 방울 흘리지 말고 살덩이만을 베어내라고 요구한 포샤의 판결에서도 엿볼 수 있다. 원래 돈을 갚지 못할 경우 자신의 살을 내어주겠다는 내용은 안토니오 자신이 스스로 써 준 것이었으니 남장 여인 포샤의 판결은 간교한 백인들이 꾸며낸 술책임과 동시에 백인들끼리 서로 짜고 치는 고스톱에 지나지 않는 매우 졸렬한 처사이기도 했다. 마치 과거 일본인들이 온갖 착취로 조선인의 배를 곯게 만들면서도 더러운 조센징이라며 깔보고 무시했듯이 말이다.

유대인이 세계를 정복하려는 야욕에서 〈시온 장로 의정서〉를 만들었다는 악의에 가득 찬 소문도 그런 모순과 편견에서 비롯된 가장 최악의 시나리오에 들어

시온 장로 의정서

20세기 초 제정러시아에서 반유대주의자들에 의해 작성되고 유포된 문서로, 유대인이 세계정복의 음모를 꾸미고 다방면에 걸쳐 은밀히 진행하는 전략들을 폭로하고 있으나, 문서의 모든 내용이 철저하게 허구로 꾸며진 위서임이 밝혀졌다.

제1부 탈무드와 유대인

가겠지만, 그런 소문 역시 오늘날에 와서는 인종적 편견에 근거한 백인우월주의자들이 조작한 내용으로 백일하에 드러나고 말았다. 어릴 적부터 탈무드의 가르침에 젖어 있는 유대인들만큼 가족애와 우애가 깊은 사람들도 달리 없을 것으로 보이는데, 그런 민족이 세계지배의 음모를 꾸미고 획책한다는 주장은 그야말로 적반하장이 아닐 수 없다.

오히려 유대인은 탈무드의 가르침과 신의 약속을 철저히 믿고 따름으로써 6백만에 달하는 동족들이 비참하게 죽어갔음에도 불구하고 전후 나치 전범들에 대해 그 어떤 테러나 복수를 가한 적이 없는 사람들이다. 단지 나치 독일에 부당하게 빼앗긴 재산을 반환하는 소송과 운동은 지금도 잊지 않고 진행 중이다. 왜냐하면 유대인에게 복수나 처벌은 모두 쓸데없는 짓이기 때문이다. 차라리 돈으로 돌려받는 게 현실적이라는 계산이다. 이 또한 탈무드에서 가르친 내용들이 아니겠는가.

이처럼 탈무드야말로 유대인에게는 알파요 오메가인 동시에 단순한 지식의 창고로서가 아니라 삶의 지혜를 가져다주는 수원지 역할을 해왔다고 볼 수 있다. 그러나 탈무드에 일관되게 흐르는 무엇보다 중요한 덕목은 평화, 자유, 사랑, 온유함, 선행, 희생 등의 정신이 아닐까 한다. 사실 따지고 보면 지구상에서 유대인만큼 자유와 평화, 평등을 갈망한 민족도 드물 것이다. 그만큼 유대인에게는 자유가 아니라 속박이, 평화가 아니라 고난이, 그리고 평등이 아니라 핍박이 남달리 컸기 때문이다. 그들은 로마제국에 의해 성전이 파괴당하기 훨씬 이전부터 이집트와 바빌론 제국 등에 노예로 끌려가 그야말로 처참한 신세로 전락하면서 오랜 세월 온갖 수모와 치욕을 이를 악물고 견뎌야 했다.

물론 민족적 영웅 모세의 탁월한 지도력 덕분에 기나긴 방황 끝에 가나안 땅에 가까스로 정착할 수 있었지만, 외세의 침략과 정복은 그 후에도 그치지 않았다. 이처럼 끊임없이 이어지는 고난 속에서 자유롭고 평화로운 삶에 대한 희구는 실로 간절한 것이었다. 그러나 도저히 대항할 수 없는 막강한 로마제국의 등장으로 유대인은 결국 나라를 잃고 뿔뿔이 흩어져 여기지기를 떠도는 유랑민족으로 전락하고 말았으며, 유럽대륙으로 흘러 들어간 뒤에도 오랜 게토(ghetto, 중세 이후 유대인들을 강제 격리하기 위해 법으로 규정해 놓은 거주지역)생활로 비천한 신분을 감수하며 생존을 유지해야만 했다. 그리고 더럽고 불결한 게토에서 겨우 벗어나 숨통이 좀 트일 무렵에는 느닷없이 나치 독일이 나타나 멸족의 위기를 맞이하기까지 했다.

따라서 자유와 평등에 대한 애타는 갈망은 수많은 유대인으로 하여금 마르크스주의에 기울도록 했으며, 공산주의에 반대한 유대인들은 자본주의 사회에서 그 생존을 보장받고자 몸부림쳤다. 유대인들은 사회적 냉대와 무시 속에서 그리고 무엇보다 잔인한 개종의 압력하에서도 자신들의 민족 정체성을 잃지 않기 위해 필사적인 노력을 기울였는데, 그런 위기 속에서도 그들을 하나로 묶어준 탯줄이 바로 탈무드였다.

사랑과 온유함, 그리고 선행과 희생의 가치를 가르치는 탈무드를 통하여 유대인들은 그것이 곧 신의 요구임을 인정하고 자신들의

제1부 탈무드와 유대인

결속과 우애를 다진 것이다.
유대인만큼 가족 간의 우의
를 다지는 민족도 그리 흔치
는 않을 것으로 보이지만,
그것은 단지 집단이기주의
차원이 아니라 생존을 위해
어쩔 수 없이 선택할 수밖에 없는 그들의 마지막 희망이요 보루였
기 때문이다. 그들에게 믿고 의지할 대상은 가족 외에 달리 없었기
때문이다.

그러나 탈무드가 유일한 대안이 될 수 없음을 깨달은 일부 유대
인은 일찌감치 서구인에 동화되어 기독교로 개종하기도 했다. 빅토
리아 여왕 시절 영국 수상을 지낸 디즈레일리 경이 그 대표적인 경
우라 하겠다. 하지만 비천한 신분으로 힘겹게 살아가던 대다수의
유대인은 탈무드에 의지해 삶의 지혜와 용기를 그리고 위안을 얻고
자 했다. 그들에겐 달리 이렇다 할 대안이 없었기 때문이다.

유대인의 머릿속에는 이처럼 어려서부터 익히 들어온 탈무드가
자신도 모르게 녹아 들어가 있다. 비록 프로이트는 부모의 가치관
이나 인생관을 자신의 일부로 받아들여 초자아를 형성한다는 이론
까지 내세웠지만, 그럼에도 그는 탈무드의 영향에 대해서는 아무런
언급도 하지 않았다. 어쩌면 그는 자신의 이론적 독자성을 보존하
기 위해서라도 그럴 가능성을 인정하고 싶지 않았을지도 모르겠다.
하지만 당시만 해도 대다수의 유대인은 자신들의 생존에 탈무드가
얼마나 중요한 의지처가 되는지 너무도 잘 알고 있었다. 돈과 재산

은 빼앗길 수 있지만 탈무드 교육으로 무장된 지식과 정신은 결코 빼앗을 수 없다는 것이 그들이 배운 삶의 지혜였다.

유대인의 특징은 모든 일을 맨손으로 시작한다는 점이다. 그들은 가진 재산도 없었거니와 어느 한 순간 살던 곳에서 쫓겨나 언제 어디로 떠나야 할지 모르는 매우 불안정한 운명이었기 때문에 오직 머리만이 그들이 믿고 의지할 수 있는 유일한 자산이었을 뿐이다. 따라서 어려서부터 이루어지는 두뇌훈련에 탈무드는 결정적인 영향을 주었다고 할 수 있다. 시구의 역사에서 유대인 박해가 있을 때마다 학살, 추방과 더불어 으레 뒤따르는 작업은 바로 탈무드를 불태워 없애 버리는 일이었다. 서구인들이 탈무드를 얼마나 경계하고 두려워했으면 번번이 그런 행동을 보였을까?

실제로 탈무드의 내용을 잘 살펴보면 온갖 삶의 지혜로 가득 찬 탁월한 교육적 가치에 실로 감탄하게 된다. 유대인은 수천 년간 자신들의 아이에게 그토록 줄기찬 집념으로 교육을 시켜 왔으니 그렇게 자라난 사람들이 비록 외관상으로는 초라하고 볼품없이 보일는지 모르지만 겉모습만 갖고는 도저히 알 수 없는 고급 두뇌의 소유자라는 사실을 특히 서구의 지배자들은 너무도 잘 알고 있었다.

그래서 역사적으로도 지배층들은 필요에 따라 유대인의 영민한 머리를 적절히 이용하면서도 상황에 따라서는 유대인을 박해하거나 추방하면서 자신들의 기득권을 유지하고자 했던 것이다. 무지한 대중은 정치적, 종교적 지도자들이 전하는 그때그때의 메시지에 따라 부화뇌동하면서 유대인을 경멸하고 증오하며 그들의 얼굴에 침을 뱉기도 했다.

하지만 프랑스 대혁명으로 절대왕정이 무너지고 러시아 혁명의 성공으로 만민평등사상이 단순한 공상이 아니라 현실적으로 가시화되면서 유대인의 숨겨온 자질들이 점차 두각을 드러내기 시작했다. 그리고 동시에 그들의 정신적 지주가 되어 왔던 탈무드에 대한 관심도 당연히 커질 수밖에 없었다. 오늘날에 이르러 전 세계적으로 소수민족에 불과한 그들이 쌓아올린 눈부신 업적과 성공을 보면 머지않아 또다시 새로운 시기심과 경계심에 바탕을 둔 반유대주의가 고개를 들지도 모른다. 아니, 그런 조짐이 이미 보이고 있다고 해야 할 것이다. 유대인이 가장 촉각을 곤두세우는 것도 바로 그런 부분들이기 쉽다.

그럼에도 20세기 역사를 되돌아볼 때 부인할 수 없는 사실은 그들의 탈무드 정신이 현대의 인류문명사를 바꾸었다는 점이다. 왜냐하면 모든 사회적, 사상적 혁명의 배경에는 항상 탈무드가 있으며, 인간과 사회의 모든 부조리한 현상에 대해 감히 비판할 수 있는 안목과 감수성을 탈무드가 가르치고 있기 때문이다. 사랑에 기초한 무소유의 공유사상을 설파한 예수 역시 집과 재산을 한 번도 가져본 적이 없거니와 짐을 들고 다닌 적도 없다. 언제나 맨손으로 다녔다. 예수도 유대인으로 태어나지 않았는가.

유대인은 전통적으로 좌파적 성향을 지녀왔다. 오랜 역사에도 불구하고 단 한 번도 강력한 정복자나 교황을 가져본 적이 없는 그들은 우리 민족과 마찬가지로 타민족을 정복하고 지배해 본 적이 없다. 오히려 그들은 참혹한 노예생활과 포로 신분으로 오랜 세월 고난의 시기를 보내야만 했던 민족이다. 따라서 그들의 반골기질은 비록 겉으로 드러나지는 않지만 적어도 정신적으로는 결코 패배를 인정하지 않는 자긍심과 자존심으로 가득 차 있다. 그런 점에서 유대인은 항상 부조리한 세상을 바꾸고자 하는 열망을 가슴에 품고 살았다고 할 수 있다.

그러나 혁명적 변화뿐만 아니라 인류 멸망의 예방에도 탈무드가 긴요할 수 있다. 왜냐하면 올바른 인격의 함양과 윤리도덕적 가치의 회복에 탈무드는 큰 이점을 지니고 있기 때문이다. 유대인은 수천 년간 원죄와 징벌, 용서와 회개라는 화두에 집착해 왔다. 그들이 구원받는 길은 하느님이 요구한 율법을 철저히 지키는 것 외에 다른 길이 없었다. 따라서 탈무드의 율법주의는 서구의 법정신 및 법철학에도 지대한 영향을 주었다. 솔로몬의 지혜는 공정한 판결의 귀감이 되고도 남는 유명한 일화다. 물론 예수는 고루한 율법주의에 반기를 들기는 했지만 말이다.

뿐만 아니라 탈무드는 현대의 상도덕, 상거래, 계약관계 등에도 결정적인 영향을 주었다. 역사적으로 유명한 경제학자는 대부분 유대계이며, 지구상에 존재하는 대기업, 은행, 신문, 방송, 언론, 출판, 영화 등 소위 다국적 기업들의 대다수는 국적개념이 별로 소용없는 유대인이 장악하고 있는 실정에 있다. 그들의 상술은 당할 자가 없을 정도로 발달했다. 최초로 어음, 수표, 주식, 할부판매, 유가증권 등을 창안해 낸 것도 유대인이었다.

그러나 한순간에 모든 것을 빼앗기며 살아온 유대인들은 머릿속에 든 지식만은 어느 누구도 빼앗을 수 없다는 진리를 터득함으로써 지식의 전수, 특히 교육에 힘을 쏟았다. 정신분석 역시 의자와 누울 자리만 있으면 되는 치료방법이 아닌가. 시설 투자가 전혀 필요 없는 오로지 머리로만 하는 작업인 셈이다. 떠돌이 유대인 방식에 아주 적합한 치료법이 아닐 수 없다. 여차하면 몸만 피해도 크게 손해날 게 없기 때문이다. 그래서 유사시 언제 어디로라도 당장 떠날 수 있는 항구도시가 유대인에겐 아주 안성맞춤인 장소였을 것이다. 더군다나 항구는 상업과 무역이 성행하고 항상 돈이 모이는 곳이기에 떠돌이 신세의 유대인에게는 그 이상 적합한 장소도 없었을 것이다. 정착된 삶을 결코 보장받을 수 없었던 떠돌이 유대인들이 그나마 안정된 삶을 누릴 수 있었던 장소는 바로 항구도시였다.

지구상의 유대인 중에서 가장 많은 100만의 유대인이 한데 모여 사는 도시가 바로 뉴욕이며, 유럽에 거주하는 유대인 인구의 거의 절반에 가까운 60만의 유대인이 런던과 파리에 몰려 있다. 이는 유럽에서 정신분석의 중심지가 런던과 파리임을 고려해 볼 때 무척 흥미로운 사실이 아닐 수 없다. 미국에서도 대부분의 유대인 분석가들은 뉴욕, 보스턴을 중심으로 한 동부 해안과 로스앤젤레스, 샌디에이고, 샌프란시스코 등이 있는 서부 해안지역에서 활동하고 있다. 돈과 교육 그리고 신변의 안전 문제 등은 유대인의 머리에서 항상 떠날 수 없는 매우 중요한 화두로 자리 잡아 온 셈이다.

이처럼 유대인의 몸에 배인 삶의 방식과 처신에는 알게 모르게 탈무드의 전통과 영향이 작용한 것으로 볼 수 있으며, 그래서 유독 그들은 그 어떤 탄압 속에서도 남몰래 탈무드를 읽으며 자신들의 정체성을 잃지 않으려고 몸부림쳐 왔던 것이다. 그렇게 한 배를 탔다는 동질감은 그들에게 고되고 치욕적인 현실을 이겨나가는 데 가장 큰 버팀목 노릇을 해 준 셈이다.

탈무드에 나오는 한 일화가 그런 점을 명확히 일러준다. 많은 사람이 배를 타고 항해하고 있었는데, 한 남자가 자기가 앉은 자리의 배 밑바닥에 구멍을 뚫고 있었다. 사람들이 놀라 욕을 하자 그는 "이것은 내 자리니 내가 무슨 짓을 하건 그것은 내 자유요."라며 계속 구멍을 뚫었다. 결국 그 배는 가라앉고 말았다. 이런 식의 교훈을 통해 그들은 모든 유대인을 욕되게 하지 않는 올바른 처신을 하도록 어려서부터 교육을 시켜 온 결과, 유대인은 항상 자신과 가족 그리고 민족 전체를 생각하고 행동하는 습관을 몸에 익히며 살아온 것이다.

이처럼 수천 년의 기나긴 세월 동안 줄기차게 삶의 지혜를 가르쳐 온 탈무드 정신은 한마디로 선한 마음과 올바른 처신을 통해 어떻게든 생존을 이어나가도록 돕는 일에 그 목표를 둔 것이었다. 그러기 위해서는 아무리 절망적인 상황에 처했다 하더라도 결코 좌절하거나 절망하지 않고 맨손으로 다시 일어설 수 있는 끈질긴 인내심과 앞날에 대한 소망을 포기하지 않는 태도가 요구되었다. 따라서 탈무드는 항상 온유하고 낙천적인 태도를 요구한다.

그런 태도는 영화 〈안네의 일기〉 마지막 장면에서 가장 두드러지게 나타난다. 마침내 누군가의 밀고로 다락방을 발견한 독일군이 문을 부수고 들이닥치는 순간, 안네의 아버지 오토 프랑크는 조용히 짐을 꾸리며 담담하게 말한다. "이제부터 우리는 소망 속에 살게 되었소."라고 말이다. 그리고 안네의 마지막 대사가 푸른 하늘을 배경으로 날아간다. "이 모든 사실에도 불구하고 나는 인간의 선함을 믿어." 이들 부녀의 말은 곧 탈무드 정신을 대변하는 것이기도 하다.

물론 내세를 믿고 부활을 꿈꾸는 모든 종교는 포괄적인 의미에서 낙관주의에 속한다고 볼 수 있다. 그러나 원래 유대인들에게 부활의 개념은 존재하지 않았다. 그들에게는 다른 무엇보다도 지상의 행복과 평화가 더욱 절실한 문제였기 때문이다. 그것은 과거나 미래보다도 현재에 충실하고 최선을 다할 것을 요구하는 탈무드 정신에서 분명하게 드러난다. 그런 점에서 인생을 어떻게 살 것인가에 대해 탈무드가 제시하는 길은 매우 적극적이고도 진취적이다. 그것은 곧 '승자는 문제 속으로 뛰어들고, 패자는 그 주변만 맴돈다.'거나 '승자는 과정을 위해 살고 패자는 결과를 위해 산다.'는 말에서도 여실히 드러난다.

예를 들어, '신 앞에서 울고, 사람 앞에서는 웃으라.'는 말이나 '현재의 일도 모르면서 내일 일어날 일을 걱정하지 말라.'는 말 등은 지금 이 순간의 소중함을 가르치는 조언이기도 하다. 그것은 앞날을 미리 예측할 수 있을 만큼 인간의 능력이 그렇게 뛰어나지 못함을 지적하는 말이기도 하며, 그렇기 때문에 매일매일 자신을 괴롭히며 살지 말고 매순간 즐거운 마음으로 살라는 요구다. 그래서 탈무드는 오늘이 마지막 날인 동시에 첫째 날이라 여기고 오늘이 생애 최고의 날이라 생각하며 지내라고 가르친다.

물론 한 치 앞을 내다볼 수 없는 막다른 골목에 처한 유대인들로서는 지금 이 순간이야말로 금싸라기보다 더욱 소중한 시간이었을 것이다. 이처럼 현재와 현실을 중시하는 유대인의 사고방식 때문에 서구인들은 유대인에 대해서 성공과 출세, 축재를 위해서는 수단방법을 가리지 않는 도덕적으로 매우 비열한 족속으로 간주해 왔는지도 모른다. 하지만 유대인만큼 올바른 수단과 방법에 대해 깊이 생각해 온 민족도 드물 것이다. 그것은 탈무드의 가르침을 보면 쉽게 알 수 있다. 탈무드는 단번에 재물을 얻으려 해서는 안 된다는 점을 누누이 강조하고 있기 때문이다.

졸지에 모든 것을 잃고 항상 빈손으로 모든 일을 시작해야만 했던 그들은 '무'에서 '유'를 얻기까지 얼마나 힘든 과정을 거쳐야 하는지 누구보다 잘 알고 있었기에 성급한 욕심이 얼마나 큰 화를 자초하는지에 대해서도 이미 온몸으로 체득하고 있었던 것이다. 그래서 탈무드는 성공의 절반은 인내심이며, 바다를 단번에 만들려고 할 것이 아니라 우선 냇물부터 만들라고 가르친다. 그리고 아무리 부를 얻었다 해도 자선을 베풀지 않는 것은 잔칫상에 소금이 없는 것과 같다고 일침을 가한다. 성공한 유대인 사업가들이 항상 자선사업에 앞장 서는 것도 탈무드의 가르침 때문이다.

중세 암흑기에 페스트가 창궐하면서 온 세상이 극도의 공포와 절망에 사로잡혀 있을 때 기독교인들은 그런 재앙의 원인을 유대인에게 뒤집어씌우고 그들이 우물에 독을 풀어 넣었기 때문이라며 수많은 유대인을 학살하기도 했지만, 탈무드의 가르침을 제대로 알았다면 그런 누명을 씌우지는 못했을 것이다. 왜냐하면 우물에 침 뱉은 자는 언젠가 그 물을 마시게 될 것임을 경고하고 있기 때문이다. 일종의 부메랑 효과를 가리킨 것으로 '누워 침 뱉기'라는 우리 속담과도 매우 비슷한 말이다. 그렇게 우물에 침 뱉는 일조차 두려워하던 유대인들이 감히 우물에 독을 풀어 넣었을까.

하기야 그런 비슷한 누명은 1923년 관동대지진 당시 우리 조선인들도 똑같이 당했던 일이기도 하다. 일본인들 역시 조선인들이 우물에 독을 넣었다는 소문을 퍼뜨리며 조선인을 닥치는 대로 학살했던 것이다. 이 모든 일들이 약소민족이기 때문에 당해야 했던 비극이지만, 유대인은 인류 역사상 그 유례가 없는 수백만에 달하는 인종 대학살을 겪음으로써 민족이 형성된 이래 최대의 멸족 위기를 가까스로 넘긴 셈이다. 하지만 유대인은 그토록 끔찍하고도 참혹한 일을 겪고도 가해자들에게 일일이 복수를 가하지는 않았다. 그것은 이웃을 사랑하라는 탈무드의 가르침을 따랐기 때문이다.

물론 예수 그리스도는 이웃 사랑을 뛰어넘어 원수까지 사랑하라고 하셨지만, 유대인은 설령 그렇게까지는 못할지언정 적어도 이웃과 화해하고 좋은 관계를 유지해 나가고자 애쓴 것만은 사실이다. 그러나 중동전쟁 이래로 오늘날에 이르기까지 팔레스타인에서 벌어지는 끝없는 보복의 악순환을 보고 있노라면, 유대인 사회에서도 탈무드의 가르침이 과거와는 달리 많이 퇴색한 모양이다. 탈무드에서는 적을 친구로 만들 줄 아는 자야말로 진정으로 강한 사람이라고 말하고 있기 때문이다.

이스라엘이 건국되기 이전까지 팔레스타인의 유대인들은 그래도 아랍인들과 나란히 이웃으로 잘 지내왔지만, 건국 이후에는 이웃에 대한 개념이 뒤바뀌었는지 아랍인을 추방하고 학대하기 시작한 것이다. 그래서 오랜 기간 잊고 있던 탈리오 법칙lex talionis이 되살아나 유대인과 아랍인 사이에는 '눈에는

> **탈리오 법칙**
>
> 고대 함무라비 법전에 나오는 '눈에는 눈, 이에는 이'라는 원칙에 따라 피해자가 입은 것과 똑같은 정도의 피해를 가해자에게 준다는 보복의 법칙을 말하며, 동해보복법(同害報復法)이라고도 한다. 오늘날 일부 이슬람세계에서 절도범의 손을 자르는 형벌도 탈리오 법칙에 따른 것이다.

통곡의 벽, 구스타프 바우에르핀드 作(19세기)

통곡의 벽

이스라엘의 고도 예루살렘 동편에 있는 오래된 성벽으로, 고대 이스라엘 신전의 일부로 남아 있는 유적이다. 유대인의 오랜 고통과 시련을 상징하는 성벽이며, 유대인은 이 성벽 앞에서 자신들의 소원을 빌고 조상들이 겪은 고난을 기리며 기도를 드린다.

눈, 이에는 이'로써 서로 앙갚음하는 악순환의 고리가 반복되고 있는 중이다.

비록 이 천년 만에 조국을 되찾고 '통곡의 벽' 앞에 선 유대인들로서는 이루 헤아릴 수 없는 벅찬 감회가 물밀듯 다가왔겠지만, 그 순간부터 아랍인들과의 공존은 깨지고 만 셈이다. 물론 예수 그리스도나 탈무드에서 말하는 이웃이 과연 누구를 의미하는지에 대해서는 많은 논란이 있어 왔다. 하지만 그 말이 단순히 어깨를 맞대고 살아가는 동족만을 뜻한 말은 아닐 것이다.

탈무드에서는 친구가 싱싱한 채소를 갖고 있으면 고기를 보내주라고 권장하는가 하면, 세상에서 좋은 것은 오랜 친구와 오래된 술이라며 친구가 없는 것은 한쪽 팔밖에 없는 인간과 같다고까지 말한다. 그러면서도 경계의 목소리가 없는 것도 아니다. 친구는 마치 석탄과 같아서 아무리 친한 벗이라도 너무 가까이 해서는 안 되며, 적에게 숨겨야 할 것은 친구에게도 숨기라고 말한다.

이는 오랜 세월 온갖 박해를 받아온 결과 일종의 피해의식에서 비롯된 경계심과 의혹의 발로이기 쉽다. 그래서 표정은 최악의 밀고자라고 하면서 세심한 표정관리를 통해 자신의 본심을 손쉽게 드러내는 일이 없도록 주의를 주고 있다. 남들이 울고 있을 때 웃지 말고, 웃고 있을 때 울지 말 것을 당부하는 이유도 그런 표정 관리의 중요성을 강조하기 위한 것이며, 실제로 유대인은 오랜 게토 생활을 통해 서구인들의 눈을 마주치는 일이 없도록 조심했던 것이다.

물론 그것은 강요된 습성이기도 했지만, 자신들의 감정을 경솔히 드러냈다가 곤욕을 치르는 수가 그만큼 비일비재로 일어났기 때문일 것이다. 항상 고개를 숙이고 길을 다녀야 했던 그들로서는 탈무드의 충고대로 산양 앞쪽으로 가지 않고, 말 뒤쪽으로 가지 않으며, 여자 곁으로 다가서지 않는 것을 원칙으로 삼으며 몸조심을 했던 것이다. 그렇게 조심하지 않으면 뿔에 받히거나 말발굽에 차이거나 공연한 오해를 사서 치도곤을 당하기 십상이기 때문이다. 쉽게 말해서 눈치가 빨라야 무탈하다는 얘기다. 손님이 기침을 하면 수저부터 내놓으라는 귀띔도 그래서 나온 것이다. 손님과 생선은 사흘이 지나면 악취가 난다는 말도 남의 집에 오래 묵지 말고 눈치껏 떠나라는 충고다. 수천 년의 세월 동안 온갖 구박을 받으며 눈칫밥을 먹고 살아온 유대인만이 터득할 수 있는 독특한 생존법이라 하겠다.

그래서 탈무드에서도 바닥에 엎드려 있으면 넘어질 일도 없다고 했으며, 비록 노예라 할지라도 현실에 만족하면 자유로운 것이고, 아무리 자유로운 인간도 현실에 만족하지 못하면 노예나 마찬가지라고 말한다. 더 나아가 한쪽 다리를 잃게 되면 다른 쪽 다리가 있는 것에 감사하고, 두 다리를 모두 잃으면 목이 남아 있는 것에 감사하라고 가르친다. 더 이상 선택의 여지가 없는 막다른 골목에 처하며 살았던 유대인들로서 매우 지당한 논리라 하겠다.

이처럼 복지부동의 자세에 대해 비열한 노예근성에서 비롯된 개똥철학이라고 비웃을 수도 있겠지만, 밑바닥 생활을 전전하는 천민 신세임에도 불구하고 좀처럼 삶을 포기할 줄 모르는 유대인의 끈질긴 생명력 앞에서는 더 이상 할 말이 없을 정도다. 그것은 비록 육체적으로는 비굴하게 속박당한 신세지만 그렇다고 해서 정신까지 내놓는 것은 아니라는 지독한 자부심의 발로인 동시에 신에게 선택된 유일한 민족이라는 도덕적 우월감에서 비롯된 남다른 자긍심의 발로이기도 하다.

하지만 탈무드는 우리 인생에서 오르막이 있으면 반드시 내리막이 있음을 말하고, 인생이란 현자에게는 꿈이요, 어리석은 자에게는 게임이며, 부자에게는 희극이요, 가난한 자에게는 비극이라고 가르치기도 한다. 그리고 진정으로 현명한 사람은 모든 사람에게서 배우는 사람이라고 단언한다. 이왕이면 자신의 실수를 통해서가 아니라 타인의 실수를 통해 뭔가를 배우라는 충고의 뜻이 아니겠는가.

탈무드에서는 살 맛 없는 인생 세 가지에 대해서도 언급하고 있는데, 남의 동정으로 사는 사람, 아내에게 얽매여 사는 사람, 항상 육체적 고통에 시달리는 사람이 그렇다는 것이다. 또한 잘못 살고 있는 세 가지 부류의 인간으로는 성급하게 화를 내는 인간, 손쉽게 용서하는 인간, 지나치게 완고한 인간을 꼽을 수 있다는 것이다. 이를 거꾸로 해석하면 유대인이 지닌 삶의 모토는 구차하게 남의 동정을 받고 살지 않으며, 아내에게 속박당하지도 않고, 육체적으로도 건장할 뿐만 아니라 좀처럼 화를 내지도 않고, 경솔하게 용서하지도 않으며, 모든 상황에 융통성 있고 요령껏 대처한다는 내용이 되겠다.

물론 이런 특성들이 유대인에게는 항상 이중 잣대가 있으며, 좀처럼 본심을 드러내지 않는 위선적이고도 간교한 인물들이라는 오명과 편견을 심어주기에 족했을 것이다. 그러나 겉으로는 엎드린 자세로 복지부동하고 있으나 마음속으로는 결코 굴복한 것이 아니며, 지금은 비록 눈물을 머금고 있지만 결국에는 최후의 승자가 될 것을 다짐하는 유대인의 당차고 옹골진 모습을 단순히 위선이나 간교함의 표시로 폄하하기 어렵다. 왜냐하면 그들에게는 목숨이 왔다 갔다 하는 그야말로 생존이 걸린 문제였기 때문이다.

어떻게든 살아남기 위해 겉으로는 웃어야 하고 속으로는 피눈물을 흘리며 재기를 꿈꿔야 했던 것이 유대인에게 주어진 숙명이었으니 그렇게 처절한 입장에 처해 보지 못한 사람들로서는 단순한 비웃음으로 그들을 과소평가할 일이 아니라고 본다. 과거 일제강점기 때 일본인은 우리 민족에 대해 몹시 더럽고 무식한 조센징이라며 무시하고 경멸했지만, 나라와 말과 글 모든 것을 빼앗기고 헐벗고 굶주린 상태에서 청결과 고매함 그리고 유식함을 기대하는 것이 어차피 무리가 아니겠는가. 매일처럼 똥 푸는 일만 시키면서 몸에서 구린내가 난다고 면박 주는 일과 무엇이 다르겠는가. 우리는 그런 경우를 이중구속double bind 상황이라 부른다. 이래도 탈, 저래도 탈인 셈이다.

유대인은 그런 말 못할 모멸과 서러움을 단지 36년이 아니라 수천 년간이나 당해온 것이다. 그토록 오랜 세월 그들은 오로지 신과 맺은 언약을 믿고 자기 관리에 철저하며 신의 뜻에 따라 올바른 마음가짐으로 이웃들과 공존하고자 필사적인 노력을 기울인 결과 그

나마 자신들의 조국을 힘겹게 되찾을 수 있었던 것이다. 따라서 유대인은 자신들에게 주어진 시련과 고난조차 자신들을 단련시키려는 신의 깊은 뜻으로 받아들이고 끝까지 희망을 포기하지 않았던 것이다.

랍비 아키바

그런 점에서 탈무드가 전하는 유명한 랍비 아키바의 일화는 매우 의미심장하다 하겠다. 아키바는 작은 램프 하나를 들고 나귀와 개를 길동무 삼아 여행길에 올랐

는데, 도중에 날이 저물자 허름한 헛간을 빌려 하룻밤을 묵기로 했다. 잠들기에는 아직 이른 시간이라 그는 램프에 불을 붙이고 책을 읽기 시작했는데 때마침 바람이 불어 램프가 꺼져 버렸다. 어쩔 수 없이 잠을 청한 그는 다음 날 아침에 일어나 보니 나귀와 개는 간밤에 짐승들에게 물려 죽어 있었다. 할 수 없이 혼자 길을 떠난 그가 이웃마을에 도착해 보니 그 마을은 간밤에 도적떼의 침입으로 쑥대밭이 되어 인적조차 끊겨져 있음을 알게 되었다. 만약 램프가 바람

에 꺼지지 않았다면 그는 도둑들의 눈에 띄었을 것이고 개가 짖거나 나귀가 소란을 피우기만 했어도 그는 살아남지 못했을 것이다. 결국 그는 자신이 가지고 있던 모든 것을 잃은 덕분에 살아남을 수 있게 된 것이다. 그래서 아키바는 아무리 최악의 상황에 처할지라도 결코 희망을 잃어서는 안 된다는 사실과 아무리 나쁜 일도 얼마든지 좋은 일로 바뀔 수 있음을 깨달은 것이다.

아키바의 교훈을 사자성어로 옮기면 전화위복, 새옹지마 등에 해당되는 말이 되겠지만, 유대인은 실제로 랍비 아키바의 교훈을 마음에 깊이 새기며 온갖 고난을 이겨온 셈이다. 오로지 교육만이 살 길이라고 여겼던 아키바는 유대인의 정신적 지도자로 이름을 날렸으나, 결국 로마군에 붙들려 인두로 지져 죽이는 끔찍스러운 형벌을 당하면서도 태연하게 기도를 올리며 죽어감으로써 오히려 로마인들을 놀라게 했던 인물이다. 이처럼 교육을 위해 아낌없이 목숨을 바친 랍비들 덕분에 유대인은 아무리 그들의 눈과 귀를 강제로 틀어막아도 뜨거운 학구열만은 결코 포기한 적이 없었다. 그래서 '설령 돈은 빌려주지 않더라도 책을 빌려달라는 요구만은 거절하지 말라'고 탈무드는 가르쳐 온 것이다.

나치 독일은 대대적인 반유대주의 선전활동을 통해 유대인을 쥐새끼에 비유하곤 했다. 그렇다면 독인일은 쥐를 잡는 고양이였던 셈이다. 물론 식량이나 축내는 아무짝에도 쓸모없는 비열한 족속이라는 경멸적인 의미로 쥐의 상징을 이용한 것이겠지만, 실제로 유대인만큼 부지런한 민족도 드물 것이다. 독일인뿐 아니라 대다수의 유럽인들은 오랜 기간 유대인에 대해 돈만 아는 파렴치한 민족으로 인식해 온 것이 사실이지만, 물론 그것은 먹고 살 직업으로 장사밖에 할 일이 없었기 때문이다.

그래서 유대인 하면 우선 돈부터 먼저 머리에 떠올리게 된 것이다. 실제로 황금을 뜻하는 골드로 시작하는 성이 유대인에 특히 많은 것도 사실이기는 하다. 하지만 걸핏하면 추방과 학살을 다반사로 겪어야 했던 유대인은 자신들의 생존을 유지하기 위해서라도 금덩어리에 집착할 수밖에 없었다. 더욱이 나치 독일은 수백만의 유대인을 추방하고 학살함으로써 그들이 지녔던 막대한 재산까지 몰수하고 말았다. 꿩 먹고 알 먹기 식인 셈이었다. 당대 굴지의 철강 그룹이었던 비트겐슈타인 일가는 졸지에 모든 재산을 압수당하고 말았는데, 유대계 철학자 비트겐슈타인은 바로 그 집안의 아들로 어린 시절 히틀러와 같은 학교를 다니기도 했으니 악연도 그런 악연이 없을 것이다.

그러나 적어도 돈과 재물에 대해서 탈무드는 매우 합리적인 태도를 계속 유지해 왔다. 우선 돈을 무조건 죄악시하지 않는다. 비록 가난은 수치가 아니지만 그렇다고 명예도 아니라고 하면서, 가난은 삶에 고통을 가져오기 때문에 이왕이면 부자로 사는 게 좋다고 말한다. 재물이 늘면 걱정거리도 함께 늘기 마련이지만, 재물이 없으면 걱정거리가 더 많다면서 굳이 가난을 권장하지 않는다. 하지만 부자인 채로 그냥 죽는 것은 치욕으로 간주한다. 가난한 사람은 적이 별로 없지만, 부자는 친구가 많지 않기 때문에 그만큼 베풀며 살 것을 권장한다. 왜냐하면 부자를 칭송하는 것은 곧 돈을 칭송하는 것이기 때문이다. 그래서 부자에게 자식은 없고 상속인만 있다고

제1부 탈무드와 유대인

탈무드는 말한다.

물론 돈이란 필요악이다. 그러나 탈무드에서는 돈이야말로 착한 사람에게는 좋은 것을 안겨주고 악한 사람에게는 나쁜 것을 안겨준다고 함으로써 돈을 절대악으로 보지 않는다. 불교 우화에도 같은 물도 소가 마시면 우유가 되지만, 뱀이 마시면 독이 된다는 말이 있듯이 그 용도에 따라 가치가 달라지기 때문이다. 그런 점에서 돈은 물과 같은 것이라 할 수 있다. 돈 자체가 나쁜 것은 아니라는 의미다. 하지만 대부분의 사람들은 돈에 대해 이중적인 태도를 지니기 쉽다. 돈의 가치를 혐오하면서도 내심으로는 은근히 돈을 바라기 때문이다.

탈무드에서 일러주는 부자가 되는 방법은 매우 간단하다. 내일 할 일을 오늘 먼저 해치우고, 오늘 먹어야 할 음식은 내일 먹으면 된다는 것이다. 이처럼 허리띠를 졸라매고 악착같이 일하는 유대인들이니 부자가 안 될 수가 있겠는가. 그러나 부당한 돈벌이는 절대적으로 배격한다. 돈은 그 어떤 닫힌 문도 열 수 있는 황금열쇠인 줄 잘 알고 있지만, 돈이면 모든 것이 다 되는 줄 아는 것도 배격한다. 그래서 이 세상에는 돈으로 살 수 없는 것도 있음을 말한다. 그것은 상식과 지혜다.

이처럼 돈의 본질과 흐름을 한눈에 꿰뚫어보는 유대인이야말로 탁월한 경제학자요, 상술의 대가가 되지 않을 수 없는 것이다. 그들만큼 돈의 위력을 실감하는 민족도 드물겠지만, 고인 물이 썩듯이 돈도 쌓아두기만 하면 반드시 썩는다는 사실을 누구보다 잘 알고 있었던 것이다. 그리고 무엇보다도 돈과 관련해 벌어지는 인간 심리의 본질적 속성들에 대해 일찍부터 일가견을 지니고 있었기 때문에 상술에도 뛰어난 솜씨를 발휘해 왔다고 볼 수 있다.

그러나 돈도 돈이지만 탈무드를 통해 유대인이 얻을 수 있었던 가장 중요한 정신적 자산은 사랑과 평등정신에 입각한 공동체의식과 건전한 시민정신의 확립에 있다고 하겠다. 그들은 온유함과 친절함, 정직과 신의 등을 바탕으로 오랜 세월 이웃들과의 공존을 도모해 왔지만, 불행히도 그들의 이웃은 온갖 핍박과 모멸감만을 안겨주었을 뿐이다.

누구나 감당하기 어려운 시련과 고난에 처하게 되면 자포자기해 버리거나 아니면 거꾸로 폭력적이 되거나 하기 마련이지만, 유대인은 조금도 동요하는 법이 없이 끝까지 자신들의 중심을 지키며 품위를 유지했던 것이다. 그리고 그들이 그럴 수 있게 만든 원동력은 물론 탈무드였다. 그런 점에서 탈무드는 유대인에 있어서 길을 잃지 않게 이끌어 주는 진정한 마음의 등대요 등불이었던 셈이다.

바벨탑 사건

인간의 자만심을 상징하는 바벨탑 이야기는 구약 창세기에 나온다. 바벨탑의 건설은 신에 대한 인간의 무모한 도전과 실패, 그리고 그에 대한 신의 응징으로 인해 인간이 더욱 큰 혼란에 빠지고 만 사실을 전하고 있다. 다시 말해서 하늘까지 넘보는 인간의 교만과 만용으로 인하여 언어적 혼란과 의식의 분열이 심화된 것이다. 그렇게 해서 언어와 사고의 분열은 인간에게 가장 비극적인 고통을 안기기 시작한 주범이 되었다.

그 후 인간은 제각기 다른 형태의 바벨탑을 쌓기 시작했으니 거대한 신전과 제국의 형성을 비롯해 다양한 종교 및 이데올로기의

바벨탑

싸움, 세계대전과 핵무기 개발 등이 새로운 형태의 바벨탑으로 등장한 것이다. 이처럼 인류를 파멸에 이르게 할 정도로 위협적인 존재로 등장한 상징적 비벨탑은 인간의 탐욕과 지만으로 가득 찬 괴물이라 할 수 있다.

그런데 19세기 말에 그런 괴물 같은 바벨탑에 과감히 도전한 인물들이 나타났다. 그 주인공은 바로 '프로이트'와 '자멘호프'였다. 거의 동시대에 태어난 이들 두 사람 모두 공교롭게도 유대계 의사였다. 비록 이들은 서로의 존재에 대해 알지 못하고 있었지만, 빈과 바르샤바에서 각기 개업의로 활동하는 가운데 언어와 씨름을 벌인 장본인들이었다. 다시 말해 자멘호프는 의식의 언어를 상대로, 프로이트는 무의식의 언어와 씨름을 벌인 셈이다.

자멘호프는 언어소통의 문제로 빚어지는 온갖 고통과 비극을 절감하고 만국 공용어인 에스페란토를 창안해 인류의 고질적인 병폐를 해결하고자 했으며, 프로이트는 그동안 아무도 알지 못했던 무의식의 언어가 존재한다는 사실을 알아내고 그것을 의식의 언어로 번역하는 작업에 일생을 바쳤다. 결국 두 사람은 의식이든 무의식이든 인간의 언어적 혼란과 그로 인한 심적 고통을 덜어주고자 과감히 언어의 바벨탑에 도전한 것이다.

제1부 탈무드와 유대인

언어에 대한 이들의 관심과 집념은 전 생애를 바칠 만큼 집요한 것이었다. 오랜 세월 방랑자의 신세로 살아야만 했던 유대인들에게 언어의 문제는 낯선 고장에 정착하고 적응하는 데 가장 먼저 부딪치고 헤쳐 나가야 할 난관이었다. 따라서 그들은 자신들의 정체성을 잃지 않으면서도 낯선 환경에 적응해야 한다는 이중고에 시달려야 했다. 그런 난제를 해결하기 위해서는 자신들의 종교적 전통뿐 아니라 말과 글이 매우 중요했다. 따라서 의식과 무의식의 언어 영역을 새롭게 개척한 두 인물이 유대인 사회에서 나온 것은 결코 우연이 아니었음을 알게 된다.

바벨탑의 상징

구약 창세기 10장과 11장의 내용은 인간의 타락과 그에 대한 신의 응징을 전한다. 노아의 홍수 이후에 그의 후손들이 여러 부족으로 나뉘고 도시를 세운 것까지는 좋았으나 점차 자만에 빠지기 시작하여 바벨탑을 쌓고 하늘에 도달함으로써 신의 나라까지 정복하고자 했다. 이에 진노한 신은 그동안 하나의 언어를 사용하던 인간의 말을 제각기 다른 언어로 바꾸어 버리는 특단의 조치를 내림으로써 결국 바벨탑 공사는 언어소통의 장애로 대혼란에 빠지게 되었다는 이야기다. 그 후 바벨은 인간의 탐욕과 그 허망함을 상징하는 동시에 언어적 혼란을 대변하는 말이 되었다.

바벨의 어원은 문을 의미하는 바아baa와 신을 뜻하는 엘el에서 찾을 수 있다. 즉, 바벨은 '신의 문'이라는 뜻이다. 이와 관련된 히브리어 단어에는 발랄balal이 있는데, 이는 곧 혼란을 의미한다. 창세기에 바벨탑의 신화가 삽입된 것은 고대 히브리인들 사이에 구전된 소아시아 문명의 흔적으로 여겨진다. 고대 메소포타미아에서 수메르 문명은 거대한 벽돌탑을 쌓았는데 이를 지구라트라고 한다. 이집트의 피라미드는 지구라트보다 훨씬 더 후대에 건설된 것이다. 수메르 문명을 계승한 바빌론 제국은 중동지방을 제패하고 수많은 부족을 노예로 삼았다. 그중에는 당연히 히브리인도 포함되었다.

히브리인은 기원전 6세기에 이미 바빌론 제국에 의해 나라를 잃고 수많은 유대인이 포로로 잡혀갔다. 그런 수모와 고통을 잊고 신의 구원을 받기 위한 간절한 심정으로 그들은 탈무드를 완성시킨 것이다. 이스라엘 민족의 조상인 아브라함은 고대 수메르 문명의 발원지였던 우르를 떠나 오늘날 팔레스타인 지방에 정착했는데, 우르에서 이미 거대한 탑들의 존재를 목격했을 것이다.

따라서 창세기는 단지 유대인의 역사를 기록한 내용이 아니며, 종교적 신화의 형태를 띤 인류의 고대사라 해야 마땅할 것이다. 창세기에 나오는 가장 중요한 4대 사건으로는 '낙원 추방'과 '카인의 살인' '노아의 대홍수' 그리고 '바벨탑 사건'을 들 수 있다. 낙원 추방을 통하여 인간은 지혜를 얻은 대가로 노동과 출산의 고통을 겪어야 했으며, 그 후 살인과 탐욕 등 도덕적 타락으로 인해 대홍수의 징벌을 받았고, 그리고 다시 교만에 빠진 인간이 바벨탑을 세우기 시작하자 신은 인간의 유일한 소통수단인 언어를 교란시킴으로써 인간사회의 분열을 초래했다.

이처럼 인간사회의 분열상태는 이미 창세기부터 나타난 현상이다. 그리고 그런 분열과 반목은 이미 카인과 아벨의 형제관계에서 그 씨앗이 움트고 있었다. 프로이트는 우리 모두가 유서 깊은 살인 자 혈통의 후예라는 자조적인 말로 인간 문명의 비극적인 운명을 묘사한 적이 있지만, 우리는 바벨탑 사건 이전에 이미 인간 심성의 어두운 측면, 즉 질투심과 살인욕구가 존재했음을 카인과 아벨의 관계를 통해 확인할 수 있다.

그런데 그토록 유서 깊은 폭력적 살인의 전통은 두 차례의 세계 대전뿐 아니라 오늘날에 이르러 더욱 기승을 떨고 있다. 가장 최근 에 일어난 대형 바벨탑 사고는 2001년 9월 11일 아랍 테러리스트들 에 의해 자행된 뉴욕시 세계무역센터 빌딩 폭파사건일 것이다. 적 어도 미국에 적대적인 아랍인들 눈에는 미국이라는 나라의 초강국 이미지 자체가 거대한 바빌론 제국으로 보였을 것이며, 뉴욕의 심 장부에 우뚝 선 세계무역센터 빌딩도 부의 상징을 나타내는 사악한 바벨탑으로 보였음에 분명하다. 또한 그것은 세상의 모든 부를 차 지한 유대인이 자신들의 힘을 과시하고자 뉴욕에 세운 상징적인 바 벨탑으로 인식되었을 수도 있다. 하기야 뉴욕시에만 100만 명 이상 의 유대인이 밀집해 살고 있으니 그런 눈으로 보는 것도 결코 무리 가 아닐 것이다.

그러나 또 다른 차원에서 바벨의 상징이 언급되기도 한다. 우리 는 흔히 학문의 전당인 대학을 상아탑으로 부르기도 하지만, 학문 이 그 순수성을 잃고 탐욕과 자만에 빠진 나머지 대중적 포퓰리즘 으로 전락하거나 타락한 권력과 손잡고 그 하수인 노릇을 자청할 경우, 그것은 이미 상아탑이 아니라 바벨탑으로 불러야 마땅할 것이다. 오늘날 인문학의 종말을 염려하는 목소리가 더욱 커지고 있는 이유도 현실과 영합하는 기술 본위의 학문 풍토가 갈수록 위세를 부리고 있기 때문이다. 이를 두고 현대의 학문이 상아탑과 바벨탑의 선택적 기로에 서서 이러지도 저러지도 못하는 딜레마에 처해 있다고 지적하는 사람도 있다.

그런 점에서, 일찍부터 반유대주의에 물든 대학의 실상을 절감하고 강단의 학문세계가 더 이상 순수한 상아탑이 아님을 깨달았던 프로이트가 '정신분석학'이라는 새로운 독창적 학문을 창시했음에도 불구하고 대학과 일정한 거리를 두고 일체 상종하지 않은 이유를 알 것만도 같다. 그는 분명 당시 서구의 많은 대학이 학문의 순수성을 지키지 못하고 사회적 편견으로 가득 찬 바벨탑에 불과했음을 이미 감지했는지도 모른다. 20세기를 대표하는 대철학자 하이데 거도 프라이부르크 대학 총장시절에 히틀러에 대한 충성을 학생들에게 강요하지 않았던가.

이처럼 바벨은 인류가 극복해야만 할 그 무엇, 다시 말해서 온갖 탐욕과 야망, 교만과 허영으로 인하여 빚어지는 반목과 다툼, 분리와 단절 등을 총칭하는 것이라 할 수 있다. 그러나 다른 한편으로는 분화와 독립을 통하여 새로운 창조적인 과업에 정진할 수 있는 계기를 마련해 주기도 한다는 긍정적인 측면도 무시할 수는 없다. 따라서 바벨은 단지 파괴하고 무너뜨려야 할 그 무엇이라기보다는 우리가 반드시 극복하고 넘어서야 할 그 무엇에 대한 상징으로 받아들여야 할 것이다.

잃어버린 언어와 무의식

바벨탑 신화가 형성되기 이전에 인간은 하나의 언어를 사용함으로써 서로 간에 의사소통하는 데 아무런 어려움이 없었다. 그러나 인간의 탐욕에 대한 신의 응징으로 제각기 다른 언어를 사용하게 되면서 인간은 뿔뿔이 흩어져 서로 반목하고 시기하며 투쟁하는 존재로 전락하고 말았다. 물론 그것은 만국 공통의 공용어를 상실했기 때문에 빚어진 결과였다.

하지만 분석적 관점에서 이해한다면 가장 최초의 고태적古態的 언어는 무의식의 언어로 남아 인간 심층세계 깊이 숨어든 것이라 할 수 있다. 그리고 우리가 어머니를 통해 배운 의식의 언어는 바벨탑 사건 이후 제각기 다른 말로 분화된 상태의 언어인 셈이다. 하지만 유감스럽게도 프로이트는 오이디푸스 콤플렉스Oedipus complex에 집착한 나머지 바벨탑 사건 이전에 벌어졌던 원초적 관계, 다시 말해 모자관계의 비밀에 대해서는 충분한 탐색을 기울이지 못하였다. 물론 그런 결함은 그의 후계자였던 멜라니 클라인의 대상관계이론object relation theory으로 보완되기에 이르렀다.

> ### 오이디푸스 콤플렉스
> 이성의 부모에게 이끌리고 동성의 부모에게 경쟁심을 갖게 되는 아동기 시절의 갈등상황을 가리키는 용어로, 프로이트는 이러한 갈등적 삼각관계에 빠진 시기를 오이디푸스 단계로 부르고 인류 보편적인 현상이라고 했으나, 말리노프스키 등 인류학자들은 그런 주장에 반기를 들기도 했다.

반면에, 자멘호프는 바벨탑 사건 이후에 빚어진 언어적 분화로 인해 야기되는 현실적인 고충을 덜기 위해 단일한 언어적 통일을 모색했다. 그러나 한곳에 정착해 살아가는 대다수의 사람들에게는 모국어만으로도 충분히 삶을 영위할 수 있었기 때문에 그가 창안한 에스페란토는 영어가 국제적 공용어가 되다시피 한 오늘날의 실정에 비춰볼 때 무용지물이 되어 버리고 말았다. 다만 그 숭고한 인류 평화의 정신은 지금까지 계승되어 전해지고는 있으나 실용적인 면에서는 그 가치가 퇴색하고 말았다. 이미 사어死語가 되어 버린 라틴어도 가톨릭교회를 제외하고는 그 효용가치가 사라져 버린 것과 같다.

낯선 이국땅에 적응하고 살아야 했던 유대인은 일찍부터 자신들의 모국어 대신에 일종의 합성어인 이디시어를 만들어 사용했으나 오늘날에 와서는 이디시어를 사용하는 유대인조차 거의 사라지고 없는 점을 감안한다면, 제3의 공용어를 배우고 습득한다는 일 자체가 매우 번거롭고 무의미해진 느낌이 든다. 그런 점에서 본다면 정신분석적 용어와 언어의 습득은 더욱 제한적이고도 난해하다는 면에서 전혀 대중적이지 못하다는 한계를 안고 있다.

정신분석의 대중적인 보급에 가장 성공적인 역량을 보였던 자크 라캉 Jacques Lacan의 경우도 그의 사후에는 그 열기가 시들해지고 말았으며, 더 나아가 프랑스어를 모르면 난해하기 그지없는 라캉 심리학 이론 앞에 두

자크 라캉

프랑스의 정신분석가로 적응주의에 바탕을 둔 자아심리학에 반기를 들고 인간의 욕망을 중시한 프로이트의 초기 이론으로 돌아가야 한다고 주장했다. 정통 정신분석 기법에 반발하여 국제정신분석학회와 결별하고 독자적인 라캉 학파를 세웠으며, 카리스마적 리더십을 통해 1960년대 프랑스 지식인 사회에 정신분석 돌풍을 일으켰다.

손을 들고 항복해야 할 지경이다. 물론 학문의 대중화란 양날을 지닌 면도날과 같다는 점을 프로이트는 이미 생전에 직감하고 있었는지도 모른다. 따라서 프로이트는 대중적 인기에 연연하지 않고 일정한 거리를 두었지만, 그것은 달리 말해 서구사회에 대한 프로이트 자신의 양가적인 태도를 반영한 것일 수도 있다.

그러나 무엇보다도 프로이트나 자멘호프가 남달리 언어 문제에 매달린 것은 일찌감치 자신들의 모국어를 잃었기 때문일 것이다. 독일어를 사용한 프로이트에 비해 자멘호프는 어려서부터 집에서는 아버지가 사용하는 러시아어와 어머니가 사용하는 이디시어를 익혀야 했으며, 그뿐 아니라 친구들과 어울리기 위해서는 폴란드어를 동시에 사용해야만 하는 번거로움을 안고 살았다. 또한 이들 두 사람은 유대인이라는 자신들의 정체성을 유지해야 한다는 이중적인 압력하에 살았다. 정체성을 잃지 않기 위해서는 모국어의 습득이 필수적임을 감안할 때 이들이 겪었을 심리적 갈등과 혼란을 충분히 이해할 수 있을 것이다.

무의식의 언어를 발견하기 이전에 프로이트가 최초로 관심을 기울이고 업적을 남긴 분야는 놀랍게도 1891년에 발표한 실어증에 관한 저서였다. 그는 특히 아동들의 실어증에 많은 관심을 보이고 제2외국어의 사용이 어머니에 대한 정서적, 본능적 부담을 회피하기 위한 우회적인 방편으로 이용될 수 있음을 주장하였다. 그 후 프로이트는 신경기능 자체에는 아무런 이상이 없음에도 불구하고 히스테리 환자들도 그와 유사한 실어증을 일으킨다는 사실을 알게 되면서 그 기저에 놓인 심리적 요인에 주목하게 된 것이다. 다시 말해서 신경학자로 출발한 그로 하여금 무의식 세계로 인도하게 된 직접적인 계기는 언어적 기능이 마비된 실어증에 관한 연구였다.

언어를 사용한 대화요법을 통하여 신경기능의 마비현상을 초래한 히스테리 환자들의 갈등을 풀어주는 기법을 새롭게 개발한 그는 무의식 세계에 도달하는 가장 유용한 도구로 꿈의 해석을 이용했는데, 언어에 대한 프로이트의 관심은 환자 치료에도 그대로 반영되어 환자가 드러낸 사소한 말실수에도 무의식이 작용한다는 사실을 밝혀내기에 이르렀다. 더 나아가 그는 그런 현상들이 건강한 일반인에서도 발견된다는 지론을 바탕으로 《일상생활의 정신병리》를 출간하기도 했다. 실제로 프로이트만큼 철저하게 환자의 언어를 분석한 치료자도 드물 것이다.

무의식 언어의 바벨탑

프로이트

프로이트Sigmund Freud, 1856-1939는 인간 무의식 the Unconscious의 존재를 최초로 규명한 인물이었다. 그것은 그동안 누구도 생각하지 못했던 무의식 현상을 밝혀낸 충격적인 사건이었다. 인간의 심리 내면에는 스스로 인식할 수 없는 미지의 세계가 따로 존재한다는 사실, 그리고 그런 무의식 세계가 자신도 모르게 인간의 의식과 행동에 보이지 않는 영향력을 행사한다는 사실이야말로 '코페르니쿠스의 지동설'과 '다윈의 진화론'에 맞먹는 엄청난 인식론적 혁명이 아닐 수 없었다. 한마디로 그 세계는 시공을 초월하는 동시에 모든 논리와 합리성을 넘어서는 혼란과 모순에 가득 찬 일종의 바벨탑과도 같은 세계였던 것이다.

무의식의 발견을 통해, 오랜 세월 의식과 이성이 자신의 전부인 것으로 믿어온 인간의 자긍심은 여지없이 무너져 버리고 말았다. 그런 기만적 의식에 빠져 살아온 인간의 실체를 적나라하게 밝혔다는 점에서 프로이트는 인간의 존엄성에 먹칠을 한 장본인으로 낙인찍히며 온갖 비방과 비난을 감수해야만 했다. 심지어 기독교 일각에서는 프로이트를 타락한 사탄에 비유하고 그가 이룩한 정신분석 학회를 부도덕한 사교 집단으로 간주하기도 했다.

그 대표적인 경우가 1952년 특별 교시를 통하여 정신분석을 타락한 학문으로 규정한 교황 비오 12세의 선언이다. 기독교 사회의 정신적 지주인 교황의 선언으로 인해 정신분석은 지금까지도 그 멍에를 벗어나지 못하고 있다. 더욱이 프로이트는 일찌감치 무신론을 표방함으로써 전통적 기독교 사회에서 자신의 학문적 업적을 객관적으로 검증받기 이전에 이미 상당한 불이익을 당할 조짐을 안고 있었다. 그럼에도 고집스럽게 자신의 이론을 밀고 나간 그는 무의식의 바벨탑뿐만 아니라 자신의 외부에 가로막고 서 있는 더욱 강대한 바벨탑과도 씨름을 계속해 나가야 하는 이중고에 시달린 셈이다.

더욱이 프로이트에서 출발한 정신분석은 오늘날에 와서 실로 방대하고도 다변화된 이론들의 집합체로 변모하기에 이르렀다. 따라서 제각기 다른 길로 나아간 새로운 분파들은 용어 및 개념 자체가 전혀 상이한 모습으로 나타남으로써 상호간에 소통이 어려울 지경

리비도

성 에너지를 말한다. 프로이트는 초기 이론에서 모든 신경증의 원인을 리비도에서 찾았으나 후기에 이르러 심리적 갈등이론으로 수정했다. 프로이트의 리비도 이론은 금욕적 가치를 존중하는 기독교 문화에서 엄청난 비난의 대상이 되었으며, 그 결과 프로이트는 타락한 범색론자로 매도당하기도 했다.

에까지 이르고 말았다. 융과 아들러, 오토 랑크, 페렌치, 설리반, 호나이, 클라인, 위니캇, 비온, 코헛, 라캉 등에 이르기까지 정신분석이론의 다양성은 오늘날에 하나의 이론으로 통합이 불가능할 지경에까지 이르게 된 것이 사실이다. 프로이트 자신부터가 이론적 수정의 과정을 거치면서 그런 혼란은 불가피한 현상이었다. 처음에 프로이트가 내세운 리비도libido 이론이 통일된 하나의 언어였다면, 이후로 분화된 각자의 길은 결국 정신분석 자체가 자초한 또 다른 바벨탑 사건이라 해도 과언이 아닐 것이다.

그런 점에서 프로이트는 정신분석이라는 거대한 바벨탑을 새롭게 쌓은 셈이 되고 말았다. 물론 그것은 그 자신도 결코 바라던 결과가 아니었겠지만, 내부적으로나 외적인 상황 모두가 그에게는 불리하기만 한 쪽으로 흘러가고 말았다. 더욱이 학문의 세계에서 정신분석만큼 단기간에 빠른 이동과 확산, 다양한 변화를 거친 분야를 거의 찾아보기 어렵다는 점에서, 그리고 나치즘의 위협을 피해 수많은 분석가가 불가피하게 대규모 집단이동을 보인 결과, 국적과 언어 등의 극적인 변화를 겪은 유일한 학문이라는 점에서 그 혼란은 더욱 클 수밖에 없었다.

따라서 오늘날 보편적인 인간 무의식 탐구 결과의 결정판이라 할 수 있는 국제정신분석학회지의 투고 규정에서 통일된 언어로 영어 사용만을 고집함으로써 분파적 혼란의 확산을 최소화하고 있는 입장이지만, 다른 한편으로는 다양한 언어적, 문화적 차이에 따른 미묘한 문제들의 심층적인 연구에 오히려 걸림돌이 되기도 한다. 물론 그것은 과거 전례에 비추어 볼 때, 제3의 바벨탑 사건을 염려하기 때문일지도 모른다. 따라서 하나의 공용어를 추구한다는 점에서는 정신분석 운동과 에스페란토 운동 사이에는 공통점이 존재한다. 하지만 역설적으로 바로 그런 점이 결함이 될 수도 있다. 다양성을 인정하지 않는다는 점에서 더욱 그렇다. 다만 분명한 사실 한 가지는 비록 사용하는 의식의 언어가 다를지언정 무의식의 언어는 만국 공통이라는 점이다.

언어의 바벨탑

자멘호프Ludwik Lejzer Zamenhof, 1859-1917는 폴란드 태생의 유대계 안과의사로, 인류 최초의 국제 공용어인 에스페란토를 창안한 사람이다. 그의 조부와 아버지는 모두 외국어를 가르치는 교사였다. 그가 태어난 곳은 백러시아 국경 근처의 비알리스톡으로 당시 폴란드는 제정 러시아의 지배하에 있었다. 따라서 그가 어릴 때 살던 고향에서는 폴란드어, 러시아어, 독일어, 이디시어 등이 서로 뒤섞여 사용되고 있었다.

자멘호프

리투아니아계 유대인으로 러시아어를 사용했던 아버지는 독일어를 가르치는 교사였다. 하지만 정통 유대교 신앙이 깊었던 어머니는 이디시어를 사용한 반면에, 아버지는 이디시어에 능숙치 않았기 때문에 그의 집안에서는 주로 러시아어를 사용해야만 했다. 아버지는 야심이 컸던 인물로 유대교 신앙에 관심이 없었으며, 러시아제국의 동화정책에 적극 동조하는 입장을 취함으로써 그가 학교에서 맡은 직책도 수업 이외에 유대인의 서적과 신문 등을 검열하는 일이었다.

자멘호프는 엄격한 아버지 밑에서 독일어와 프랑스어를 배웠으며, 자상한 어머니에게서는 히브리어를 배웠다. 자멘호프 일가는 그의 나이 14세 무렵 바르샤바로 이사해 유대인 거주지역에 살았다. 그곳에서 고등학교에 다녔던 그는 다시 폴란드어를 사용해야만 했다. 그리고 그후에도 영어, 라틴어, 그리스어 등을 배웠으며, 이탈리아어, 스페인어, 리투아니아어 등에도 관심을 가졌다. 이처럼 자멘호프는 어려서부터 언어적으로 매우 복잡한 환경 속에서 성장했기 때문에 단일한 언어의 필요성을 누구보다 절감했던 것 같다.

더욱이 반유대주의 감정이 심했던 당시로서는 독일계와 유대계, 폴란드계와 러시아계 사이에 항상 마찰을 빚고 있었으며, 그런 언어적 소통의 어려움 때문에 반목과 싸움이 잦은 현상을 일찍부터 목격한 그는 공용어의 필요성을 누구보다 절감하고 있었던 것으로 보인다. 따라서 그는 15세라는 어린 나이에 이미 사람들끼리 반목하고 불화를 일으키는 것은 오로지 언어 차이 때문이라는 결론을 내리고, 새로운 언어를 만들겠다는 목표를 세웠으며, 당돌하게도 아무런 언어학적 지식 없이 독자적인 연구에 착수하기 시작했다.

드디어 고등학교 재학 중인 1878년 자멘호프는 거의 완성된 공

제1부 탈무드와 유대인

용어 시험판을 동급생에게 가르치기 시작했다. 하지만 이 사실을 알게 된 아버지는 아들의 이처럼 놀라운 성과를 대견스러워하기보다는 오히려 매우 위험천만한 작업으로 간주하고 그런 무모한 일을 곧바로 금지시켰으며, 의학 공부를 위해 멀리 모스크바로 유학을 보내버렸다. 그뿐 아니라 이후에도 공용어 작업을 포기하겠다는 서약을 하도록 강요했다. 그리고 아버지는 아들의 연구 초안을 벽장 속 깊이 감춰 버렸다.

그러나 머나먼 타지에서 마음에도 없던 의대 수업이 힘겨운 나머지 자멘호프는 1881년 집으로 다시 돌아와 바르샤바 대학에 편입하고 말았다. 어쨌든 우여곡절 끝에 힘겹게 의사자격을 딴 그는 리투아니아의 작은 마을에 개업했지만, 의사소통 문제로 환자 진료에 애를 먹은 나머지 안과 전문의로 선회한 후 주로 바르샤바에서 활동했다. 당시 아버지의 야심이 얼마나 컸던지 자신의 네 아들을 모두 의사로, 나머지는 약사로 만들 정도였다.

안과의사로 개업한 후에도 자멘호프는 아버지의 반대를 무릅쓰고 자신의 뜻을 굽히지 않아 공용어에 대한 연구를 계속해 나갔다. 물론 그는 언어학자도 아니었다. 하지만 다른 무엇보다 중요한 것은 하나의 언어를 만들어야 한다는 그 자신의 사명감과 의지에 있었다. 물론 그런 신념은 상이한 민족끼리 부딪치며 드러내는 증오심과 편견의 원인이 언어적 소통의 부재에 있다는 강한 믿음에서 비롯된 것이었다.

비록 그는 한때나마 러시아에 호의적인 태도를 지니기도 했지만, 1882년 러시아제국이 잔혹한 방법으로 유대인 학살을 자행하자 크

시오니즘 운동

19세기 말 프랑스 전국을 들끓게 했던 드레퓌스 사건을 목격하고 나라 잃은 유대인의 실움을 크게 질감한 유대인 출신의 오스트리아 기자 테오도르 헤르츨이 조상들의 땅 팔레스타인에 이스라엘 건국을 목적으로 벌인 국제 운동이다. 하지만 안타깝게도 그는 이스라엘의 건국을 보지 못하고 죽었다.

게 실망한 나머지 시오니즘 운동에 가담하기도 했다. 하지만 시오니즘 자체가 유대인 문제를 근본적으로 해결해 줄 수 없다는 판단하에 얼마 후 탈퇴하고 말았다. 그런 점에서 자멘호프는 편협한 민족주의에도 반대하고 있었던 것이다.

1887년 그는 드디어 에스페란토 박사라는 필명으로 국제어에 관한 자신의 지서를 출판했다. 에스페란토란 희망을 뜻하는 말이기도 했다. 그리고 같은 해에 비누공장을 운영하는 유대인 사업가의 딸 클라라와 결혼하여 1남 2녀를 두었는데, 그중 막내딸 리디아는 나중에 아버지를 도와 에스페란토 운동의 보급에 힘썼다. 하지만 리디아를 포함한 그의 세 자녀들은 나중에 모두 나치수용소에서 비극적인 최후를 마치고 말았다. 어쨌든 비록 개업은 했지만 에스페란토 운동을 전개할 자금이 없었던 자멘호프는 항상 처가의 신세를 져야만 했다.

1905년 세계 최초로 국제 에스페란토 대회가 열렸으나, 자멘호프 자신은 공식적인 지도자 위치에 오르기를 원하지 않았다. 왜냐하면 반유대주의 편견으로 인해 국제운동의 취지가 오해받을까 두려웠기 때문이다. 더욱이 당시 러시아에서 흘러나오기 시작한 괴문서 〈시온 장로 의정서〉는 세계정복의 야욕에 가득 찬 유대인의 간교한 음모에 대한 내용으로 반유대주의를 노골적으로 부추기고 있던 시기였으니 타이밍 역시 좋지 못했다. 따라서 자멘호프는 무려 12회에 걸쳐 노벨 평화상 후보에 오르기도 했으나 결국 수상에는 실패하고 말았다.

1917년 자멘호프가 사망한 후 1920년대 국제연맹에서 에스페란토의 사용을 검토한 적이 있었지만, 프랑스 대표의 반대로 무산되었다. 그리고 아직까지 국제연합UN에서도 에스페란토를 공용어로 채택하지 않고 있다. 현재 에스페란토를 구사할 수 있는 인구는 약 10만 명에서 2백만 명 정도로 추산되고 있다. 또한 태어날 때부터 에스페란토를 모국어로 배우며 자란 사람의 수는 약 200명에서 2천 명으로 추산되는데, 그중에서 현재 가장 유명한 인물로는 세계적인 유대계 사업가 조지 소로스가 꼽힌다.

정신분석의 이상

프로이트가 창시한 정신분석의 목적은 한마디로 신경증적 갈등으로부터의 해방이다. 하지만 그는 모든 인간이 어느 정도씩은 신경증적이며 더 나아가 이 세상 전체를 신경증적 굴레에 빠진 것으로 보았기 때문에 인류 전체를 환자로 만들었다는 비난을 감수해야만 했다. 하지만 그가 말한 신경증neurosis이란 억압에 기초한 문명화의 불가피한 결과일 뿐이며, 그런 조건에서 피해갈 수 있는 사람은 소수의 성자들 빼고는 불가능한 일이라는 것이었다.

하기야 갈등 없는 사회를 이상으로 삼은 프로이트 입장에서 보

신경증

아동기에 해결되지 못한 갈등의 핵심이 성인기에 가서 다양한 형태의 정신증상을 일으키는 상태를 말하며, 프로이트는 이를 노이로제라고 불렀다. 인격기능이 현저히 무너지는 정신병과는 달리 현실기능은 적절히 유지되는 것이 특징이다. 불안, 우울, 공포, 강박적 사고, 신체적 전환반응, 해리상태 등 다양한 형태로 나타난다.

자면, 온갖 원초적이고도 부도덕한 욕망과 환상으로 가득 찬 무의식의 압력에서 벗어날 수 있는 유일한 방법은 정신분석을 받는 일 외에 달리 뾰족한 수가 없어보였을 것이다. 따라서 그가 정신분석의 목표를 '이드가 있던 곳에 자아가 있게 한다.'고 말한 것은 쉽게 말해서 이성적, 합리적 자아로 하여금 충동적이고도 탐욕에 가득 찬 무의식세계를 지배해 나갈 수 있도록 충분한 힘을 키워주는 일이야말로 정신분석에 주어진 사명임을 가리킨 말이기도 하다.

물론 프로이트가 후기 구조이론structural theory에서 묘사한 인간의 모습은 매우 염세적인 것처럼 보인다. 왜냐하면 이드Id의 압력과 초자아super-ego의 감시하에 항상 전전긍긍하며 타협적인 태도로 살아가는 자아Ego의 모습이 너무도 비굴하고 측은해 보이기 때문이다. 실제로 프로이트 자신도 일생 동안 매우 염세적인 태도를 유지한 인물이었다. 그런 이유 때문에 그의 제자 하인츠 하르트만은 자아심리학ego psychology의 완성을 통해 자아의 자율적인 기능을 강조함으로써 프로이트식의 불행한 자아를 비극적인 운명에서 구해 내고자 했다.

그러나 현실적응에 중점을 둔 하르트만식의 자아는 곧바로 프랑스 분석가 라캉의 맹공을 받기에 이르렀다. 실제로 적응만능주의는 문제의 소지가 다분하다. 단지 현실적응에 성공한다고 해서 무조건 건강한 자아로 간주하기에는 무리가 따르기 때문이다. 그런데 현실적응 문제는 유대인의 오랜 생활철학인 동시에 가장 절실한 과제이기도 했다는 점에서 낯선 땅에 정착해 살아가는 이민자들의 나라 미국에서는 오히려 큰 환영을 받았다. 하기야 두 차례의 세계대전을 겪으면서도 별 탈 없이 살면서 현실적응에 전혀 어려움을 모르고 살았던 라캉이었으니 자아심리학에 반감을 지녔던 것은 너무도 당연한 결과였을 것이다.

하지만 프로이트와 자멘호프는 유대인 신분으로 자신들이 몸담은 서구사회에 적응해 살아갈 수밖에 없는 입장이었다. 더욱이 그들의 아버지들은 모두 철저한 현실적응주의자들이었다. 그것은 불가항력적인 약자의 입장에서 마지막으로 선택할 수 있는 유일한 생존수단일 것이다. 하지만 두 아들은 그런 불합리한 현실에 무조건 동화되기를 거부하고 과감히 도전장을 던진 것이다. 그것은 구태의 관습에서 벗어난 새로운 이상과 탈출구를 모색했기 때문이다. 따라서 자멘호프가 새로운 언어 창제를 통해 인류 평화와 통합을 도모했다면, 프로이트는 그것을 인간 내면의 심층세계를 탐색하고 갈등을 해결하는 일에서 찾았다고 할 수 있다. 그 세계는 그때까지 아무도 손대지 않은 전인미답의 세계였다. 적어도 학문의 세계에서는 그랬다.

무의식 탐색의 길로 접어든 프로이트는 실로 힘겨운 씨름을 벌여야 했다. 그것은 환자와의 씨름이요, 이론과의 씨름이며, 자신을 인정하지 않는 세상과의 씨름이기도 했다. 모처럼 독창적인 탐색 분야를 발견한 프로이트로서는 손쉽게 포기할 수 없는 일생일대의 기회이기도 했다. 그것은 마치 신대륙을 발견한 콜럼버스가 느꼈을 흥분에 견줄 수 있는 그런 새로운 미지의 세계였기 때문이다.

따라서 정신분석 초창기에 프로이트 주위에 모여든 개척자들은 학문적 이상과 열정에 들 뜬 나머지 서로 간에 경쟁도 치열했다. 결국 그러한 경쟁은 불가피하게 숱한 갈등과 불화를 낳았으며, 프로이트가 지녔던 순수한 이상도 제자들의 지나친 야심과 반목으로 인해 점차 그 빛을 잃어갔다. 그리고 정신분석 내부의 분열은 대외적으로도 매우 부정적인 인상을 심어주기에 충분했다.

마르크스가 계급 없는 사회를 추구했다면, 프로이트는 갈등 없는 사회를 이상으로 삼았다. 그리고 그런 이상에 도달하기 위해서는 정신분석이 과학 지향적인 이론이 되어야 한다고 생각했다. 실제로 프로이트는 자신의 이론 가운데 상당 부분은 장래 뇌신경과학의 발전으로 충분히 규명될 것이라고 믿었다. 그러나 후기로 갈수록 초심리학적 이론으로 흐르면서 너무 추상적이고도 비과학적이라는 비난을 감수해야 했다. 그런 점에서 '태초에 말씀이 있었다.'는 구약 창세기의 첫 구절은 매우 의미심장하게 들리기도 한다.

정신분석은 언어를 통한 심리치료의 기수가 되어 심리적 원인에 의한 심리적 질환을 심리적 방법으로 치료한다는 점에서 지극히 타당하면서도 매우 획기적인 방법론을 제시한 것이지만, 그 발전과정은 결코 순탄치 않았다. 더군다나 정신분석에 대한 오해까지 가세해 오랜 기간 끊임없는 불화와 시비를 불러왔다고 할 수 있다. 그러나 사실 따지고 보면 정신분석만큼 부단한 도전을 요구하는 학문도 드물 것이며, 동시에 정신분석은 기만적 자기만족뿐 아니라 안이한 정신적 나태함을 결코 용납하지 않기 때문에 끊임없는 자기성찰을 요구한다는 점에서 남다른 용기가 요구되는 학문이기도 하다.

물리학자 출신의 정신분석가 로버트 웰더에 의하면, 모든 과학적 이론은 반복적인 관찰과 과감한 추론 및 검증에서 나오는 것으로, 그런 점에서 인간의 심층세계를 탐색하는 정신분석은 비록 엄밀한 과학적 방법론상으로 검증하기 어려운 것이 사실이지만, 그런 제한에도 불구하고 정신분석적 발견의 진실은 경험적 관찰과 추론적 이론 사이 그 중간 지점 어딘가에 존재할지도 모른다고 주장했는데, 이는 매우 적절하고도 타당한 견해로 보인다. 그래서 미국의 철학자 월터 카우프만도 프로이트의 정신분석을 가리켜 '시적 과학poetic science'이라고 불렀는지 모른다. 어쨌든 정신분석은 인간을 새롭게 개조하는 것이 아니라 주어진 비극적 현실을 어느 정도 견디어 나갈 수 있게끔 도와주는 것일 뿐이라는 프로이트의 말을 겸허히 수용한다면, 우리는 정신분석에 대한 부질없는 환상에서 벗어나 부담 없이 홀가분한 마음으로 더욱 가까이 접근할 수 있을 것이다.

에스페란토의 이상

자멘호프의 이상은 한마디로 사해동포주의 또는 인류형제애라 할 수 있다. 하나의 언어를 통하여 인종과 민족적 차이의 장벽을 뛰어넘는 형제애야말로 그가 진정으로 바라던 꿈이었다. 그러나 드레퓌스 사건이나 〈시온 장로 의정서〉 등의 문제로 반유대주의가 성행하던 당시 사회적 분위기는 자멘호프로 하여금 적극적인 국제운동으로 확산시키지 못하고 몹시 주저하게 만들었던 부분이기도 하다. 그에게는 반유대주의를 자극하거나 유다이즘운동의 일환으로 오해를 받을 것이 가장 염려스러운 부분이었기 때문이다. 프로이트 역시 그런 부분을 가장 껄끄럽게 여기기도 했다.

사해동포주의는 유대인 출신의 천재 물리학자 아인슈타인이 공개적으로 밝힌 바 있는 입장이기도 했지만, 자멘호프는 아인슈타인과 같은 세계적인 지명도조차 없었던 이름 없는 일개 개업의에 불과했다. 그것도 서구사회에서는 폴란드라는 변방에 위치한 힘없는 약소국가 취급을 받던 나라에 살던 한 무명의 유대인 의사에게 아무런 관심조차 기울이지 않았다. 더욱이 에스페란토 운동은 제1차 세계대전의 발발과 나치의 등장, 스탈린의 배척 등으로 발붙일 곳을 잃고 말았다.

유대인에 대한 사회적 편견은 너무도 뿌리 깊은 것이어서 그 뜻이 아무리 순수하고 인도주의적 이상에 입각한 것이있다고 하더라도 서구사회는 여전히 편집증적 의혹의 시선으로 바라보기 일쑤였다. 그들은 유대인을 항상 암적인 존재로 여기고 있었기 때문이다. 설상가상으로 에스페란토 운동은 하나의 언어로 통일하자는 기치아래 전개된 국제운동이었으니 그것은 재산공유와 계급철폐를 외치고 등장한 마르크스의 공산주의 운동에 버금가는 매우 위험천만한 사상으로 오해받기 십상이었다. 마르크스 역시 유대인 출신이 아닌가.

나치 독일이 공언한 가장 주된 공적公敵이 유대인과 공산주의였다는 사실을 인정한다면, 자멘호프와 프로이트가 그 기초를 쌓았던 에스페란토 운동 및 정신분석 운동은 독일사회의 공적이 되고도 남음이 있었다. 에스페란토의 이상은 민족과 인종, 종교와 이념의 차이를 뛰어넘는 것이었지만 현실은 그렇지 못하였다. 자멘호프는 이처럼 분열된 세상을 이루는 가장 큰 장벽으로서의 바벨탑을 극복하고자 했으나 그것은 현실적으로 너무도 요원한 순진무구한 발상에 기초한 이상적인 꿈이었을 뿐이다.

인간의 의식적인 언어 기능은 결코 완전치가 못하다. 하나의 언어를 사용한다고 해서 그 언어에 담긴 의식 활동이 인간 심리의 전부가 아니기 때문이다. 자멘호프는 그 점을 인식하지 못했다. 언어 사용을 통한 의식의 교류는 무의식적 담론의 영향도 받는다는 사실을 미처 깨닫지 못한 것이다. 물론 언어적 기능을 통한 의식의 교류는 매우 중요한 일이지만, 그럼에도 불구하고 인간의 감정과 행동은 보다 심층적인 내용에 영향을 받을 뿐 아니라 사회적 교류에 있어서도 언어의 일치가 반드시 모든 갈등을 해소시켜 주지 않음을 우리는 경험적으로 잘 알고 있다.

　동물애호가의 내면에는 역설적으로 동물에 대한 잔혹한 환상이 숨어 있을 수도 있다. 이와 마찬가지로 모든 인위적 차이를 철폐하는 운동의 이면에는 자신과 다른 것에 대한 두려움과 질투심 및 적대감이 자리 잡고 있을 수도 있다. 이처럼 인간의 의식적인 태도에는 그것에 상반된 욕구가 존재할 수 있기 때문에 프로이트는 의식적인 언어를 지배하는 보이지 않는 무의식적 배경에 모든 관심을 기울인 것이다. 그것은 스스로의 기억에 의존해 기록된 수많은 자서전 내용들에서도 볼 수 있듯이 역사적 사실과 담론적 사실은 차이가 날 수밖에 없는 것이다.

　프로이트는 《기억, 회상, 훈습》에서 기억의 착오 및 왜곡을 유발하는 무의식적 저항을 극복하고 그 틈새를 메우는 작업이 매우 중요함을 강조한 바 있다. 그리고 그런 저항은 매우 집요하기 때문에 그만큼 반복적인 해석과 오랜 시간을 요한다고 주장했다. 에스페란토의 이상은 비록 순수한 발상에서 시작된 것이지만, 그런 이상을 추구하기에 앞서 충분한 자기 검증과 분석 과정이 부족했다고 본

다. 좋은 것이 좋은 것이라는 단순 논리로 추진하기에는 언어문제
의 해결이 결코 간단치 않은 일이기 때문이다. 따라서 자멘호프의
이상은 매우 단순한 논리와 경험에서 출발한 것이지만, 그는 인간
의 주관적 세계가 지닌 강력한 힘에 주목하지 못하고 말았다. 그것
은 인간의 본능적 욕구가 지닌 힘을 무시하고 과소평가했던 마르크
스 사상의 실패를 상기시킨다. 에스페란토 운동이 성공하기 어려웠
던 이유도 바로 그 점에 있었던 것이다.

에스페란토 비판

에스페란토의 순수한 이상에도 불구하고 일찍부터 나름대로의 비
판도 제기되어 왔다. 우선 남성 위주로 창안된 명사들이 불씨를 낳았
다. 특히 남성 명사와 여성 명사를 철저히 구분하는 독일어 계통에서
는 반발이 심했다. 여성을 무시한 남성본위의 언어라는 것이다. 남성
우월주의 이론이라는 비난은 프로이트에게도 가해졌다. 특히 남근
위주의 이론이라는 점에서 여성운동가들의 비난이 거세었다.

물론 에스페란토의 이점은 배우기 쉽다는 점에 있지만, 그 뿌리
는 여전히 서구 중심의 언어라는 점에 문제가 있다. 어원적으로도
인도유럽적인 요인이 매우 강하기 때문에 서구인들 입맛에 알맞게
창안되었다는 점에서 인류 보편성을 획득하는 데 어려움이 있다고
할 수 있다. 일례로 '아니오'를 뜻하는 에스페란토어 '네Ne'는 한국어
발음으로는 긍정문이 된다. 따라서 각국의 고유한 언어에 내재된
문화적 특성과 향취를 파괴한다는 비판도 만만치 않다.

또한 언어적 독자성의 아름다움이 문제가 된다. '에스페란토는 아름다운 언어인가?'라는 질문에 자신 있게 답할 수 있는 사람은 그리 많지 않을 것이다. 다시 말해서 편의적인 발상에서 비롯된 것일 뿐이지 미적 차원 및 풍부한 상징성의 차원에서 보자면, 볼품없는 언어라는 비판도 가해진다. 겉으로는 다양해 보이지만, 서로 비슷비슷한 서구제국의 언어들을 적당히 혼합하여 짜깁기했다는 평도 듣는다. 발음상으로는 오히려 러시아어에 가깝다는 말도 있다.

물론 에스페란토 운동에서 모국어를 배척하는 것은 결코 아니다. 일상생활에서는 모국어를 사용하되 국제적인 대화에서는 에스페란토를 사용하자는 것이 그 근본 취지임에 틀림없다. 그렇다면 국제적인 학술모임에서는 그 용어들을 새롭게 에스페란토어로 고쳐야 한다는 번거로움이 생기며 국제학술지 역시 에스페란토어로 다시 써야 한다는 어려움이 생긴다. 또한 국제적인 분쟁이 발생해서 협상을 벌일 경우에도 전문적인 통역관을 두고 굳이 에스페란토를 쓸 필요가 있는지 궁금해진다. 오늘날에 와서는 유럽공동체의 공용어를 에스페란토로 정하자는 의견도 나온 적이 있었지만 결국 실현되지 못하였다.

문제는 언어가 달라도 상호 호혜적인 정신을 추구하는 태도가 더욱 중요하다는 점이다. 공용어를 사용하더라도 인간의 감정적 대립 문제가 일소되리라고 믿는 것은 너무도 순진무구한 발상이 아닐 수 없다. 영어를 공용어로 사용하는 다인종 국가의 대표격인 미국 사회가 우리가 생각하듯 아무런 갈등 없이 평화적으로 공존해 나가는 그런 이상적인 사회라고 감히 공언할 수 있는가.

한국어를 공유하는 우리 같은 단일민족도 상이한 이념으로 서로 반목과 대립을 반복하면서 반세기 이상 분단국으로 살아가고 있다는 점을 상기한다면 하나의 언어로 통일하는 일만이 모든 난제를 해결하는 지름길이 아님을 알 수 있다. 북한과 미국이 핵협상을 벌일 때도 북한은 영어로 회담에 임하고 있는데, 이들이 에스페란토어로 협상한다고 해서 그 결과가 더욱 좋으리라는 기대를 할 수 있겠는가.

이처럼 오늘날 영어가 국제 공용어의 위치를 굳게 지키고 있는 한, 에스페린토의 운명은 앞으로도 결코 낙관할 수 없다. 일부 이상주의자들의 지적 호기심을 충족시킬 뿐 현실적인 효용가치가 떨어졌기 때문이다. 의사소통의 효율성을 떠나서 지구상의 모든 국가와 민족이 동일한 하나의 언어를 사용할 경우, 파생될 문제점들도 고려해 볼 대목이다.

세계적 권위를 지닌 영국의 언어학자 앤드류 달비는 현재 사용되는 5,000여 개의 언어 가운데 그 절반 정도가 금세기 안에 소멸될 것으로 예견하고, 사라져 가는 고유언어의 소중한 가치 보존을 강조하는 가운데 다양한 언어의 소멸과 함께 사라질 소중한 가치 세 가지를 다음과 같이 열거했다. 첫째, 언어에 의해 보존되던 그 지역 고유의 지식, 둘째, 그 언어들에 의해 제시된 대안적 세계관, 셋째, 그 언어들과 상호작용함으로써 이룩되어 온 언어적 혁신 등이라는 것이다.

따라서 에스페란토 운동가들은 이처럼 진지한 비판에도 귀를 기울여야만 할 것이다. 그것은 영어를 세계 공용어로 하자는 공식적인 제안만큼이나 획일성을 강요하는 행위일 수 있으며, 인간의 다양성을 거부한다는 점에서 또 다른 바벨탑을 쌓는 일일 수도 있기 때문이다. 하나의 언어 통일로 일사분란하게 새로운 바벨탑을 쌓는 일보다 더욱 시급한 일은 인간의 질병과 기아, 전쟁 등의 문제를 해결하는 일이 아니겠는가.

언어 문제에 매달린 유대인

의식의 언어와 무의식의 언어를 연구함으로써 새로운 분야를 창조한 두 유대인 의사 자멘호프와 프로이트는 동시대 인물이었다. 이들의 업적은 가히 혁명적인 사건으로 기록될 성질의 일이었지만, 당시의 세인들은 이들이 이룩한 업적을 높이 평가하는 데 인색했을 뿐만 아니라 오히려 의혹의 시선을 보내는 경우가 더 많았다. 그것은 아직도 인류가 인종적 편견에서 자유롭지 못함을 반영하는 동시에, 두 사람이 인류의 가장 취약한 아킬레스건을 건드렸기 때문에 나타난 일종의 과민반응이었던 셈이다.

언어의 문제는 그만큼 단순한 일이 아님을 입증하는 것으로, 인간을 지탱시키는 언어와 무의식의 문제야말로 오랜 시간을 두고 점진적인 탐색이 이루어질 분야라는 점을 우리는 오늘날 난관에 봉착한 정신분석 운동과 에스페란토 운동을 통해 거듭 확인할 수 있다. 그런 점에서 인류는 아직도 충분히 성숙한 단계에 이르지 못한 상태임을 알 수 있다. 다만 프로이트는 그런 점을 제대로 인식하고 있었지만, 자멘호프는 그렇지 못했다. 더군다나 두 사람 모두 유대인이라는 이유만으로 강한 사회적 저항과 비난에 직면해야만 했다.

창세기의 바벨탑은 완전히 무너져 사라진 것이 아니라 그 후 다양한 형태로 모습을 바꾸어 계속 세워져 온 것으로 볼 수 있다. 물론 프로이트와 자멘호프는 그런 바벨탑에 감히 도전한 것이며, 그것을 뛰어넘어 바벨탑 이전의 세계를 되찾고자 했으나 세상은 그렇게 간단치가 않았다. 그들의 이상은 순수한 것이었지만, 자만과 편견에 가득 찬 세상은 그들만큼 순수하지 못했기 때문이다.

그런 점에서는 저명한 스위스 언어학자 페르디낭 드 소쉬르의 동생 르네 드 소쉬르 역시 자멘호프와 비슷한 길을 걸었다고 할 수 있다. 원래 수학자였던 그는 처음에 에스페란토 문법 연구에 큰 업적을 남겼으나 나중에는 에스페란토를 개량한 새로운 국제어 이도를 발표함으로써 에스페란토 학회로부터도 축출 당하고 말았다. 그는 1907년 다른 동료들과 함께 스페스밀로라는 국제 공용 화폐를 제안하기도 했는데, 당시 세상에서 비웃음을 산 그 제안은 거의 100년이 지나 유로 화폐의 통용으로 현실화되면서 단순히 황당한 주장만이 아님을 입증하기도 했다.

비록 소쉬르는 유대인이 아니었지만, 세계적인 언어학자 중에는 유대인 출신들이 단연 돋보인다고 할 수 있다. 예를 들어, 독일 태생의 미국 인류학자이자 언어학자인 에드워드 사피어, 러시아 태생의 언어학자 로만 야콥슨, 소련 최초의 구조주의 기호학자로 알려진 유리 로트만, 독일 태생으로 미국에 망명한 사회언어학자 존 검퍼즈, 선험적 문법구조를 주장해 언어학의 신기원을 이룩한 미국의 세계적인 언어학자 노암 촘스키 등이 모두 유대인이며, 캐나다 출신 미국의 언어심리학자 스티븐 핑커 역시 유대인이다.

특히 레비스트로스와 롤랑 바르트에 가장 큰 영향을 끼친 인물로 알려진 로만 야콥슨은 제2차 세계대전 당시 미국으로 망명할 때 미국 정부가 그를 본국인 소련으로 다시 송환시키려 하자 미국의 인류학자 프란츠 보아스가 적극적으로 나서서 그의 목숨을 구해 주기도 했다. 독일 태생의 유대계 인류학자 보아스는 미국 인류학의 아버지로 불리는 인물이다. 어디 그뿐인가. 의미론에서 매우 중요하게 다루는 비트겐슈타인은 언어철학에 큰 업적을 남긴 오스트리아 출신의 유대계 철학자이며, 구조주의 인류학의 시조로 불리는 프랑스의 클로드 레비스트로스도 유대인이다.

이처럼 수많은 유대인 학자가 언어 문제에 집착한 것은 매우 이례적인 현상이라 할 수 있는데, 그것은 물론 언어적 소통 문제로 낯선 환경에 적응하는 일에 그 어떤 민족보다 큰 어려움을 겪었기 때문으로 보인다. 오죽하면 게르만어와 셈어를 기묘하게 결합한 이디시어를 따로 만들어 사용했을까. 더욱이 유대인은 수천 년간 신과 맺은 언약을 굳게 믿고 숱한 시련과 고난을 이겨왔으며, 수많은 예언자를 통해 신의 말씀에 귀 기울여 오지 않았는가. 그만큼 유대인에게 있어서 인간의 언어와 신의 말씀은 불가분의 관계에 있었다고 볼 수 있다.

어쨌든 지금 이 순간도 수많은 정신분석가와 에스페란티스토, 그리고 언어심리학자들이 그 활동을 멈추지 않고 있으나, 우리에게 보다 중요하고 절실한 일은 바벨탑을 허물거나 바벨탑 위에 벽돌 한 장을 더 얹어 놓는 일이 아니라 바벨탑으로 상징되는 소통의 장벽을 넘어서서 자신과 다른 타인을 이해하고 공존을 모색하는 마음가짐일 것이며, 그럼으로써 기꺼이 타인을 도울 수 있는 마음의 자세 확립에 있다고 본다.

욥과 요나

구약성서의 욥기와 요나서는 고금을 통해 널리 읽히는 특이한 기록이다. 특이하다고 하는 이유는 구약 중에서도 상당히 초기 문헌에 속함에도 불구하고 그 내용상의 심각하고도 치열한 문제 제기는 오늘날에 와서까지 계속 유효하기 때문이다. 특히 욥이 제기한 시련과 고통의 문제는 수천 년의 시대적 간격을 뛰어넘어서도 크게 달라진 점이 없으며, 신과 인간의 관계에서 빚어지는 갈등적 차원을 과감하게 드러낸다는 점에서 가히 혁명적이라 할 만하다.

우리가 특히 욥과 요나에 주목하고 관심을 지니게 되는 이유는 이 세상에는 이들처럼 아무런 잘못 없이 양심적으로 살아가던 사람들이 어느 날 갑자기 말로 이루 형언할 수 없는 시련과 고난의 늪에 빠져 헤어나지 못하는 경우가 너무도 많기 때문이다. 실제로 우리 주위에는 그 어떤 해명조차 듣지 못할 뿐 아니라 주위의 그 누구에게도 도움을 요청할 수 없는 실로 억울하고도 고통스러운 상황에 내던져진 불행한 사람들이 얼마나 많은가. 하지만 우리 자신이 실제로 그런 곤경에 처해 보지 못한다면 그 어떤 위로나 동정심도 진정한 도움이 될 수 없다는 그런 뼈저린 아픔과 좌절에 공감을 느끼기 무척 어려울 것이다.

따라서 예상치 못한 불행에 대하여 욥과 요나가 감연히 일어서 신에게 항변하고 논쟁하는 모습은 우리에게 차라리 신선한 충격으로 다가온다. 그리고 욥과 요나의 고난이 유대인 자신들의 시련을 상징한다고 보면, 탈무드는 결국 그런 시련과 고난을 극복하기 위한 자구책에서 나온 것으로 볼 수 있으며, 신의 힘 못지않게 강력한 힘을 지닌 악의 존재에 남다른 경계심을 보여 준다고 하겠다. 그러나 탈무드는 악과 대적해서 승리할 수 있는 길을 제시하는 것이 아니라 불가피한 악에 직면하는 경우라도 그것에 굴복하지 않고 견디어 낼 수 있는 힘을 키우는 데 주력한다. 악의 힘을 결코 과소평가하지 않는 태도라 하겠다.

욥의 고난

고대 히브리 족장 욥은 신심이 매우 두터운 온전한 사람이었다. 그럼에도 어느 날 갑자기 그에게 무서운 고난이 닥치기 시작했다.

우선 재물의 손실과 괴질의 발병이 그를 괴롭혔다. 그의 불행은 보통사람들로서도 감당하기 힘든 고통의 연속이었다. 그러나 욥을 가장 괴롭게 한 것은 자신에게 닥친 불행의 근본적인 이유를 모른다는 점이었다. 그리고 그 누구도 욥에게 진정으로 도움이 되지 못한다는 사실이 그를 더욱 힘들게 했다. 그는 철저히 세상으로부터 소외된 것이다.

심지어 그의 아내조차도 그럴 바엔 차라리 자살을 하라고 권할 정도였다. 그의 절친한 친구들 역시 충고와 설득, 위로 등으로 그를 도우려 했지만 그것은 모두 공허한 말장난에 불과한 것으로 비쳐졌을 뿐이다. 욥의 절망은 날이 갈수록 그 정도가 심각해졌다. 결국 욥은 신과의 정면승부를 작심하고 신의 해명을 듣고 싶어 했다. 하지만 신은 명확한 답변을 회피했다. 욥의 신심을 시험하기 위해 곤경에 빠트린 사탄의 흉계를 신 자신이 허락했기 때문이다. 욥기의 내용을 객관적으로 본다면 신은 욥과의 대화를 계속 기피하면서도 사탄과는 매우 긴밀한 관계를 유지하고 있음을 알 수 있다. 이런 점이 신의 역설처럼 보이기도 한다.

욥기의 저자는 욥의 고난이 사탄의 농간에 의한 것임을 분명히 밝히고 있다. 그러나 욥 자신은 처음에 그런 사실을 전혀 눈치 채지 못하고 있었다. 사탄의 문자적 의미는 적이다. 문제는 신이 무슨 연고로 사탄의 감언이설에 넘어갔느냐에 있다. 신은 사탄의 흉계를 알면서도 욥의 충성심을 시험해 보는 기회로 삼았을 수 있다. 그렇다면 왜 신 자신이 직접 나서서 시험을 하지 않았던 것일까 의문이 든다.

구약의 신은 분명 질투의 신이요, 분노의 신이다. 신의 징벌은 가혹하리만치 엄격했다. 예수는 그런 신의 모습을 사랑에 충만한 모습으로 바꿔놓기도 했지만, 그런 점에서 구약의 신과 신약의 신은 전혀 다른 모습을 띠고 있다고 할 수 있다. 다시 말해 신의 본질에 변화가 이루어진 셈이다. 그렇다면 욥의 불행은 구약의 신을 섬겼기 때문인가? 그러나 수백만의 유대인이 죽음으로 내몰린 상태에서도 신은 여전히 침묵하고 있었다. 그것도 다 신의 뜻이었을까? 저명한 유대 철학자 마르틴 부버는 그런 침묵을 '신의 일식'이라고 불렀다. 신은 왜 결정적인 순간마다 침묵하는가…. 물론 그런 질문은 구약이든 신약이든 누구나 던질 수 있는 의문이다.

　　1961년 최초의 우주인 유리 가가린이 우주에서 지구를 향해 던졌다는 말이 한동안 화제가 된 적이 있었다. 그것은 우주 한가운데서 아무리 둘러봐도 신은 없더라는 말이었는데, 만약 가가린이 실제로 그런 말을 했다면 그는 문제의 핵심을 잘못 짚은 것이다. 신은 우리 각자의 내면에서 찾아야 할 존재이기 때문이다. 악마의 존재 역시 마찬가지다. 천국과 지옥은 결국 우리 각자가 마음먹기 나름에 달린 문제가 아니겠는가. 하지만 실제로 가가린은 그런 말을 한 적이 없으며, 단지 지구는 푸른빛이었다는 소감을 말했을 뿐이었다고 알려져 있다.

　　영국의 성경학자 조지 캠벨 모건은 욥의 대결을 세 가지로 구분했다. 천국과 지옥의 대결, 욥과 친구들 사이의 대결, 그리고 신과 욥의 대결이다. 그는 이 세 가지 대결이 극적으로 묘사되어 있는 욥기야말로 모든 성경 가운데 가장 빛나는 부분일 것이라고 평했다.

하지만 그가 신과 사탄의 공모를 대결로 간주한 점은 다소 무리가 있어 보인다. 사탄은 신을 상대로 대결한 것이 아니라 신을 유혹한 것이기 때문이다.

여기서 보인 신의 태도는 상식적으로 이해하기 매우 힘들다. 물론 신은 인간의 상식을 뛰어넘은 존재라는 점에서 신의 뜻을 헤아리기 어려울 수밖에 없다. 욥과 친구들 사이에 벌어진 치열한 논쟁 역시 지금까지도 계속되는 주제이기도 하다. 자신이 처한 곤경과 불행을 어떻게 해석할 것이냐 하는 문제이기 때문이다. 모든 불행의 원인은 스스로가 자초한 것인가, 아니면 환경 또는 남의 탓인가. 모든 것이 신의 뜻인가, 아니면 단지 운에 불과한 것인가 등등. 그러나 단 한 가지 원인만이 존재한다고 믿는 태도 자체가 지나친 단순화의 함정에 빠지는 것일 수 있다.

혹자는 신과 용감하게 맞서는 욥의 모습을 신과의 씨름으로 묘사하면서 그 모든 과정을 12단계로 나누어 설명하기도 했다. 마치 알코올 중독자의 치유과정을 12단계로 구분하듯이 말이다. 그러나 그렇게 복잡한 설명보다는 오히려 퀴블러-로스가 말한 죽음의 5단계로 설명하는 것이 더욱 적절할지 모른다. 이를 욥에게 적용해 보면 욥의 5단계, 즉 부정, 분노, 협상, 우울, 수용의 과정으로 설명해 볼 수 있겠다.

첫 번째 단계, 부정과 고립은 "아니야, 이건 현실이 아니야. 뭔가 착오가 있을 거야."라고 일단 자신의 불행을 인정하지 않고 거부한다.

두 번째 단계, 분노와 반문이 따른다. 하필이면 왜 나인가? 왜 나에게 굳이 이런 시련을 주시는가? 도대체 내가 뭘 잘못했는가? 등

제1부 탈무드와 유대인

등. 그러나 그렇게 분노에 가득 찬 반문에 대해 적절한 답변을 줄 수 있는 사람은 극히 드물다.

세 번째 단계, 협상은 이런 시련이 온 배경에는 뭔가 이유가 있을 것이라는 다소 합리적인 이유를 생각해 보고 자기 자신을 되돌아보는 자성의 단계이기도 하다. 자기와의 적절한 타협이 모색되는 시기다.

네 번째 단계, 우울은 불가피한 현실을 인정하고 그 어떤 희망도 접어야 하는 실망과 낙담의 시기다.

마지막 단계는 수용으로 인간은 어차피 언젠가는 다 죽는 것이며, 신분고하를 막론하고 잘하고 못하고를 떠나 인간 모두가 불행을 겪다가 죽는다는 사실에 안도하는 시기다. 그렇게 볼 때, 욥은 분노의 단계에서 다소 편집증적 반응을 보이기도 했다. 그것은 세상이 자신을 적대시한다는 점과 신이 자신을 적대시한다는 반응이었다. 그러나 욥은 그런 의구심을 정면으로 돌파해 나갔다.

반면에 영국의 데이비드 앳킨슨 신부는 욥의 반응을 일곱 가지 국면으로 해석했다. 첫째, 신의 화살에 대한 분노, 둘째, 신의 전능함 앞에서의 절망, 셋째, 신의 부재와 임재에 대한 두려움, 넷째, 변호에 대한 소망, 다섯째, 살아계신 구속자, 여섯째, 신의 통치방식에 대한 비판, 일곱째, 신과의 교류에 대한 갈망 등이다.

또한 그는 욥의 분노를 옳은 일로 보았다. 사랑의 반대는 분노가 아니라 증오 및 무관심으로 창조적인 분노는 타당성을 갖는다는 것이다. 따라서 분노를 파괴적인 형태가 아니라 적절히 다루는 법을 배울 필요가 있음을 역설했다. 오히려 그는 분노가 타인을 능동적으로 돌보는 힘을 행사할 수도 있다고 하면서 인간의 삶에서 해결책이 주어지지 않는 문제들이 존재한다는 것을 인정할 필요가 있다는 점을 강조했다. 더 나아가 질문에 답변하는 것이 중요하지 않은 경우도 흔히 있음을 주장하고, 때로는 실패하고 넘어지는 것이 필요하다는 점에서 우리를 막다른 골목으로 몰고 가는 욥기의 교훈을 되새길 필요가 있다는 것이다.

욥은 자신의 시련과 고난을 손쉽게 인정할 수 없었다. 그러나 예수는 돌아온 탕자의 비유를 들어 일말의 단서를 제시한다. 오랜 세월 방탕한 생활로 전전하다 가까스로 집에 돌아온 아들을 반기며 큰 잔치를 베푸는 아버지에게 장남이 불평하기를, 항상 아버지 곁을 지키며 온갖 궂은일을 마다하지 않은 아들에게는 아무런 칭찬도 없으면서 집 나간 지 오래인 아우를 그토록 반기는 일은 공평치가 않다는 것이었다. 그에 대한 아버지의 반응은 너무도 간단했다. 네 몫은 이미 네가 받았기 때문이라는 것이다. 방탕한 아우는 그동안 시련을 충분히 겪은 셈이고 착실한 장남은 그동안 안정된 삶을 보장받았기 때문에 이미 자기 몫을 받은 셈이라는 것이 예수의 해석이다. 따라서 구원의 기회는 시련과 고난을 겪은 사람에게 더욱 클 수밖에 없다는 것이 예수가 전한 복음의 핵심이 아니겠는가.

욥의 해답

욥은 신에게 자신의 무고함을 하소연하며 거세게 항의했다. 악마의 꼬임에 넘어간 신을 원망도 해 보고 심지어는 자살을 생각해 보기까지 했다. 그러나 신은 끝내 만족스러운 답변을 주지 않았다. 결국 욥은 자신에게 주어진 고난을 신의 뜻으로 받아들이기로 했다. 물론 욥기의 저자는 욥과는 달리 매우 단순한 해답을 제시하고 있다. 욥의 수난은 욥의 잘못이 아니라 악마의 농간 때문이라는 것이다. 문제는 신조차 악마를 함부로 대할 수 없다는 점에 있다. 그만큼 악의 존재는 강력한 힘을 갖추고 있는 것이다.

욥은 신에게 항변도 해 보지만 악마에게는 감히 대들지 못하였다. 자신을 보호해 주리라 굳게 믿었던 신의 무책임한 행동에 대해 일종의 배신감을 느끼는 것은 너무도 당연하다. 신의 뜻에 따라 선행을 실천하며 살았던 욥이기에 그의 혼란은 더욱 가중될 수밖에 없었을 것이다. 하지만 착하게 사는 것만이 신의 뜻은 아닐 것이다. 신에게 선택되고 그에 대한 어떤 보상을 얻으려면 그렇게 단순한 요구로만 이루어질 일이 분명 아닐 것임을 욥은 깨닫지 못한 듯하다.

아무런 조건이나 요구 없이 천성이 착해서 그렇게 사는 사람들도 수없이 많다. 욥은 그런 사람들 가운데 하나일 뿐이다. 신이 욥을 선택했다면 거기에는 그럴 만한 이유가 있을 것이다. 욥은 신이 왜 그 많은 사람 가운데 굳이 자신을 선택했는지 의문을 가져본 적이 없다. 욥이 적절한 해답을 얻지 못한 이유가 거기에 있다. 욥은 신의 소명을 받아 그 일을 완수했기 때문에 혜택을 받은 것이 아니었다. 그럼에도 불구하고 욥은 아무런 이유 없이 신의 선택과 혜택을 받았다. 따라서 그에게 주어진 시련도 아무런 이유가 없을 수 있다.

천수를 다하는 사람과 일찍 요절하는 사람 사이에 그 어떤 이유를 찾는다면 나름대로 그 해답을 얻을 수는 있겠다. 예를 들어, 신께서 너무도 사랑했기에 일찍 거두어 가셨다는 식으로 말이다. 그렇다면 천수를 다 한 사람은 신의 사랑이 상대적으로 엷었다는 말인가? 그러나 진정한 해답은 그 누구도 알지 못한다. 욥기의 저자는 욥의 고난을 악마의 농간에 의한 것으로 설명했지만, 그것은 단지 그럴듯한 주석에 불과한 것일 뿐이다. 신조차 알 수 없는 일들이 이 세상에는 비일비재하다. 욥은 전지전능한 신일 것이기에 자신의 불가사의한 시련도 해명해 줄 것이라고 믿었지만 그것은 욥의 오산이었다. 결국 욥이 깨달은 사실은 신도 모든 것을 다 알지 못하며 모든 고난을 해결해 줄 수도 없다는 점이었다. 그런 깨달음을 통해 욥은 보다 겸허해질 수 있었던 것이다.

요나의 표적

요나는 기원전 8세기 여로보암 2세가 통치하던 기간에 활동하던 이스라엘의 선지자였다. 그는 당시 악에 물든 세상에 대해 곧 하늘의 심판이 있을 것이라는 경고를 니네베로 가서 전하라는 신의 지시를 거역하고 엉뚱한 곳으로 달아났다가 때마침 불어닥친 폭풍으로 타고 가던 배가 침몰하기 직전에 이르게 되자 요나는 그것이 단순한 폭풍이 아니라 신이 진노하신 표적으로 보고 선원들에게 자신의 몸을 바다 한가운데 내던지면 폭풍이 잠잠해질 것이라고 설득했다.

결국 요나는 바다에 던져지고 파도는 잠잠해졌다. 그러나 신은 고래로 추정되는 거대한 물고기가 요나를 삼키도록 함으로써 그를 살렸다. 고래 뱃 속에 갇힌 요나는 사흘간 쉬지 않고 신에게 기도하며 자신의 죄를 뉘우 쳤으며, 그런 요 나의 모습을 보고 신은 고래에 명하 여 육지에 그를

요나와 고래. 피터르 라스트만 作(1621)

토해 내도록 지시했다. 신의 도움으로 다시 기사회생한 요나는 결 국 신의 명령대로 니네베로 가서 온 백성들에게 죄를 회개하라고 외쳤다.

　예수 그리스도는 자신을 시험하기 위해 하늘의 표적을 보여 달 라고 요구하는 바리새인들과 사두개인들을 향해 말씀하시기를, 악 하고 음란한 세대가 표적을 찾지만 당신께서는 요나의 표적밖에 보 여 줄 것이 없다고 하시며 니네베 사람들처럼 회개하지 않으면 구 원도 없을 것임을 암시했는데, 그것은 마치 요나가 사흘 동안 고래 뱃속에서 죽었다 살아났듯이 예수 그리스도 역시 무덤 속에서 사흘 간 머물다가 다시 부활할 것임을 믿지 않고서는 구원받기 어려움을 가리킨 것으로 보인다.

　따라서 요나가 보여 준 신의 표적은 곧 십자가 처형 후 부활을 통 해 보여 준 예수 그리스도의 표적과 동일한 메시지를 전하는 것으 로 간주되기도 한다. 또한 그것은 유대인의 편협한 선민의식을 질

타하는 메시지이기도 하며, 보다 보편적인 인류애의 실천을 널리 강조한 말씀으로 해석되기도 한다. 하지만 정작 유대인들은 요나의 기적을 그렇게 높이 평가하지는 않고 있으며, 예레미아, 이사야, 엘리야 등의 선지자보다 한 수 아래인 인물로 보는 경향이 있다. 비록 니네베 사람들이 요나의 경고에 따라 금식하며 회개하는 모습을 보임으로써 신의 용서를 받았지만, 가축들까지 굶긴 사실에 대해서는 선뜻 동의하지 않는다.

물론 요나의 성격은 신에게 당돌하게 대들고 끝까지 이의를 제기한 욥에 비하면 매우 수동적인 편에 속한다. 그러나 초반에 신의 명령을 어기고 다른 곳으로 도망쳤다는 점에서 요나는 잠시나마 신과 갈등을 빚기도 했다. 물론 그것은 이스라엘의 적대자인 니네베 사람들까지 챙기시는 신에 대한 불만 때문이었다. 결국 신의 뜻에 굴복하고 니네베로 가서 신의 메시지를 전하지만, 요나의 불만이 완전히 가신 것은 아니었다.

이는 마치 신의 구원이 유대인만을 대상으로 하는 것이 아니라 다른 모든 이민족들에게까지 미칠 수 있다는 선언으로 그 범위를 대폭 확대시킨 예수 그리스도의 입장과는 사뭇 다르다고 할 수 있다. 요나는 마지못해 신의 사명을 완수했지만, 예수는 유대인들의 자기본위적인 믿음체계를 그 근본에서부터 뒤집어 엎은 셈이다. 구약과 신약 세계를 구분하는 중심축은 결국 구원의 대상 폭이라 할 수 있다.

하기야 요나에게 주어진 신의 사명도 알고 보면 이방인의 구원을 염두에 둔 것이었다는 점에서 예수 그리스도의 뜻과 크게 다르지 않음을 알 수 있다. 물론 요나의 기적에 대한 해석은 구구하지만, 결국 요나는 유대인을 상징한다고 볼 수 있다. 그런 점에서 고래는 이방인을 나타낸다. 어느 민족이나 유대인을 삼킬 수는 있어도 소화시켜 동화시키지는 못한다. 소화가 되지 않는 민족은 결국 어떤 형태로든 도로 뱉어낼 수밖에 없다.

요나의 경우처럼 유대인을 삼킨 고래들은 얼마든지 많았다. 이집트왕국, 바빌론제국, 로마제국, 독일, 소련, 미국, 영국 등 그러나 어느 민족도 유대인을 완전히 동화시키지는 못했다. 요나는 무기도 없었다. 오로지 기도하는 정신밖에 없었던 것이다. 아무리 강력한 위협도 유대인의 정신만은 빼앗을 수 없었다. 탈무드가 강조하는 점도 결국 그 무엇과도 바꿀 수 없는 바로 그 옹골진 정신에 있었던 것이다.

악은 존재하는가

예수는 원수를 사랑하라고 말씀하셨다. 그것은 악을 행하는 원수까지도 사랑하라는 무서운 주문이다. 1980년 5월 광주에서 무고한 시민들이 피를 흘리며 무참히 죽어간 바로 그해 벽두에 해인사에 안거하던 성철 스님은 신도 부처이고 마귀도 부처라는 유명한 신년 법어를 남겼다. 선과 악의 인위적인 구분이 얼마나 무모한 일인지 설파한 것이지만, 유감스럽게도 시대적 분위기에 걸맞지 않았기에 두고두고 사람들의 입에 오르내리기도 했다.

선악의 혼연일체. 이는 스위스의 정신의학자 카를 융도 한 말이다. 그러나 한적한 사찰이 아니라 피의 학살현장에 있으면서도 과연 그런 말을 거리에서 감히 외칠 수 있었을까 자문해 본다. 선량한 사람들이 악행을 저지르는 인간들에 의해 모두 죽임을 당해 지상에서 사라지고 만다면 이 세상에는 결국 악인들만 남게 되고 악이 악을 상대로 서로 아귀다툼을 벌이는 지옥 그 자체가 되고 말 것이 아니겠는가.

그렇다면 모든 종교가 지향하는 바가 결국 지상의 지옥과 천상의 극락을 구현한다는 것인가. 지구 전체를 거대한 악의 소굴로 만드는 것이 종교의 목적이란 말인가. 반면에 비록 실패로 돌아가기는 했지만 한때나마 모든 세상을 인민들의 지상낙원으로 건설하고야 말겠다는 거대한 실험으로 숱한 피를 흘리게 했던 공산주의는 선과 악의 두 얼굴을 지녔던 괴물이었던 것일까. 남의 재물을 빼앗아 호의호식하는 도둑끼리 서로 사랑을 나눈다면 그것도 선한 일인가. 따라서 모든 사랑을 선에 속하는 것으로 간주할 수 있겠는가.

그런 점에서 미국의 정신분석가 오토 컨버그는 성숙한 사랑과 미숙한 사랑을 구분하고, 서로에 대한 헌신과 이상화 그리고 친밀감이 결여된 모든 성적 열망은 진정한 사랑으로 보기 어렵다고 하면서, 인격적 미숙함으로 인해 드러나는 파괴적, 도착적 성향 역시 성숙한 사랑이 될 수 없다고 했다. 사랑에도 사도마조히즘과 유사한 병적인 사랑이 얼마든지 존재한다는 말이다. 그것은 온갖 종교적, 정치적 명분을 내세워 전쟁과 학살을 서슴지 않았던 인간의 역사를 통해 얼마든지 확인할 수 있는 문제다.

법은 당연히 선을 보호하고 악을 응징하기 위한 것이다. 그러나

제1부 탈무드와 유대인

무엇이 선이고 악인지 그 옥석을 가리고 시시비비를 따지는 일은 말처럼 그렇게 간단치가 않다. 그런 시비의 일환으로 미국의 유명 랍비들 간의 논쟁을 소개해 보도록 하자. 랍비 해롤드 커쉬너는 인간의 고통이 잘못된 인간 행위에 대한 신의 징벌이라는 전통적 견해를 거부하고, 더 나아가 신이 인간에게 시련을 내리는 이유도 영적인 힘과 깨달음을 주기 위한 배려라는 주장에 대해서도 의구심을 표시했다.

그는 오히려 인간이 겪는 시련과 고통은 신이 천지를 창조하실 때 이미 내재된 일부로서 존재하는 것이며, 신이 인간으로 하여금 선악에 빠지도록 하시는 것이 아니라 인간 스스로가 선악을 선택하는 것이라고 하였다. 그리고 그 선택의 과정에 신은 어떠한 관여도 하지 않는다는 입장이다. 그는 단적인 예로 홀로코스트를 언급하면서, 어떤 사람들은 악을 선택하고 다른 사람들은 그런 악행의 결과로 고난을 겪는다는 것이다. 그의 신념은 전지전능한 신의 속성에 대해 강한 의구심을 지닌 것으로 보이기도 한다.

하지만 보수파 입장을 대변하는 랍비 커즈너는 이에 대한 반론에서 고난과 고통은 인간 행위의 일탈에 대한 징벌의 표시인 동시에 인간의 성장과 반성을 촉구하기 위한 의지의 표현으로 보았다. 따라서 인간이 겪는 시련과 고난에는 분명한 이유가 있다는 입장이다. 다만 우리가 신의 뜻을 제대로 이해하지 못하는 것일 뿐이라는 주장이다. 이처럼 신의 전지전능성에 대한 굳은 신념을 표시한 커즈너는 본인 자신이 암으로 고통 받다 세상을 떠난 랍비였는데, 암 투병 중에 그런 반론을 제기한 것이다.

물론 대중적인 관점에서는 커즈너의 입장이 더욱 큰 호응을 얻은 것이 사실이다. 이와는 다른 관점에서 랍비 텔루슈킨은 신의 경솔함에 유감을 표시한다. 다시 말해서 신이 사탄 앞에서 당신의 충직한 종 욥에 대한 칭찬을 하지만 않았더라도 그의 인생이 훨씬 순탄했으리라는 것이다. 왜냐하면 사탄은 세상 물정에 어두운 신을 비난하는 가운데 그 증거로 욥의 충성심을 한번 시험해 보자고 제안함으로써 욥의 비극이 시작되었기 때문이다.

　프랑스의 신경생리학자 장 디디에 뱅상은 《인간 속의 악마》에서 신의 존재를 의심하지 않고 받아들이듯이 인간은 악마의 존재 역시 있는 그대로 받아들여야 한다고 주장했다. 그는 신의 천지창조에 대비해서 악마의 진화법칙을 강조하고, 인간을 욕망에 물든 존재로 이끄는 데 주도적인 역할을 맡은 악마의 존재야말로 오랜 기간 인간의 뇌를 지배해 왔다는 것이다. 따라서 악마는 바로 나 자신임을 인정하고 악마의 계략을 미리 감지하며 그것에 대한 대응책을 강구하는 노력이 절실하다는 주장이다.

　뉴잉글랜드 대학 철학교수 데이비드 리빙스턴 스미스는 거짓과 기만이 인간 본성의 일부를 이루고 있음을 지적하면서 뇌의 진화뿐 아니라 인간 무의식 차원에서도 인간 스스로를 보호하기 위해서는 자기 기만적 방편을 동원할 수밖에 없음을 역설했다. 그러나 이런 주장도 모든 악의에 가득 찬 거짓과 기만적 행위에 대한 면죄부가 될 수는 결코 없을 것이다.

　그런 점에서 정신과의사 스코트 펙이 내린 악에 대한 정의는 보다 이해하기 명확하다. 그는 타인을 희생시키며 자신의 이익을 추

　　　　　　　　　　　　　　　　　　　　　제1부 탈무드와 유대인

구하는 것 자체가 악이라고 규정했다. 따라서 악의 핵심인 자기중심적인 인간은 신을 두려워하는 선량하고 건전한 시민의 이미지로 자신을 위장하며 자기 스스로를 기만하는 데 능숙해진다고 하였다.

그는 악에 대해 다음과 같이 요약했다. 악인은 거짓을 동원하여 자신의 저의를 숨긴다. 사악한 인간은 자신이 항상 선량하게 보이기를 원한다. 악에 직면하게 되면, 가장 현명한 사람도 혼란을 겪는다. 악은 타인에 대한 의존성을 조장시켜서 스스로 생각할 수 있는 용기를 꺾어버린다. 따라서 악에 대적하기 위해서는 무슨 수를 써서라도 지속적으로 현실에 충실해야 한다. 백번 지당한 말씀이요, 명쾌한 충고라 하겠다.

고통의 치유

삶을 살다보면 전혀 예기치 못한 시련에 마주칠 수 있다. 욥은 의롭고 정직한 사람이었지만 별다른 고생을 모르고 살았던 인물이었다. 그에게는 달리 부족함도 없었다. 따라서 평소 시련과 고난에 대한 준비가 전혀 없었던 그는 자신에게 불어닥친 불행한 사태 앞에 속수무책일 수밖에 없었다. 오랜 기간 신을 믿고 신에게 의지하며 살기만 했던 그였기에 욥은 자신에게 불어 닥친 시련과 고통이 이해되지 않았으며, 당연히 신에게 그 해명을 요구한 것이다.

그러나 신은 적절한 답을 내리지 않았고, 누구도 그의 입장을 이해하지 못하였다. 좌절과 실의에 빠진 욥은 실로 죽고 싶은 심정이었을 것이다. 실제로 욥의 아내는 그럴 바에는 차라리 죽어버리라고 했다. 그것도 한 방법일 수 있다. 맞는 말이기는 하지만 삶의 고통과 곤경에 빠진 사람들은 필사적으로 그런 덫에서 빠져나오려 애쓰기 마련이다. 동시에 그들은 자신들이 처한 불행의 근원과 이유를 당연히 알고 싶어 한다.

욥은 자신이 마주친 이유를 알 수 없는 시련과 고통이 과연 어디에서 비롯된 것인지 알고 싶어 신에게 계속 질문을 던졌으나, 만족스러운 해답을 얻지는 못하고 말았다. 그는 스스로 해답을 찾아야만 했으며 결국 그 답을 찾았다. 그것은 자신의 불행을 현실로 인정하고 순순히 받아들이는 것이었다. 그런 점에서 욥의 아내는 너무도 비정했다. 생의 반려자로서 불행을 함께 감수하고 서로를 원망하지 않으며 항상 곁을 지켜준다는 것만으로도 이미 불행의 절반은 극복한 셈이 될 수 있었음에도 그녀는 그렇게 하지 않았기 때문이다.

어려울 때 친구가 진정한 친구라는 말은 사실이다. 따라서 입에 발린 소리보다 더욱 가치 있는 일은 함께 있다는 사실 그 자체일 것이다. 그것은 기꺼이 상대방이 당하는 고통을 함께 겪고 나누는 자세를 의미한다. 여기에는 반드시 타인의 입장에 서서 이해해야 한다는 공감의 필요성이 요구되는 것도 아니다. 고통을 함께 나누는 현장에는 많은 말이 필요 없으며 오히려 침묵이 더욱 큰 힘을 발휘할 수도 있다. 차라리 아무 말 없이 손을 잡아주거나 껴안아주는 것이 더 나을지도 모른다.

고통에 빠진 환자들을 대하는 치료자의 입장에서 특히 관심을 갖게 되는 부분은 고난에 처한 욥을 위로하기 위해 찾아온 친구들이 보여 준 태도에 있다. 그들은 의례적인 위안과 설득, 지지, 교훈적인 내용으로 욥을 달래지만, 결국 그들의 위안은 욥의 마음을 더욱 괴롭게 하고 절망에 빠트리게 했다는 점에서 오히려 역효과만 낳았을 뿐이다. 따라서 과연 진정한 위안이 무엇이냐 하는 문제가 당연히 제기된다는 점에서 욥의 친구들이 보여 준 말과 행동들은 생각해 볼 가치가 충분히 있다.

불행에 처한 사람을 더욱 괴롭히고자 할 사람은 없을 것이다. 하지만 좋은 뜻에서 던진 위로의 말과 충고가 결과적으로 그 불행의 당사자에게는 더욱 큰 아픔과 고통으로 전달되고 경험될 수도 있다는 사실을 모든 유형의 정신치료자들은 유념해야 할 대목이다. 욥기는 그런 점에서 정신치료 차원에서도 아주 중요한 단서를 제공해 주고 있는 셈이다.

욥이 처한 불행을 전해 듣고 위로 차 그를 방문한 친구들은 당연히 욥의 고통을 덜어 주기 위해 나름대로 그 원인을 설명하고자 했다. 그러나 그들은 각자의 한계를 드러내 보였을 뿐이다. 그리고 그들이 제시한 처방 또한 완전치 못하였다. 왜냐하면 친구들과 욥이 보인 논쟁은 그런 고통을 직접 당한 사람과 그렇지 않은 사람

욥과 친구들. 귀스타브 도레 作(1866)

들 사이에 놓인 너무도 큰 간격만을 노출시켰을 뿐, 오히려 그런 점들이 욥으로 하여금 더욱 큰 좌절에 빠트리게 한 이유가 되었기 때문이다.

세 친구가 욥에게 해 준 충고는 내용 자체만으로는 사실 다 맞는 말들이다. 하지만 고통과 비탄에 빠진 사람을 대하는 그들의 태도는 분명 적절치 못한 것이었다. 합리적 사고를 중시하는 논리학자 엘리바스, 상대의 말은 듣지 않고 자신의 말만 쏟아내는 정통주의 설교자 빌닷, 성급하며 교만한 소발 등 세 친구는 나름대로의 신념을 지니고 욥에게 다가갔다. 하지만 그들의 노력과 시도는 모두 실패하고 말았다. 오히려 그들은 욥의 고통을 가중시키는 결과만을 초래하면서 사태를 더욱 악화시키고 만 것이다.

누군가 실수를 저질렀을 때 사람들은 흔히 "바로 그게 네 문제야"라고 비웃기 잘한다. 누군가 불행한 일을 겪게 되면 '사필귀정'이라느니 '인과응보'라는 말로 그런 결과를 당연히 여긴다. 욥의 친구들이 보인 태도는 이런 태도들과 하나도 다를 게 없다. 그들은 모두 한결같이 고통과 좌절, 비탄에 빠져 있는 욥의 마음, 그 자체를 간과하고 있는 것이다. 그들에게는 욥과 불행을 함께 하려는 나눔의 정신이 없다. 욥에 대한 공감적 태도 역시 보이지 않는다. 그들은 단지 욥이 당한 상황과 전후사정에만 관심을 두었다. 고통에 빠진 욥이라는 사람, 그 자체는 안중에도 없었던 것이다.

세상에는 실제로 욥처럼 뚜렷한 이유를 모른 채 부당한 고통에 신음하고 절망하는 사람들이 너무도 많다. 그리고 적지 않은 사람들이 그런 곤경에서 벗어나기 위해 전문가의 도움을 청하기도 한다. 물론 정신적 고통에 처한 환자들을 돕는 것이 정신분석가 또는 정신치료자의 주된 임무라 할 수 있지만, 이 세상에는 그런 치료적 도움으로 해결할 수 없는 정신적 문제도 많은 것이 사실이다. 단적인 예로 정신분석은 불행한 인간을 행복한 인간으로 바꿔주려는 시도가 결코 아니다. 게으른 사람을 부지런한 사람으로 변화시키는 것도 아니다. 비겁하고 소심한 사람을 대범하고 용기 있는 영웅으로 만드는 것도 아니다. 심성이 잔악한 인간을 착하고 선량한 인간으로 만드는 작업도 아니다. 악질적인 범죄자를 순종적이고 양심적인 인간으로 교화시키는 작업은 더더욱 아니다.

종교적인 표현처럼 새로 거듭남은 예전의 인간과는 전혀 다른 인간으로 태어남을 뜻한다. 하지만 정신분석은 새사람으로 변모시키고자 함이 목적이 아니라 병적인 부분의 변화를 통해 보다 건강하고 효율적으로 이 사회에 적응해 나갈 수 있도록 도와주는 것이다. 총체적인 변화가 아니라 부분적 변화를 도모할 뿐이다. 따라서 정신분석은 그물에 걸린 사람을 도와 그곳에서 스스로 헤치고 나오도록 돕는다. 다만 악의 깊은 수렁이나 함정에 빠진 사람을 돕지는 못한다. 그런 경우에는 오히려 종교가 더욱 큰 힘을 발휘한다.

그런데 이 부분에서 우리가 주목할 사실 한 가지가 있다. 탈무드는 악의 실체를 밝히고 악을 정복하는 일에 관심을 기울이지 않는다는 사실이다. 그것은 부질없는 일이라고 여기기 때문일지도 모른다. 사실 악에 너무 지나친 관심을 기울이면 오히려 악의 덫에 빠질 위험이 더욱 커질 수도 있다. 그리고 세상에는 천사보다 악마에 더 큰 관심을 보이는 사람들도 많은 게 사실이다. 그만큼 악은 막강한 힘과 지식을 지니고 있다. 그 유혹은 손쉽게 물리치기 어려운 부분이기도 하다. 괴테의 파우스트 박사를 보라. 심지어 예수와 부처님도 악마의 유혹에 직면해 일시적으로 마음이 흔들리지 않았는가. 그러나 과감하게 유혹에서 벗어난 두 성자는 결국 큰 깨달음에 도달했다.

탈무드는 악을 탓하지 않으면서도 악의 유혹에 빠지지 않는 지혜와 그러기 위해 올바른 심성에 도달할 수 있는 길을 제시할 뿐이다. 그래서 탈무드는 만일 악에 대한 충동에 사로잡혀 있다면 그것을 몰아내기 위해 뭔가를 배우는 데 더욱 몰두해야 한다고 가르친다. 악은 결코 우리 자신과 무관한 게 아니며, 이미 태어날 때부터 인간의 마음속에 싹이 트기 시작해서 날이 갈수록 점점 더 크게 자라나기 마련이라고 본다. 그래서 악은 비록 처음에는 여자처럼 연약해 보이지만 그대로 방치하면 힘센 남자처럼 강해지고, 처음에는 거미줄처럼 가늘지만 나중에는 밧줄처럼 굵어지기 마련이며, 처음에는 손님처럼 겸손하나 그대로 두면 나중에는 주인 행세까지 하려드는 게 악이라는 것이다.

더군다나 탈무드는 남보다 뛰어난 사람일수록 그만큼 악에 대한 충동 역시 강한 것으로 보고 경계하기도 한다. 결국 세상에 올바른 일만 하는 사람은 없으며, 누구든 본의 아니게 악한 일도 저지르게 되기 때문에 그럴 경우에도 '죄를 미워하되 사람은 미워하지 말라'고 가르친다. 더욱이 사춘기에 이르면 그런 악의 충동이 선한 충동을 압도하게 되는 분기점에서 더욱 큰 혼란에 빠지기 쉬운 점을 지적한다.

그리고 탈무드는 이렇게 말하기도 한다. 진정으로 인간이 악한 충동을 지니고 있지 않다면, 그는 아무 일도 하지 않고 집도 짓지 않을 것이며, 아내를 얻어 아이들도 낳지 않을 것이라는 주장이다. 굳이 악착같이 일하고 악착같이 공부할 필요성을 느끼지 못할 것이라는 말이다. 이처럼 탈무드는 악에 대해서 무조건 나쁜 것으로 보지 않는다. 이는 마치 인간의 성과 공격성이 본질적으로 무조건 나쁜 게 아니라 어떻게 건설적인 방식으로 승화시켜 나갈 것이냐에 따라 문명세계의 유지가 가능할 것으로 보았던 프로이트의 입장과도 매우 비슷하지 않은가.

카인의 후예

인류역사를 통해 수많은 인간을 고통에 빠트린 가장 큰 원흉은 다름 아닌 인간 특유의 잔혹성이었다. 일반 동물과 달리 인간만이 유일하게 동족을 그것도 아주 잔인하게 살해하는 아주 특별한 동물에 들어간다는 사실은 너무도 잘 알려진 특성이기도 하지만, 더욱 역설적인 사실은 대개의 경우 그런 무자비성의 명분으로 내걸었던 이유들이 종교적 또는 도덕적, 사상적 차이 때문이라는 점이다.

그것도 문명의 발달, 지성의 발달과는 상관없이 그리고 절대 다수의 인간이 종교를 믿고 있음에도 불구하고 인간 특유의 잔혹 행위는 여전히 사그라질 줄 모르고 더욱 기승을 떨고 있으며, 선과 악

사이에 벌어지는 보이지 않는 전쟁은 근절될 기미가 전혀 없으니 실로 기묘한 일이 아닐 수 없다.

더군다나 인류를 파멸 직전으로 몰고 간 두 차례의 세계대전은 기독교인들이 주도한 전쟁이었고, 십자군전쟁에서 비롯된 기독교 사회와 이슬람세계의 충돌은 오늘날에 이르러 날이 갈수록 첨예한 대립으로 치닫고 있는 상황이다. 이들 두 종교의 신도 수가 인류의 절반에 가까운 33억에 달한다고 봤을 때, 인류의 미래가 결코 순탄치 않음을 짐작할 수 있다. 더욱 어려운 문제는 이들이 제각기 서로를 악의 세력으로 간주한다는 점이다.

하지만 타인에 대한 착취나 잔혹 행위를 모두 악으로 간주한다면, 그 누구도 스스로를 선하다고 장담하기 어려운 것도 사실이다. 물론 역사적으로 인간 심성의 변화와 발전을 위해 애쓴 위인들은 무수히 많다. 그러나 대다수의 인간들은 여전히 악의 유혹과 위협에서 자유롭지 못하다. 더군다나 인성의 보편적 본질 가운데에는 사악한 일면들이 엄연히 존재해 왔음을 입증하는 수많은 자료들이 우리 자신을 괴롭게 하기도 한다. 특히 종교와 정치는 그런 인간 심성의 본질적인 약점에 빌붙어 번성해 왔음을 부인하기 어렵다.

설상가상으로 일반 대중의 지적 수준이 눈에 띄게 향상된 오늘날의 시점에 이르러서도 사악한 인간들의 영향력은 날로 기승을 떨고 있다. 더욱이 과거에 비해 놀라울 정도로 엄청난 지식과 정보로 무장한 현대인들이지만, 그럴수록 예기치 못한 약점에 노출되기 시작했는데, 그것은 바로 도덕불감증이요 악에 대한 둔감성이라 할 수 있다. 탈무드의 지혜가 현대를 살아가는 우리에게 더욱 절실한 이유도 그래서인지 모른다.

선악의 이분법

인간 본성에 대한 심각한 논의는 이미 오래전부터 있어 왔다. 그 중에서도 가장 첨예하게 대립한 논쟁이 맹자의 성선설과 순자의 성악설 사이에 벌어진 일임은 주지의 사실이다. 맹자의 성선설은 적절한 가르침의 부족으로 인해 타고난 착한 성품이 무너지기 쉬움을 강조한 것이며, 순자의 성악설은 적절한 가르침을 통하여 타고난 악한 성품을 충분히 길들일 수 있음을 강조한 것이다. 그러나 인간의 본성이 어찌 됐든 올바른 형식이 그릇된 내용을 바로잡을 수 있다는 전제하에 유교적 전통이 오랜 기간 동양사회를 지탱해 준 것도 사실이다.

이와는 달리 종교적 관점에서 불교의 불성론佛性論과 기독교의 원죄설 역시 서로 대립된다. 타고난 죄를 씻고 구원받기를 열망하는 기독교의 원죄설은 성악설에 가깝고, 인간의 내면에는 누구나 불성을 간직하고 있다는 불교적 메시지는 성선설에 가깝다고 할 수 있다. 반면에 조로아스터교에서는 선신과 악신의 존재를 모두 인정하기도 한다.

그렇다고 해서 선과 악이 혼재된 상태로 보거나 또는 보는 관점의 차이에 따라 선을 악으로 간주하기도 하고 악을 선으로 간주하는 태도 역시 그 뒷맛은 여전히 개운치가 않다. 다만 불교에서는 인간의 무명無明이 전생의 업보로부터 온다고 주장하면서도 그런 무명에서 벗어날 수 있는 불성 또한 동시에 지니고 있다는 입장을 보이고 있으니 성악설과 성선설 모두를 포함한다고 볼 수도 있다.

물론 프로이트는 타고난 성과 공격성이 발달단계를 거치는 가운데 인성의 중요한 일부가 된다고 보았기 때문에 그 역시 성악설에 가까운 이론을 제시한 것으로 간주된다. 그런 점에서 프로이트는 인류 최초로 살인을 저지른 카인이야말로 인간 내면에 간직된 사악한 본성과 공격성의 상징적 존재로 보고, 우리 모두가 카인의 후예라는 자조적인 표현을 쓰기도 했다. 반면에 카를 융은 성의 본질적인 측면을 거부하고 그 대신 집단무의식을 통한 원형의 개념을 제시했지만, 그것은 이미 오래전부터 유식唯識불교에서 주장해 왔던 아뢰야식 개념을 심리학적으로 재해석한 내용이 아니겠는가.

선과 악이 다르지 않다고 본 융의 견해는 물론 부처와 마귀가 다르지 않다고 본 성철 스님의 주장과도 일치한다. 불교에서는 선악의 구분을 포함한 모든 분별지分別智 자체가 고통의 근원이라고 보기 때문이다. 해탈은 곧 그런 모든 분별지를 넘어선 경지를 일컫는 말이기도 하다. 그런데 일반 중생들의 삶에서 그런 분별지에서 벗어난 경지의 경험은 갓 태어나 엄마 품에 안겨 젖을 먹던 시기에만 국한될 뿐이다.

원초적 단계에서부터 인간의 발달과정을 면밀히 관찰해 온 정신분석에서는 적어도 선악에 대한 개념에서만큼은 매우 모호한 태도를 취한다. 왜냐하면 가장 원초적 단계에 속하는 유아의 심리세계에서는 선과 악의 개념이 존재하지 않는다고 보기 때문이다. 그 세계에는 오로지 좋고 나쁜 것만이 존재한다. 프로이트는 그것을 쾌,

불쾌의 쾌락원리pleasure principle 차원에서 다루었는데, 문제는 성적인 에너지를 뜻하는 '리비도'의 관점에서 이해했다는 사실이다.

그러나 유아적 단계에서 보이는 이분법적 인식론의 잔재는 성인기에 이르기까지 그 생명력이 매우 끈질기다는 점이 특징이다. 자타의 구분과 분별력의 형성으로 자아의 발달이 진행되고 더 나아가 초자아 형성이 이루어지면서 옳고 그름의 판단은 더욱 정교화되기 마련이다. 여기에는 부모의 영향력이 절대적으로 작용한다.

무엇이 옳고 그른가에 대한 최초의 교육은 물론 어머니라는 존재로부터 나온다. 따라서 어머니의 태도와 가치관은 다른 무엇보다 중요하다. 자식을 착하고 훌륭하게 키우고 싶다는 소망은 모든 어머니의 꿈이다. 그러나 아무리 정성들여 키워도 인간 심성의 발달은 어머니 뜻대로만 되는 것이 아니다. 중요한 점은 아기의 요구에 적절한 코드를 맞춰줄 수 있는 어머니의 정서적 민감성에 좌우된다는 사실에 있다.

유아적 단계에서 아기에게 경험되는 불쾌한 감정은 그것이 바로 악이 되는 셈이며, 만족을 제공하는 것은 곧 선이 되고 만다. 그러나 자아의 성장이 이루어지고 적절한 타협이 가능해지면서 소아들은 노골적인 이분법적 사고dichotomic thinking에서 벗어나 자신의 욕망을 나름대로 조절해 나가기 마련이다. 그 과정에서 부모, 특히 어머니의 역할이 무엇보다 중요하다.

일전에 한국인의 심성을 연구한 보고서에서 미국의 메릴랜드 대학 정치학 교수 프레드 알포드는 결론 내리기를, 한국인에게는 악에 대한 개념이 상당히 결여되어 있는 것 같다고 했다. 이것은 과연 칭찬인가, 아니면 모욕인가? 칭찬이라면 한국인은 악에 대한 개념이 아예 존재하지 않을 정도로 천성이 순박하고 선량한 집단이란 의미일 테고, 모욕이라면 한국인은 악행을 저지르고도 죄의식을 느끼지 못하는 초자아 기능이 마비된 집단이라는 의미가 아니겠는가. 물론 피상적인 관찰만으로 그런 결론에 손쉽게 도달한다는 것은 매우 경솔한 일임에 틀림없겠지만, 다른 한편으로는 이런 말을 듣고 왠지 속이 뜨끔해지는 것은 또 어째서일까?

선악의 기원과 본질

착하고 온순한 것은 선이고 거칠고 불손한 것은 악인가? 이에 대해 '그렇다'고 답한다면, 부상당한 범죄자를 숨겨주는 것은 선이고, 내 가족을 해친 범죄자에 복수를 가한 것은 악이라 할 수 있겠다. 남을 돕는 것은 선이고 남을 해친다면 악이라는 관점에서 볼 때 그렇다는 말이다. 그렇다면 부상당한 적군을 돕는 일과 전장에서 적군을 죽이는 것은 어떻게 구분해야 할까? 모든 생명을 살리는 일은 선이고 죽이는 일은 악이 아닌가?

전장으로 떠나는 병사들 앞에서 적과 아군 양 진영 모두에서 각기 군목이 기도하는 내용은 신의 가호를 빈다는 점에서 다 똑같을 것이다. 그렇다면 신은 과연 누구 편을 들어주어야 하나. 히포크라테스 선서에 입각해 부상당한 적군 병사를 치료해 준 군의관의 행동과 상관의 명령에 따라 적군 부상병을 확인사살한 병사의 행동은 어떻게 평가해야 할까. 더욱이 암으로 죽어가는 환자에게 고통을

The Good and Evil Angels, 윌리엄 블레이크 作(1805)

덜어주기 위해 모르핀 주사를 계속 놓아주는 행위와 안락사 시키는 행위는 어떻게 다른가. 여기서 선과 악에 대한 구분은 혼란에 빠지고 만다.

절대적 선과 악이 과연 존재하는 것인지, 아니면 다수에 의한 보편적 상식과 이성적 합의에 따른 상대적 기준에 따르는 것이 맞는 일인지 실로 그 구분이 모호해진다. 그러나 현대 정신분석이론에 따른다면 선악의 절대적인 구분은 큰 의미가 없어 보인다. 아기가 스스로 감당할 수 없는 부정적 감정 경험을 외부로 투사할 때, 자기 내부에 간직하는 긍정적 경험만을 최선이라고 여길 것이다. 그렇다면 외부로 투사한 내용은 최악이 된다.

그리고 그런 유아적 경험의 잔재는 일생을 두고 남겨지게 된다. 천사와 악마, 적과 동지, 흑백논리, 천국과 지옥, 젖이냐 독이냐, 쾌락과 고통 등 극단적인 선악의 구분은 이처럼 매우 유아적 단계에서 경험하는 이분법적 논리의 잔재가 되는 셈이다. 과거에는 아이들의 자위행위를 악으로 규정해서 엄격히 금지시킨 적도 있었다. 심지어는 자위행위를 하지 못하도록 아이들의 두 손을 묶어두기까지 했다고 한다.

그러나 오늘날에 와서는 사정이 달라졌다. 그것은 그만큼 머리로는 정신분석이론을 인정하지 않는다 해도 아이들의 성에 대해서만큼은 완고하고 보수적이었던 예전과는 달리 상당히 포용적인 시각을 지니게 되었다는 증거다. 소위 남녀 칠세 부동석이라는 엄격한 유교적 잔재 또한 무너진 지 오래 되었다. 심지어 오늘날에 와서는 동성애조차도 정신의학 진단 분류에서 빠지게 되었으니 격세지감을 느끼게 된다.

프로이트에 가해진 혹독한 비난의 주된 이유는 성적인 요인 때문이었다. 하지만 그보다 더한 유아적 환상의 잔혹성과 적개심에 대하여 이론을 전개시킨 클라인에 대해서는 비난의 화살이 가해지지 않는다. 그 이유는 무엇일까? 성보다는 차라리 공격성aggression으로 이해하는 편이 받아들이기에 더욱 부담이 적기 때문일까? 아마 그럴지도 모른다. 인간은 성에 대해 매우 솔직하지 못하지만 공격성에 대해서는 너무도 솔직하다. 성은 은밀하지만 공격성은 그 존재를 부인하기 어려울 만큼 너무도 흔히 접하는 현상이기 때문일 것이다.

문명사회가 제대로 존립해 나가기 위해서는 성과 공격성을 어떻게 효율적으로 관리하고 조정하느냐의 문제가 주된 관건이 되기 마련이다. 그러나 성은 철저히 은폐되어 온 반면에, 공격성은 공개적으로 그리고 합법적으로 적절히 이용하고 관리해야 했기 때문에 누구도 그 존재를 부인하기 어렵게 되었다. 집단적, 공개적으로 성에 대한 최초의 공격은 중세의 마녀재판이었다고 할 수 있겠지만, 대규모적인 집단 살상은 이미 수천 년 전부터 전쟁이라는 명분으로 언제 어디서나 계속 이어져 오고 있지 않은가.

우리의 생존을 위협하는 모든 것은 악으로 간주되기 쉽다. 굶주림도 악이고, 사랑하는 가족들과의 헤어짐도 악이며, 강제 이주도 악이다. 그러나 적어도 죽음 자체를 악으로 간주하지는 않는다. 물론 생명 자체는 선으로 간주되고 찬미의 대상이 될 수 있겠지만, 실로 숱한 악행은 살아있는 생명체들이 저지른 것들이다. 그래서 죽은 시체나 귀신보다 산 사람이 더 무섭다는 말도 생겼다. 죽은 자들은 남을 해칠 수도 없고 해친 적도 없다. 따라서 죽음은 선도 아니고 악도 아니다. 그것은 성도 마찬가지다.

무의식은 악인가

불교 우화에 같은 물도 소가 마시면 우유가 되고 뱀이 마시면 독이 된다는 말이 나온다. 이 말의 핵심은 '콩 심은데 콩 나고 팥 심은데 팥 난다'는 속담과도 일맥상통하는 내용이기도 하다. 다시 말해서 소는 천성이 순하고 선하며 뱀은 천성이 악하고 해롭다는 전제하에 그 어떤 지식이나 사물도 그것을 흡수하여 소화시키는 주체의 성질에 따라 그 결과물이 달라질 수 있다는 의미이다.

비유컨대 같은 칼도 의사의 손에 들어가면 생명을 살리지만 강도의 손에 들어가면 인명을 해친다는 말과 같다. 그러나 소나 의사도 똑같이 선하다고 할 수 없으며, 뱀이나 강도 역시 똑같이 악하다고 할 수 없다. 짐승과 달리 인간이 불과 도구를 사용하게 되면서 문명의 기초를 닦았다면 그러한 문명의 이기로 인해 수많은 인명이 살상당한 것은 어떻게 해석해야 옳은가. 따라서 이기인가 흉기인가의 여부는 그 도구를 사용하는 주체가 어떤 목적으로 사용하는지 여부에 달렸다고 할 수 있다.

프로이트는 인간의 무의식을 매우 위험하게 끓고 있는 용광로 또는 뜨거운 난롯불에 비유했다. 반면에 카를 융은 무의식이 창조적인 원천이라고 높이 평가했다. 그러나 부정적이든 긍정적이든 그런 평가는 무의식 가운데 극히 일부를 가리킨 것이다. 옳고 그름의 판단은 자아의 몫이다. 선악의 구분도 자아의 기능이다. 그러나 자아의 모습이 병들고 왜곡되어 있을 경우에는 그런 분별력이 떨어질 수밖에 없다.

프로이트가 밝힌 우리의 현실은 오랜 기간 과대평가되어 왔던 인간의 자아가 실제로는 매우 신경증적이라는 것이었다. 많은 사람이 프로이트의 그런 주장을 매우 오만방자하고도 인간의 존엄성을 해치는 사악한 이론으로 매도했다. 오히려 무의식의 창조적 힘과 인간 내면의 신비스러운 영적인 힘을 강조한 융의 주장이 대중에게 더욱 어필했다고 볼 수 있다. 그런 점에서 융은 대중이 듣기를 원하는 것이 무엇인지 너무도 잘 간파하고 있었던 것으로 보이기도 한다.

그러나 프로이트는 대중과의 타협을 거부했다. 왜냐하면 정신분석은 학문이지 정치적 구호나 종교적 메시지가 아니기 때문이다. 따라서 프로이트가 밝힌 무의식세계는 온갖 원초적 욕망과 환상으로 가득 차 있다는 점에서 일반인의 시각으로 보자면 악의 세계라 간주할 수도 있겠다. 왜냐하면 그 세계는 금지된 부도덕한 욕망으로 넘쳐나 있기 때문이다.

단적인 예로, 프로이트가 말한 근친상간적 소망incestuous wish과 부친살해욕구patricidal wish 등은 용어 자체만으로도 당연히 악의 세계에서나 가능한 일이겠다. 물론 융은 무의식의 창조적 힘을 강조함으로써 일반인들이 지닐 수 있는 두려움을 상당 부분 완화시켜 준 것이 사실이다. 하지만 그렇다고 해서 무의식의 본질이 변한 것은 물론 아니다. 무의식이 지닌 어둠의 강물은 그럼에도 불구하고 도도히 흐르고 있기 때문이다. 그 강물은 어떨 때는 매우 아름답고 유혹적인 모습으로 흐르기도 하지만, 때에 따라서는 사나운 물살을 가르며 흘러넘치기도 한다. 그럴 때마다 인간은 스스로 놀라게 되는 것이다.

예로부터 그처럼 변덕스럽고 위험하기도 한 무의식의 본질에 가장 가깝게 접근했던 사람들 중에는 천재적인 예술가들이 많았던 것도 사실이다. 셰익스피어나 괴테, 도스토옙스키를 보라. 따라서 무의식을 단지 악으로 규정짓고 회피하거나 제거하려 들기보다는 인간이 성장하는 가운데 각자의 내면 깊숙이 자연스레 간직하게 된

제1부 탈무드와 유대인

다양한 욕구와 환상의 잔재로 보는 것이 타당할 것이다. 인간의 본성이기도 한 무의식을 제거한다는 일은 현실적으로 불가능하다. 오히려 무의식의 본질을 깨닫고 그것으로부터 자유로워질 필요가 있는 것이다. 그런 점에서 무의식은 선도 아니고 악 그 자체도 아니다. 우리의 양심을 대표하는 초자아는 무의식의 극히 일부일 뿐이다.

마귀의 존재

사악한 마귀 또는 귀신의 존재는 동서고금을 막론하고 오랜 세월 수많은 대중의 마음을 사로잡아 왔다. 그러나 오늘날에 이르기까지 사탄으로 지칭되는 마귀의 존재에 대해 가장 많은 관심과 집착을 보이는 종파는 단연 기독교라 할 수 있다. 특히 개신교에서는 신의 존재뿐 아니라 마귀의 존재에 대한 믿음 또한 매우 중요한 화두로 다루어지고 있다.

서양에서 마귀론이 가장 정점에 이르렀던 시기는 흑사병의 만연과 십자군전쟁, 그리고 집단적 광기로 이어진 마녀사냥으로 전 유럽대륙이 공황상태에 빠졌던 중세 암흑시대라 할 수 있다. 인구의 태반을 죽게 만든 흑사병과 같은 대재앙 앞에서 서구인들의 반응은 대충 두 가지로 귀결될 수 있었다. '신의 저주'와 '마귀의 농간'이 바로 그것이다.

이처럼 이유를 알 수 없는 재앙에 대하여 신의 저주로 받아들인 사람들은 자신이 저지른 죄의 대가로 인식한 것이기 때문에 모든 시련과 고통의 원인을 내 탓으로 돌리는 내재화internalization의 기제를 보인 것이지만, 대다수의 사람들은 그런 불행의 원인을 오로지 외부의 탓으로 돌리는 외재화externalization 기제를 보였다. 가장 손쉬운 외재화의 예는 마귀의 탓으로 돌리는 일이며, 그런 마귀의 농간에 놀아난 장본인으로 숱한 여성들이 지목되어 화형에 처해진 마녀사냥과 우물에 독을 타 흑사병을 만연케 한 것으로 지목된 유대인을 희생양으로 삼아 대대적인 유대인 사냥을 일삼은 집단광란 사태가 전형적인 외재화의 경우라 할 수 있다.

그런데 인간을 유혹하는 마귀의 존재는 유대교나 기독교뿐만 아니라 불교에서도 인정한다. 깨달음으로 가는 데 장애가 되는 나쁜 귀신의 존재를 인격화시켜 마라魔羅라고 부르기 때문이다. 부처님도 보리수 아래에서 깊은 명상에 들었을 때 온갖 유혹의 손길을 뻗치는 마귀의 존재를 보았던 것이다. 그것은 사막에서 마귀의 유혹을 물리친 예수의 모습과 흡사하다. 실제로 예수는 여러 기적을 행하며 마귀 들린 자들을 돕기도 했다. 그런 점에서 마귀의 존재는 고대인들에게 신의 존재 못지않은 두려움의 대상이었다. 그러나 동양 사회에서는 주로 죽은 자들의 혼령이 귀신으로 나타난다는 인식이 더욱 강했다고 볼 수 있다.

이처럼 물리쳐야만 할 상대로서의 마귀나 귀신의 존재는 사실 자신의 심리적 균형을 잃지 않으려는 인간의 자구책이요, 일종의 방편에 불과한 행위였을 뿐이다. 그것은 단지 외부에서 다가오는 유혹자의 모습을 띠고 있기 때문에 인간은 어떻게 해서든 자신을 보호하기 위해서라도 그 존재를 부정하고 물리쳐야만 했던 것이다.

그러나 그것마저 단지 환영에 불과하다는 점을 인식했던 부처님의
혜안은 실로 분석적인 깨달음이 아닐 수 없다.

그렇다. 분명 마귀는 우리 각자의 내부에 존재한다. 그러나 단지
환영에 불과한 것만은 아니다. 그것은 무의식의 일부를 이루며 인
간의 자아를 유혹하고 위협하기도 한다. 그것을 무어라 지칭하기
어려웠던 고대인들은 마귀니 귀신이니 하는 명칭을 붙여 부른 것일
뿐이다. 따라서 우리 외부에 존재하는 악도 문제지만 우리 내면에
자리 잡은 악의 존재를 인정하는 일은 생각처럼 쉽지가 않다.

아동들의 자위행위도 악으로 규정짓고 체벌을 가했던 시절을 상
기한다면, 악의 정의가 얼마나 작위적인지 알 수 있다. 인간의 모든
탐욕은 본질적으로 악이다. 그러나 악이라고 해서 두려워만 할 것은
아니다. 욕망의 실체를 알고 나면 그 악을 조절하고 제어하는 데 보
다 수월할 수 있기 때문이다. 그것은 인간의 자아가 더욱 성장하고
이성적인 힘이 강화된다면 전혀 불가능한 일도 아니다. 프로이트가
《자아와 이드》에서 말한 정신분석의 목표, 즉 "이드가 있던 곳에 자
아가 있게 될 것이다."라는 목적은 다른 말로 해서 악을 통제할 수
있는 자아의 능력을 키운다는 말과도 통하는 것이기 때문이다.

선악의 피안

악의 근원은 탐욕이다. 탐욕에는 물질적인 것과 정신적인 것이
존재한다. 타인의 재물과 재산을 탐내고, 강제적 폭력이나 속임수
로 빼앗고, 아무런 양심의 가책이나 후회도 없이 행복하게 살아가

는 사람들이 이 세상에 결코 적지 않다. 성적인 탐욕으로 타인의 가정을 파괴시키고도 오히려 자부심을 과시하는 사람들도 존재한다. 타인의 고통을 즐기는 사람들도 있다. 타인을 타락시키는 일에 희열을 느끼는 사람들도 존재한다. 악을 선이라 하고 선을 악이라 호도하는 사람들도 있다. 사랑을 외치며 이단자들을 거침없이 처단하는 종교들도 엄연히 존재한다.

불교에서는 모든 살생을 악으로 규정한다. 그러나 채식만으로는 생활을 영위해 나가기 어렵다. 즐기기 위해서가 아니라 살기 위해서라도 육식을 해야 하는 경우도 많다. 하지만 적어도 인명을 해치거나 타인에게 고통을 주는 행위는 악으로 규정될 수 있다. 신체적 고통뿐 아니라 정신적 고통을 가하는 행위도 악이다. 따라서 오늘날에 와서는 혼인을 빙자한 간음행위뿐 아니라 합법적인 부부간에 이루어진 강간행위 등도 동일하게 처벌 대상에 오르게끔 되었으며, 상대 여성이 수치심만 느껴도 성추행으로 처벌받는 시대가 되었다. 처벌 대상이 되었다는 것은 악으로 간주된다는 말이다.

니체는 《선악의 피안》에서 괴물과 싸우는 사람은 누구나 괴물과 싸우는 동안 그 자신 역시 괴물이 되지 않도록 조심해야 한다고 말했다. 그것은 정신분석에서 말하는 적대적 동일시hostile identification의 다른 표현일 수도 있다. 악을 상대로 싸우다 악에 물들고 마는 수도 있음을 경고한 말이기 때문이다. 마치 마귀를 지나치게 증오하고 집착하다 오히려 마귀적인 요소에 휘말리듯이 말이다.

그러나 프로이트가 밝힌 사실은 인간 내면의 무의식 세계에는 온갖 악마적인 요소들로 가득 차 있다는 점이었다. 그 세계는 세상이 용인할 수 없는 근친상간적 욕구를 위시하여 친족에 대한 살해 욕구 및 도착적인 욕망 등 입에 담기조차 어려운 내용물로 넘쳐나는 세계라 할 수 있다. 당연히 세상은 오래전부터 그런 욕망들을 악으로 규정하고 철저히 금지시켜 왔다.

무의식을 이처럼 악마적인 욕망들로 들끓는 용광로에 비유한 프로이트와 달리, 융은 오히려 무의식이 우리의 삶에 지혜를 가져다주는 중요한 창조적 원천이 된다고 함으로써 매우 긍정적인 시각으로 보았다. 따라서 융에게는 개성화 과정individuation process을 거쳐 진정한 자기에 도달하는 것이 분석의 목적이라고 하면서 그것이 일종의 영성훈련 단계와 유사함을 강조하였다. 그것은 선과 악의 구분을 넘어선다는 점에서 동양에서 말하는 깨달음 또는 열반의 경지와 비슷하다고 볼 수도 있다. 심지어는 성철 스님의 법어처럼 선을 악이라 하고 악을 선으로 규정하는 경우도 있다.

하지만 우리의 실상은 어떠한가. 온갖 위선과 기만적인 술책들이 횡행하는 세상에서 그런 경지에 도달한다는 것이 과연 현실성 있는 일인지 의문스럽다. 우리는 항상 예외적인 사례에 미혹되기 쉽다. 성자들의 경우가 그렇다. 그러나 성자들의 삶과 깨달음은 자신의 모든 욕망을 과감하게 벗어 내던진 최후의 마지막 보상이었다는 점을 간과하면 안 된다.

물론 그들이 걸어간 길을 이정표로 삼아 보다 풍요로운 정신적 삶을 지향하는 일은 바람직한 태도라 하겠다. 다만 성자의 삶을 어설프게 흉내 내고 모방하면서 타인들의 머리 꼭대기에 올라앉으려는 행위는 실로 웃기는 짓이 아닐 수 없다. 그것은 진정으로 성자의 길을 걷는 것이 아니라 성자의 이름을 팔아 자신의 이익을 챙기는 일종의 사기행위요 매매행위에 속하는 것이며, 그렇게 사는 것은 엉뚱한 곳에 계속 삽질만 해대는 인생낭비일 수도 있다.

미국의 철학자 리처드 테일러는 선악의 구분과 같은 도덕성의 문제에는 객관적인 기준을 적용할 수 없다고 했는데, 엄밀히 따지자면 도덕성이란 단순히 타인들과의 원활한 삶을 위해 비공식적으로 설정된 규칙에 불과하다는 것이다. 다시 말해서 편의 위주로 인간이 고안해 낸 사회적 장치라는 의미다. 그러나 이 말은 곧 모든 인간이 비합리적인 존재임을 내세우는 것은 아니며, 단지 옳고 그른 것의 객관적 기준이 존재하지 않음을 주장할 뿐이다.

악의 본질에 대한 관심 및 탐색은 정신분석이나 정신의학 분야에서는 의외로 매우 적은 편이다. 물론 악이란 용어 자체가 철학적, 종교적 용어이지 의학적 용어는 아니다. 따라서 이 문제는 아직도 미해결로 남아있는 부분이긴 하지만, 미국의 정신과의사 스코트 펙은 악이 분명히 존재함을 주장하고 타인에게 고통을 안기는 것이 곧 악이라면서 그런 악에 대적하는 유일한 길은 악의 존재를 인정하고 그 위험성에 대해 명확히 이해하는 것뿐이라고 말했다.

불행히도 악은 치유될 수도 없을 뿐만 아니라 피해 갈 수도 없다는 것이 사실이다. 인간은 누구나 예기치 못한 악에 접했을 경우, 그것에서 도피하고자 한다. 그중에는 악을 상대로 정면 대결을 벌이는 사람도 있고, 심지어는 악을 회유하고 설득해서 회심으로 이끌고자 선도하는 사람들도 있다. 그러나 이런 이상주의적 행위들은 모두 선의에서 비롯된 것이지만, 악의 실체를 잘 모르고 하는 일이며, 어떤 점에서는 매우 나이브한 발상일 수도 있다.

그런 점에서 악으로부터 도피하기 위한 수단으로 본의 아니게 더 많은 악을 고안해 낸 인간의 모순에 대한 미국의 문화인류학자 어네스트 베커의 지적은 상당한 설득력을 지닌다. 물론 그의 지적대로 현대인은 실로 감당하기 어려울 정도로 악에 직면해 있는 것이 사실이다. 그러나 비록 악을 근절하고 그것에서 피할 도리가 없을지라도 우리는 어떻게든 살아나가야 한다. 그리고 그렇게 살아남는 문제에 통달한 유대인의 지혜를 빌리지 않을 수 없다는 점에서 탈무드에 주목할 필요가 있다. 탈무드야말로 수천 년에 걸친 악과의 투쟁에서 얻은 온갖 노하우를 담고 있기 때문이다.

다윗의 용기, 솔로몬의 지혜

유대인의 역사에서 다윗과 솔로몬은 가장 위대한 왕으로 기억된다. 다윗은 기원전 1040년에 태어나 기원전 970년에 죽었고, 그 후 다윗의 아들 솔로몬은 40년간 이스라엘 왕국을 통치하다 죽었으니 우리나라로 치면 고조선 중기에 해당되고, 중국으로 치면 고대 은 왕조 시대에 속한다. 고조선 멸망시기가 기원전 108년이요, 진시황제가 중국을 최초로 통일시킨 때가 기원전 221년이었으니 다윗과 솔로몬의 행적에 대한 기록은 이보다 무려 7세기 내지 8세기나 앞선 것으로 유대인이 얼마나 기록에 철저한 민족인지를 알 수 있다.

이들 두 왕에 대한 유대인의 자부심은 특히 다윗의 용기와 솔로몬의 지혜 때문일 것이다. 용기와 지혜야말로 유대인에게 가장 절실한 덕목으로 강조되어 탈무드에서도 이 두 가지 덕목이 겸비되어야 진정한 현자가 될 수 있음을 누누이 강조해 왔던 것이다. 아무리 용기가 있어도 지혜가 없으면 무용지물이기 쉬우며, 아무리 지혜가 뛰어나도 용기가 없으면 사상누각에 불과할 따름이기 때문이다.

그런데 유감스럽게도 유대인에게는 이처럼 용기와 지혜를 두루 겸비한 왕이 없었다. 다윗도 용기는 많았지만 지혜가 부족했으며, 그의 아들 솔로몬은 지혜로 충만했지만 용기가 부족했다. 결국 솔로몬이 죽은 후 다윗이 이룩한 통일왕국은 남북으로 분단되고 말았던 것이다. 그런 점에서 오랜 세월 유대인이 그토록 학수고대하던 메시아의 존재도 따지고 보면 다윗의 용기와 솔로몬의 지혜가 두루 갖추어진 완벽한 이상형의 왕이 아니었겠는가.

물론 그 후 예수 그리스도가 나타나 스스로를 메시아라 칭했지만, 예수가 전한 메시지로 봐서는 유대인이 고대하던 메시아의 이미지와는 너무도 다른 것이었기에 그들은 예수를 진정한 메시아로 인정하지 않았던 것이다. 그런 이유 때문에 유대인은 그 후 수천 년간 '예수 살해자'라는 오명을 뒤집어쓰고 스스로 고난을 자초하고 말았다. 다만 유대인이 예수를 신이나 메시아로 인정하지는 않았지만, 위대한 선지자였음은 인정하고 있다.

다시 말해서 유대인은 역사적 예수로서의 존재만을 인정한 셈이다. 그러나 예수를 신으로 인정하지 않았다고 해서 유대인의 판단이 전적으로 잘못되었다고 단정할 수만도 없다. 그것은 이슬람교도나 불교신자들 역시 마찬가지 입장이 아니겠는가. 종교의 창시자라고 해서 무조건 신적인 존재로 인정하고 떠받든 것이 아니기 때문이다. 그러니 유대인만을 탓할 수도 없는 노릇이다.

만약 그 시절에 모든 유대인이 예수 그리스도의 말을 따르고 그를 메시아로 떠받들었다면 유대민족 전체가 멸족 당했을지도 모른다. 따라서 유대인은 예수가 전한 메시지보다 탈무드의 가르침이 자신들의 생존에 더욱 도움이 되는 것으로 간주했기 쉽다. 이미 그들은 오래전에 이집트 왕국의 노예로 끌려갔다가 기사회생한 적이 있으며, 바빌론 왕국의 포로로 끌려가 치욕적인 수모를 겪으며 와신상담 재기를 노리기도 했으니 말이다.

메시아 사상과 탈무드의 지혜는 유대인들로 하여금 절망적인 상황에서도 결코 자포자기하지 않고 스스로를 지탱할 수 있는 힘과 용기를 심어 준 근원이 되었던 것이다. 따라서 그들은 다윗과 솔로몬의 영광을 재연시켜 줄 메시아를 간절히 고대해 왔기에 원수를 사랑하라는 예수의 메시지를 도저히 받아들일 수 없었을 것이 분명하다.

비록 오늘날에 와서도 여전히 메시아의 출현을 간절히 기다리는 유대인이 얼마나 될지는 알 수 없는 노릇이지만, 자신들의 조상이 시궁창 같은 게토에서 비참한 생활을 전전하는 가운데서도 항상 실낱같은 희망을 안고 온갖 시련을 견디어 온 사실만큼은 한순간도 잊지 않았다. 쥐구멍에도 언젠가는 볕 들 날이 올 것이라는 절박한 심정을 안고 그들은 스스로 용기와 지혜를 갖추고자 필사적인 노력을 기울여 왔으며, 비록 천하고 굶주린 신세지만 자신들의 아이들만큼은 올바른 심성과 지혜를 갖춘 인간으로 키우고자 그 어떤 희생도 마다하지 않았던 것이다.

　물론 그런 교육에 대한 남다른 집착의 배경에는 탈무드가 있었으며, 마침내 그 효과는 20세기에 접어들면서 폭발적인 위력을 발휘하기 시작했다. 오늘날에 이르러 유대인은 이제 더 이상 메시아의 출현만을 학수고대 하는 것이 아니라 그들 자신의 힘과 실력을 키운 결과, 온갖 분야에 걸쳐 놀라운 업적을 쌓게 되면서 오히려 수많은 다윗과 솔로몬들을 배출한 셈이 된 것이다.

다윗과 골리앗

　돌멩이 하나로 한순간에 거인 골리앗을 때려눕힌 다윗의 전설적인 이야기는 유대인뿐만 아니라 강자들의 폭압에 시달림을 받으며 살아가야만 하는 수많은 약소민족에게도 용기와 희망을 주기에 충분한 내용이었다. 다윗의 존재는 기독교문화권에서도 수많은 예술가에 의해 작품으로 형상화되었는데, 그것은 그만큼 다윗이 전하는 강한 이미지 때문이 아니었을까. 미켈란젤로의 다윗상에서도 보듯이 거의 완벽에 가까운 남성적 육체미와 다부진 표정에서 솟아나는

미켈란젤로의 다윗상

결연한 의지의 분위기는 우리가 생각하는 일반적인 유대인의 모습과는 사뭇 다르다 하겠다.

실제로 다윗은 매우 공격적인 성향의 인물이었음에 틀림없다. 물론 그는 선량하고 착실한 양치기에 불과했지만, 블레셋 군대와 전투를 치르는 전장에 나간 형들 심부름을 갔다가 이스라엘 군인들이 거구의 적장 골리앗을 보고 지레 겁을 집어 먹은 모습을 보고 분연히 일어서 사울 왕에게 자신이 그와 맞서보겠다고 감히 청을 올린 것이다.

골리앗은 어린 다윗을 보고 코웃음을 쳤지만, 다윗이 돌멩이를 물매질하여 골리앗의 급소를 맞힘으로써 순식간에 그를 쓰러트린 후 그에게로 달려가 칼로 목을 베어버리자 블레셋 군대는 기겁을 하고 도주해 버린 것이다. 일순간에 구국의 영웅이 된 다윗은 그 뒤로 승승장구를 거듭하여 마침내 왕위에 오르고 예루살렘을 중심으로 이스라엘의 국력을 크게 강화시켰다. 한때 우울증에 시달리는 사울 왕 곁에서 음악을 연주하며 위로하기도 했던 다윗은 골리앗을 쓰러트린 후 그 명성이 하늘 높은 줄 모르고 치솟게 되자 이를 시기한 사울 왕의 위협을 피해 오랜 기간 도피행각을 벌이기도 했다.

비록 다윗은 신의 선택에 힘입어 이스라엘 왕국을 하나로 통일하고 국력을 크게 일으킨 업적을 이루었지만, 나중에는 심성이 교만해지면서 충직한 신하 우리아를 전장으로 내몰아 죽게 만들고 그의 아내를 범했으며, 수많은 첩들을 두어 온갖 분란을 일으키게 함으로써 화를 자초하기도 했다. 특히 우리아 장군의 아내 밧세바를 탐하여 그녀를 임신시키고 나서 자신의 불륜사실을 은폐시킬 목적으로 우리아로 하여금 그녀와 동침하도록 유도하는 모습은 매우 간교하기까지 하다. 더욱이 우리아의 거절로 자신의 계획이 실패로 돌아가자 그를 사지로 몰아 교묘한 방법으로 죽게 만든 일은 돌이킬 수 없는 과오였다.

다윗의 이런 행동은 곧바로 신의 진노를 불러일으켰으며, 이에 선지자 나단이 나서서 왕의 비열한 행위에 대해 직언하고, 그에 따른 신의 징벌이 내려질 것임을 예언했던 것이다. 실제로 밧세바가 낳은 아기는 얼마 살지도 못하고 죽었으며, 이에 다윗과 밧세바는 눈물로 회개하고 신에게 용서를 빌었다.

그 후 밧세바는 솔로몬을 낳고 특히 아들의 교육에 힘을 쏟아 뛰어난 지혜의 소유자로 키우는 데 결정적인 역할을 맡았다. 그러나 다윗 자신은 다른 여인들에게서 낳은 자식들 때문에 숱한 곤경을 맞이해야만 했다. 그중에서도 압살롬의 반란은 그에게 가장 큰 골칫거리였다. 결국 다윗은 솔로몬에게 왕위를 넘기고 70세를 일기로 세상을 하직했다.

오늘날 유대인의 상징이 된 '다윗의 별'은 신이 내린 징표로 알려진 다윗의 방패 문양에서 비롯된 것으로 나치 독일에서는 모든 유대인이 강제적으로 노란색 다윗의 별 표지를 달게 했으며, 오늘날에 와서는 이스라엘 국기 문양으로 다윗의 별이 사용되고 있다. 그만큼 다윗의 존재는 유대인의 자

다윗의 별

부심인 동시에 상징이 되어 왔으며, 심지어는 신약성서에서도 예수 그리스도가 다윗의 후손임을 주장할 정도였다.

어쨌든 다윗이 돌멩이 하나로 거인 골리앗을 쓰러트린 일은 맨손으로 폭압적인 세상 전체를 상대하며 외로운 투쟁을 벌인 유대인 자신들을 상징하는 사건이었다. 하지만 우리는 그토록 위대한 왕도 결국에는 교만과 타락으로 인해 비극적인 말로를 맞이했다는 사실에 주목해야 할 것이다. 또한 그런 교훈을 통해서 우리 모두는 겸허한 마음가짐이야말로 진정한 용기와 지혜를 가져온다는 사실을 깨닫게 된다.

물론 탈무드에서도 그런 겸허함을 깨달은 다윗의 모습을 다음과 같이 전하고 있다. 평소에 다윗은 거미란 놈에 대해 더럽고 지저분한 아무짝에도 쓸모없는 벌레에 불과하다고 여기고 있었으나, 어느 날 전쟁터에서 적군에 쫓기는 몸이 되어 간신히 동굴 속으로 숨어들었는데, 그를 추격해 온 병사들이 동굴 입구에 처진 거미줄을 보고 사람이 없는 것으로 판단하여 그대로 지나쳐 버리는 바람에 목숨을 건질 수 있었다.

또 한 번은 잠든 적장의 칼을 몰래 빼내어 나중에 겁을 줄 심산으로 적장의 침실로 잠입해 들어갔으나 칼을 다리 밑에 깔고 있어서 훔칠 수가 없었다. 그러나 바로 그때 모기 한 마리가 적장의 다리를 물어 움직이는 바람에 그 틈을 이용해 재빨리 칼을 빼낼 수 있었다. 그리고 적군에 포위되어 위기를 맞이했을 때, 다윗은 순간적으로 미치광이 흉내를 내기 시작했는데, 적군 병사들은 설마 미치광이가 왕은 아닐 것으로 생각하고 그냥 지나쳐 버린 것이다.

이처럼 몇 차례 위기의 순간을 넘기면서 다윗이 깨달은 점은 아무리 하찮고 보잘것없는 것이라 할지라도 이 세상에 소홀히 할 것은 아무것도 없다는 사실이었다. 실제로 다윗은 하찮은 돌멩이 하나로 골리앗을 쓰러트리고 블레셋 군대를 물리치지 않았는가. 그런 다윗의 깨달음을 통해 이 세상에 존재하는 그 무엇도 다 어딘가는 쓸모가 있다는 점을 탈무드는 가르치고 있는 것이다.

솔로몬의 지혜

솔로몬 왕 시대는 유대인의 역사에서 '솔로몬의 영화'라고 불릴 만큼 가장 찬란한 번영을 구가하던 황금기였다. 솔로몬이 건설했다는 호화로운 성전에서 보듯이 유대인들로서는 역사상 그 유례가 없을 정도로 강한 국력을 자랑했던 시기이기도 했지만, 다른 무엇보다도 유대인들이 그의 존재에 대해 특히 자부심을 느끼는 것은 왕으로서 보기 드문 뛰어난 지혜의 소유자였기 때문이다. 우리나라로 치면 세종대왕에 견줄 수 있는 존재라 할 수 있다.

솔로몬의 지혜가 어느 정도였는지는 그가 남긴 숱한 일화를 통해서도 얼마든지 짐작할 수 있다. 특히 화술과 외교술에 능통했던 그는 인접국들과 동맹을 맺으며 평화를 유지하는 데 탁월한 능력을 발휘했다. 솔로몬이라는 이름 자체가 평화라는 뜻을 지니고 있지만, 솔로몬 역시 아버지 다윗과 마찬가지로 나중에는 점차 타락하고 교만해져서 수많은 이방 여인들의 유혹에 넘어가 이방신을 섬김으로써 신의 진노를 불러일으키고 말았다. 그뿐 아니라 과도한 세

금과 700명에 달하는 부인을 둘 정도로 사치와 향락이 극에 달하기도 했다.

물론 솔로몬 자신은 유대문학의 원조라고도 불리는 〈잠언〉 등을 통하여 스스로를 반성하고 삶의 덧없음을 한탄하기도 했지만, 그의 방만한 국정 운영과 지나친 야심은 결과적으로 이스라엘의 분열을 초래하고 말았던 것이다. 솔로몬의 뒤를 이어 왕위에 오른 르호보암은 강제노역의 부담을 덜어달라는 백성들의 요청을 무시하고 강압적인 통치를 벌인 결과, 이에 반발한 여러 지파들이 따로 여로보암을 왕으로 추대하여 북부지방에 이스라엘 왕국을 세움으로써 르호보암은 남부의 일부 지파만을 거느린 유대왕국의 통치자로 전락하고 말았다.

이렇게 남북으로 분열된 왕국은 그 후 제각기 20대에 걸친 왕들을 배출했지만, 결국에는 바빌로니아와 아시리아의 침략으로 각각 멸망하고 말았다. 두 왕국 모두 우상숭배에 빠져 신의 분노를 산 것으로 기록되어 있지만, 어쨌든 이처럼 뼈아픈 망국의 시련을 겪으며 바빌론으로 끌려간 유대인의 후손 가운데 여러 뛰어난 학자들이 나타나 비로소 탈무드를 정리하기 시작한 것이다. 물론 그들의 마음속에는 다윗과 솔로몬의 영광에 대한 그리움뿐 아니라 앞으로 다가올 메시아의 출현에 대한 소망이 자리 잡고 있었겠지만, 과거 이집트와 바빌로니아에 이어 그보다 더 강력한 로마제국의 출현을 미처 예상하지는 못한 듯하다.

솔로몬의 지혜를 나타내는 예로 가장 잘 알려진 일화로는 단연 '솔로몬의 재판'을 들 수 있다. 구약성서 열왕기상 3장 16-28절에 그

제1부 탈무드와 유대인

유명한 솔로몬의 재판 장면이 나오는데, 그 내용은 간단히 말해서 한 아기를 들고 나타나 서로 자기 아이라고 우기는 두 여인 가운데 친모가 누군지 솔로몬이 명쾌하게 알아내어 아기를 돌려주었다는 이야기다.

솔로몬의 재판. 페테르 파울 루벤스 作(1617)

한 여인의 주장에 의하면, 다른 여인이 잠든 사이에 아기가 어미의 몸에 깔려 죽었는데, 그녀가 한밤중에 일어나 죽은 아기를 자신의 산 아기와 몰래 바꿔치기 했다는 것이다. 자초지종을 듣고 난 왕은 시종에게 이르기를, 칼로 아기의 몸을 반으로 갈라 두 여인에게 나누어 주라고 명했다. 다른 여인은 순순히 그 명에 따르겠다고 했으나 한 여인은 차라리 자기가 아기를 양보할 터이니 제발 아기를 죽이지만 말아달라고 간청했다. 그러자 왕은 그 여인이 친모이니 그녀에게 아기를 되돌려 주라고 명한 것이다.

이 이야기는 매우 간단해 보인다. 왕이 아기의 생명을 가볍게 여긴 점은 다소 문제의 소지가 있겠으나 어쨌든 진정한 모성을 지닌 여인이 누구인지 시험해 본 것이라 할 수 있다. 여기서 중요한 점은 솔로몬이 명백한 증거가 없는 상황에서 일종의 심리적 테스트를 행했다는 사실이다. 법적 판단에 심리적 요인의 중요성을 처음으로 보여 준 인물이었다는 점에서 솔로몬의 지혜가 더욱 돋보인다. 또한 그는 거짓을 주장한 여인을 처벌하지도 않았다. 죽은 아기의 어미가 겪었을 마음의 고통을 참작한 것이리라.

물론 과학이 발전한 오늘날에 와서는 친자 확인 소송에서 유전자 감식 수단을 동원할 수 있겠지만, 솔로몬의 지혜가 우리에게 던지는 교훈은 진정한 모성적 사랑보다 더욱 확실한 증거는 없다는 점을 일깨워준다는 사실에 있다 하겠다. 그런 점에서 솔로몬의 지혜는 일도양단식의 명쾌한 판결에 있다기보다는 복잡한 갈등 양상을 띠고 있는 사건 해결에 있어서 당사자들의 심리적 상태까지 파악하는 세심한 배려를 보여 주었다는 점이 더욱 돋보이는 것이다.

여기서 솔로몬의 재판에 대해 굳이 분석적인 시각을 동원하자면, 아기의 몸을 칼로 가르도록 명한 왕은 거세 위협 내지는 영아살해를 시도한 아버지를 의미하며, 두 여인은 성적으로 이미 순수하지 못한 입장에 놓인 어머니의 상반된 두 모습을 의미한 것일 수 있다. 다시 말해서 아버지의 뜻에 따라 파괴적으로 거세하려는 엄마와 조건 없는 사랑으로 아기를 보호하려는 순수한 엄마의 모습이다. 그러나 아버지는 아기의 장래를 생각해서 아기에게 헌신적인 사랑을 베푸는 엄마에게 아기를 맡기기로 한 것이다. 그것이 아기도 살리고 엄마도 살리는 길임을 잘 알기 때문이다.

잠결에 아기를 깔아 죽일 정도로 부주의한 엄마는 무의식적인 파괴성을 행동화한 인물이라는 점에서, 그리고 아기를 둘로 갈라 나누도록 지시한 왕의 명령에 기꺼이 따르겠다고 할 정도로 비정한 엄마라는 점에서 그녀는 이미 아이를 제대로 키울 만한 건전한 자아의 소유자가 아님을 알 수 있다. 반면에 아이를 포기하는 고통을 감수하는 한이 있더라도 아이의 생명을 보존하기 위해서는 자신의 모성적 욕구를 얼마든지 포기할 수 있다는 희생적인 모습을 보여준 여인이야말로 진정한 어머니인 것이다.

물론 대상관계이론의 관점에서 본다면, 두 여인은 아기의 부분 대상part object인 엄마의 젖가슴을 의미한다고 할 수도 있다. 더욱이 죽은 아기와 산 아기의 대비가 의미하는 점은 한 인간의 건전한 심리적 성장의 배경에는 건전한 심리상태의 엄마라는 존재가 얼마나 중요한 일인지 강조한 것처럼 보이기도 한다. 엄마의 성정에 따라 아기를 심리적으로 죽이거나 살릴 수도 있음을 우회적인 방식으로 드러낸 경고일 수도 있기 때문이다.

탈무드에서 전하는 솔로몬의 판결 가운데 돈을 훔쳐간 사람을 찾는 이야기도 있다. 동료 세 사람이 갖고 있던 돈을 함께 땅에 묻었는데, 어느 날 그중 한 명이 그 돈을 몰래 훔쳐갔다. 왕에게 범인을 찾아달라고 요청하는 세 사람에게 솔로몬은 한 가지 문제를 내고 답을 풀어보라고 주문했다. 솔로몬이 내놓은 이야기는 다음과 같다.

돈 많은 한 처녀가 약혼한 상태에서 마음이 바뀌어 다른 남자를 사랑하게 되자 약혼자를 찾아가 위자료를 지불할 테니 헤어지자고 말했는데, 그 남자는 위자료도 필요 없다며 흔쾌히 약혼을 취소해 주었다. 하지만 그녀의 돈을 탐낸 어떤 노인이 그 처녀를 납치했는데, 그녀는 자신의 약혼자처럼 노인도 자신을 자유롭게 풀어달라고 사정했다. 그러자 노인은 아무런 대가를 바라지도 않고 그녀를 그냥 풀어주었다는 것이다.

이야기를 마치고 솔로몬은 세 사람에게 질문하기를, 처녀와 약혼자, 노인 가운데 누가 가장 칭찬받을 만한 사람인지 물었다. 그러자 첫 번째 남자는 약혼자라 대답하고, 두 번째 남자는 용기 있게 처신한 처녀라 답했으나 세 번째 남자는 돈을 탐낸 노인이 돈을 받지도 않고 풀어준다는 내용 자체가 도저히 이해할 수가 없다고 말했다.

솔로몬은 곧바로 세 번째 남자를 범인으로 지목하고 호통을 쳤다. 왜냐하면 앞의 두 남자는 그래도 인간관계에서 빚어지는 감정적 문제에 근거해 판단을 내린 반면에, 세 번째 남자는 오로지 돈에만 초점을 맞추어 판단했기 때문이다. 이처럼 솔로몬은 상대의 심리 파악에 중점을 두어 결정적인 단서를 찾아내는 데 일가견이 있었던 것이다.

그런데 탈무드는 이와 비슷한 상황에 처한 랍비의 경우도 함께 전하고 있다. 두 아들을 가진 부부가 있었는데, 어느 날 우연한 기회에 남편은 그중 한 아이가 부인이 다른 남자와의 불륜관계에서 낳은 자식임을 알게 되었지만, 누가 자신의 친아들인지는 가려낼 수가 없었다. 그 후 세월이 흘러 중병에 걸린 남편이 자신의 피를 이어받은 자식에게 재산을 상속한다는 유언장을 남기고 세상을 떠나자 진짜 상속인을 가려내 달라는 요청이 랍비에게 들어왔다. 고심 끝에 랍비는 두 아들을 아버지 무덤 앞에 데리고 가서 그 무덤을 파헤치라고 지시했다. 그러자 한 아들이 울음을 터뜨리며 자신은 도저히 그럴 수 없노라고 사정했다. 랍비는 그 아들을 상속인으로 판단했다. 랍비 역시 솔로몬과 마찬가지로 상대의 심리상태에 주목해서 결정적인 단서를 찾아낸 셈이다.

이처럼 탈무드에서는 그 어떤 중요한 판결을 내려야 하는 법관의 자질을 말할 때 타협의 중요성을 말하고 진실과 평화 두 가지 모두를 추구해야 한다고 요구한다. 다시 말해서 진실만을 추구하게 되면 평화를 잃고 평화만을 추구하면 진실을 놓칠 수 있기 때문이라는 것이다. 따라서 진실과 평화 두 가지를 함께 지킬 수 있는 방법을 찾는 길이 진정한 타협의 길이라는 것이다.

사실 따지고 보면 오늘날 대부분의 민사재판에서 모든 시시비비를 따져 판결을 내리는 판사의 최종선고를 판결문이라 하지 않고 조정시안이라 부르는 것도 탈무드에서 말하는 진실과 평화의 타협책의 일환이라 볼 수도 있지 않을까. 앞서 말한 솔로몬 재판의 두 사례에서 보듯이 아기의 엄마를 찾아준 경우는 민사사건에 해당하는 것이요, 절도범의 경우는 형사사건에 속하는 것이라 하겠다. 민사사건 해결에 있어서 솔로몬은 거짓 증언을 한 여인에 대해 달리 처벌을 내리지는 않았는데, 일종의 타협의 길을 모색한 것으로 볼 수 있다. 진실을 가리되 화해의 길을 터준 셈이다. 지혜란 바로 그런 데 있는 것이 아니겠는가.

탈무드에서는 그런 타협의 지혜를 이방인과 비교하고 있는데, 그 이방인은 바로 알렉산더 대왕이다. 대왕이 이스라엘에 머물고 있을 때 두 남자가 랍비를 찾아가 조언을 구했다. 한 사람이 넝마더미를 샀는데, 그 속에서 우연히 많은 금화가 발견되었다. 그래서 그는 양심적으로 금화를 주인에게 돌려주려 했으나 넝마를 판 사람은 그것을 받지 않으려 했다. 사연을 듣고 난 랍비는 결국 판정을 내리기를, "당신들에게는 각기 딸과 아들이 있으니 두 사람을 혼인시켜서 그 금화를 그들에게 물려주는 것이 좋겠소."라고 했다.

이런 이야기를 전해들은 대왕에게 한 사람이 묻기를, "대왕의 나라에서는 그럴 경우 어떤 판결을 내리시느냐?"고 했는데, 알렉산더 대왕의 대답은 아주 간단했다. "물론 두 사람을 함께 죽이고 금화는 내가 갖소. 이것이 내가 알고 있는 정의요." 아무리 위대한 알렉산더라 하지만 유대인들이 보기에는 신성한 용기와 지혜와는 거리가 먼 오로지 탐욕에 가득 찬 인물로밖에 보이지 않았던 것이다.

물론 그리스의 위대한 철학적 전통을 유대인들이 능가할 수는 결코 없겠지만, 실용적인 삶의 지혜와 인생철학이라는 측면에서 볼 때, 일반 대중의 입장에서는 탈무드의 가르침이 훨씬 더 피부에 와닿는 내용이 아닐 수 없다. 오늘날 그리스인은 그 옛날의 영화를 아련한 추억 속에 간직하고 있을 뿐이지만, 유대인은 수천 년에 걸친 오랜 동면을 끝내고 오히려 끝없이 날아오르며 인류문명의 보이지 않는 주역으로 자리 잡고 있지 않은가.

그렇다. 보이지 않는 주역. 굳이 역사의 전면에 나서지 않으면서도 실속 위주의 삶을 추구하는 유대인들은 다윗의 용기와 솔로몬의 지혜를 본받는 가운데 그들이 보인 교만과 어리석음을 반복하지 않기 위해 무던히 애써온 민족이기도 하다. 그리고 두 번 다시 멸망의 위기를 맞이하지 않기 위해서라도 그들은 거의 필사적인 노력을 기울여 자신들의 생존을 유지해 나갈 것이다. 당연히 그들의 생존에는 탈무드의 지혜가 필수적임은 두말할 것도 없다.

탈무드의 유산

전 세계 각지로 흩어져 살았던 유대인의 입장에서 가장 곤혹스러운 점은 자신들이 힘겹게 정착한 땅의 주민들과 그 문화에 적응하는 일이었다. 그들과 더불어 살기 위해서는 현지인의 언어와 관습에 재빨리 적응하지 않으면 안 되었기 때문이다. 또한 언제 어디서 느닷없이 박해와 추방이 닥칠지 모르기 때문에 유대인들에 있어서 땅의 소유란 큰 의미가 없었으며 언제라도 자기가 살던 땅에서 떠날 준비 태세가 되어 있어야 했다.

그런 점에서 유대인 자손들의 가장 큰 문제는 자신들의 정체성에 관한 의문이 될 수밖에 없었으며, 따라서 유대인의 감수성은 자연히 민감하고 날카로워질 수밖에 없었을 것이다. 또한 여기저기를 떠돌며 유랑생활을 거듭하는 수가 많았기 때문에 각국의 언어구사 능력도 남달리 능숙할 수밖에 없었다. 거기다가 툭하면 재산이 몰수되기 일쑤였으니 집이나 가구보다는 소지와 이동이 간편한 금이나 돈이 더욱 중요해졌다.

사정이 그러니 금을 뜻하는 골드Gold로 시작하는 성이 유대인들에 유난히 많은 이유를 알 것도 같다. 단적인 예로 골드버그, 골드만, 골드윈, 골드스미스, 골드스톤, 골드문트, 골드슈타인 등을 들수 있다. 따라서 우리나라 고유의 숲씨 성이 한국인을 상징하는 것처럼 골드는 바로 유대인의 상징이 되기에 이르렀다. 하지만 그런 특성이 돈밖에 모르는 간교한 수전노라는 비하적인 편견을 낳기도했다.

탈무드에는 유대인이 사람을 평가할 때 적용하는 기소돈주머니, 고소술잔, 가소화를 내는 것의 세 가지 기준을 말하고 있는데, 돈을 어떻게 사용하는가, 술 마시는 방법은 깨끗한가, 화를 참을 만큼 인내심이 강한지 여부의 판정이 그 사람됨을 평가하는 데 중요한 지침이 된다는 것으로 전형적인 유대인식 관점이 아닐 수 없다. 우리 속담에도 "개같이 벌어 정승처럼 쓴다"는 말이 있지만, 돈에 관한 유대인의 철학에 매우 근접한 태도가 아닐까 한다.

정체성의 혼란identity confusion 문제는 유대인을 가장 곤혹스럽게 만든 심리적 장벽이기도 했지만, 아이덴티티의 개념을 최초로 말한 사람 역시 유대인 정신분석학자 에릭 에릭슨Erik H. Erikson, 1902-1994이었다. 에릭슨이야말로 어려서부터 그 자신이 정체성의 혼란을 겪었

제1부 탈무드와 유대인

던 인물로, 유대인 어머니와 신원을 알 수 없는 덴마크 남성 사이에서 사생아로 태어난 그는 유대계 의사를 계부로 두고 자라면서 일찍부터 자신의 정체성이 무엇인지 극심한 혼란을 겪어야 했다. 성인이 되자 계부의 성인 홈부르거를 버리고 에릭슨으로 개명한 그는 마침내 장구한 세월동안 유대인이 겪어온 정체성 문제를 자신만의 독자적인 이론으로 집대성한 것이다.

에릭슨

　비록 정체성 혼란을 겪었지만 나치의 박해를 피해 미국으로 이주해서 사회적 존경을 받으며 평온한 여생을 보낸 에릭슨에 비해, 프로이트는 자신이 속한 사회로부터 철저하게 무시당하고 소외되었다. 프로이트는 결코 자신이 유대인임을 숨기거나 은폐한 적이 없었지만, 그렇다고 해서 유대교 신자도 아니었다. 오히려 그는 스스로 무신론자임을 공언했는데, 이는 바로 프로이트 자신의 정체성 혼란 문제를 드러낸 것으로 볼 수도 있다. 즉, 기독교에 속할 수도 없고 유대교를 인정하기도 별로 달갑지 않은 이율배반적 상황에서 선택할 수 있는 유일한 해결책이 바로 무신론이었다고 할 수 있다.

　그런 점에서 프로이트와 비슷한 상황에 처했던 유대인 사상가 마르크스가 기존 사회질서와 기독교 문명을 거부하고 새로운 이상 사회를 꿈꾸며 만민평등사상에 입각한 공산주의 이론을 창시한 사실은 결코 우연이 아니었다고 본다. 심지어 마르크스는 '종교는 인민의 아편'이라고까지 했는데, 프로이트는 여기에 한술 더 떠서 창세기 1장 27절의 "신은 자신의 형상대로 사람을 창조하셨다."라는 말씀을 거꾸로 뒤집어 "인간은 자신의 형상대로 신을 창조했다."라고 선언한 것이다. 이런 말에 대해 서구인들은 니체의 "신은 죽었다."는 선언보다 더 큰 충격으로 받아들였다. 왜냐하면 니체의 선언은 극단적 표현이긴 하나 상징적인 비유로 해석될 수도 있는 성질의 것이었지만, 《환상의 미래》에서 언급한 프로이트의 선언은 단순한 문학적 표현이 아니라 심리학적 해석의 형식을 취했기 때문이다. 다시 말해서 신은 실재하는 존재가 아니라 인간의 상상 속에서 만들어 낸 허구적인 존재라는 의미로 받아들여졌기 때문에 프로이트는 서구 기독교 사회뿐만 아니라 정통 유대인 사회 모두에서 따돌림 당하는 처지에 놓이고 말았다.

그러나 프로이트는 다른 유대인 예술가들만큼 자신의 정체성 문제로 크게 방황하지는 않았던 것으로 보인다. 예를 들어, 하이네, 카프카, 츠바이크, 프루스트, 솔 벨로, 샐린저, 어윈 쇼, 노먼 메일러, 에릭 시걸, 아서 밀러, 필립 로스, 해롤드 핀터 등의 유대계 작가들은 자신들의 정체성 문제에 바탕을 둔 갈등과 정신적 방황을 예술적 승화의 형태로 표현했다고 볼 수 있는데, 그런 정체성 혼란의 문제는 외부상황에 대한 노골적인 공격과 적개심으로 나타나기도 하고, 반대로 인간 내면의 탐색과 의식의 흐름으로 시선을 고정시키는 경우도 있다.

전자의 경우는 하이네, 쾨슬러, 츠바이크, 노먼 메일러, 앨런 긴즈버그, 수잔 손탁, 그리고 작가는 아니지만 언어학자 노암 촘스키, 여성운동가 베티 프리던 등으로 그들은 환경적, 사회적 모순과 부조리에 대해 매우 비판적인 시각으로 날카로운 공격을 가하는 데 일가견이 있었다. 후자의 경우는 카프카, 프루스트, 솔 벨로, 아서 밀러, 해롤드 핀터 등으로 그들은 오히려 인간의 모순에 찬 내면세계로 시선을 돌려 이를 드러내고자 했는데, 여기에는 화가 모딜리아니, 샤갈 등도 포함된다. 이들 유대계 예술가의 공통점을 굳이 한 마디로 요약하자면, 정체성의 혼란과 부적응에 기인한 정신적 갈등과 고통이 주된 테마라고 할 수 있겠다.

탈무드는 바로 그런 동족들의 정신적 혼란과 고통을 덜어주고 그에 대한 처방과 예방책을 제시해 줄 뿐만 아니라, 거기서 한 걸음 더 나아가 민족의 생존과 정체성 유지를 위해 서로 머리를 맞대고 온갖 지혜를 짜낸 결과, 그 어떤 민족도 지니지 못한 독자적인 민족 지침서로 거듭나게 된 것이다. 그런 점에서 탈무드는 부모의 역할을 대신한 정신적 스승 노릇을 전담한 셈이다. 하지만 모든 유대인이 거기에 따르고 동조한 것은 물론 아니었다. 왜냐하면 살아남기 위한 자구책으로 어쩔 수 없이 서구 기독교 문화에 동화된 유대인들도 많았기 때문이다.

하지만 드레퓌스 사건을 목격하고 조국 없는 슬픔을 뼈저리게 느낀 헤르츨이 시오니즘 운동을 일으키게 되자 많은 유대인이 비로소 자신들의 민족의식과 동질성 문제를 자각하고 잃어버린 조국을 새롭게 되찾을 필요성을 절감하기에 이른 것이다. 그러나

드레퓌스 사건

알프레드 드레퓌스(Alfred Dreyfus) 대위는 유대계 프랑스 육군 장교로 19세기 말 스파이 혐의로 군법회의에 회부되어 지위를 박탈당하고 유배되었다가 그 후 무죄판결을 받고 복권되었다. 당시 프랑스 사회는 반유대주의와 드레퓌스 옹호파로 양분되어 극도의 혼란상태에 빠졌으며, 이 사건을 지켜본 오스트리아의 유대계 기자 헤르츨은 잃어버린 조국을 되찾고자 하는 시오니즘 운동을 일으키게 되었다.

의외로 프로이트는 그런 문제에 무관심으로 일관했다. 물론 프로이트 역시 정체성의 문제에서 완전히 자유로울 수만은 없었겠지만, 그의 관심은 오로지 인간의 내면세계를 탐색하는 일에만 집중되고 있었기 때문에 상대적으로 사회적 변화의 흐름에는 의외로 둔감했다고 볼 수 있다. 시오니즘 운동이나 러시아혁명, 나치즘의 위협 등에 대한 무관심이 바로 그렇다.

오히려 인간의 비참한 현실에 마음 아파한 미국의 유대계 심리학자 에이브러햄 매슬로는 인간의 이상과 잠재력을 키울 수 있는 보다 긍정적 차원의 심리학을 세우고자 노력했으며, 그의 5단계 욕구의 위계는 가장 낮은 단계인 신체적 욕구에서부터 안전에 대한 욕구, 소속감과 사랑에 대한 욕구, 자존감에 대한 욕구 등에 이르기까지 부분적으로라도 충족되어야만 가장 높은 수준의 단계인 자아실현의 욕구가 나타날 수 있다고 했는데, 그가 말한 안전감, 소속감, 사랑, 자존감, 자아실현 등의 주제는 수천 년간 유대인이 온몸으로 체득해 온 핵심적인 갈등 내용들이 아닌가.

사실 유대인이야말로 태어나면서부터 신분상의 안전을 보장받을 수 없었으며, 어떤 집단에도 소속될 수 없는 동시에 이웃으로부터 따뜻한 사랑도 받지 못했을 뿐 아니라 오히려 온갖 학대와 모멸 속에서 자존감의 심각한 상처를 가슴에 안고 살아야 했으니 그런 사면초가의 극한적 상황에서 살아남는 유일한 길은 오로지 꿋꿋한 자아의 실현이 아니겠는가. 따라서 어려서부터 반유대주의 경험을 뼈저리게 경험했던 매슬로 입장에서는 당연히 건강한 인격의 형성에 보다 많은 관심을 기울이게 된 것으로 보인다.

　　　　　　　　　　　　　　　　　　　제1부 탈무드와 유대인

이처럼 건전한 자아의 확립과 실현을 위해 일생을 두고 연구한 프로이트나 매슬로 등의 학자들이 유대인사회에서 나온 것은 결코 우연이 아닐 것이다. 이들은 결국 인간 정신의 가치가 모든 것에 우선함을 깨닫고 자신들의 일생을 인간 심리 연구에 아낌없이 바친 셈인데, 그것은 결국 알게 모르게 탈무드의 가르침에 따른 것이기도 하다.

모든 유대인의 머릿속에 깊이 스며든 탈무드의 교훈과 지혜는 그 무엇으로도 손쉽게 빼앗을 수 없다. 오랜 세월 핍박받은 유대인에게 환경이나 상황의 변화는 절대적으로 불가능한 일이었기 때문에 오로지 자아의 변화만이 생존에 불가결한 핵심적 열쇠였을 것이다. 탈무드는 그런 심리적 위기에 처한 유대인들로 하여금 커다란 희망과 위안이 되어 주었으며, 현실적으로 가능한 지침과 해결책을 제시해 주었던 셈이다.

그런 의미에서 탈무드는 적어도 유대인에게 정신적인 치유의 지름길 노릇을 해왔다고 볼 수 있다. 그래서 탈무드에서도 살아있는 사람에게서 빼앗을 수 없는 것은 지식이라고 분명히 못 박고 있는 것이다. 세상에 이처럼 무서운 말도 없을 것이다. 모든 것을 다 빼앗겨도 머릿속에 간직된 지식만은 어쩌지 못한다는 이 신념 하나만으로 유대인은 수천 년을 버티고 살아온 것이 아니겠는가.

그런 신념을 단적으로 보여 주는 탈무드 일화가 있다. 항해 중인 배 안에 많은 부자와 함께 랍비 한 사람이 타고 있었다. 랍비는 부자 승객들에게 자기는 자신의 재산을 보여 줄 수는 없지만 자기야말로 제일 부자로 생각한다고 말했다. 승객들은 처음에는 그 말뜻을 이해하지 못했지만, 그 배가 해적들의 습격을 받고 모든 재산을 털린 후 알거지 신세가 되고나서야 비로소 깨닫게 되었다. 배가 가까스로 항구에 닿자 랍비는 곧 그의 높은 교양과 학식이 사람들에게 인정받아 많은 학생을 가르치게 되었기 때문이다. 그 모습을 본 승객들은 랍비의 말이 옳다는 사실을 인정할 수밖에 없었다.

한때 오대양을 누비며 해 질 날이 없다고 큰소리치던 영국인들이 셰익스피어를 인도와도 맞바꿀 수 없는 존재라고 자랑스럽게 내세웠다지만, 유대인이야말로 자신들의 목숨보다 더 소중한 존재로 탈무드를 아끼고 지켜온 것이다. 이처럼 탈무드를 금과옥조로 받들어 온 유대인들은 분명 책벌레요 공부벌레임에 틀림없다. 그들은 뭔가 한 가지 목표를 정하면 그 분야에 목숨을 건다. 그야말로 죽을 힘을 다해 그것에 매달리니 당해낼 재간이 없다. 그러니 단순히 그들이 처세술에 능해서만 그렇다고 단정 짓기 어렵다. 더구나 탈무드가 처세술을 가르치는 책쯤으로 알고 있는 사람들은 그 안에 흐르는 깊은 정신적 가치에 대해서는 주의를 기울이지 못하기 쉽다.

그런 점에서 탈무드는 수천 년에 이르는 고난의 과정을 통해 남몰래 터득한 삶의 온갖 지혜가 녹아들어 있는 보물창고와도 같은 것이다. 악을 증오하고 사랑만을 외치는 기독교와는 달리 탈무드는 악의 존재를 전적으로 부정하지 않는다. 더욱이 사랑을 외치면서도 오랜 기간 성을 억압하고 금욕적인 태도를 강요해 왔던 기독교의 이율배반적인 태도와는 달리 유대인은 탈무드의 가르침에 따라 성을 배척하지 않고 신이 인간에게 내려주신 자연스러운 선물로 받아들였다. 다만 불륜과 동성애에 대해서는 율법의 이름으로 엄격히 금했다.

탈무드가 유대인에게 미친 영향 가운데 가장 중요한 점 한 가지를 들자면 평등사상을 언급하지 않을 수 없다. 유대인의 역사에서 특이한 점은 폭군이나 독재자가 거의 눈에 띄지 않는다는 사실이다. 물론 사울 왕이 있지만, 다른 나라들의 폭군에 비하면 아무것도 아니다. 더구나 전통적으로 유대의 왕들은 백성들의 마음을 대변하는 선지자들의 외침에 오금을 제대로 펴지도 못할 만큼 신의 권위에 복종하는 모습을 보였다. 다윗이 그랬고 솔로몬 역시 마찬가지였다.

물론 유대인들은 지상의 모든 권위를 두려워하면서도 손쉽게 굴복하지 않는 모습을 보여 온 것 또한 사실이다. 그들은 어디서나 신분상승을 위해 필사적인 노력을 기울였지만, 그렇다고 해서 항상 우두머리 자리만을 탐낸 것은 아니다. 남보다 뛰어나면 그만큼 위험에 처할 확률이 높다는 사실을 이미 오랜 경험을 통해 터득하고 있었기 때문이다. 그래서 유대인은 능력이 있어도 가급적이면 전면에 나서지 않는다. 탈무드에서도 그렇게 가르쳐 왔기 때문이다.

예를 들면, 이미 좋은 지도자가 있을 경우에는 스스로 나서서 지도자가 되려고 하지 말 것이며, 또한 자기보다 현명한 사람에게 지는 것이 어리석은 사람에게 이기는 것보다 더 낫다고 가르치는 것이다. 이런 이유 때문에 유대인은 역사적으로 보더라도 남의 눈에 잘 띄는 지도자보다는 그의 곁에서 참모역할을 하거나 제2인자로 머무는 수가 더 많았는데, 가장 전형적인 경우가 영국의 빅토리아 여왕을 모신 디즈레일리 수상, 미 대통령을 보좌한 헨리 키신저, 매

들린 올브라이트 국무장관 등이라 하겠다. 그런 점에서 비록 오바마 같은 흑인 대통령이 나올지언정 유대인 출신의 미국 대통령은 앞으로도 나올 가능성이 매우 희박하다고 볼 수 있다.

오늘날 미국에서 상당한 기반을 잡았을 뿐만 아니라 현실적으로 막강한 영향력을 행사하는 유대인 사회에서 지금까지 단 한 명의 대통령 후보도 나오지 않은 사실을 우리는 어떻게 받아들여야 할까? 그것은 결코 겸손의 표시가 아니라 유대인 대통령이 나옴으로써 입을 수 있는 반대급부적인 불이익이 너욱 클 것으로 예상하기 때문일 것이다. 그런 이유로 프로이트와 자멘호프도 국제정신분석학회나 에스페란토 학회의 수장 노릇을 맡은 적이 없다.

물론 제2인자의 목숨이 더 위험한 경우도 많았는데, 스탈린에게 암살당한 트로츠키가 바로 그렇다. 더욱이 제2인자야말로 지도자의 과오를 뒤집어쓰고 희생당하는 속죄양 신세로 전락하는 수가 많다는 사실을 유대인들이 모를 리 없겠지만, 그럼에도 불구하고 지도자로 나서는 일보다는 그래도 제2인자로 머무는 일이 장기적인 안목에서 더욱 안전한 길임을 굳게 믿기 때문이다.

따라서 탈무드는 여우의 머리가 되기보다는 차라리 사자의 꼬리가 되라고 충고한다. 이는 곧 사악한 주인 노릇을 하느니 차라리 좋은 주인을 만나는 것이 더 낫다는 의미겠지만, 쇠꼬리가 되느니 차라리 닭대가리 노릇이 낫다는 우리 속담과는 정반대 논리다. 유대인은 그만큼 남의 눈에 띄는 일이 없도록 스스로를 낮춤으로써 자신을 보호하고자 하는 일종의 피해의식에 사로잡혀 지내온 것으로 볼 수도 있는데, 그것은 그들이 숱하게 당했던 비극적인 참상들을 생각하면 당연히 그럴 수밖에 없었을 것이라 여겨지기도 한다.

바닥에 엎드려 있으면 넘어질 일도 없다는 탈무드의 가르침 역시 비슷한 논리에서 나온 말이다. 높은 나무에 오르지 않으면 떨어질 일도 없기 때문이다. 이 말은 오르지 못할 나무는 쳐다보지도 말라는 우리 속담과는 그 메시지가 전혀 다른 내용이다. 탈무드에서 말하는 것은 설사 오를 능력이 있더라도 안전을 위해서는 섣불리 욕심을 내지 말고 바닥에 그대로 엎드려 있으라는 주문이기 때문이다.

그러나 여기서 예외가 있다. 학문만큼은 얼마든지 열심히 하라는 것이다. 학문의 열매를 따기 위해서는 어떻게든 사다리를 동원해서라도 따내야 한다는 것이 탈무드의 주장이기 때문이다. 그래서 유대인은 자신들의 스승을 다른 무엇보다 존귀한 존재로 여겼으며, 만약 감옥에 아버지와 스승이 갇혔을 때 그중 한 사람만 구해야 한다면 스승부터 먼저 구한다고 할 정도로 학문과 교육을 중요시 여긴 것이다.

굴곡진 인생살이의 진면목을 한눈에 내려다보는 듯한 탈무드의 지혜는 유대인의 온갖 자잘한 일상에까지 손을 뻗치고 있다. 오르막이 있으면 반드시 내리막이 있음을 주지시킴으로써 결코 자만에 빠지거나 방심으로 흐르지 않도록 철저히 단속하는가 하면, 적에게 숨겨야 할 것은 친구에게도 숨기라고 함으로써 입단속을 단단히 챙기기도 한다.

하지만 다른 무엇보다도 신의 율법에 충실한 그들은 사악한 마음의 유혹에 빠지지 않기 위해 철저한 자기 관리를 가장 중시하며 살았다. 그래서 탈무드에서는 다음과 같은 일화를 통해 율법을 지키는 일이 얼마나 중요한 일인지 가르침을 준다. 한 아버지가 아들의 상처를 붕대로 감아주면서 타이르기를, "아들아, 앞으로 이 붕대가 풀어지지 않도록 조심하여라. 붕대를 감고 있는 동안은 먹거나 뛰거나 해도 아프지 않겠지만 만약 붕대를 풀어버리면 상처가 더 도질 것이다." 물론 여기서 붕대는 율법을 상징하는 말이다. 유대인 사회에서 뛰어난 율법학자들뿐만 아니라 유명한 법률가들이 수없이 배출된 것도 결코 우연이 아님을 알 수 있다.

법률가에 그친 것만이 아니다. 세계적인 경제학자들 중에는 유대인이 다수를 차지하고 있는데, 영국의 해롤드 래스키를 위시해서 미국의 밀턴 프리드먼에 이르기까지 경제학 분야에서는 유대인이 독보적인 위치를 차지해 온 것이다. 노벨 경제학상이 수여되기 시작한 지난 40여 년 동안 30명에 가까운 수상자들이 유대인 학자들이었다면 여러분이 과연 믿겠는가? 하지만 이는 분명한 사실이다. 돈의 흐름을 파악하고 돈을 관리하는 데 있어서 유대인을 능가할 민족은 그리 흔치 않다. 그만큼 유대인은 돈에 강한 집착을 보여 왔는데, 그것은 오랜 세월 그들이 할 수 있는 유일한 직업이 상업밖에 없었기 때문일 것이다.

그래서 유대인의 농담에도 다음과 같은 이야기가 있다. 아버지가 아들에게 "셋에다 셋을 더하면 몇이냐?" 하고 물었더니 아들이 대답하기를 아홉이라고 말했다. 어째서 그러냐고 물으니 아들의 대답이 걸작이다. "물론 여섯이 정답이지만, 내가 여섯이라고 말하면 아버지는 거기서 셋을 깎을 테니까요." 그야말로 지독한 아버지에 지독한 아들이다. 비록 농담이긴 하지만 이런 지독한 짠돌이 근성에 덧붙여 상대를 앞지르는 놀라운 머리회전이야말로 전형적인 유대인의 모습이 아닐 수 없다. 더군다나 탈무드는 돈을 결코 악으로 간주하지 않는다. 오히려 고마운 축복으로 받아들인다. 따라서 사람의 마음에 상처를 입히는 세 가지로 번민과 불화, 그리고 텅 빈 지갑을 지목하고 그중에서도 특히 텅 빈 돈지갑이 가장 큰 상처를 남긴다고 한 것이다.

탈무드에서는 근검절약에 대한 가르침도 많지만, 다음과 같은 일화는 역시 탈무드가 한 수 위의 지혜를 가르치고 있음을 실감케 한다. 집에서 멀리 떨어진 예루살렘에 아들을 유학 보낸 아버지가 중병에 걸려 유서를 남기고 죽었다. 그 유서의 내용은 자기의 모든 재산을 하인에게 물려주되 단 아들이 원하는 것 한 가지만은 아들에게 주도록 하라는 내용이었다. 그 하인은 기쁨에 겨운 나머지 단숨에 예루살렘으로 달려가 아들에게 부친의 죽음을 전하고 주인이 남긴 유서를 보여 주었다. 이에 충격을 받은 아들은 장례식을 마친 뒤 랍비를 찾아가 그 문제를 상의하고 조언을 구했다. 아버지의 부당한 처사에 대해 원망과 불평을 늘어놓는 아들에 대해 랍비는 유서에 담긴 참뜻을 이해하고 아버지의 현명한 조치에 감사해야 할 것이라고 말했다.

그래도 아들이 말귀를 알아듣지 못하자 랍비는 아버지의 뜻을 자세히 설명해 주었다. "당신의 부친은 운명할 때 하인이 재산을 갖고 도망치거나 탕진해 버릴까 염려하고 더 나아가 자기가 죽었다는 사실마저도 당신에게 알리지 않을 것을 걱정해서 모든 재산을 하인에게 물려준다고 하신 것이오. 그렇게 되면 하인은 기쁜 나머지 그 사실을 당신에게 곧바로 달려가 전할 것이고, 재산도 소중하게 간직할 것이라고 판단하신 것이오." 아들이 반문하기를, "그것이 도대체 내게 무슨 소용이 있다는 말씀입니까?"라고 되묻자 랍비는 이렇게 설명했다. "하인의 재산은 모두 주인에게 속한다는 사실을 모르시오? 부친께서는 당신이 원하는 것 한 가지만은 물려준다고 분명히 말씀하셨으니 당신이 그 하인을 소유한다고 원하기만 하면 그것으로 모든 재산은 당신의 것이 되는 게 아닙니까?" 뒤늦게 아버지의 깊은 뜻을 깨달은 아들은 랍비가 가르쳐 준 대로 일을 처리한 뒤 그 하인은 해방시켜 주었다는 이야기다.

소유의 문제에 있어서 탈무드가 제시하는 인간 유형에는 네 가지가 있음을 알 수 있다. 첫째, 내 것은 내 것이고, 네 것은 네 것이라는 사람, 둘째, 내 것은 네 것이고, 네 것은 내 것이라는 사람, 셋째, 내 것은 네 것이고, 네 것도 네 것이라는 사람, 넷째, 내 것은 내 것이고, 네 것도 내 것이라는 사람 등이다. 물론 첫 번째 유형은 매우 상식적인 수준에 해당하는 것으로 자본주의 사회의 특성을 나타내는 것이기도 하지만, 둘째 유형은 사회주의적 발상에서 비롯된 것이며, 셋째 유형은 이타적인 정의감의 소유자에 해당하고, 마지막 넷째 유형은 매우 착취적이고 이기적인 인간에 속한다고 볼 수 있다. 그리고 실제로 많은 유대인이 자본주의 사회와 공산주의 사회 건설에 모두 일익을 담당했던 것이다.

다만 자신보다 더 잘살고 많이 아는 사람을 본보기로 삼아 열심히 노력해서 성공하겠다는 자본주의 사회의 논리가 아니라 가진 자의 재물을 빼앗아 나눠 갖거나 많이 아는 자를 사회적으로 매장하고 제거함으로써 자신의 무지함을 부정하고자 하는 공산주의 사회 논리는 결코 탈무드 정신에 부합되는 일이 아님을 알아야 할 것이다. 물론 탈무드에서는 골고루 잘 살 수 있는 길을 권장하고 있지만, 그것이 강압적인 제도에 의한 방식을 뜻한 것은 결코 아니다.

그런 점에서 재물의 소유에 관해 탈무드는 다음과 같은 미담을 소개함으로써 적절한 해답을 제시하고 있다. 이스라엘에 두 형제가 농사를 지으며 살고 있었는데, 형은 뒤늦게 결혼해서 처자식을 두었고, 동생은 아직 노총각이었다. 아버지가 세상을 떠나자 두 형제는 물려받은 재산을 똑같이 나누어 가졌다. 그러나 어느 날 밤 동생은 딸린 식구가 많아 식량이 부족할 형님의 형편을 걱정하여 자신의 식량을 몰래 형의 곳간으로 옮겨놓았다.

그런데 공교롭게도 형 역시 자신은 처자식이 있어서 늙어서도 걱정이 없겠지만 동생은 홀로 사는 몸이니 미리 저축을 해놓아야 할 거라고 생각해서 자기가 비축해 둔 식량을 동생 곳간에 몰래 옮겨 놓았다. 다음 날 형제가 곳간에 가보니 식량은 조금도 줄지 않고 그대로인 상태였다. 그래서 형제는 다음 날 밤에도 서로 몰래 상대의 곳간을 채웠다. 그렇게 며칠 밤을 계속 보내다가 두 형제는 어느 날 밤 길 한가운데서 서로 마주쳤다. 그리고 서로를 아끼는 뜨거운 형제애를 새삼 깨닫고 형제는 서로 부둥켜안고 하염없이 흐느껴 울었다는 것이다.

유산 상속이나 재물에 대한 탐욕 때문에 한 가족끼리도 서로 등을 돌리고 원수처럼 지내는 일이 비일비재한 요즘 세태를 생각하면, 이처럼 가족의 소중함을 일깨우는 탈무드의 이야기는 실로 많은 점을 생각하게 만든다. 더욱이 착한 동생은 잘되고 나쁜 형은 망하고 만다는 흥부와 놀부 이야기에 익숙한 우리들로서는 단순한 권선징악적 차원이 아니라 서로를 아끼고 돕는 탈무드의 원인 전략을 통해 유대인이 어떻게 해서 지금까지 살아남을 수 있었는지 그 노하우를 배우게 되는 것이다.

유대인의 윈윈 전략은 돈과 재물에 대한 그들의 기본 철학을 통해서도 알 수 있다. 유대인에게 돈이란 어차피 돌고 도는 것이다. 그래서 그들은 남을 위해 돈을 쓰는 것도 그냥 잃어버리는 것이 아니라 언젠가는 자신에게 되돌아오기 마련이라고 믿는다. 탈무드가 계속해서 남몰래 타인을 돕는 자선행위를 적극 권장하는 이유도 바로 그런 철학을 바탕에 깔고 있기 때문이다. 실제로 지금 이 순간에도 탈무드 정신에 따라 다양한 자선사업을 벌이고 있는 유대인 재벌들이 많다.

1930년대 경제대공황 시기에 곤경에 처한 수많은 사람에게 은밀히 5달러씩 보내 삶의 희망을 심어주었던 일로 화제가 되었던 익명의 자선가가 있었는데, 최근에 와서 밝혀진 사실에 의하면, 그 자선가의 이름은 샘 스톤이며 당시 의류점을 운영하던 유대인이었다는 것이다. 원래 그의 본명은 핀켈스타인으로 유대인 박해를 피해 루마니아에서 미국으로 이주한 사람이었지만, 자신의 출신 성분을 숨긴 채 샘 스톤이라는 미국인 행세를 하고 살면서 돈을 벌었다는 사실이 항상 마음에 걸려 자신의 가족들에게도 알리지 않고 자선을 베푼 것이다. 그의 선행은 70여 년이 지난 최근에 와서야 그의 외손자가 유품을 정리하던 중에 우연히 알아내게 된 것이라고 한다. 오른손이 하는 일을 왼손이 모르게 하라는 예수 그리스도의 말씀도 사실 알고 보면 탈무드 정신에서 나온 것이 아니겠는가.

그러나 이 모든 지혜에도 불구하고 탈무드는 결코 세상과 등져 서는 아무런 소용이 없음을 강조한다. 그래서 만일 유대인으로 속 세를 떠나 오로지 공부만 한다면 그는 10년 후에 가서 반드시 하느 님께 제물을 바치고 용서를 구해야 할 것이라고 주문한다. 인간사 회로부터 홀로 고립되어 오직 공부만 하는 것 또한 죄악이라고 보 기 때문이다.

실제로 유대인 사회에서는 집단 공동체와 동떨어진 은둔자를 보 기 어려운 것이 사실이며, 그런 이유로 독신생활을 고집하는 수녀 나 승려도 없고 당연히 수도원도 존재하지 않는다. 전통적으로 공 부를 많이 한 랍비조차도 본래의 자기 직업을 갖고 있으면서 아무 런 보수 없이 자신이 속한 공동체 안에 함께 어울려 살면서 랍비 활 동을 펼친 것이다. 성직자의 계급이나 교황청도 따로 존재하지 않 는다. 유대인 사회에서 속세를 떠난 성직자나 학자를 상상하기 어 려운 것은 바로 탈무드의 가르침 때문이다.

따라서 유대인은 일과 공부를 모두 중요시했다. 그리고 일과 공 부의 중심에는 항상 가족이 있었다. 자식이 태어나면 인간은 바보가 된다는 유대 속담은 그만큼 자식을 소중히 여기고 부모들이 자식을 위해 모든 것을 희생했음을 의미한다. 그것은 그만큼 부모세대에 온 갖 시련과 고통을 겪더라도 보다 나은 미래에의 소망은 결국 자식들 에 의해 이루어질 것임을 믿고 투자를 아끼지 않은 것이다. 그리고 수많은 투자 중에서도 가장 큰 투자는 교육에 집중되었다.

그래서 탈무드에서는 아이들을 가르치는 행위는 아무것도 없는 백지 위에 무언가 쓰고 그리는 일과 같으며, 노인을 가르치는 것은 글자가 가득 적힌 종이에서 빈 곳을 찾아내 무엇인가 써 넣는 행위와 같다고 했다. 유대인에게 공부는 그만큼 일생 동안 계속될 그 무엇이었던 것이다. 그러나 그것이 자신이 속한 공동체 내에 서로 유익하게 공유되는 것이 아니라면 무가치한 것으로 간주되었다.

그런 이유 때문에 탈무드는 다음과 같은 일화를 소개하고 있다. 많은 사람에게 존경을 한몸에 받은 랍비가 있었다. 그의 고결한 인품과 자애로운 태도는 여러 제자에게 귀감이 되고도 남음이 있었다. 하지만 나이가 들어 죽음이 임박해 오자 그 랍비는 모여든 제자들 앞에서 갑자기 울기 시작했다. 평소에 그가 길가의 벌레 한 마리도 밟지 않으려 애쓰고 신에 대한 공경도 극진했음을 잘 아는 제자들이 노스승의 눈물에 의아해하면서 그 이유를 묻자 랍비는 다음과 같이 대답했다. "그래, 나는 항상 공부하고 자선에 힘쓰고 신께 기도하며 올바르게 살려고 애써 왔다. 그렇지만 이웃들과 함께 어울려 살아본 일이 있느냐고 스스로 자문해 볼 때 나는 자신 있게 답할 수가 없다. 바로 그 때문에 슬프단다." 그래서 오늘날에 이르기까지 유대인 랍비들은 늘 자신이 속한 공동체를 떠나본 적이 없는 것이다.

물론 오늘날 유대인 사회도 많은 변화를 겪게 되면서 탈무드에 대한 관심도 예전만 못하게 되었다. 따라서 이스라엘에서조차 소수의 유대인만이 탈무드를 배우고 있는 현실이다. 비록 학교수업 시간에 의무적으로 자신들의 역사를 알기 위해 구약성서를 배우기는 하지만 탈무드는 일부 종교인들만이 공부한다. 그것은 우리나라 교육에서도 마찬가지다. 아무리 우리가 유교문화권에 속한다지만 학교에서 의무적으로 논어나 사서삼경, 명심보감을 가르치지는 않기 때문이다.

일부 정통파 종교인들이 자신의 자녀들에게 세속교육은 시키지 않고 탈무드 교육만을 시키는 경우도 있지만, 대부분의 일반 유대인은 탈무드와 무관하게 살아간다. 하물며 서구사회에 자유롭게 동화되어 살아가는 유대인은 더욱 말할 것도 없다. 그것은 그만큼 오늘날의 유대인이 오랜 핍박에서 자유롭게 풀려나 서구문명의 혜택을 마음껏 누리며 살고 있기 때문일 것이다. 사상 유례가 없는 부와 번영을 구가하고 있는 현대의 유대인이 굳이 고리타분한 탈무드에 얽매여 살 필요가 없어졌기 때문일 수 있다.

그러나 다른 한편으로는 아직도 마음 놓고 두 다리를 펼치고 잠들 수 없는 위치에 놓여 있음을 그들은 누구보다 잘 알고 있기에 탈무드의 지혜와 완전히 담을 쌓고 살 수도 없는 형편이다. 그래서 유대인은 아직도 아쉬운 일이 있거나 곤경에 처할 일이 생기면 랍비를 찾아 의논하는 것이다. 물론 랍비는 탈무드를 집중적으로 공부한 사람이니 구태여 일반인들이 탈무드를 따로 공부할 필요가 없을지도 모르겠다.

오늘날에 와서 탈무드에 대한 관심은 오히려 비유대인들 사이에서 더욱 커지고 있다. 특히 자녀교육에 관심이 많은 부모들일 경우 자연히 탈무드의 지혜에 주목할 수밖에 없게 된다. 그것은 유대인 사회가 보여 준 불가해한 생명력과 교육에 대한 남다른 열정 때문일 것이다. 사실 지구상에서 그들만큼 끈질긴 생존능력을 발휘한 민족도 드물 것이다. 물론 우리 한민족을 제외하고 하는 말이다. 그런 점에서 유대인은 매우 특이한 민족인 동시에 그들을 하나로 묶어 주고 생존을 보장해 준 탈무드의 존재에 대해 우리가 특별한 관심을 기울이는 것은 실로 당연한 일이다.

제2부
프로이트와 정신분석

유대인이 정신분석의 기둥을 이루다

정신분석의 탄생과 배경

인간 정신의 심층세계를 본격적으로 파헤치기 시작한 것은 프로이트가 최초였다. 감히 최초라고 하는 이유는 학문적으로 처음이었다는 말일 뿐이다. 그 이전에도 물론 수많은 성자, 종교가, 철학자, 사상가, 예술가들에 의해 인간 정신에 대한 관심과 탐색은 끊임없이 이루어져 오기는 했다. 특히 불교의 유식론은 인간 심리의 근원까지 깊이 파고들어 철저한 탐색을 기울인 것으로 유명하다. 하지만 심리학이나 정신의학이라는 학문 자체가 19세기 중반에 들어서야 비로소 학문다운 형태를 띠게 되었다는 사실을 감안한다면, 심층심리학의 역사는 매우 일천하기 그지없음을 알 수 있다.

따라서 인류 최초로 무의식을 발견한 프로이트의 업적은 코페르니쿠스의 지동설과 콜럼버스의 신대륙 발견, 다윈의 진화론에 비견될 수 있는 가히 혁명적인 사건이 아닐 수 없다. 그러나 프로이트의 인식론적 혁명은 처음부터 풍전등화 신세였다. 반유대주의라는 커다란 장벽에 마주친 그는 비범한 능력에도 불구하고 대학교수가 될 수 없었으며, 일개 개업의 신분으로 그나마 매일 환자를 진료하는 가운데 남은 시간을 이용해 자신의 연구 활동을 계속해야 했으니 그에게 주어진 짐이 얼마나 힘겨웠을지 짐작이 가고도 남는다. 더욱이 그가 내세운 이론은 학계의 냉담한 반응으로 일체 인정받지 못했으며, 대중에게도 외면당하고 더 나아가 거센 비난까지 들어야 했다. 물론 유대인에 대한 그런 따돌림은 당시로서는 결코 새삼스러운 일도 아니었다.

어린 프로이트와 그의 아버지 야콥

어린 시절 프로이트는 자신의 아버지가 들려준 치욕스러운 경험담에 몹시 실망한 적이 있었는데, 아버지 야콥이 거리를 걷던 중에 지나가던 한 백인 남성이 유대인 주제에 건방지게 인도 위를 걷는다고 소리치며 그의 모자를 손으로 쳐서 길 위에 내팽개쳤다는 것이다. 그때 어린 아들은 기대에 찬 시선을 아버지에게 던지며 질문했다. "그래서 아버지는 어떻게 했어요?" 하지만 돌아온 답은 너무도 실망스러운 내용이었다. "모자를 집

제2부 프로이트와 정신분석

어 들고 계속 길을 걸어갔지."
그 이후로 프로이트는 비굴한
아버지 대신 한니발, 나폴레옹
과 같은 영웅을 숭배하기 시작
했다고 한다.

물론 프로이트 자신은 가부
장적 전통에 집착하는 아버지와
는 달리 보다 자유주의적인 입
장에서 활동한 인물이었지만,

체코의 작은 마을 프리보르(Pribor)에 있는 프로
이트의 생가. 현재는 프로이트 전용 박물관으로
운영되고 있다.

그럼에도 불구하고 유대인에 대한 세상의 인종적 편견은 결코 달라
진 게 없었다. 유대인 신분만 아니었다면 프로이트는 빈 의과대학
교수가 되고도 남음이 있을 정도로 뛰어난 수재였다. 비록 그는 독
일인 스승들을 존경했지만 브뤼케 교수를 제외한 다른 교수들은 유
대인 제자를 달가워하지 않았다. 그는 독일인으로 살고자 했으나
세상은 그것마저 허용하지 않았다.

이처럼 아무리 뛰어난 수재였다고 해도 프로이트가 몸담은 사회
는 유대인의 사회적 진출을 노골적으로 가로막고 있었다. 그러니
프로이트 역시 무력한 일개 유대인으로 자신에게 주어진 신분적 제
약을 감수해야만 되었다. 더욱이 아홉 식구라는 대가족을 이끌며
그들의 생계를 책임져야만 했던 그는 결국 교수의 꿈을 접고 일찌
감치 개업의로 나설 수밖에 없었다. 그럼에도 그는 학자로 성공하
기를 꿈꿨으며, 실제로 그 꿈을 이루고야 말았다.

그의 아들 마르틴의 증언에 의하면, 프로이트 일가의 가장 큰 축

제일은 크리스마스였다고 한다. 기독교도가 아님은 물론, 스스로 무신론자임을 공언까지 했던 프로이트가 자신의 아이들에게는 다른 독일아이들과 똑같이 크리스마스 축제를 즐기게 했다는 점이 흥미롭다. 비록 그 자신은 무신론자이면서도 가족들에게 어느 특정 종교를 강요한 적이 없으며, 심지어는 아들 에른스트가 시오니즘 운동에 가담해 활동하는 것도 간섭하지 않을 정도로 그는 매사에 자유주의적인 태도를 유지한 것이다.

미국의 정신분석사가 피터 게이는 프로이트의 유대인적 배경과 정신분석의 발전과정을 연계시킬 만한 증거는 없다고 감히 단언하면서 히브리어조차 제대로 읽지도 못한 점으로 미루어 보더라도 프로이트가 자신의 인종적 뿌리에 대해 얼마나 무심했는지 알 수 있다고 했지만, 비록 프로이트 일가의 유대교 신앙이 생각처럼 그렇게 돈독하진 못했더라도 엄청난 사회적 불이익을 당하고 살았던 당시의 유대인 공동체의 특성으로 보아 탈무드와 전혀 무관한 성장과정을 상상하기란 힘들 것 같다.

물론 프로이트 자신은 히브리어를 알지 못한다는 사실을 고백하면서 스스로 부끄럽다는 표현까지 썼지만, 히브리어를 모른다는 사실만으로 그가 탈무드 내용을 전혀 몰랐다고 상상하기 어렵다. 정신분석의 학문적 순수성과 고유성을 보호하려는 뜻은 이해 못 할 바 아니지만, 반드시 유대인적 특성과 무관해야만 그 순수성이 유지된다면 그런 발상 자체가 또 다른 피해의식의 산물로 간주될 수 있을 것이다.

그런 주장은 마치 카를 융이 자신의 회상록에서 보인 입장과도 일맥상통한다. 융은 자신의 이론이 이미 오래전부터 존재해 왔던 동양의 신비주의 철학이나 종교적 내용을 그대로 모방하거나 인용한 게 아니라 단순한 우연의 일치였음을 강조하기 위해 모처럼 초대받은 인도 방문 길에서도 의도적으로 인도의 유명한 성자들과 만나지 않았다는 궁색한 변명을 늘어놓기도 했는데, 그런 논리와 크게 다르지 않기 때문이다.

성자와 직접 만나지만 않았다면 아무런 영향도 받지 않은 것이라는 이런 매우 기묘한 논리가 나오게 되는 이유도 알고 보면 결국 서구사회가 얼마나 복잡다단한 구조적 모순과 부조리에 가득 찬 세계인지 단적으로 설명해 주는 부분이기도 하다. 이는 다시 말해서 정신분석과 탈무드, 기독교정신과 유대정신, 구약과 신약, 적응과 정체성, 피의 순수성과 잡종 시비, 희생과 박해 등이 한데 뒤엉킨 복잡하기 그지없는 문제로 수천 년간 해결되지 못한 난제 중의 난제들인 셈이다.

스위스의 개신교목사였던 오스카 피스터는 프로이트에게 말하기를, 신을 부정하는 무신론자도 다 같은 하느님의 자녀이며 신을 믿지 않는 프로이트도 올바른 삶의 정도를 걷고자 노력한다는 점에서는 진정한 기독교인이기도 하다고 말했다. 그러나 융이 자신의 이론적 독창성을 유지하고자 인도의 성자들을 의도적으로 회피했던 것처럼, 프로이트 역시 자신의 이론적 고유성과 보편성을 유지하기 위해서 자신의 인종적 뿌리와 탈무드의 영향 가능성을 사전에 차단시킨 것은 아닌지 모르겠다. 만약 그렇다면 프로이트 자신도 어느 정도는 피해의식을 지니고 있었을 수 있다.

프로이트가 원했건 아니건 간에 정신분석은 우월감과 자만에 가득 찬 서구의 합리주의 인식론에 직격탄을 날린 게 사실이다. 그런데 오늘날에 와서 일부 교육학자들은 현대인의 타락과 무질서가 프로이트의 부도덕한 유물론적 이론 때문이라고 탓하기도 한다. 그러나 세계를 변화시킨 요인은 정신분석에만 있는 것이 아니다. 잘못된 시대적 상황의 문제를 어느 특정 학파 탓으로만 돌리는 것은 중세기에 창궐했던 흑사병의 만연을 유대인의 음모 탓이라며 뒤집어 씌웠던 서구인들의 상투적인 속죄양scapegoating 만들기와 하나도 다를 바 없다고 본다.

　　정신분석의 탄생 배경으로 생각해 볼 수 있는 점을 굳이 열거한다면, 유대인, 무신론, 빈, 탈무드 등 네 가지 요인들로 대충 요약해 볼 수 있겠다. 우선 던질 수 있는 질문은 '왜 하필이면 유대인인가?'라는 점이다. 뒤집어 말하면 정신분석은 왜 유대인보다 훨씬 더 뛰어나고 오랜 학문적 전통을 자랑하는 독일이나 영국, 프랑스 학자들에 의해서 시작되지 못한 것일까? 시작뿐이 아니다. 정신분석이론의 발전에 크게 공헌한 대상관계이론의 멜라니 클라인, 자아심리학의 하인츠 하르트만, 자기심리학의 하인츠 코헛, 아동심리학의 에릭슨 등이 모두 유대인이며, 심지어 개인심리학의 아들러, 인도주의 심리학을 대표하는 에이브러햄 매슬로, 사이코드라마를 창시한 모레노 역시 유대인이 아닌가. 그런 점에서 유대인 프로이트에게 학문적으로 선수를 빼앗긴 독일계 카를 융이나 프랑스의 자크 라캉 등이 땅을 치고 억울해했을 것은 불 보듯 뻔한 일이 아니겠는가.

물론 아무리 명석한 학자라 할지라도 자신이 속한 문화권의 종교적, 철학적, 이론적 독단과 선입견에서 자유롭지 못하다. 단적인 예로 당시의 독일정신의학은 독일강단철학의 절대적인 지배하에 있었다. 자유로운 창의성을 지니고 기존 학계에 도전하는 새로운 학설을 내세울 만한 용기 있고 혁신적인 인물이 없었으며, 단지 권위주의적인 학문 풍토에 순응하는 것이 당연시 되던 시절이었다. 그런 기득권 세력에서 일찌감치 탈락한 이방인에 불과했던 프로이트로서는 자신의 야심을 이루는 유일한 길은 세상이 깜짝 놀랄 새로운 학문을 세우는 일이었을 것이다. 그리고 마침내 그는 비밀의 열쇠를 풀었고, 그 어떤 비난과 조롱에도 결코 주눅 들지 않으면서 고집스레 자신의 뜻을 밀고 나간 것이다.

　금욕적인 기독교사상과 합리적인 철학사상에 오랜 세월 젖어 지낸 서구인들은 도덕적 우월감과 자만에 빠진 나머지 자신들의 모순과 결함에 대해 오랜 세월 눈을 감고 있었다. 하지만 그런 모순과 결함에서 비롯된 부조리한 현상을 예의주시한 사람들이 있었으니 그들은 다름 아닌 유대인 학자들이었다. 그들 가운데 가장 대표적인 인물이 바로 마르크스와 프로이트였다. 마르크스는 사회적 모순과 갈등에 강한 의문을 품었고, 프로이트는 심리적 모순과 갈등의 실체를 밝힌 것이다.

　원래 자의식이 매우 강한 데다 강박적인 특성까지 겸비한 유대인은 비록 겉으로는 왜소하고 초라해 보이지만 남다른 관찰력과 분석능력을 오랜 세월 몸에 익혀온 민족이었다. 물론 그것은 살아남기 위한 생존수단으로 상대의 의중을 정확히 읽을 수 있어야 목숨을 보존할 수 있었기에 스스로 터득한 삶의 노하우였다고 할 수도 있다. 그런 점에서 우리는 정신분석적 발상이 하필이면 왜 유대인 머리에서 나온 것일까 하는 의문에 대한 해답을 얻게 된다.

모든 사물과 현상에 대해 하늘의 섭리나 자연의 섭리로 받아들이는 사람들은 아무런 의혹도 지니지 않고 마음 편히 살겠지만, 부당한 대우와 핍박 속에 사는 사람들은 자신의 불행한 처지에 대해 항상 의구심을 지니고 살 수밖에 없을 것이다. 유대인이 그랬고 마르크스와 프로이트 역시 그랬을 것이다. 다만 마르크스는 그런 부당한 세상을 혁명을 통해 바꾸고자 했던 반면에, 프로이트는 인간 자신의 심리적 성장과 변화를 추구했다는 점이 다르다고 할 수 있다.

또 다른 질문 한 가지, 왜 무신론자인가? 앞서 말했듯이 기독교이건, 유대교이건 간에 어느 특정 종교의 신도라면 자신의 교리에 어긋나는 이론이나 임상적 관찰이 얻어질 때, 과연 주위의 따돌림과 파문을 무릅쓰면서까지 그것을 이론화하고 발표할 배짱이나 용기가 생길 것인가? 아마 불가능할 것이다. 지동설을 발표한 코페르니쿠스도 그가 발견한 학설이 생전에 널리 알려졌다면 어쩌면 화형에 처해졌을지도 모른다. 갈릴레이 역시 그의 지동설을 지지하는 주장을 했다가 교황청의 심문을 받고 지구가 태양의 주위를 돈다는 자신의 말을 철회하지 않았는가. 종교가 학문의 입을 꽁꽁 틀어막은 셈이다.

프로이트는 인간의 환상과 종교의 밀접한 연관성에 대해 언급하면서 인간이 그런 환상에서 벗어나지 못하는 한, 진정한 과학은 성립될 수 없다고 단언했다. 더욱이 인간의 무의식을 탐구하는 입장에서 과연 기존의 고정관념이나 가치체계에서 얼마나 자유로울 수 있는지 의문이긴 하지만, 적어도 프로이트는 그것이 정신분석을 통해 가능하다고 믿었으며, 더 나아가 신앙을 갖지 않고도 인간은 얼마든지 살아갈 수 있음을 보여 주고 싶어 했음이 분명하다. 물론 프로이트가 무신론자였다고 해서 모든 분석가들도 반드시 그를 따라야 한다는 법은 없다. 다만 그가 무신론자가 아니고 믿음이 강한 신앙인이었다면 과연 그렇게 정신분석의 탄생이 용이했겠느냐 하는 차원에서 하는 말일 뿐이다.

세 번째 질문, 왜 빈인가? 당시 빈은 오스트리아–헝가리 제국의 수도로 정치적, 문화적, 학문적 중심지였을 뿐만 아니라 지리적으로도 유럽 정중앙에 위치한 도시였다. 비록 제1차 세계대전 이후 합스부르크왕가의 몰락으로 중부유럽의 주도권을 독일에 내주었지만 대영제국, 프랑스와 더불어 유럽의 운명을 좌지우지할 정도로 막강한 중심세력을 이루고 있던 도시였다. 음울한 분위기의 베를린과 달리 빈은 다양한 민족들이 함께 모여 살던 활기찬 도시로 파리 못지않게 자유분방한 분위기에 젖어 있었다. 당연히 도덕적으로도 다소 문란한 상태에 있었다.

하지만 당시만 해도 비천한 신분의 유대인은 감히 백인들의 눈을 정면으로 바라볼 수 없던 시절이었다. 유대인의 시선은 항상 아래로 향해야만 했다. 그만큼 반유대주의 정서가 뿌리 깊은 시대이기도 했다. 프로이트 자신도 학창시절에 그런 수모를 피해갈 수 없었다. 그가 이를 악물고 공부에만 매달린 심정을 이해할 만도 하다.

더군다나 빈의 자유분방한 풍토는 백인사회에 국한된 분위기였을 뿐이다. 소위 말하는 그들만의 잔치였던 셈이다. 그런 잔치에서 일찌감치 소외된 프로이트는 단순히 낙담과 좌절에 빠진 게 아니라 오히려 그들을 능가할 수 있는 학문적 업적을 통해 자신의 존재를 과시하고 감히 인정받고자 했던 것이다. 빈의 반유대주의 정서가 오히려 그에게는 분발을 촉구하는 약이 된 셈이다.

그러나 가장 중요한 질문이라고도 할 수 있는 '왜 탈무드인가?' 하는 문제에 대해 정통 분석학계에서는 줄곧 입을 다물어왔다. 베를린의 정신분석가이며 프로이트의 오른팔이기도 했던 카를 아브라함은 한때 프로이트에게 보낸 서한에서 정신분석이 왜 유대인의 기질에 가장 적합한지 여부에 대한 논란을 벌인 바 있다. 물론 프로이트는 그런 주장을 한마디로 일축하고 말았지만, 오히려 카를 아브라함의 주장이 스승인 프로이트보다 예리했다고 볼 수 있다.

카를 아브라함에 의하면, 탈무드의 흔적을 모든 유대인의 머릿속에서 그렇게 간단히 없애버릴 수는 없다는 것으로, 따라서 알게 모르게 유대인 정신분석가들은 이론과 임상 면에서 탈무드적인 관점의 영향을 받지 않을 수 없다는 주장을 펼친 것이다. 즉, 정신분석이론의 발전에도 유대인 분석가들의 무의식이 반영될 여지가 많다는 주장인데, 특히 그 후 유대계 학자들이 보여 준 놀라운 활약과 주도적인 역할을 고려해 본다면 결코 무시할 수 없는 대목이다.

그럼에도 프로이트가 일언지하에 그런 주장을 무시한 배경에는 자신의 이론적 독창성을 보존하고 싶은 욕구가 우선 있었을 것이고, 더욱이 반유대주의 풍조가 만연한 서구사회 분위기에서 정신분석이 살아남기 위해서는 유대인적 요소로부터 일정한 거리를 유지함으로써 그 어떤 차별성을 두고자 했을 것으로 짐작된다. 물론 그런 우려는 얼마 가지 않아 현실로 나타나고 말았는데, 프로이트와 결별을 선언한 카를 융은 유대인에게나 어울릴 유대심리학을 아리안 계열의 튜톤족에 적용하는 것은 최대의 학문적 실수라고까지 단언했기 때문이다.

한때 순수 독일계인 융에게 큰 기대를 걸고 국제정신분석학회 초대회장 자리에까지 앉혔던 프로이트 입장에서는 당연히 크게 상처를 받았겠지만, 그는 엄청난 자제심을 발휘하며 자신의 등에 비수를 꽂는 융의 행위에 대해 그 어떤 반론도 제시하지 않고 침묵으로 일관했다. 그렇게 프로이트는 아무런 내색조차 드러내지 않은 가운데 오로지 정신분석의 존속을 위해 묵묵히 학문에만 매진했으며, 그 결과 정신분석은 학문적으로 소멸될 위기에도 불구하고 용케 사장되지 않고 오늘에 이르기까지 그 명맥을 이어올 수 있었다고 본다. 비록 프로이트 자신은 탈무드의 존재에 대해 애써 무관심한 태도를 유지했는지 모르겠으나, 정작 곤경에 처했을 때 그가 취한 행동방식은 역시 탈무드의 가르침 그대로였던 것이다.

이처럼 탈무드의 운명과 마찬가지로 정신분석 역시 유대인의 주도로 끈질긴 생명을 이어왔다고 할 수 있다. 유대인이 일단 뜻을 세워 이룩한 것은 결코 그대로 사장되는 법이 없다. 그토록 치열하고 철저하게 수천 년을 버티며 그 명맥을 이어온 유대인의 집념에서 프로이트의 반복강박 개념도 나오지 않았겠는가. 사실 지구상에서 유대인만큼 강박적인 민족도 드물 것이다. 그들은 수천 년간 메시아를 기다려 왔으며, 또한 지금까지도 그 희망을 잃지 않고 알게 모르게 탈무드의 지침에 따라 살아가고 있으니 말이다.

물론 프로이트는 자신의 인종적 뿌리에 대해 상당히 양가적인 태도를 보인 것도 사실이다. 그는 스스로 유대인 무신론자임을 공개적으로 내세우며 기독교와 유대교 모두를 멀리 했는데, 서구인으로 인정받으며 살고 싶으면서도 반유대주의라는 현실적 장벽 앞에서 달리 어쩌지 못하는 자신의 무기력한 모습에 곤혹감을 느낀 나머지 기독교인도 아니고 유대교인도 아닌 아웃사이더의 길을 선택한 것으로 보인다. 따라서 그는 동시대에 뜨거운 감자로 떠오른 시오니즘이나 공산주의, 나치즘 등 사회적으로 매우 민감한 문제에 대해서는 일체 관심을 두지 않았다. 물론 그는 뿌리 깊은 반유대주의에 대해 상당한 경계심을 품고 있었지만, 동시에 유대 민족주의자들과도 일정한 거리를 두고 있었다. 당시 전 유럽을 들끓게 만들었던 드레퓌스 사건에 대해서도 일체 입을 다물 정도로 그는 몸을 사렸다.

비록 그는 스스로 독일인임을 자처하고 살았지만, 그것은 혼자만의 착각일 뿐이었다. 독일인들은 그를 오로지 유대인으로만 간주했기 때문이다. 나치 독일이 오스트리아를 합병하자 그의 목숨은 이미 자신의 것이 아니었다. 자칫 했으면 그의 일가 모두는 전신을 발가벗긴 채 아우슈비츠 가스실에서 최후를 마쳤을지도 모른다. 실제로 그의 네 누이동생은 나치수용소에서 목숨을 잃었다. 정신분석의 운명은 프로이트의 운명과 마찬가지로 하루아침에 풍전등화의 위기에 처하고 말았지만, 그나마 자유민주사회의 도움으로 그 명맥

　　　　　　　　　　　　　　　　제2부 프로이트와 정신분석

을 유지하게 된 것이다.

결국 정신분석은 히틀러의 나치 독일과 스탈린의 소비에트 사회 모두에서 강제로 축출당하는 신세가 되고 말았다. 히틀러와 스탈린에게 인간 심성의 핵심을 꿰뚫어보는 정신분석이론이 얼마나 두렵고 껄끄러웠으면 그토록 영구 추방까지 단행해야만 했을까. 그렇게 유럽대륙에서 정신분석은 그 씨가 마르게 되었다. 그것은 학문적으로나 임상적으로 무용지물임이 입증되어서가 아니라 오로지 인종적 편견 및 이념적 아집에 따른 결과였다. 지금까지 지구상에서 그런 말도 되지 않는 이유 때문에 강제로 추방된 학문은 아마도 정신분석이 유일하지 않을까 싶다.

전체주의 독재자들이 그토록 기를 쓰고 사장시키려 애를 썼다는 점에서 본다면 정신분석에는 그들이 두려워할 만한 그 어떤 진실이 숨겨져 있기 쉽다. 그러나 매우 역설적인 현상이지만 진실은 언제나 두려움과 역겨움을 불러일으키기 쉽다. 대부분의 환자들도 자신의 무의식적 진실에 마주칠 때에는 십중팔구 거부감을 드러내 보이기 마련이다. 정신분석에서는 그런 현상을 저항resistance이라고 부른다. 따라서 모든 진실은 갑자기 마주해서는 감당하기 어렵기 때문에 단계적으로 그것도 아주 서서히 접근해 가야 큰 무리가 없는 법이다. 그것은 공복에 갑자기 배를 채우면 곧바로 배탈이 나는 것과 같다.

오늘날에 와서도 정신분석에 대한 긍정적인 말보다 헐뜯는 비방과 모함이 더욱 득세하는 이유 또한 진실에 대한 대중의 두려움과 거부감에 편승하는 포퓰리즘의 결과이기 쉽다. 대중적 인기에 편승

해서 눈치를 보는 사람들일수록 대중이 무엇을 원하고 무엇을 원하지 않는지에 신경을 곤두세우기 마련이지만, 진실을 전하고자 하는 사람들은 대중의 평가에 연연하지 않기 때문에 사회적으로도 따돌림 당하는 수가 많은 법이다. 고대 이스라엘의 선지자들 또한 그렇게 핍박을 받지 않았는가. 그런 점에서 볼 때, 정신분석에서 이루어지는 해석 작업은 정신이 번쩍 들게 잠을 깨우는 작업이지 결코 잠을 재우는 달콤한 자장가가 아니다. 그러나 이 세상은 바른 해석을 추구하는 사람들보다 자장가를 원하는 사람들이 훨씬 더 많다는 점에서 정신분석의 앞날은 여전히 그리 순탄치만은 않을 것으로 보인다. 바른 말과 진실은 항상 쓰고 괴롭기 때문이다.

무의식을 찾아서

프로이트는 무의식을 창조하거나 발명한 게 아니다. 그는 단지 무의식을 발견한 것뿐이다. 그런 업적을 두고 어떤 사람들은 어느 날 갑자기 프로이트의 머리에서 무의식이라는 개념이 튀어나오기 라도 한 것처럼 말하기도 한다. 그러나 프로이트가 나오기 이미 오 래전부터 그리스 비극 작가들을 포함한 수많은 천재적 예술가들은 인간심리의 모순성과 갈등에 주목하고 뛰어난 걸작들을 남겨오지 않았는가.

예를 들어, 프로이트에게 가장 큰 영감을 주었던 소포클레스의 비극 〈오이디푸스 왕〉은 기원전 5세기에 발표된 작품으로 우리나라로 치면 신라나 고구려의 건국보다 무려 500년이나 앞선 시기였으니 그저 감탄을 금치 못할 뿐이다. 특히 셰익스피어의 《햄릿》, 《맥베스》, 《리어왕》, 《오셀로》 등은 수백 년 전에 나온 작품임에도 탁월한 심리묘사를 통해 인간 무의식의 단서를 이미 제공했다고 볼 수 있다. 비록 《베니스의 상인》에서 유대인을 부정적인 시각으로 묘사하기도 했지만, 셰익스피어야말로 프로이트 이전 시대에 존재했던 가장 위대한 심리학자였다고 해도 과언이 아니다.

물론 유대인에게는 셰익스피어 내신 바이블과 탈무드가 있었다. 구약을 통해 드러난 인간심리의 온갖 추악한 일면과 그 결과 겪게 되는 온갖 고통과 시련 등은 과거 유대인만의 문제가 아니라 바로 오늘날을 살아가는 인간들의 실상을 드러내는 것이기도 하다. 일찍이 구약과 탈무드에 정통했던 에리히 프롬은 정신분석의 가장 큰 공헌은 인간의 사고과정에서 드러난 모호한 특성을 입증해 보인 점이라고 하면서 소위 말하는 합리화를 주도하는 힘으로써 이성이 지닌 허구성이야말로 수많은 인간 심리현상 중에서 가장 수수께끼 같은 부분이라고 지적한 바 있다.

그런 점에서 볼 때, 탈무드는 이미 오래전부터 일상생활에서 부닥칠 수 있는 온갖 자료와 구체적인 사례를 통해 실로 다양한 삶의 지혜를 가르쳐 왔다. 그처럼 풍부하고 생생한 사례들을 통해서 유대인은 인간의 의식수준에서 행해지는 온갖 가식과 거짓, 위선을 파악하는 데 일가견을 지니게 되었던 것이다. 상대방의 진의가 무엇인지 정확히 파악하는 일이야말로 유대인에게는 자신들의 생존과 관련된 사활이 달린 문제였기 때문이다. 수천 년에 걸친 가혹한 박해와 멸시로 누구보다 뼈저린 갈등과 모순, 불합리성을 체험해온 민족으로서 그들은 유달리 인간정신의 취약성과 비합리성에 민감하게 단련되지 않을 수 없었던 것이다.

프로이트는 어린 시절에 자신의 부친이 거리에서 당했던 굴욕적인 사건을 결코 잊을 수 없었다. 또한 학창시절을 통해서도 자신이 직접 겪었던 반유대주의 경험도 뼈저리게 느끼고 있었다. 뿐만 아니라 자신보다 별로 뛰어나지도 못한 동료들이 단지 독일인이라는 이유만으로 대학교수에 임용되고 자신은 단지 유대인이라는 인종적 결함 때문에 교수가 될 수 없다는 현실에 상당한 좌절을 겪기도 했다. 프로이트가 이성과 합리주의를 가장한 서구인들의 모순된 정신에 반기를 들게 된 것은 어쩌면 당연한 귀결이 아니었겠는가.

물론 조사에 의하면, 당시 프로이트 일가는 다른 유대인들에 비해서 신앙심이 그다지 깊지는 못했던 것으로 전해지기도 한다. 따라서 프로이트는 어려서부터 철저한 히브리 전통에 강요당하는 일이 별로 없었으며, 비교적 자유로운 지적 경험을 이루며 성장했다고 본다. 그런 이유 때문인지 그는 평생을 통해 탈무드에 대한 공식적인 논평을 한 적이 없었으며, 대신 천재적인 문학가들의 작품을 통해서 인간의식의 이면에 작용하는 또 다른 세계가 있음을 입증해 보이고자 했다.

비록 프로이트가 주로 원용한 용어나 개념들이 그리스 신화나 비극, 셰익스피어의 작품들을 배경으로 한 것이 대부분이지만, 보다 근원적으로는 구약성서나 탈무드에까지 거슬러 올라갈 수도 있다. 왜냐하면 구약이야말로 원초적 인간의 모순과 갈등을 고스란히 담고 있기 때문이다. 원죄, 거짓, 악의 유혹, 방어, 욕망, 번식, 살인, 근친상간, 수간, 징벌, 화해, 용서, 질투, 분노, 증오, 사랑, 꿈과 이상, 우상숭배, 언약, 구원, 축복, 저주, 희망 등등, 연약한 인간 군상이 펼치는 온갖 적나라한 모습들이 있는 그대로 드러나 있기 때문이다.

따라서 프로이트가 마음만 먹었다면 자신의 용어 선택에 있어서 얼마든지 구약이나 탈무드에서 인용할 수도 있었을 것이다. 예를 들면, 아담과 이브, 카인과 아벨, 노아, 롯, 이삭, 야곱과 에서, 모세, 욥과 요나, 에스더, 다니엘, 다윗과 솔로몬 등의 이름에서도 얼마든지 인간의 원초적 감정과 사고의 흔적을 발견할 수 있기 때문이다. 그러나 그는 그렇게 하지 않았다. 물론 거기에는 나름대로 이유가 있었을 것이다.

프로이트는 스스로 유대인임을 수치스럽게 여기지는 않았지만, 평생을 통해 자신이 마주친 동시대적인 문제, 즉 그 유명한 드레퓌스 사건이나 시오니즘 운동, 반유대주의, 파시즘, 공산주의 혁명 등에 대해서는 일체 공식적인 언급을 회피했다. 프로이트에게는 정신분석의 생존과 보급, 그리고 학문적 순수성의 유지가 무엇보다 시급한 문제였기 때문이다. 더군다나 그는 정신분석이 유대인만의 좁은 울타리 안에 갇히기를 원치 않았다. 좀 더 코스모폴리탄적인 전 인류의 신생학문을 바란 것이다.

따라서 그에게 용어 및 개념 문제는 상당히 중요할 수밖에 없었다. 그리고 서구인들의 사상적 원류라고도 할 수 있는 그리스 신화와 비극에서 얻은 힌트라면 보편성 획득과 인정을 받는 문제에 있어서 보다 용이하리라는 점도 잘 알고 있었을 것이다. 만약 그가 유대적인 용어나 기록에서 인용했다면, 서구인들은 즉각적인 반감이나 혐오감을 표시하고 관심조차 기울이지 않았을 게 불 보듯 뻔한 일이었다. 하지만 프로이트가 원했든 원치 않든 간에 아동기 시절부터 그의 뇌리 한구석에 자리 잡고 있었을 탈무드적인 요소는 본인이 주장하던 괴테나 니체, 셰익스피어의 영향보다 더욱 근원적인 부분을 차지하고 있었을 것이다.

프로이트의 무의식 발견은 분명 20세기 서구 지성사에 거대한 지각 변동을 일으킨 사건이었다. 누구도 예상치 못했던 무의식 개념은 단순한 사변적 논리에 머문 것이 아니라 실제 임상에서 수많은 환자들을 치료함으로써 무시할 수 없는 현실적 문제로 대두된 것이다. 우리의 삶에 지대한 영향력을 행사하는 보이지 않는 심층 세계의 존재를 규명했다는 점에서 무의식의 발견은 그만큼 혁명적인 인식론의 변화를 초래한 셈이다.

물론 프로이트의 학문적 탐색은 개인무의식을 대상으로 한 것이지만, 나름대로의 엄밀한 과학적 태도를 기반으로 한 것이었다. 그러나 융은 이에 만족하지 않고 집단무의식 개념을 내세워 프로이트 이론에 맞불을 놓기도 했다. 융의 새로운 제안은 보다 근원적인 인간 심성의 기원을 파헤쳤다는 점에서 프로이트 이론보다 더욱 심오하고 철학적이며 더 나아가 종교적 신비주의 경향까지 내포하고 있기에 이론적으로는 상당한 매력을 이끌기에 충분했다. 다만 실제 임상에 활용하기에는 너무 추상적이고 심오한 차원의 내용이기에 선뜻 적용하기가 어려울 수밖에 없다.

그런 점에서 프로이트는 어디까지나 임상가로서의 영역을 고수하며 이론적 탐색을 추구했던 반면에, 융은 임상가의 경계를 너무 지나치게 벗어나는 바람에 오히려 사상가로 보는 것이 더욱 어울릴 것 같다. 앞에서도 언급했듯이 프로이트가 무의식을 발견했다는 것은 그가 최초로 무의식의 존재를 인식했다는 말이 아니다. 프로이트 이전에 이미 수많은 선각자들이 인간 의식 이면에 또 다른 심층적인 세계가 존재한다는 사실을 인식하고 있었기 때문이다. 고대 인도와 그리스의 철학자들과 스피노자, 칸트, 쇼펜하우어, 니체 등의 철학자들, 예수와 석가모니, 용수 등을 필두로 하여 동서고금의 수많은 종교인들, 그리고 셰익스피어 등을 위시한 천재적인 예술가들 모두가 인간 심리의 대가들이었다.

하지만 프로이트는 이들과는 달리 사변적인 논리나 극적인 표현 등에 머물지 않고 실제 임상에서 환자들의 치료를 통해 그리고 구체적인 증거의 확보를 통해 이를 이론화시킴으로써 보다 체계적인 심리학으로 발전시킨 것이다. 그는 자신의 새로운 학문 체계를 정신분석학이라고 명명했으며, 더 나아가 학문의 지속적인 발전과 더불어 그 명맥을 이어가기 위한 보다 조직적인 활동을 정신분석운동이라 불렀다.

물론 학자에 따라서는 프로이트가 무의식을 발견했다는 표현 자체를 달갑지 않게 생각하는 사람도 있다. 무의식 발견에 무슨 특허가 주어지는 것도 아닌데 이처럼 민감하게 반응하는 이유는 단 한 가지, 학문적 업적에 대한 선두주자 자리를 간만의 차이로 놓쳤다는 아쉬움 때문일 것이다. 하지만 학문의 영역에서는 제국주의 시절 서로 앞다투어 식민지를 선점하듯 땅 따먹기 식으로 하던 것과는 그 차원이 다를 수밖에 없지 않겠는가.

학문의 발전은 남보다 앞서 발견한 사람의 업적을 토대로 수정, 보완해 나가는 끝없는 시행착오의 과정을 거치기 마련이다. 누가 먼저 발견했느냐가 중요한 게 아니라 얼마만큼 수정·보완의 과정을 거치면서 발전을 추구했느냐가 더욱 중요한 문제다. 그런 점에서 볼 때, 정신분석은 프로이트를 비롯해서 수많은 후계자에 의해 끊임없는 수정·보완 및 반론과 의혹의 과정을 거치며 발전해 온 것이 사실이다. 따라서 오늘날의 정신분석이 실제로 프로이트의 정신분석과는 현저히 다른 모습을 띨 수밖에 없는 이유가 여기에 있는 것이다. 정신분석이론은 불변의 진리나 교리가 결코 될 수 없는 운명을 타고 났으며, 그런 특성은 학문의 역사적 발전과정을 통해서도 충분히 입증된 바 있다.

인간의 의식에 대해서는 매우 상반된 태도와 입장들이 존재해 왔다. 가장 대표적인 예가 데카르트와 파스칼이라 할 수 있다. 데카르트는 '나는 생각한다, 고로 존재한다.'라고 함으로써 인간의 사유가 존재 그 자체를 규정할 만큼 신뢰할 만한 것으로 간주했다. 반면에 파스칼은 인간의 생각 자체는 물론 매우 중요하지만 생각하는 갈대에 불과하다고 함으로써 감정에 흔들리는 생각의 약점과 취약성에 대해 지적한 바 있다.

의식이 인간 정신의 전부가 아니라는 의구심은 이미 오래전부터 제기되어 왔다. 소크라테스는 '너 자신을 알라.'고 했으며, 예수는 '진리가 너희를 자유롭게 하리라.'고 선언했다. 석가모니는 인간의 무명과 무지를 깨닫는 것이 열반과 해탈로 가는 지름길임을 설파했으며, 칸트는 '사실 없는 관념은 공허한 것이며, 관념 없는 사실은 장님과 같다.'라고 했다. 한편 마르크스는 계급이 의식을 지배한다고 주장함으로써 계급혁명을 통하여 인간 의식을 바꿀 수 있다고 굳게 믿었다.

그러나 프로이트는 데카르트의 명제에 과감히 이의를 제기하고 인간의 생각과 존재 사이에 갈등이 가로놓여 있음을 입증한 셈이다. 라캉은 이에서 한 걸음 더 나아가 '나의 주체는 내가 생각하지 않는 곳에 존재한다.'고 단언했다. 이처럼 프로이트의 무의식 발견에 이르기까지 수많은 인물이 인간의 의식에 대해 끊임없는 질문을 던졌다는 사실을 알 수 있다. 따라서 무의식을 누가 먼저 발견했는가 하는 문제는 그리 중요한 일이 아니다. 그런 발견을 발판으로 삼아 그 후에 어떻게 학문적 발전을 이룩해 나갔는가 하는 점이 더욱 중요한 일이기 때문이다.

프로이트는 발견과 발전이라는 두 가지 측면에서 모두 결정적인 공헌과 업적을 남겼다고 할 수 있다. 프로이트의 업적을 평가절하시키려는 일부 사람들은 프로이트가 무의식을 창조했다고까지 말한다. 그 말의 진정한 의미는 무의식의 존재를 믿지 않는다는 뜻이다. 인간의 자유의지를 강조한 실존철학의 대가 사르트르도 무의식의 존재를 인정하지 않았다. 그리고 수많은 행동주의 심리학자, 뇌신경학자, 공산주의 이념가들도 마찬가지로 무의식의 존재를 인정하지 않았다. 그럼에도 우리는 너무도 많은 임상적 증거들을 목격하고 관찰한다.

무의식의 존재에 대한 그런 부정은 프로이트도 이미 지적한 바

　　　　　　　　　제2부 프로이트와 정신분석

처럼 자신의 무의식적 단서에 두려움을 느끼고 회피하며 억압하려는 환자의 저항과 같은 모습이 아닐 수 없다. 그는 그래서 그런 저항적인 몸짓을 쫓기던 타조가 모래 속에 머리를 처박고 안도의 숨을 내쉬는 모습에 비유했다. 한 번도 피카소의 그림을 본 적이 없는 장님이 피카소의 존재를 부정한다고 해서 피카소가 이 세상에서 사라지는 것은 결코 아니지 않은가. 그와 마찬가지로 무의식의 존재를 가리키는 단서들은 무수히 놓여 있다. 단지 그런 단서들을 읽을 수 있는 용기와 안목이 없을 뿐이다.

프로이트의 무의식 발견은 단순히 고대 유적의 흔적을 발견한 것과 같은 고고학적 발견과는 매우 다르다. 그가 발견한 것은 단순히 무의식이 존재한다는 사실이 아니라 무의식의 구조와 기능에 대해 철저한 탐색을 시도한 것이기 때문이다. 따라서 프로이트의 무의식은 매우 역동적인 세계임이 밝혀졌다. 그가 규명한 심층세계는 역동적 무의식이라는 점에서 의미가 큰 것이다. 현재는 과거의 결과라는 대전제 아래, 그는 환자들이 드러낸 무의식의 단서를 통하여 아동기에 억압되었던 신경증적 갈등의 고리를 풀어보고자 했다. 다만 유아기로 거슬러 올라갈수록 억압의 고리를 풀고 의식화시킨다는 것은 거의 불가능에 가깝다고 할 수 있다.

물론 프로이트는 《꿈의 해석》과 《일상생활의 정신병리》를 통해 수많은 무의식적 단서를 제공한 바 있지만, 일반인들이 읽기에는 너무도 방대하고 지루한 내용이다. 그리고 행복한 나날을 영위해 나가는 보통사람들에게는 무의식이 존재하건 말건 자기와는 아무런 상관도 없다고 여기기 쉽다. 또한 하루하루 근근이 먹고 살기에

급급할 정도로 고달픈 인생에 쫓기며 살아가는 사람들에게도 무의식에 관심을 기울이는 일은 일종의 사치에 가깝다고 여길 수 있다. 당연히 무의식에 관심을 갖는 사람들은 극히 소수에 불과하다.

무의식의 역동성은 그것이 단순히 정체되어 있는 에너지 저장소가 아님을 뜻한다. 무의식은 쉬지 않고 의식의 표면에 떠오르려 시도하고 있으며, 항상 나라는 존재에 압력을 행사하기 때문이다. 따라서 의식에 용납될 수 없는 내용들은 그것이 욕망이든 환상이든 간에 억압되어야만 하는 것이다. 인간의 자아는 그래서 한시도 안심하고 쉴 수가 없다.

가장 대중적으로 이해하기 쉽게 설명하자면, 기독교인들이 항상 경계하며 두려워하는 사탄의 존재는 바로 각자의 내면에 억압하고 있는 무의식세계를 의인화시켜 지칭하는 상징적 용어일 것이다. 예를 들어, 한 독실한 기독교 신자가 평소의 의식세계에서 상상하기 어려운 근친상간적인 욕망을 어느 순간 느꼈다면, 그는 곧바로 사탄 내지는 음란마귀의 유혹이 있는 것으로 간주하고 하느님께 사탄을 물리칠 수 있는 힘을 달라고 간절히 기도할 것이다.

물론 그런 부도덕한 욕망은 어느 날 갑자기 하늘에서 떨어진 것이 아니라 그 자신의 내면에 오랜 기간 억압되어 감추어진 내용이 잠시 고개를 드러낸 것일 뿐이다. 그리고 정신분석은 그것이 어디에 연유한 것인지 그 실체를 밝히고자 하는 학문이며, 적어도 아직까지는 심층심리 탐색분야에서 가장 그 권위를 인정받고 있는 분야라 할 수 있다. 하지만 이웃을 믿지 않으면서도 귀신이나 외계인의 존재를 믿는 사람들처럼 자신의 내면에 숨어 있는 사악한 욕망을

제2부 프로이트와 정신분석

인정하지 않고 마귀의 존재를 믿는 사람들은 죽었다 깨어나도 무의식의 존재를 부정할 것이 분명하다.

어쨌든 프로이트의 무의식 발견에 탈무드가 끼친 영향을 알아내는 일은 실로 어려운 노릇이다. 그가 탈무드를 직접 공부했다는 증거도 없으니 더욱 그렇다. 하지만 탈무드의 기본적인 정신만큼은 프로이트도 어렴풋이 알고는 있었을 것이다. 그중 한 가지를 굳이 꼽는다면 탈무드에 일관되게 흐르고 있는 주제라 할 수 있는 두 개의 세계에 대한 부분이 되겠다.

탈무드에 정통한 랍비들에게 항상 의뢰된 질문 가운데에는 두 가지 다른 견해 사이에서 결정을 못 내리고 고민하는 내용들이 많다. 그리고 그럴 경우 랍비들은 가장 적절한 타협안이나 절충안을 제시하기 마련이다. 문제의 핵심은 바로 이 세상에는 항상 서로 다른 입장이나 생각들이 있다는 사실이며, 따라서 언제나 서로 다른 두 세계가 존재함으로써 마찰과 갈등을 불러일으킨다는 점이다.

탈무드의 예를 들어 보자. 만약 두 개의 머리를 지니고 태어난 아기가 있다면, 그 아기를 한 사람으로 간주할 것이냐 아니면 독립된 두 사람으로 다룰 것이냐 하는 문제가 생길 수 있다. 왜냐하면 교당에 가서 축복을 내리거나 아기를 등록에 올릴 때 문제가 되기 때문이다. 또한 기도할 때도 머리에 작은 주발을 얹는데 한 개로 해야 될지 아니면 두 개를 얹어야 할지를 결정해야 하기 때문이다.

그런데 이에 대한 탈무드의 답은 의외로 간단명료하다. 한쪽 아기의 머리에 뜨거운 물을 부어 다른 쪽 머리도 뜨겁다고 울면 한사람이고, 아무런 반응도 보이지 않으면 두 사람으로 간주한다는 것이다.

유대인은 이런 예를 통해 자신들의 정체성을 확인하는 데 활용하기도 한다. 다시 말해서 러시아에서 유대인이 박해를 받고 큰 고통을 겪고 있다는 소식을 듣고 그들과 똑같이 고통스러운 반응을 보인다면 그는 유대인에 틀림없으나 아무런 반응도 보이지 않는다면 그는 유대인이 아니라는 식으로 자신들의 정체성을 강조하는 것이다.

하지만 이를 다른 관점에서 이해할 수도 있다. 서로 상반된 생각이 동시에 나타나 그 사람을 괴롭히는 상황을 가리킨 것일 수도 있고, 더 나아가 의식과 무의식으로 나누어진 인간 심리현상을 상징한 것일 수도 있다. 비록 겉으로는 한 사람으로 보이지만 그의 심리적 내면은 의식과 무의식이라는 전혀 다른 두 개의 세계가 동시에 존재하기 때문이다.

물론 탈무드의 저자들이 무의식의 존재를 알고 그랬다는 것은 아니지만, 이런 비유를 통해 전해지는 기본 정신만큼은 남다른 감수성을 지닌 프로이트에게 어느 정도의 영감을 제시해 주었을 가능성은 얼마든지 있을 것으로 보인다. 한 개인에 있어서도 항상 서로 다른 세계가 존재함으로써 갈등과 마찰을 불러일으킬 수 있다는 점은 무의식 발견에 가장 중요한 출발점이 아니겠는가.

젊은 시절부터 이유를 알 수 없는 불안과 현기증, 호흡장애 등의 증상을 겪었던 프로이트가 나중에 가서 결국 자신의 그런 증상들이 무의식적인 거세공포castration fear에 따

거세공포

프로이트에 의하면, 아동기 시절 남아는 어머니에 대한 근친상간적 욕망과 환상을 품기 마련이지만, 그런 욕망을 지녔다는 이유로 자신의 강력한 라이벌인 아버지의 보복을 두려워하게 되고, 더 나아가 거세당하지나 않을까 하는 공포심에 사로잡힌다는 것으로, 결국 그런 두려움을 극복하기 위한 방편으로 아버지의 남자다운 특성을 동일시하게 된다는 설명이다.

른 현상이었다는 점을 깨닫기까지에는 그야말로 많은 시간과 노력이 뒤따를 수밖에 없었다. 적어도 그런 확신에 도달하기까지 그는 줄기찬 자기분석self analysis과 더불어 수많은 환자의 분석을 통해 얻은 임상적 증거들이 필요했던 것이다. 그렇게 해서 그는 자신만의 독자적인 무의식이론을 확립할 수 있었고 과감하게 그 실상을 세상에 알린 것이다. 비록 온갖 수모와 비난을 감수해야 했지만 말이다.

무신론자 프로이트

　예수의 십자가처형 사건 이후 팔레스타인 땅은 통곡의 땅으로 변했다. 로마제국의 통치는 더욱 잔혹의 도를 더해 갔으며, 결국 예수의 처형 이후 불과 70여 년 만에 예루살렘은 초토화되고 모든 유대인은 뿔뿔이 흩어져 유랑의 길을 떠나야만 되었다. 남은 것이라고는 통곡의 벽밖에 없게 되었다. 그렇게 조국을 등진 방랑자의 무리 중에 중부 유럽으로 흘러든 일파에 속한 가계에서 프로이트가 출생한 것이다.

　역설적인 일이지만, 유대인은 유대의 왕 예수를 처형시킨 장본인들이라는 종교적 이유 때문에 인간 이하의 대우를 받으며 더러운 게토에서 온갖 수모와 치욕을 감수하며 살아가야 했다. 그런 핍박 속에서도 그들은 탈무드 정신에 따라 자신들의 정체성을 고수하는 가운데 쉽사리 소멸되지 않고 끈질기게 살아남았다. 유대인의 생존 전략은 상대의 진의를 빨리 깨닫고 모종의 방어 조치를 취하는 것이었으며, 정보 획득에 민감하고 유사시에는 번거로운 절차 없이 자신의 재산을 무사하게 이동시키는 것이 주된 과제였다.

따라서 그들이 개발한 가장 중요한 생존법은 결국 두뇌를 개발하는 일이었다. 지식의 획득이야말로 때와 장소에 관계없이 자신의 생존을 보장해 주는 가장 확실한 방법이었기 때문이다. 환자가 누울 카우치couch 외에는 아무런 장비도 필요 없는 정신분석치료의 창안은 그런 역사적 배경과 결코 무관치 않아 보인다. 정신분석의 출현이 유대인의 머리에서 나올 수밖에 없었다는 프로이트의 자조적인 말도 실은 많은 뜻을 함축하고 있지만, 그는 자세한 배경 설명을 가하지는 않았다.

카우치

정신분석에서 환자의 자유연상을 돕기 위해 눕게 만드는 서양의 가구로, 침대와 소파의 중간 정도의 기능을 하는 치료 도구다. 카우치에 누운 환자는 정신분석가를 바라볼 수 없으며 눈을 감거나 천정을 바라보고 자유롭게 연상할 것을 요구받는다.

프로이트 이전에 이미 소수의 천재들은 인간 의식 저편에 숨어있는 정신세계의 존재를 감지하고 있었으며 직간접적으로 그런 세계를 암시하는 듯한 발언들을 남긴 바 있다. 위대한 종교가들, 예술가들, 사상가들이 모두 그런 인물들에 속한다. 하지만 프로이트처럼 실제 임상 현장에서 무의식의 단서들을 확보한 것은 아니었으며, 단지 천부적인 직관력에 의존한 것이었을 뿐이다.

물론 프로이트와 동시대에 활동한 프랑스의 정신과의사 피에르 자네도 인간의 의식 밑에는 잠재의식이 자리 잡고 있음을 이미 주장했으며, 그 이전부터 수많은 최면요법가 역시 의식의 경로를 통하지 않고도 환자의 행동에 영향을 끼칠 수 있다는 점을 잘 인식하고 있었다. 프로이트도 초기에는 최면요법을 사용했다가 얼마 가지 않아 자유연상법으로 기법을 바꾼 것이다.

영국의 정신분석가 윌프레드 비온은 말하기를, 무의식은 오래전부터 존재해 왔으나 무의식에 대해 체세적으로 생각하고 말하기 시작한 사람은 프로이트가 최초였다고 했다. 그렇다. 수만 년 동안 인간은 자신들의 무의식이 존재하는지조차 깨닫지 못하고 있었던 것이다. 프로이트는 자신의 실제 임상 경험을 토대로 무의식의 존재를 확신하고 과학적 이론에 입각해 하나의 독립된 학문 체계로 확립, 발전시켰다는 점에서 그 누구도 해 내지 못한 위업을 최초로 달성한 인물이 되었다. 그리고 그 영향은 예상 외로 컸다.

그의 유아성욕설infantile sexuality, 오이디푸스 콤플렉스, 억압repression과 퇴행regression 등의 방어기제defense mechanism, 저항, 전이와 역전이transference, countertransference 개념, 심리적 현상에서 우연은 결코 없다는 정신결정론psychic determinism, 반복강박repetition compulsion의 개념, 에로스와 타나토스Eros, Thanatos의 본능이론, 그리고 이드, 자아, 초자아로 이루어진 인격구조이론, 불안이론 및 신경증이론 등에 이르기까지 인간의 정신역동을 이해하는 데 그가 끼친 공헌은 실로 지대하다.

그러나 종교에 대한 프로이트의 회의적인 태도는 실로 불필요한 적들만 양산한 결과를 낳고 말았다. 비록 그는 종교에 대하여 '신은 죽었다.'고 선언한 니체나 '종교는 인민의 아편이다.'라고 일갈했던 마르크스처럼 노골적인 비난을 가하지는 않았지만, 종교를 일종의 강박신경증obssesive-compulsive neurosis으로 간주하고 따라서 모든

종교의식 절차도 강박적 행위의 표출로 보았다는 점에서 종교계의 강한 반발을 살 수밖에 없었다.

프로이트는 신의 존재를 아버지상의 투사projection로 보았지만, 신에 대한 융의 관점 역시 부모에 대한 감정상태와 밀접한 관련이 있다고 보았다는 점에서 같은 맥락에 속한다. 그럼에도 서구사회에서 니체와 융을 비난하는 소리는 거의 들리지 않고 유독 프로이트를 비난하는 소리만 요란하게 울리는 것은 또 왜일까? 그 이유는 간단하다. 니체와 융은 독일인이고 프로이트는 유대인이기 때문이다. 그 정도로 서구인의 인종적 편견은 참으로 고질적인 병폐가 아닐 수 없다.

따라서 종교뿐 아니라 모든 문명세계의 인간은 비록 정도의 차이는 있겠지만 근본적으로는 신경증적이라고 주장한 프로이트를 탓할 수만도 없다. 왜냐하면 모든 인간을 심리적으로 불완전한 존재로 보고 더욱 완전한 존재로 거듭나기 위한 수행과정을 대다수의 고등종교에서도 강조한다는 점에서는 프로이트와 크게 다를 바 없기 때문이다. 모든 인간을 불완전한 존재로 간주하는 일이 종교인

은 괜찮고 프로이트는 안 된다고 여기는 것은 그야말로 내가 하면 로맨스요 남이 하면 스캔들이라는 요즘 유행어와 뭐가 다를 수 있겠는가.

프로이트는 《토템과 터부》에서 부친살해에 의한 죄의식을 달래기 위한 목적으로 토템이 형성되었으며, 후대의 종교들 또한 동일한 문제를 해결하려는 시도로 보았다. 죽음을 목전에 두고 나온 《모세와 일신교》에서도 그는 여전히 부친살해와 연관 지어 유대교 및 기독교를 이해하고 있다. 여기서 특히 논란을 불러일으킨 내목 가운데 하나는 바울이 주장했다는 말, "우리가 이렇게 불행한 것은 우리가 아버지 하느님을 죽였기 때문이다."에 대한 프로이트의 응수라 하겠다. 아버지 종교라 할 수 있는 유대교에서 비롯된 아들 종교인 기독교 역시 아버지를 제거하려는 운명에서 벗어나지 못했다는 것이다. 서구인들이 그토록 기를 쓰고 유대인을 제거하려는 것도 일종의 부친살해 욕구에 해당된다는 뜻이다. 서구문명의 핵심을 찌르는 참으로 무서운 말이다.

게다가 《환상의 미래》에서 프로이트는 환상은 오류와 다르며, 환상이 반드시 오류인 것도 아니라고 하였다. 그 예로서 콜럼버스의 신대륙 발견은 그의 환상에서 출발한 것이었지만 결코 오류가 아니었음이 판명되었던 반면에, 아리안족만이 문명 창조의 능력을 지닌 유일한 민족이라는 주장은 분명 그릇된 환상이라는 것이다. 그리고 프로이트가 종교적 교리에서 위안을 찾고 도움을 받아야만 겨우 삶을 지탱할 수 있는 사람들을 도외시한 채, 그들에게 좀 더 나은 뭔가를 주기는커녕 오히려 정신적 지주를 빼앗으려 한다는 비난에 대해 그는 단호한 어조로 말끝을 맺는다. "우리의 과학은 결코 환상이 아니다. 그러나 과학이 우리에게 줄 수 없는 것을 다른 데서 얻을 수 있으리라고 생각하는 것은 환상이다."

결국 프로이트는 종교를 적대시한 것이 아니라 오히려 과소평가함으로써 더 큰 반발을 초래한 듯싶다. 그러나 에리히 프롬은 종교에 대한 비판적인 관점에도 불구하고 프로이트의 정신분석이 이룩한 가장 큰 업적 가운데 하나는 수천 년간 지속되어 온 인간의 우상숭배와 주술적 태도에 일대 전환을 이루는 계기를 마련했다는 점에 있다고 했다. 한편 독실한 가톨릭신자이기도 한 아르헨티나의 여성분석가 아나-마리아 리주토는 이처럼 프로이트가 신을 거부하고 무신론자가 된 이유를 어린 시절에 겪은 가족관계의 경험에서 찾고 특히 부자관계의 역동적인 측면에서 그 해답을 찾고자 했다.

실제로 프로이트는 자신의 아버지에 대한 양가적인 감정문제 및 갈등에서 자유롭지 못했으며, 결국 끈질긴 자기분석을 통하여 자신의 신경증적 갈등의 핵심을 발견하고 그것을 오이디푸스 콤플렉스 및 거세공포로 명명한 것이다. 따라서 리주토는 신과 악마의 존재에 대한 프로이트의 이해 방식이 다분히 그 자신의 개인적 갈등을 반영하는 것으로 보았다. 교황이 버티고 있는 로마에 대한 그의 두려움도 신과 아버지에 대한 거부적인 태도의 연장선상에서 이해할 수 있을 것이다.

모든 신경증 해결에 가장 주된 목표로 "이드가 있던 곳에 자아가 있게 한다."는 프로이트의 말은 단순한 선언에 그치는 것이 아니라 오늘날에 이르기까지 수많은 정신분석가가 매일매일의 분석 작업에서 충실히 따르고 있는 불변의 좌우명이기도 하다. 물론 현재의 자아심리학이 보다 급진적인 대상관계이론과 어떻게 조화를 이루어 나갈 것인지에 대해서는 좀 더 추이를 지켜봐야겠지만, 프로이트가 뿌린 정신분석의 씨앗은 계속해서 다양한 열매들을 맺어나갈 것으로 보인다. 그런 점에서 정신분석은 이미 완성된 학문이 아니라 끊임없이 발전하고 변화해 나갈 운명에 처해 있다. 다시 말해서 과거 완료형이 아니라 어디까지나 현재 진행형인 학문이라는 의미다. 그것은 마치 끊임없이 수정·보완을 거듭해 나가는 탈무드의 운명과도 비슷하다.

서구 정신사에 본의든 아니든 간에 지대한 영향을 끼친 바 있는 두 유대인을 꼽는다면 단연 예수와 프로이트를 들 수 있다. 이들 양자 간에는 아무런 상호 관련성이 없어 보이지만 면밀히 검토해 보면 이들 사이에도 보이지 않는 연결고리가 존재함을 알 수 있다. 그것은 부조리한 사회적 모순과 악조건 속에서 고통 받고 신음하는 인간 정신의 실체와 그 비밀을 밝혀내고 그 어떤 혁신적인 변화를 통해 도움을 주고자 하는 간절한 소망을 두 인물에게서 발견할 수 있기 때문이다.

융

따라서 이런 연결고리를 일찌감치 감지한 융Carl Gustav Jung, 1875-1961은 서구사회가 이러한 유대인적 요인에서 손쉽게 벗어나기 어렵다는 점을 인식하고 자신의 관심을 동양적 신비주의로 돌리고 그것에서 일종의

제2부 프로이트와 정신분석

구원을 얻고자 했던 것이다. 예수와 프로이트의 존재야말로 융에게는 가장 큰 걸림돌이었던 셈이며, 그런 유대인적 뿌리에서 자유롭지 못한 서구인들의 무지몽매함을 매우 한탄했을 것이다.

하기야 서구인은 자신들의 이름조차도 유대인에서 빌려왔으니 그럴 만도 했다. 아담과 이브, 아브라함과 이삭, 다비드, 토마스, 피터, 폴, 필립, 사무엘, 야곱, 루크, 다니엘, 에마누엘, 시몬, 요셉, 존과 메리, 사라, 안나, 에스더, 수잔나 등이 모두 유대인식 이름이 아니던가. 그런 점에서 융은 '카를 구스타프'라는 순수 독일식 이름에 남다른 자부심을 느꼈으며, 스스로 괴테의 후손임을 내세운 게 아니겠는가.

하지만 한자나 유교적 영향에서 자유롭지 못하다고 해서 한국인 또는 일본인들이 불행한 것은 결코 아니다. 또한 자신들의 식민지화에 앞장섰던 기독교를 믿고 따르는 아프리카 원주민이나 남미 토착민을 무지하다 탓할 수만도 없다. 융이 그토록 서구인의 무지를 질타한 것은 단지 순수혈통에 집착한 그 자신의 결벽증 때문이지 유대인 창시자의 종교를 믿고 유대식 이름을 사용한다고 해서 모든 서구인들이 불행을 느끼며 사는 게 아니듯이 유대인적 뿌리를 완벽하게 떨쳐내 버려야만 한다고 믿는 것 자체가 비현실적인 환상에 불과하다.

물론 융의 그런 강박적인 집착은 목사였던 자신의 아버지에 대한 거부감 때문이었을 수도 있다. 융 역시 프로이트와 마찬가지로 교황이 버티고 있는 로마를 몹시 두려워했기 때문이다. 융은 한때 성자의 나라 인도를 방문하기도 했지만, 일생 동안 로마는 단 한 번도 밟아보지 못했다. 그나마 용기를 내어 로마를 방문했던 프로이트에 비하면 교황에 대한 두려움이 더욱 컸다고 볼 수 있다.

순수혈통에 대한 집착이라는 측면에서 볼 때, 나치 독일의 소아병적인 야심은 더욱 큰 재앙을 불러왔다. 지구상에서 아예 유대인의 씨를 말려버리려 했기 때문이다. 하지만 그런 야심은 결국 스스로 무덤을 파는 결과를 초래하고 말았다. 나치는 기독교를 탄압한 것이 아니라 오히려 바티칸의 지원을 받았으며, 히틀러, 무솔리니, 프랑코, 파벨리치 등의 파시즘 독재자들 모두가 교황의 지지를 받았던 인물들이었다. 물론 그런 입장이 성령에 의한 것은 아니었겠지만, 과연 예수가 그 사실을 알았다면 어떤 평가를 내렸을지 궁금해진다.

프로이트는 다른 많은 유대계 분석가들과 마찬가지로 자신의 인종적 뿌리에 대해 매우 양가적인 태도를 유지한 것으로 보인다. 양가감정ambivalence이란 상호 모순된 감정을 동시에 지니고 있는 상태를 말한다. 비록 그는 종교 자체가 강박신경증임을 내세웠지만, 어쩌면 자신의 유대적 기원을 부정하기 위해 무신론을 내세웠는지도 모른다. 하지만 자신도 모르게 그 어떤 유대적 요인의 영향에서도 결코 자유로울 수 없다는 사실을 프로이트 역시 제대로 인식하지 못했을 가능성이 높다.

무신론을 표방한 프로이트 때문에 정신분석은 처음부터 반기독교적인 학문으로 낙인 찍혔을 뿐만 아니라 부도덕한 반사회적 학문으로 나치의 표적이 되고 말았다. 물론 프로이트는 개인적 신념을 공표한 것뿐이지 반기독교 운동을 전개한 것은 아니었다. 누구든

　　　　　　　　　　　　제2부 프로이트와 정신분석

신을 믿을 자유뿐 아니라 신을 믿지 않을 자유도 있기 때문이다. 그것은 유신론적 기독교를 믿든 무신론적 불교를 믿든 개인의 선택과 결정의 문제이지 않은가.

오히려 오늘날에 와서는 한스 큉과 같은 일부 신학자들조차 현대 정신분석이론에 귀를 기울이고 그들의 신학적 논리에 적용시키고자 하는 시도들도 보인다. 뿐만 아니라 기독교 신앙을 유지하면서 분석가로 활동하는 사람들도 많다. 그중에서 가장 두드러진 활동을 보인 분석가는 미국의 마이스너와 아르헨티나의 리주토일 것이다.

그 자신이 가톨릭 예수회 사제 출신이면서 저명한 정신분석가이자 하버드의대 정신과교수로 정력적인 활동을 펼친 바 있는 윌리엄 마이스너는 자신의 출신 성분을 반영하듯 정신과 영혼의 관계 및 종교적 체험에 대한 분석적 연구로 뛰어난 업적을 낳았다. 그는 정신분석과 종교의 화해 및 결합에 큰 공헌을 남겼으며, 예수회를 창시한 이냐시오 로욜라의 신앙적 열정에 가득 찬 삶과 신비적 종교체험에 대한 분석은 그런 노력의 일환으로 볼 수 있다.

이처럼 종교와 정신분석 또는 정신의학과의 화해 및 대화의 노력은 최근에 와서 더욱 박차를 가하고 있으며, 이는 곧 각자의 자기 성찰적 노력을 통하여 상대를 이해하려는 태도를 유지해 나감으로써 앞으로 상호 반목의 역사를 청산하고 인간정신의 발견과 그 치유책을 도모하기 위한 상호 협력의 자세를 발전시켜 나갈 수 있는 여지를 남긴 것으로 본다.

그런 점에서 리주토는 그녀의 가톨릭 신앙적 배경이 어떻게 자신을 정신분석가가 되도록 이끌게 했는지 그 과정에 대해 소상히 밝힌 바 있다. 그녀에 의하면, 성경과 교회의 가르침을 통해 인간의 심성을 변화시키는 말의 소중한 의미뿐 아니라 강력한 능력과 힘을 새삼 깨닫게 되었으며, 또한 신, 천사와 악마, 성자 등의 비가시적인 대상들이 매일매일의 일상생활에서 행해지는 사고와 감정, 행동 등에 얼마나 지대한 영향을 미치는지 깨닫게 되었다고 한다. 그리고 사악한 의도 및 죄의 고백을 통해 자신의 내면을 탐색하도록 이끄는 교회의 가르침에 힘입어 비가시적인 존재인 무의식의 탐색에 관심을 기울이게 되면서 그녀 자신이 분석가로 성장할 수 있는 계기가 되었다는 것이다.

이행기

아기가 어머니의 품에서 벗어나 홀로 서기의 단계로 접어드는 시기를 말한다. 평소에 어머니로부터 충분한 애정을 받은 아기는 별다른 어려움 없이 이 시기를 극복해 나가지만, 그렇지 못한 아기는 극심한 분리불안 반응을 보이기 쉽다. 울고 보채는 아기에게 가짜 젖꼭지를 물려주는 것도 그런 불안반응을 경감시켜 주기 위한 일종의 방편으로 이처럼 아기의 불안을 대신 가라앉혀 주는 것을 이행기 대상이라고 한다.

특히 그녀는 자신의 저서 《살아있는 신의 탄생》에서 영국의 정신분석가 위니캇이 말한 이행기transitional stage 대상 및 환상의 개념을 동원하여 감히 신의 문제에 접근한다. 그녀에 의하면, 이행기 공간이야말로 신이 존재하는 자리이며, 인간이 보유한 종교적 심성의 기원이 된다는 것이다. 따라서 신적 존재라 함은 곧 이행기 대상의 흔적이라고 하였다. 그런 점에서 위니캇이 말한 이행기 대상은 종교적 관점에서도 매우 의미심장하다고 할 수 있다. 왜냐하면 그가 언급한 최초의 비아非我 not-me 상태에서 자타自他 구분이 가능한 세계로의 이행에는 분리불안separation anxiety을 완화시킬 수 있는 중간 대체물이 요구된다고 주장했기 때문이다.

그와 비슷한 맥락에서 볼 때, 불교에서 말하는 일시적 중간단계로서의 정토개념은 어찌 보면 위니캇의 이행기 공간 개념에 비견될 수 있겠다. 또한 위니캇의 참 자기眞我 true self와 거짓 자기假我 false self의 개념 역시 마치 불교 용어를 차용한 듯이 들릴 수도 있겠지만, 실제로 위니캇 자신은 독실한 기독교 신자로 불교와 개인적으로 접촉할 기회를 달리 가져본 적이 없는 사람이다.

자타의 구분이 불분명한 시점의 유아는 일종의 심리적 중간단계로서의 이행기 단계를 거치기 마련인데, 이 시기의 환상 및 감정체험은 성인이 된 이후의 삶 전체를 통해 영향력을 행사한다는 점에서 그의 진아 및 가아 개념은 불가에서 말하는 진아와 가아, 실상과 허상, 무명과 참 진리 등의 차원에서 유사성을 지닌다. 특히 나와 대상과의 관계, 나와 내가 아닌 것과의 분별지分別智, 악한 어머니상과 선한 어머니상의 통합, 이 모든 분별이 이루어지기 전 중간과정으로서 이행기공간의 설정은 대단히 중요한 개념이 아닐 수 없다.

영국의 저명한 분석가 조셉 샌들러는 아기가 확보하고자 하는 안전감과 그런 안전감을 보장하는 심리적 안전지대의 중요성에 대해 논하면서, 외상적 상황을 인식하고 처리하는 데 적절한 능력이 발달되지 못한 유아적 수준에서는 무엇보다 중요한 것이 안전감의 확보라고 했다. 종교의 주된 기능은 이처럼 위기에 처한 상처받은 사람들에게 사회가 제공하지 못하는 강한 안전감을 마련해 주는 것으로 볼 수도 있다.

종교는 믿는 자에 따라 보약일 수도 있고 아편일 수도 있다. 어떤 종교를 믿느냐가 중요한 것이 아니라 어떤 마음으로 믿느냐가 더욱 중요한 것이다. 그리고 실천이 없는 믿음은 믿지 않음만 못하다. 종교는 사악한 자를 개심시키고 구원하기도 하지만, 역으로 사악한 자들에 의해 악용되기도 한다. 실제로 세상에는 겉으로는 독실한 신앙인처럼 행세하면서 뒤에서는 사악한 행동을 일삼는 사람들도 존재한다. 따라서 의식적인 말이나 행동의 기저에 놓인 무의식적 동기를 이해하는 것이 중요하며 정신분석이 존재하는 이유도 바로 그런 심리적 배경을 탐색하고 이해시키기 위한 것이다.

역설적인 사실은 정신분석이 지상에서 소멸되지 않도록 보호한 것이 자유민주체제의 기독교 국가들이었다는 점에서 더욱 역사의 아이러니를 느끼게 된다. 오늘날의 세상은 제국주의 시대가 아니다. 물론 순수성에 집착하고 모든 이질적인 요소들이 혼재되는 것에 대해 과민 반응을 보이는 사람들이 없는 것도 아니지만, 함께 더불어 산다는 명제는 부인할 수 없는 현실이 되고 말았다. 오늘날 유럽사회에 그토록 많은 수백만의 유색인들이 몰려와 함께 살게 될 줄 누가 감히 예상이나 했겠는가. 하지만 유럽인들은 그토록 고귀한 인종적, 종교적 순수성 때문에 수백만의 무고한 목숨들을 잔혹하게 살해한 혐의에서 결코 자유로울 수 없다.

오늘날 유럽사회 일각에서 벌어지고 있는 인종적 대립과 불화는 결국 서구인들 스스로가 자초한 일종의 업보인 셈이다. 유럽의 중심에서 유대인이 사라진 대신 그 빈자리를 아랍인과 흑인들이 대신 메우고 있는 것일 뿐이다. 따라서 서구인들은 자신들의 정신적 기둥인 기독교 정신으로 되돌아가야 한다. 예수가 말한 '네 이웃을 네 몸과 같이 사랑하라.'는 복음의 정신을 겸허하게 받아들이고 몸소 실천해야 하는 것이다. 그러지 않고는 두 번에 걸쳐 세계대전을 일으킨 장본인들로서 인류 앞에 자신들의 죗값을 치를 방도가 없는 것이며 지금과 같은 번영을 구가할 자격도 없는 것이다.

예수의 십자가 사건 이후 지금까지 예수의 말을 있는 그대로 실천한 민족이나 집단은 아직 나타나지 않고 있다. 그리고 누구보다 그것을 먼저 실천해 보여야 할 집단은 기독교 사회여야 할 것임은 너무도 자명한 일이다. 예수께서는 분명히 말씀하셨다. 당신을 따르기 위해서는 스스로 걸친 옷을 모두 벗어 이웃에게 내어주고 오라는 주문이었다. 그러나 과연 그렇게 하고 있는지 기독교인은 스스로 자문해 볼 일이다.

유대교 전통에 의하면 인간은 그 생명 안에 근본적으로 반대되는 두 개의 세력을 지닌 채 태어난다고 인식한다. 즉, 선yetzer tov을 행하려는 경향과 그와 똑같은 세력을 지닌 악yetzer ra을 행하려는 경향이 존재한다는 것이다. 이는 마치 프로이트가 말한 삶의 본능Eros과 죽음의 본능Thanatos과도 비슷한 인식론이다. 에로스는 삶을 사랑하고 존속시키려는 경향이며, 타나토스는 삶을 해체시키고 종식시키려는 경향이다.

물론 이런 식의 설명은 서구사회에서 더 이상 받아들이고 있지 않다. 그것은 결국 유대인적 인식론에 대한 서구인들의 생리적 거부감 때문일지 모른다. 실제로 구약의 하느님은 악의 화신인 사탄의 존재에 대하여 강력한 규제를 행사하지 못했다. 욥기를 보라. 하느님은 사탄과 대등한 위치에서 욥의 문제를 상의하고 시련을 줌으로써 욥을 시험하지 않았는가.

그러나 오늘날 서구인들의 신앙적 지침이 되고 있는 신약의 하느님은 사탄의 존재를 강력히 응징하고 있다. 유대인들은 인간의 심성 속에 선과 악의 성향들이 불가피하게 공존함을 인정하였으나 서구인들은 인정할 수 없었다. 그런데 역설적인 사실은 자신들의 내면에 악을 인정한 유대인보다 악을 인정하지 않고 부정했던 서구인들이 더욱 참혹한 악을 행했다는 점이다. 이는 지난 역사가 증명해 주는 사실이 아닌가.

프로이트의 타나토스 개념은 서구인들의 기독교적 부활론에 정면으로 맞서는 개념이다. 또한 인도인의 윤회 개념과도 상치된다. 그런 점에서 인도-아리안 계열은 부활 및 윤회사상에서 공통점을 지니고 있으며 동시에 유대교와 대립을 보인다. 욥기에서도 보듯이 신마저 사탄의 농간에 넘어가 아무 잘못도 없던 욥을 수렁에 빠트리는 실수를 범했으며, 비록 나중에 두 배의 보상으로 욥을 위로했다지만 그렇다고 해서 사탄을 벌했다는 말은 없다. 유대인은 악의 존재가 신 못지않은 힘과 실력을 지니고 있다는 점을 감히 인정했던 것이다.

그러나 서구 기독교에서는 악이란 인정할 수도 없고 묵과할 수도 없는 일이었다. 대신에 그들은 악의 화신을 자신들이 아닌 유대인에서 찾았던 것이다. 그 때문에 아무런 양심의 가책이나 죄책감도 없이 마치 신성한 종교적 의무를 다하듯 수백만의 유대인을 학살할 수 있었던 것이다. 오히려 악을 인정하고 두려워한 유대인은 자신들의 박해자들을 관용으로 용서할 수 있었다. 이 얼마나 아이러니한 현상인가.

탈무드의 한 일화에서는 복수와 증오의 차이를 다음과 같이 이야기한다. 한 남자가 어떤 사람에게 솥을 빌려 달라고 청했다가 거절당했다. 그런데 얼마 후에 거절했던 그 사람이 말을 빌려 달라고 찾아왔는데, 그때 "당신이 솥을 빌려주지 않았으니 나도 말을 빌려 주지 못하겠소."라고 했다면 이것은 복수요, "당신은 내게 솥을 빌려주지 않았지만 나는 당신에게 말을 빌려 주겠소."라고 했다면 이것은 증오라는 것이다. 겉으로만 보면 매우 이타적인 행동처럼 보일 수도 있지만, 탈무드는 이미 오래전부터 이처럼 모순된 인간 행동의 이면에 대해 상당히 분석적인 안목을 지니고 있었던 셈이다.

프로이트는 일찍이 삶의 본능과 죽음의 본능을 말함으로써 수많은 사람들로부터 비난과 비웃음을 한꺼번에 사기도 했다. 원래 기독교의 부활 개념은 유대인에게는 오히려 생소한 개념이었다. 사후세계에 대한 유대인의 관점을 연구한 바 있는 미국의 심리학자 폴 라파엘은 일반적으로 믿고 있듯이 유대인이 사후세계를 부정하는 것은 아니라고 했다. 하지만 사후세계를 믿는다는 것이 곧 부활을 믿는 것은 아니다.

따라서 프로이트가 삶의 해체를 지향하는 인간의 내재적 본능이 있다고 설정한 것은 전통적 부활 개념에 정면으로 상치되는 개념으로 기독교 사회에서는 도저히 용납될 수 없는 이론이었다. 특히 프로이트는 《환상의 미래》에서 신성과 악마성이란 아버지의 표상이 인격화되어 경험하는 심리적 과정이라고 설명함으로써 신과 악마란 결국 인간 심리의 표상이며 그런 내면적 욕구에 따라 임의로 창조된 현상으로 보았으니 종교계로부터 욕을 먹어도 사실 할 말이 없을 것이다.

반면에 미국의 정신과의사 모티머 오스토우는 투사된 초자아로서의 아버지상에만 집착한 프로이트와는 달리, 먹을 것을 제공하고 자비로운 사랑을 베푸는 어머니상도 함께 신의 이미지에 포함된 것으로 보고, 종교의 기능은 인간을 낙천적으로 이끄는 경향도 있음을 강조했다. 따라서 아르헨티나의 여성분석가 리주토는 프로이트의 무신론 때문에 이후의 정신분석가들 역시 종교적 삶의 중요한 부분을 탐색하고 연구할 기회를 놓친 점에 대하여 아쉬움을 표시하기도 했다. 이처럼 종교는 신경증이며 신과 악마는 아버지 표상의 재현에 불과하다는 프로이트의 주장은 실로 혁명적이며 충격적인 선언으로 지금까지도 성토와 비난의 대상이 되고 있다.

결국 참다못한 바티칸의 교황 비오 12세는 1952년 9월 14일 공식적인 담화를 통해 범색론汎色論적인 방법으로 윤리적 가치를 떨어뜨리고 인간의 영혼을 좀먹는 주범으로 정신분석의 반기독교성을 질타하는 선언을 하기에 이르렀다. 교황이 정신분석에 대해 과연 어느 정도의 지식과 이해를 토대로 한 상태에서 나온 선언인지 정확한 내막은 알 도리가 없으나, 당시 서구 기독교 사회가 정신분석에 대해 어떤 인식을 하고 있었는지 하나의 지표가 될 수 있는 사건이라고 할 수 있다.

무신론자 프로이트는 종교가 없어도 살아가는 데 아무런 지장이 없다는 사실을 세상에 보여 주고 싶어 했다. 그러므로 '이드가 있던 곳에 자아가 있게 한다.'는 그의 선언은 단순한 개개인의 정신건강

차원뿐만 아니라 미신에 의한 통치보다는 이성에 의한 통치, 교회의 권위보다는 자기통제에 의한 도덕성이 가능하도록 하는 지식의 깨우침이라는 측면에서 문화적 혁명의 전조가 되고도 남는 일대 사건이었던 셈이다. 그런 점에서 리주토는 프로이트야말로 20세기 과학만능시대의 대표적 인물로 평가될 수 있다면서 그의 확고한 신념 때문에 오히려 수많은 사람의 종교적 삶에 대해 유용하게 해명할 기회가 일찍부터 차단되어 온 점에 유감을 표시하고 종교적 차원에서 프로이트가 끼친 부정적 영향이 컸음을 감히 지적하기도 했다.

프로이트의 무신론은 기독교 사회뿐만 아니라 정통 유대교에 의해서도 강력한 비난을 받아야만 했다. 그럼에도 스위스의 개신교 목사 오스카 피스터와의 교류는 무척 이례적인 관계인 동시에 매우 흥미로운 부분이기도 하다. 피스터는 자신의 목회활동에 대해 상당한 회의에 빠지면서 우울증에 걸려 고통 받았던 인물로, 도그마가 아니라 진정한 사랑의 정신에 입각한 기독교와 정신분석의 화해를 위해 애썼지만, 결국 프로이트의 확고한 신념, 즉 종교 없이도 정신분석은 잘해 나갈 수 있을 것이라는 확신을 꺾지 못함으로써 그가 추구했던 이상은 실패로 돌아가고 말았다.

그러나 대상관계이론의 출현으로 정신분석은 비로소 종교와의 대립과 반목에서 벗어나 상호공존의 길이 열리게 되었다. 일례로 영국의 정신분석가 위니캇이 말한 이행기 대상 및 공간의 개념은 종교에 대한 부정적 입장으로 일관한 프로이트와는 달리 종교 및 신적 표상의 긍정적 효과에 대한 이론적 토대를 마련해 주었기 때문이다. 그는 유아적 환상이 존재하는 제3의 영역, 즉 이행기 공간을 말하고 이행기 대상과 현상이 유아 경험의 보다 큰 부분을 구성할 뿐만 아니라 일생을 통해 예술, 종교, 상상력, 창조적인 과학연구 등의 원천이 되는 장소로 작용할 수 있음을 감히 주장한 것이다.

그런데 여기서 한 걸음 더 나아가 리주토는 신은 환상적 이행기 대상이며 이행기 공간이야말로 신이 존재하는 장소라고 말했다. 그녀뿐 아니라 정신분석가 중에서 종교적 체험을 가장 심도 있게 연구한 마이스너는 프로이트의 무신론과 반종교적 태도를 분석하는 가운데 프로이트 자신의 해결되지 못한 갈등이 외부로 투사되어 나타난 결과로 해석하기도 했다. 마이스너는 이행기 대상의 연장선상에서 인간의 종교적 심성을 이해했던 위니캇으로부터 가장 큰 영향을 받은 것으로 보이는데, 리주토의 평가처럼 마이스너는 종교체험을 포괄적이고 발달론적인 관점에서 이해한 최초의 정신분석학자라고 할 수 있다.

물론 탈무드는 인간의 사랑과 미움에서 비롯되는 온갖 심리적 고통을 다루는 가운데 그런 갈등에서 벗어날 수 있는 심리적 장치에 대해 다양한 처방과 지혜를 제공하고 있지만, 탈무드뿐 아니라 구약 전체를 통해 전해지는 메시지 역시 결국 신과 인간 사이에 빚어진 사랑과 미움의 역사요, 언약과 위반 그리고 징벌과 용서, 화해의 역사라 할 수 있다.

따라서 구약과 탈무드가 전하는 메시지에 의하면, 사랑과 미움의 조화에 실패하는 경우, 그 인간이 받는 시련과 고난은 신조차 어찌할 수 없다는 것이며, 아무리 선민이라 하더라도 신으로부터 내려진 계명을 지키지 못하면 도울 길이 없다는 말이다. 이는 마치 분석의 기회에 선택되는 행운을 얻었을지라도 분석의 원칙과 규정을 지킬 수 없는 사람은 아무리 도와주고 싶어도 도울 길이 없다는 점과 비슷하다.

사랑과 미움은 정신분석이론에서도 가장 기본적인 감정으로 다루어지고 있는데, 특히 대상관계이론에서는 조기 모자관계에서 유아의 내면화 과정에 가장 깊이 연루된 감정 경험으로 언급되는 부분이기도 하며, 또한 분석과정에서도 전이현상의 핵심으로 간주되는 내용이다. 사랑이 선이라면 미움은 악이다. 물론 모든 고등종교는 사랑의 실천을 강조한다. 그러나 미움의 감정을 해결하지 않고서는 사랑의 실천을 장담하기 어렵다. 아무리 예수님과 부처님이 원수를 사랑하고 작은 벌레 한 마리에도 자비심을 베풀 것을 요구하신다 해도 사랑의 실천을 가로막는 증오심의 존재는 손쉽게 물러나지 않는 법이다.

프로이트가 인간의 본성을 에로스와 타나토스로 이원적 차원에서 구분한 점에 대해 많은 논란이 있어 온 것도 사실이지만, 그 진위 여부는 그리 중요한 일이 아닐 것이다. 문제는 인간의 내면에 간직된 사랑의 감정뿐 아니라 매우 파괴적인 본성 또한 무시할 수 없는 존재라는 점을 솔직하게 인정하는 데 있는 것이 아닐까 한다.

에리히 프롬은 그것을 좀 더 다른 표현으로 바이오필리아biophilia와 네크로필리아necrophilia

네크로필리아

성변태의 일종으로 시체에 대한 성적 집착이나 접촉을 통해 쾌감을 얻는 현상을 가리킨다. 시체기호증 또는 시간증(屍姦症)이라고도 한다. 이들은 정상적인 성관계에서는 만족을 느끼지 못한다. 그러나 에리히 프롬은 변태적인 차원을 넘어서 도덕적 차원에서 죽음지향적인 인간에 대해서도 이런 용어를 사용했는데, 이와는 반대로 삶에 애착을 보이는 경우를 바이오필리아(biophilia)라고 지칭했다.

라는 용어를 사용해 설명하고자 했다. 바이오필리아는 생명친화적인 성향을 말하고, 네크로필리아는 파괴지향적 성향을 일컫는 말이다. 프롬은 히틀러를 악성 네크로필리아의 가장 전형적인 예로 들었지만, 프로이트 역시 제1차 세계대전의 비극적인 참상을 겪으면서 인류의 자기파괴적인 성향에 주목하기 시작했던 것이다.

그것은 결국 인간의 성 못지않게 파괴적인 공격성 또한 인간의 행동에 심각한 영향을 준다는 점에서 인류의 장래는 공격성 문제를 이떻게 관리하느냐에 따라 그 운명이 판가름 날 수밖에 없다는 경고의 목소리이기도 했다. 그리고 실제로 인류는 두 차례의 세계대전과 홀로코스트, 원폭 투하를 통해 유사 이래 가장 참혹한 비극을 맞이해야만 했던 것이다.

물론 종교에서는 천사와 악마, 보살과 마귀의 존재를 통하여 상식적으로 이해할 수 없는 인간 행동의 동기를 설명해 왔지만, 결국 선악의 문제에 대한 정신분석적 이해의 핵심은 천사나 악마에 의해 외부에서 강제로 주입될 성질의 문제가 아니라 인간 스스로가 지닌 내적 문제를 인격화시킨 결과로 나타난 현상이라는 것이다. 천사든 악마든, 그리고 선과 악의 요인은 모두가 결국은 인간 자신의 내면적 속성의 일부를 드러낸 것일 뿐이다. 다시 말해서 마귀의 유혹에 빠져 살인을 저지르고 돈을 강탈한 것이 아니라 그 자신의 살해욕과 탐욕에 이끌려 악행을 저지른 것이다. 하지만 인간은 자기 자신의 책임을 회피하고 마치 그 일이 자신의 의지와는 무관하다는 듯이 그 탓을 외부에 존재하는 마귀에게 돌리는 것이다. 그것은 결국 스스로를 기만하는 행위가 아니겠는가.

반면에 선행은 천사 탓으로 돌리지 않고 자기가 행한 일로 내세우기 쉽다. '잘되면 자기 탓, 안되면 조상 탓'이라는 속담이 결코 과장된 말이 아님을 우리는 알 수 있다. 물론 모든 인간은 심리적으로 완전한 존재가 아니다. 그렇기 때문에 이 세상에는 종교도 필요하고 예술도 필요한 것이다. 하지만 그것만으로는 뭔가 부족하다. 상처받은 마음의 고통과 갈등이 종교나 예술만으로 치유되는 것은 아니기 때문이다.

선과 악의 갈림길에서 방황하고 사랑과 미움의 사이에서 혼란을 겪는 수많은 사람이 아무리 기도를 열심히 드리고 훌륭한 설교를 듣는다 해도, 그리고 아무리 위대한 소설 몇 편과 감동적인 음악에서 위로를 받는다 해도 마음속 깊이 해결되지 못한 갈등과 고통은 여전히 수렁에서 헤어나지 못한 그 사람을 괴롭히는 수가 허다하다. 정신분석이 나타난 이유도 바로 그런 사람들을 돕기 위한 것이었다.

탈무드 역시 건전한 심성 발달에 지대한 공헌을 남겼겠지만, 그럼에도 갈등 해결에 실패한 사람들은 어차피 전문가의 치료적 도움을 받을 수밖에 없다. 그것은 개인적 과거사를 재정립하는 일이기에 당연히 무신론이나 유신론 등의 문제를 떠나서 다룰 작업임은 두말할 것도 없다. 실제로 프로이트는 무신론자만을 상대로 분석한 것도 아니며, 자신의 무신론을 환자들에게 강요한 일도 없다.

유대인과 정신분석

　인간의 정신을 다루는 정신의학 분야뿐 아니라 특히 심리치료 분야에서 유대인 출신의 정신분석가, 심리학자, 정신의학자들이 끼친 영향은 단연 독보적이라 할 만하다. 프로이트 부녀를 위시해서 요제프 브로이어, 아들러, 카를 아브라함, 빌헬름 슈테켈, 테오도르 라이크, 한스 작스, 파울 페데른, 막스 아이팅곤, 산도르 페렌치, 대상관계이론의 기틀을 마련한 멜라니 클라인을 비롯해 마이클 발린트, 정신신체의학 발전에 공헌한 프란츠 알렉산더, 프랑크푸르트학파의 분석가로 프로이트와 마르크스를 접합시키고자 시도했던 에리히 프롬, 그리고 그의 아내였던 프리다 프롬-라이히만, 분리-개

별화separation-indi-
viduation 과정을 정
립한 마가렛 마알
러 등이 모두 유대
인 출신이다.

어디 그뿐인가?
베를린 출신의 분
석가였으나 나중

정신분석 초기의 핵심인물들

에 게슈탈트 요법으로 선회한 프리츠 펄스, 뉴욕 정신분석학회를
창립한 브릴, 나치수용소의 죽음으로부터 극적으로 생환한 후 의미
치료를 창안한 빅토르 프랑클, 헝가리 출신의 분석가로 반정신의학
의 기수인 토마스 사스, 성격방어를 연구한 불행한 천재 빌헬름 라
이히, 출생외상birth trauma 이론으로 유명한 오토 랑크, 자아심리학
을 확립한 하인츠 하르트만, 좌익에서 우익으로 전향한 오토 페니
켈, 아이덴티티 개념을 주장한 에릭 에릭슨, 자기심리학의 창시자
하인츠 코헛, 인지치료의 창시자 아론 벡, 사이코드라마의 창시자
모레노, 경계성 환자의 연구로 유명한 오토 컨버그, 소아정신의학
의 도널드 코헨 등도 모두 유대인이다.

《자살론》으로 유명한 프랑스의 사회학자 에밀 뒤르켐은 프로이
트와 동시대를 살았던 당대 최고의 유대계 학자였으며, 한때 서구
지식인사회에 파란을 일으킨 구조주의 인류학자 레비-스트로스와
그에게 큰 영향을 준 프라하학파의 언어학자 로만 야콥슨 역시 유
대인이다. 특히 레비-스트로스의 구조주의는 라캉주의 분석에 결

정적인 영향을 끼쳤다고 볼 수 있는데, 사르트르에 대한 그의 비판과 구조주의 열풍으로 인해 실존철학 붐이 시들해지는 계기를 만들기도 했다. 미국의 저명한 언어학자 노암 촘스키 역시 유대인이다. 또한 미국의 심리학자 에이브러햄 매슬로는 보다 긍정적인 가치를 강조한 인본주의 심리학을 세웠는데, 그 또한 어려서부터 반유대주의에 많은 시련을 겪었던 유대계 학자로 미국에서는 많은 사람에게 존경을 받은 인물이다.

이처럼 수많은 유대계 학자가 인간정신의 탐구에 심혈을 기울여 노력하고 공헌했다는 사실은 절망적인 상황 속에서도 뼈아픈 정신적 고통과 갈등의 극복에 남다른 집념을 보여 온 민족으로서 그리고 그런 아픔을 직접적으로 체험해 본 민족으로서 당연한 귀결이 아닐까 한다. 그러나 이런 이상열기에 대해 영국의 유명한 사회심리학자 윌리엄 맥두갈은 말하기를, 정신분석이론은 주로 유대인 환자들을 대상으로 연구한 유대인 의사에 의해 발전된 이론이기 때문에 당연히 유대인들에게는 강한 호소력이 있을 수밖에 없으며, 따라서 정신분석이론을 마치 새로운 복음처럼 받아들인 수많은 의사의 대다수가 유대인이었다는 사실을 들어 프로이트 이론의 학문적 보편성에 의문을 제기하기도 했다.

다만 그런 의문을 제기한 맥두갈은 20세기 초반 그토록 악명 높던 우생학에 지대한 관심을 지닌 인물이었으며, 프로이트의 정신분석을 유대심리학이라 평가절하했던 융과도 매우 절친한 관계였다는 점에서 그런 색안경을 끼고 본 것은 지극히 당연한 결과였다고 본다. 하지만 프로이트가 전인미답의 무의식 세계를 발견한 업적에도 불구하고 그토록 철저하게 사회적인 냉대와 무시를 당한 점을 고려한다면, 그와 비슷한 처지에 놓였던 유대인 의학자들에게 열렬한 지지를 받은 사실 또한 너무도 당연한 일이 아니었을까.

그렇다면 어째서 유독 유대인들이 정신분석에 그토록 열광했을까 의문이 들 수밖에 없을 것이다. 우선 생각해 볼 수 있는 점은 유대인의 강박적인 성향과 뿌리 깊은 죄의식을 들 수 있겠다. 프로이트 역시 매우 강박적인 성격의 소유자였다. 선민의식에 사로잡힌 유대인들은 항상 신이 진정으로 의도하는 바가 무엇인지에 대해 집착하는 동시에 신에게 버림받는 일에 대해서도 전전긍긍했다. 왜냐하면 신의 징벌을 두려워하면서도 신의 보호를 간절히 원했기 때문이다.

따라서 자신들에게 예기치 못한 시련과 고난이 덮쳤을 경우에도 유대인은 항상 신과 대화를 나누었는데, 그것은 〈욥기〉를 보면 너무도 생생히 알 수 있다. 요나의 시련도 마찬가지다. 신 앞에서 두려움과 죄의식을 함께 느끼는 그들은 항상 상식적으로 납득할 수 없는 고난을 마주할 때마다 신의 뜻을 헤아리는 가운데 치열한 자기성찰을 거듭했던 것이다. 그것은 마치 아버지를 두려워하면서도 그의 사랑과 보호를 갈구하는 어린 아들의 모습과도 흡사하다.

프로이트가 무의식을 탐구하게 된 가장 직접적인 계기도 아버지의 죽음을 마주하고부터였다. 그는 본의 아니게 아버지 장례식에 늦게 참석함으로써 가족들의 질책을 받았는데, 그 후로 프로이트는 자신의 불합리한 행동에 영향을 주었을 보이지 않는 심리적 요인들에 대해 깊이 성찰하기 시작했으며, 그런 자기분석은 일생 동안 계속되었다. 결국 외부 환경 탓이나 남의 탓에 머무는 것이 아니라 자기 내면에 주목하고 자신도 알지 못하는 은밀한 의도가 무엇인지 알아내고자 몰두하기 시작하면서 정신분석이 탄생한 셈이다.

그렇게 해서 프로이트는 무의식의 존재와 더 나아가 오이디푸스 갈등의 핵심을 발견해 낸 것이다. 물론 그것은 그 자신만의 탐색을 토대로 한 것만은 결코 아니었다. 그가 매일 치료하던 환자들의 심리 탐색을 통해서도 자신과 동일한 무의식적 갈등의 존재를 확인할 수 있었기 때문이다. 그런 갈등의 중심에는 죄와 징벌, 불안과 우울, 사랑과 증오 등의 핵심적인 감정문제가 자리 잡고 있음을 그는 분명히 깨달은 것이다.

또 다른 요인으로 생각해 볼 수 있는 점은 에릭슨이 말한 정체성 혼란의 문제라 하겠다. 유대인은 로마제국에 의해 자신들의 나라를 잃고 수천 년간 온 세상을 떠돌며 살아야 했다. 그것에 비하면 모세가 히브리 노예들을 이끌고 40년간 사막을 헤맨 것은 그야말로 새 발의 피에 불과했다. 오랜 뜨내기 생활에 젖어 살던 유대인은 숱한 수모와 박해, 추방과 학살 등에 시달리면서도 용케 멸족당하지 않고 살아남은 실로 희귀한 민족이지만, 그들에게는 신에게 선택된 유일한 민족이라는 자긍심과 언젠가는 자신들의 메시아가 나타나 세상을 바로잡는다는 구원사상, 그리고 끝까지 살아남기 위해서는 올바른 정신과 처신이 무엇보다 중요함을 깨우쳐 주는 탈무드의 지혜와 율법 등이 그들의 민족적 정체성을 유지시켜 준 원동력이 되었던 것이다.

이처럼 끈질긴 생명력을 토대로 유대인은 그 어떤 낯선 땅에 자리 잡고 살더라도 탈무드를 읽고 안식일을 지키며 자신들의 정체성을 잃지 않기 위해 안간힘을 썼다. 물론 그런 노력은 말처럼 손쉬운 일이 결코 아니었다. 현지인의 박해와 무시, 개종에 대한 압력, 사회적 진출의 장벽 등으로 그들은 비천한 밑바닥 생활을 감수하는 가운데 숱한 갈등과 번민을 겪어야 했다. 그것은 현지인과 동화되어 살 것이냐, 아니면 자신의 민족적 정체성을 고수하며 살 것이냐에 관한 갈등과 맞물려 상당한 심적 부담을 안겨주었을 뿐만 아니라 자신의 신분을 어떻게 하면 효율적으로 숨기며 현실에 적응하는 동시에 더 나아가 신분상승 및 출세 가능성에 대한 번민이기도 했을 것이다.

이 모든 갈등이 결국은 정체성의 혼란에서 비롯된 문제의 핵심인 것이다. 정체성 개념을 처음으로 소개한 에릭슨조차도 어린 시절부터 자신의 뿌리에 관한 문제로 심각한 혼란을 겪으며 성장했던 장본인이었기에 그런 발상을 하기에 이른 것이다. 당시 유대인이라면 누구나 그런 심리적 통과의례를 겪었음직하다.

그런 배경을 이해한다면 정신분석 초기에 프로이트의 문하에 모여든 젊은 유대인 제자들이 당시까지만 해도 그 누구도 생각하지 못했던 새로운 학문 분야를 접하고 남다른 흥분과 열정에 사로잡히지 않을 수 없었을 것이다. 평소 뿌리 깊은 열등감과 자괴감에 시달리던 그들로서는 자신들의 존재를 무시하고 경멸하는 서구인들에 앞설 수 있는 유일한 학문의 터전이 마련된 것으로 보고 서로 앞다투어 프로이트 밑으로 모여든 것이다.

그들에게 프로이트는 마치 아버지와도 같은 존재였다. 아들러,

빌헬름 슈테켈, 테오도르 라이크, 한스 작스, 카를 아브라함, 산도르 페렌치 등의 유대인 소장파들이 스승의 휘하에서 뜨거운 열정으로 저마다 새로운 이론 확립에 공적을 남기기 위해 치열한 경합을 벌였다. 그리고 의욕이 너무 앞선 나머지 제자들 사이에서도 반목이 불거지고 게다가 국제정신분석학회가 출범하게 되면서 초대회장에 비유대인으로 순수 독일계 스위스인 카를 융이 취임하게 되자 이에 불만을 품은 일부 제자들은 프로이트의 곁을 떠나고 말았다.

프로이트가 융을 회장으로 지목한 것은 나름대로 이유가 있었다. 그렇지 않아도 유대인 일색으로 이루어진 정신분석학회였던 만큼 프로이트가 염려한 것은 자칫 반유대주의의 표적이 되어 모처럼 도약의 기틀을 잡은 학문의 발전과 국제적 인정을 받는 문제에 걸림돌이 되지나 않을까 하는 매우 현실적인 이유 때문이었다. 독일인 융을 전면에 내세우면 그런 외풍으로부터 학회를 좀 더 안전하게 보호할 수 있을 것이라는 판단에서 내린 결과였다.

하지만 결과적으로 프로이트는 두 마리 토끼를 다 놓친 셈이 되고 말았다. 융 역시 얼마 가지 않아 프로이트와 결별을 선언하고 자신만의 독자적인 학파 분석심리학회를 만들어 떨어져 나갔으며, 융보다 먼저 그의 곁을 떠난 아들러는 따로 개인심리학을 만들어 독립된 학파를 이루었기 때문이다. 이처럼 프로이트의 정신분석은 초창기부터 인종적 갈등 때문에 삐걱대는 모습을 보이고 있었다. 학문의 세계에서조차 인종적 문제에서 결코 자유로울 수 없음이 이미 백여 년 전에 드러난 것이다.

그 후 융은 정신분석을 유대심리학으로 평가절하하면서 아리안

심리학의 우수성을 논함으로써 은연중에 나치즘의 인종주의에 동조하는 발언도 서슴지 않았다. 그러나 무엇보다 특기할 점은 나치 독일의 등장으로 수많은 유대인 분석가가 유럽대륙에서 자취를 감추게 되었다는 사실이다. 대부분의 분석가들은 영국이나 미국으로 그리고 일부는 남미로 이주했다. 따라서 종전 후에는 유럽대륙에서 분석가의 씨가 마르는 통에 정신분석의 재건에 몹시 애를 먹기도 했다.

심리치료 분야에서 유대인이 아닌 인물로 세계적인 대가가 된 인물로는 스위스의 카를 융과 프랑스의 자크 라캉, 그리고 영국의 도널드 위니캇, 로널드 페어베언, 미국의 해리 스택 설리반, 칼 로저스 등을 꼽을 수 있지만, 이들 외에는 두드러진 학자가 별로 눈에 띄지 않는다. 특히 유대인이 대거 빠져나간 독일과 이탈리아, 그리고 정신분석을 반동적인 학문으로 간주하고 소비에트 사회에서 영구 추방한 러시아 등은 정신분석의 불모지나 다름없었다. 더군다나 라캉은 임의로 국제정신분석학회를 탈퇴하고 말았으니 오늘날 정신분석의 학문적 중심세력은 주로 영국과 미국에 정착한 유대인 분석가들이라 할 수 있다.

정신분석에 대한 유대인들의 관심과 공헌뿐 아니라 정신의학 및 정신치료, 집단치료, 인지치료, 가족치료 등 인간 심리의 치료 분야에서 유대인이 끼친 공헌 또한 지대한 것이었다. 프리츠 펄스의 게슈탈트 치료, 미국의 분석가 나단 애커만의 가족치료, 아론 벡의 인지치료cognitive therapy 등은 그중 한 예에 불과하다. 특히 20세기에 들어서면서 서양의학에서 유대인들이 보인 활약상은 실로 눈부신 것이었다. 그것은 노벨 의학상을 수상한 유대인 의학자의 명단을 보면 한눈에 알아볼 수 있다.

적어도 인간의 건강을 책임지는 데 크게 공헌한 유대인의 업적을 들자면 실로 감탄을 금치 못하게 된다. 매독 치료제를 발명한 파울 에를리히, 나균을 발견한 나이세르, 그리고 무엇보다도 페니실린의 치료적 효과를 발견함으로써 수백만의 생명을 구한 에른스트 보리스 체인, 스트렙토마이신을 발명한 왁스만, 혈액형 분류의 란트슈타이너, 초파리 연구로 유전자 변이를 입증한 헤르만 뮐러, 경구 피임약을 개발한 그레고리 핑커스, 소아마비 왁신을 개발한 조나스 소크, B형 간염 항원을 발견한 바루크 블럼버그 등 그 수효는 이루 헤아리기 어려울 정도다.

물론 그 원조는 흑사병과 맞서 싸운 유대인 의사 노스트라다무스에까지 거슬러 올라갈 수 있다. 중세 암흑기에 흑사병을 퍼뜨린 주범으로 유대인이 지목되어 무참히 학살당한 이유도 유대인만이 희생자가 유독 적었기 때문이다. 당시로서는 그런 현상이 매우 기이한 일이었겠지만, 사실 따지고 보면 그것은 기이한 일도 아니었다. 탈무드의 가르침에 철저히 따랐던 유대인은 이미 오래전부터 청결한 음식과 손 씻기 등 개인위생에 남다른 신경을 써왔기 때문이다. 솔직히 말해서 중세 서구인들의 생활은 그야말로 더럽고 불결하기 그지없었던 게 사실이다. 오히려 기독교인들에게 더럽고 불결한 천민으로 멸시의 대상이 되었던 유대인이 서구인들보다 더욱 청결을 유지하며 살았던 것이다. 그러니 유대인들로서는 그토록 억울한 적반하장도 없었을 것이다.

그런 수모와 핍박을 받으며 살았던 유대인이 오랜 게토생활에서 벗어난 것은 겨우 19세기에 들어서면서부터였다. 따라서 그동안 오랜 세월 비참한 환경에서 온갖 박해를 당하고 지냈던 유대인의 정서가 안정적으로 유지될 리가 없었을 것이며, 갈등 또한 컸을 것이 분명하다. 분노와 좌절, 수치심과 죄의식, 우울과 불안, 적개심과 열등감 사이에서 유대인이 겪었을 극심한 정서적 혼란을 생각하면 왜 정신분석이 하필이면 유대인의 머리에서 나왔어야만 했는지 십분 이해가 가고도 남음이 있을 것이다.

결국 프로이트에 의해 처음으로 물꼬가 터진 인간 심리에 대한 탐색은 그 후 다양한 형태의 심리치료 및 연구 분야로 확대를 거듭하면서 봇물처럼 터져 나오기 시작했다. 그렇게 해서 유대인 의학자들은 인간의 신체뿐 아니라 심리 영역에까지 주도적인 역할을 맡음으로써 타의 추종을 불허하는 독보적인 위치를 차지하게 된 것이다.

이처럼 심신의 안정을 유지하기 위해 노력한 유대인 의학자들로 인해 인간의 수명은 현저하게 늘어나게 되었다. 물론 그들이 일생을 바쳐 연구한 것은 인류 복지를 위한 것이었지 결코 유대인만을 위한 헌신은 아니었다. 그럼에도 역사적으로 유대인을 칭찬하고 우호적으로 대한 민족은 거의 존재하지 않았다. 오히려 적대적으로 대하고 경멸하며 심지어는 지구상에서 씨를 말리려는 시도까지 있었다.

매우 역설적인 일이지만 유대인은 자신들을 그토록 오랜 세월 학대하고 무시한 이웃들을 원망하는 대신에 오히려 인류의 복지를 위해 수많은 위대한 학자를 배출하고 키워냈다. 그들은 결코 복수나 증오로 자신들의 가해자를 대하지 않았다. 이 모든 것이 탈무드의 가르침에 충실히 따른 결과라고 한다면 지나친 억측인가? 그러나 그 무엇으로도 달랠 수 없는 마음의 상처를 안고 살아야 했던 유대인들로서는 그런 상처의 치유에 남다른 관심을 지닐 수밖에 없었을 것이다.

물론 탈무드는 그런 마음의 병에서 벗어날 수 있는 치유적인 방법보다는 사전에 미리 예방할 수 있는 지혜를 주로 가르쳐 왔지만, 그렇다고 해서 시도 때도 없이 외부에서 주어지는 고난과 시련까지 피해갈 방법은 없었다. 유대인은 오로지 혼자만의 힘으로 스스로 자신의 곤경을 헤쳐 나가야 했기에 그들에게 탈무드의 지혜를 가르치는 랍비의 존재는 유일한 스승이자 조언자였다. 하지만 스승이 마음의 병까지 고쳐줄 수는 없었다. 그래서 프로이트는 의사도 아니요, 성직자도 아닌 전혀 새로운 제3의 직업을 만들어 낸 것이다. 정신분석가라는 기묘한 직업은 그렇게 해서 이 세상에 태어난 것이며, 탈무드가 이루지 못한 꿈을 프로이트가 대신 이룬 것이라 해도 결코 과언이 아닐 것이다.

유대심리학의 오명

구약성서는 신의 뜻을 저버린 이스라엘 민족의 타락과 회개 및 갈등의 역사이다. 신과 선택된 민족 사이에 벌어진 반목과 질시, 그리고 용서와 화해의 기나긴 일대 파노라마이다. 구약에는 인간의 상상력이 미칠 수 있는 한도 내의 모든 선과 악이 혼재되어 있다. 근친상간, 강간, 수간, 존속살인, 유아살해, 음모와 중상모략, 유혹과 타락, 속죄양, 변명, 속임수, 기만과 술책, 사랑과 증오, 배신과 희생, 우상숭배, 사교 및 배교, 돈과 황금, 밀고자와 예언자, 약속과 파기, 독선과 아집, 저주와 축복 등 이루 헤아릴 수 없이 많은 인간사의 진면목이 적나라하게 드러나 있다.

유대인은 어린 시절부터 이런 내용들에 접하며 성장한다. 탈무드는 이처럼 방대한 구약을 기초로 해서 짜인 해설서와 같다. 프로이트 역시 다른 유대인과 마찬가지로 소년시절부터 반유대주의라는 현실을 체험하고 이를 극복해야만 되었다. 같은 독일어를 구사하면서도 친구들의 차별적인 언행에 노출된 소년의 입장에서 자연히 자신의 정체성에 대한 의문이 들지 않을 수 없었을 것이다. 프로이트처럼 감수성이 예민한 인물이 그런 인종적 차별과 수모를 당하면서도 아무런 갈등을 겪지 않았다고는 도저히 믿어지지 않는다. 상처받은 자존심은 곧바로 동료들과의 경쟁심으로 나타나 프로이트는 학창시절 줄곧 우등생이었다.

그의 뛰어난 언어감각이나 문장력은 그만큼 두뇌훈련이 잘되어 있었다는 증거다. 프로이트가 일생 동안 유대인 문제에 끝내 입을 굳게 다문 점은 다소 의문이지만, 곤란한 문제에 대해서 쉽게 흥분하며 개입하지 않는다는 점에서는 전형적인 탈무드적 태도가 아닐 수 없다. 프로이트는 자신이 남긴 그토록 방대한 저서에도 불구하고 유대인 문제를 직접적으로 다룬 논문은 한 편도 쓰지 않았다. 단지 짤막한 논평 정도의 글 몇 편 정도에 그치고 있다. 그런 점에서 그의 여러 언행을 살펴보면 프로이트 자신은 상당한 인내심과 자제력을 지닌 듯하다.

당시 프로이트에게 직접 분석을 받은 미국의 정신과의사 스밀리 블랜튼의 회고에 따르면, 유대인 문제에 있어서 프로이트의 입장은 무척 단호하고 확신에 차 있었다고 한다. 유대인으로서의 불이익에 대하여 그 자신이 직접 몸소 뼈저리게 겪어온 당사자였기에 유대계 제자들의 반대에도 불구하고 굳이 독일계 스위스인이었던 카를 융을 후계자로 삼으려 했던 것이 아니겠는가. 일종의 방패막이 역할을 기대한 듯이 보이지만, 결국 융은 프로이트의 기대를 저버리고 정신분석과 인연을 끊고 말았다.

그런 점에서는 프로이트의 오른팔이었던 제자 카를 아브라함의 판단이 정확했다고 볼 수 있다. 아브라함은 처음부터 융의 사람됨을 파악하고 믿을 만한 인물이 될 수 없다고 판단했던 것이다. 결국 융은 아브라함의 예상대로 프로이트와 결별한 후 독자노선을 걷기 시작하면서 점차 신비주의 경향으로 흘렀으며, 나치정권이 들어선 이후에는 히틀러의 반유대주의에 동조하는 발언을 하기 시작했다. 아리안족의 순수성을 유대인들이 불결한 사상으로 오염시킨다는 점에서는 융도 히틀러와 같은 생각이었기 때문이다.

융은 스스로 해명하기를, 프로이트와 결별한 이유도 도덕적으로 도저히 용납하기 곤란한 유아성욕설에 동의할 수 없었기 때문이라고 하지 않았던가. 당시 히틀러의 오른팔이자 막강한 실력자 괴링원수의 친척이며 정신과의사였던 마티아스 괴링은 정신의

유아성욕

일반적으로 유아에게는 성적인 욕망이 없는 것으로 간주되었으나 프로이트는 출생 직후부터 성적인 욕동, 즉 리비도가 작용함으로써 발달 과정에 따라 입과 항문, 성기 등으로 점진적인 이행을 이루어 나간다고 보았다. 그러나 그의 유아성욕설은 기독교 사회에서 극심한 비난의 대상이 되었다.

학에서 불결한 유대인의 학문적 요소를 제거하고 나치 이데올로기에 걸맞는 순수 아리안심리학의 건설을 위해 속칭 괴링연구소를 세움으로써 모든 학설을 하나로 통합시키고자 했으며, 그렇게 해서 탄생한 국제정신치료학회 회장에 융이 추대된 것이다.

이미 늙고 병든 유대인의 집단무의식은 희망이 없으며 새롭게 나타난 젊고 힘찬 아리안 집단무의식이야말로 기울어가는 서구인들의 진정한 희망으로 떠올랐음을 융은 확신에 찬 목소리로 설파했다. 물론 융의 기대는 나치의 몰락으로 한낱 물거품이 되고 말았지만, 그가 말한 늙고 병든 유대인, 즉 프로이트의 정신분석은 오히려 살아남아 제2차 세계대전 이후 특히 역동정신의학 발전에 지대한 공헌을 끼쳤다. 반면에 젊고 야무진 융 심리학독일어 Jung은 말뜻 그대로 젊다는 의미다은 이제는 아리안심리학의 본산지인 독일에서조차 하이데거나 카를 야스퍼스와 마찬가지로 그 힘을 잃고 말았다.

오늘날 융에게 굳이 관심을 보이는 집단이 있다면 뉴에이지 운동가, 반유대주의 집단, 신비주의 단체, 신나치주의자들, 일부 종교단체, 일본이나 인도 등의 동양국가 정도일 것이다. 특히 일본의 정신의학은 군국주의 시절, 독일과의 각별한 친분과 교류 덕분에 지금도 그런 영향이 남아 있어서 프로이트의 정신분석보다는 독일계통이면서도 동양사상에 많은 관심을 보였던 융 심리학 쪽에 더욱 큰 호감과 정서적 친근감을 보이고 있는데, 그런 특성은 한때 융에게 분석을 받은 작가 헤르만 헤세에 대한 친밀감과도 관련있어 보인다.

비록 오늘날에 와서 사정이 많이 달라졌다고는 하지만, 설사 그렇다 쳐도 여전히 모든 유대인 가정에서 부모의 역할은 매우 중요한 부분을 차지한다. 또한 탈무드 교육도 필수 과정으로 자리 잡아 일찍부터 모든 유대인 아동들의 뇌리 속에 각인되고 있다. 그런 점에서 프로이트 역시 탈무드와 전혀 무관할 수 없다. 물론 그는 생전에 히브리어를 알지 못한다고 했지만, 그렇다고 해서 프로이트 자신이 성서나 탈무드를 아예 모른다거나 유대인이 아님을 선언한 것은 결코 아니었다. 그의 저서 《환상의 미래》, 《모세와 일신교》 등을 보면 기독교와 유대교를 포함해 남달리 풍부한 종교적 지식의 박식함을 쉽게 눈치 챌 수 있다.

프로이트는 자신의 현실적 한계를 일찍부터 인정하고 교수직을 포기한 채 개업의 길로 들어섰지만 그렇다고 해서 학문적 야심까지 포기한 것은 결코 아니었다. 그의 천재성은 오히려 역경과 고난 속에서 더욱 빛을 발했다. 매우 역설적인 말이지만, 그가 만약 카를 야스퍼스가 독일의 대학에서 누렸던 특혜와 배려의 십분의 일이라도 도움을 받았다면 아마 성공하지 못했을지도 모른다. 야스퍼스는 섬세하나 유약하고 세상 물정에 어두운 온실 속의 화초와 같은 인물이었음에 반해, 프로이트는 잡초처럼 강하고 끈질긴 야심가였기 때문이다. 다시 말해 밟으면 밟을수록 강해지는 전형적인 탈무드 정신의 소유자였던 것이다.

융은 유대인의 소심함과 여성적인 특성을 공공연히 지적한 바 있지만, 같은 독일계였던 야스퍼스나 헤르만 헤세, 릴케 등이 과연 그가 말한 것처럼 소심함이나 여성화의 특성과 전혀 무관한 인물들이었는지 되묻지 않을 수 없다. 융이 말한 의도는 물론 모든 유대인은 계집애들처럼 유약하고 겁들이 많아서 남성적인 강인함이 결여되어 있다는 뜻이었겠지만, 그것은 과거 일본인이 모든 조선인을 향해 냄새나고 더럽기 그지없는 무지몽매한 민족이라고 멸시했던 사실과 오십보백보라 하겠다.

하지만 그토록 천박하고 소심한 유대인의 학문적 열정으로 정신분석은 그 화려한 꽃을 피우기 시작한 것이다. 그런 점에서 정신분석의 효시가 된 수요회 모임은 마치 시나고그에 모여 탈무드를 공부하는 모임처럼 진지한 열의가 넘치는 분위기였다. 비록 기득권 세력에서 소외당한 유대인 낙오자들의 모임이긴 했지만, 새로운 진리를 탐구하는 남다른 열정으로 불타오르고 있었던 것이다. 당시만 해도 그들의 학문적 열정을 감히 가로막을 세력은 없어 보였다. 적어도 인종청소의 기치를 내건 나치세력이 등장하기까지는 말이다.

그런데 역사는 전혀 엉뚱한 방향으로 흘렀다. 히틀러의 집권으로 모든 유대인은 또다시 짐을 꾸려 정처 없이 길을 떠나야만 되었기 때문이다. 지위고하를 막론하고 남녀노소를 불문하고 모든 유대인은 뿔뿔이 흩어졌다. 분석가들도 예외가 될 수 없었다. 아무리 머릿속에 든 고급지식도 그들을 겨눈 총부리와 독가스 앞에서는 무용지물이었을 뿐이다. 그 결과 유대인의 고급두뇌가 썰물처럼 빠져나간 유럽대륙의 지식인 사회는 학문적으로 커다란 공백을 맞이해야 했으며, 지식의 대이동으로 인해 활기를 찾은 미국은 전후 세계의 지도국으로 급부상하게 된 것이다.

따라서 아리안심리학에 의해 추방된 유대심리학은 나치의 손이 미치지 못한 땅, 미국과 영국에서 가까스로 명맥을 이어가고 발전해 갔다. 다시 말해 자유민주주의 및 자본주의 사회가 정신분석을 살린 셈이다. 극우와 극좌의 세계 모두에서 결코 용납되지 않았던 유일한 학문은 바로 정신분석이었다. 그 이유는 자명한 것이다. 두렵고 위험하기 때문이다. 불편한 진실을 말해 주기 때문에 위험한 것이다. 이런 이유로 정신분석의 역사에서도 유대인 문제를 거론한다는 것은 일종의 불문율처럼 되어왔다. 물론 그만큼 뼈아픈 고통과 아픔의 역사를 겪었기 때문이라는 사실을 이해하지 못할 바는 아니지만, 학문적 탐구의 기회마저 스스로 차단시켜 왔다는 점은 다소 실망스럽기도 하다. 하기야 프로이트 자신도 생전에 유대인 문제에 굳게 입을 다물고 있었으니 반유대주의에 대한 경계심이 얼마나 깊었는지 알 수 있다.

프로이트 생존 당시 드레퓌스 사건은 전 유럽을 발칵 뒤집어 놓을 일대 사건이었으며, 그동안 잠재된 유럽인들의 반유대주의 감정을 새롭게 자극하는 계기를 만들기도 했다. 더욱이 이 사건을 계기로 오스트리아의 기자 출신 헤르츨은 본격적인 시오니즘 운동에 불을 지폈으며, 결국 1897년 제1차 시오니즘 대회가 스위스 바젤에서 개최되기에 이르렀다. 따라서 프로이트가 자신의 바로 코앞에서 벌어진 일련의 사태를 모르고 있었을 리 만무하다.

하지만 프로이트는 공개적으로 이런 운동이나 유대인 문제에 대하여 한마디도 언급하지 않았다. 유대인 문제뿐만 아니라 당시 치열한 사회적 이슈가 되었던 공산주의 운동이나 국가사회주의에도 무관심으로 일관했다. 본인 자신이 누누이 강조하기도 했지만 중립적 태도가 요하는 직업의 특수성 때문이었을까? 아니면 무지한 대중의 공격을 두려워한 것일까. 어쩌면 그는 러시아혁명이나 나치의 득세 자체를 집단적 광기의 소산으로 여겼을지도 모른다.

이처럼 그는 유대인이 관련된 사회적 이슈에 대해 지나치게 경계하는 모습을 보인 게 사실이다. 하기야 공산주의 이론의 창시자 마르크스나 볼셰비키 혁명을 주도한 트로츠키도 유대인이었으며, 드레퓌스 사건의 주인공뿐 아니라 그 사건을 발단으로 시오니즘 운동을 벌인 헤르츨 역시 유대인이었으니 같은 동족으로서 프로이트가 취할 수 있는 입장 또한 매우 난감했을 것이 분명하다. 더욱이 나치는 노골적인 반유대주의를 표방하고 나섰으니 더욱 몸을 사릴 수밖에 없었을 것이다.

하지만 이처럼 선뜻 이해하기 어려운 그의 태도 역시 탈무드를 보면 손쉽게 납득이 갈 수 있다. 탈무드에서는 불의를 행하는 자들에 대해서 결코 직접적인 보복이나 노골적인 비난을 권유하지 않는다. 적어도 폭력에 대해서는 단호히 반대하는 입장을 고수하는 것이 탈무드다. 그런 점에서 볼 때 볼셰비키 혁명과 러시아 내전을 주도하며 숱한 피를 흘리게 만든 트로츠키는 탈무드의 지침을 어긴 셈이다. 오히려 아무런 저항 없이 아우슈비츠 가스실로 행진해 들어간 수백만의 유대인들이나 종전 이후에도 그런 만행을 저지른 독일인에 대해 그 어떤 복수나 비난도 가하지 않은 유대인들이 더욱 탈무드적인 태도를 보여 준 것이라 할 수 있다.

수백 년도 아니고 수천 년에 걸쳐 혹독한 박해와 수모를 당해야만 했던 유대인들로서는 그 어떤 분야에 종사하든 간에 어떻게든 살아남으려는 치열한 생존욕구와 더불어 기득권을 행사하는 계층에 대한 의혹과 불신, 그리고 더 나아가 일종의 피해의식마저 보이는 수가 많았다. 물론 그들에게 침을 뱉으며 채찍질을 가하는 로마 병사들이나 군홧발로 걷어차는 나치 독일군 입장에서는 일개 야만인 집단에 불과하다고 여기는 유대인의 그런 심정을 죽었다 깨어나도 도저히 알 수 없으며, 알 필요조차 없었을 것이다. 하기야 노예의 심정을 헤아리는 주인이 어디 있겠는가.

유대인의 그런 불신과 의혹, 피해의식은 오랜 기간 외세의 침입으로 인해 그들과 비슷한 고초와 시련을 겪은 우리 민족이 과거 한때 지배자였던 일본에 대해 지니는 미묘한 감정과도 일맥상통하는 것이겠다. 오천 년의 유구한 역사를 자랑하면서도 지구의 한 변방에 머무르며 단 한 번도 세계사의 주역이 되어 본 적이 없는 우리 민족이 오늘날 이만큼의 눈부신 국력 신장을 이룬 것도 알고 보면 일본인에게 당한 뼈아픈 상처와 분노 때문일지도 모른다. 그러니 수천 년간 그런 치욕과 분노를 삭여온 유대인은 오죽했을까 싶기도 하다.

물론 집단심리 차원에서 보자면 수백 년간 영국의 지배를 받았던 아일랜드인이나 인도인들, 그리고 거의 멸족 당하다시피한 북미 원주민, 또는 숱한 내전으로 고통 받는 아프리카 흑인들의 심경도 마찬가지일 것이다. 그러나 살아남기 위해 몸부림치는 피해자들의 심리적 배경을 고려하지 않고 단순히 표면적인 모습만 가지고 유대심리학 운운하는 것은 너무도 독단적이요 안하무인적인 태도가 아닐 수 없다.

더욱이 민족적 우열에 입각해서 유대심리학은 도덕적으로 불결하고 저급한 학문이며, 반대로 아리안심리학이야말로 도덕적으로 순수하고 차원 높은 학문이라고 내세우는 그런 태도를 통해 우리가 알 수 있는 사실은 순수해야 할 학문의 세계마저 저급한 인종주의적, 정치적 편견에서 결코 자유로울 수 없음을 새삼 확인하게 된다는 점일 것이다.

물론 그것은 저급한 대중적 인기에 편승함으로써 학문적 위상을 드높여 보고자 했던 융 자신의 개인적 야심에서 비롯된 실수였겠지만, 자고로 학문적 이론의 생명은 대중적 여론조사를 통해 검증받는 것이 아니라 철저한 자체 검증을 통해 학계의 인정을 받고 살아남는다는 점에서 정신분석을 단지 유대심리학의 아류로 취급한 일은 결코 올바른 학문적 태도라 할 수 없을 것이다.

유대인이 주도했기 때문에 굳이 그런 명칭을 붙인다면, 유대인이 주도한 의학, 물리학, 경제학 등에도 당연히 유대의학, 유대물리학, 유대경제학으로 따로 구분해 불러야 마땅할 것이다. 더군다나 아인슈타인이 상대성 원리를 발표한 것이 오로지 유대인을 위해 그랬던 것이 아니듯, 프로이트 역시 유대인을 위해 정신분석을 창시한 것이 결코 아니었다. 유대인 의학자 란트슈타이너의 혈액형 연구로 인해 비로소 안전한 수혈이 가능해지면서 수많은 인명을 구할 수 있었지만, 그는 결코 유대인의 생명을 구하기 위해 그런 연구에 일생을 바친 것이 결코 아니었듯이 말이다.

인간 심리의 해묵은 갈등을 해결해 주고자 이 세상에 나온 정신분석이지만 그토록 진지하고 휴머니즘적인 목적에도 불구하고 정신분석은 이미 한물 간 시대착오적인 쓰레기 학문이라고 일축해 버리는 그런 오만함과 근거 없는 자부심은 과연 어디서 오는 것일까? 어찌 보면 그런 자부심이 부럽기도 하지만, 그것은 자신이 알고 있는 비좁은 인식론적 한계를 벗어나지 않으려는 필사적인 시도인 동시에 미지의 세계에 대한 두려움을 반영하는 것이기 쉽다.

프로이트가 인류 최초로 무의식의 바다를 탐색하기 시작했던 것은 전적으로 개인적 동기에서 비롯된 것이지만, 수많은 환자를 치료하는 가운데 자신과 동일한 심리적 갈등의 핵심을 발견하고 일종의 학문적 희열을 느꼈음에 틀림없다. 물론 그가 치료한 환자들의 대다수는 유대인이었다. 당시만 해도 기독교사회의 문명인으로 자부심에 가득 차 있던 서구인들이 비천한 출신의 유대인 의사에게 선뜻 자신의 모든 것을 내맡기고 분석을 받고자 하지는 않았을 것이다. 더욱이 종교에 대해 비판적인 태도를 보였던 인물이었기에 그는 기독교사회에서 완전 따돌림을 당할 수밖에 없었다.

그런 사회적 분위기에서 정신분석에 관심을 기울이고 프로이트의 제자가 되고자 모여든 인물들의 대다수 역시 유대인으로 구성될 수밖에 없었다. 그래서 결국 정신분석은 한 유대인 의사가 유대인 환자들의 심리치료를 토대로 일궈낸 유대인의 이론체계일 뿐만 아니라 그 이론을 발전시킨 학자들의 대부분이 또한 유대인들이었기 때문에 한낱 보잘것없는 유대심리학에 불과하다는 오명과 함께 조소의 대상이 되어야 했던 것이다.

하지만 그런 모욕과 빈정거림에도 아랑곳하지 않고 정신분석은 계속해서 그 명맥을 유지하며 눈부신 발전을 이루어냈다. 오늘날에 이르러 비록 예전과 같은 학문적 영향력은 상당히 둔화된 느낌이드는 것도 사실이긴 하나, 그렇다고 해서 정신분석이 사망선고를 받은 것은 결코 아니다. 오히려 사회적 영향력 면에서 볼 때, 정신분석이 서구 지성인 사회에 끼친 인식론적 혁명은 그야말로 엄청난 지각변동을 일으킨 일대 사건이었음을 부인하기 어려워진다. 오늘날에 이르기까지 정신분석의 영향을 받은 분야는 실로 방대하기 그지없다. 문학과 미술, 영화, 정신의학, 종교심리, 철학, 정치학, 사회학, 인류학, 민속학, 언어학, 역사학, 교육학, 심지어 뇌신경학에 이르기까지 정신분석의 입김이 미치지 않은 분야를 찾기 힘들 정도다.

그렇게 본다면 한때 추악하고 불결한 학문으로 매도당했던 유대심리학에 비해 상대적으로 순수하고 우월한 학문임을 그토록 자부했던 아리안심리학은 오늘날에 이르러 그 흔적조차 찾을 수 없으니 실로 격세지감을 느끼게 된다. 하지만 학문의 세계에 인종적 우열과 차별의식을 내세운 일 자체부터가 이미 잘못된 것이었다. 동시대에 그토록 기승을 떨던 우생학이 오늘날 지구상에서 완전히 소멸된 사실을 보라. 학문적 순수성을 지키는 일이 얼마나 중요한지 새삼 실감하게 된다.

이론이 다르면 서로 학문적인 비판을 가하면 되는 일이다. 문제는 이성적 비판이 아니라 감정적 비난 일색으로 흐르기 때문에 혼란을 일으키는 것이다. 유감스러운 점은 일반 대중은 비판과 비난을 제대로 구분할 수 있는 능력과 자질이 충분히 구비되어 있지 못하다는 사실이며, 악의에 찬 선동꾼들은 그런 약점을 항상 역이용하고 끊임없이 부추긴다는 사실이다. 하기야 그런 현상이 어디 학문 분야뿐이겠는가. 그런 점에서 세상을 어지럽히는 가장 중요한 요인은 합리적 비판과 수용이 아니라 감정적 비난과 성토로 일관하는 비이성적 태도에 있다고 본다.

　그래서 탈무드는 인간이 저지르는 모든 행위 가운데서도 남에 대한 중상을 가장 역겨운 일의 하나로 간주하고 절대로 그래서는 안 된다고 누누이 타이르고 있는 것이다. 실제로 프로이트는 생전에 그 누구도 공개적으로 비난하거나 성토한 적이 없다. 물론 속으로는 새까맣게 타들어간 상처투성이, 벙어리 냉가슴 앓는 격이었겠지만, 그럼에도 그는 오히려 입을 다물고 침묵을 유지하며 묵묵히 자신의 길을 걸어갔을 뿐이다. 마치 탈무드의 가르침을 그대로 따르듯이 말이다.

유령 분석

　인간의 심리와 정신은 오랜 기간 끊임없는 탐색의 대상이 되어왔으나 정신분석이 나타나기 전까지는 주로 철학적, 형이상학적, 종교적인 차원에서 다루어지고 다듬어짐으로써 오히려 그 진정한 실체와 본질에서 더욱 멀어진 감이 있다. 이처럼 과도한 추상적 접근의 결과로 인간 심성의 본질은 오늘날에 이르러서도 여전히 미지의 영역이요, 신비스러운 수수께끼로 남아 있다. 그것은 마음의 실체에 대한 생물학적 접근에 있어서도 마찬가지라 할 수 있다.

　정신분석은 그런 수수께끼의 상당 부분을 밝혀왔음에도 불구하고 프로이트의 무의식 발견은 아직까지도 수많은 논란의 중심이 되고 있으며, 그가 발전시킨 정신분석이론 역시 다양한 전문 분야에서 여전히 그 수용을 거부당하고 있다. 아직도 정신분석은 방대한 심리학 체계의 극히 일부분을 차지하는 변방의 학문으로 다루어지고 있는 실정이며, 기존 의학계의 반응 역시 냉담하기 그지없다.

그러나 학문의 발전이라는 측면에서 볼 때, 이처럼 오랜 기간 냉대를 받아온 정신분석이야말로 인간 정신의 탐구에 있어서 실로 획기적인 업적을 낳았음을 부인하기 어려울 것이다. 정신분석에 대한 사회적 거부감은 결국 기득권을 빼앗기지 않으려는 두려움의 소산인 동시에 개인적 변화에 대한 저항의 표시일 수 있다. 물론 정신분석을 통해 그런 두려움을 극복하고 자기 이해 및 통찰에 도달한 개인들은 유령과 같은 혼돈의 세계에서 벗어나 보다 넓은 안목을 지니고 살아갈 수 있다.

통찰insight은 곧 미망과 환상에 대한 깨달음이다. 과거의 망령에서 벗어나 유령이 아닌 있는 그대로의 자기 자신을 인정하고 보다 자유롭게 살아가는 자야말로 깨달은 사람이다. 그것은 종교적 차원에서 말하는 거창한 영적 깨달음이 아니라 매우 인간적인 수용의 자세를 의미한다. 정신분석은 곧 그런 유령 상태에서 갈등의 짐을 덜어주고 본래의 자리로 되돌아가게끔 도와주는 역할을 하는 것이기에 매우 구체적이고도 현실적인 작업이라 할 수 있다. 그런 점에서 무의식을 탐색하는 정신분석은 그 실체가 모호한 유령의 정체를 밝히는 유령 분석이라고 불러도 무방할 것이다.

유령과 무의식

인간의 무의식은 일종의 유령과 같은 존재다. 그 정확한 실체를 볼 수도 없으며, 분명한 모습으로 그 자신을 드러내지도 않는다. 또 한낮에는 보이지 않다가 밤마다 꿈을 통해 자신의 모습을 드러내기도 한다. 정신분석은 이처럼 제대로 보이지 않는 유령 같은 존재를 상대로 분석하는 것이기에 은유적 차원에서 유령 분석이라고 해도 무리가 없을 듯하다. 무의식을 분석하는 행위는 유령 자체를 추적하는 것이나 다름없기 때문이다. 이럴 경우 유령을 추적하는 사람 역시 유령 분석가라 할 수 있다. 유령 잡는 고스트버스터가 아니라 유령처럼 출몰하는 무의식의 실체를 밝히는 사람이라는 뜻에서 하는 말이다.

산 자의 내면을 배회하는 무의식적 유령의 존재는 이미 사라지고 없는 죽은 자의 유령과 전혀 무관치가 않다. 우리 자신의 내면에는 이미 죽고 없는 의미 있는 인물들의 내적 대상이 자리 잡고 있기 때문이다. 우리는 그런 유령 같은 존재들과 은밀한 관계를 유지하며 살아가기 마련이다. 그런 점에서 각자의 내면에는 개인 무의식이라는 유령과 다양한 내적 대상관계를 유지하는 유령들로 가득 차 있다고 해도 과언이 아닐 것이다.

2005년도 갤럽 여론조사에 따르면, 미국인의 1/3이 유령의 존재를 믿는다고 응답했다고 한다. 이처럼 죽은 자의 유령은 믿으면서도 많은 사람이 자신들의 내면에 존재하는 무의식의 존재는 믿지 않으려 한다. 단적인 예로 셰익스피어의 연극 〈햄릿〉에서 부왕의 유령이 하는 말만 믿고 복수를 다짐하는 햄릿의 행동에 대해 관객들은 아무런 이의를 달지 않지만, 햄릿의 심리를 분석한 프로이트에 대해서는 냉소적인 반응을 보인다. 참으로 기묘한 일이 아닐 수 없다.

인간은 유령을 두려워한다. 그러나 진정으로 두려운 존재는 그 자신의 내면에 숨겨진 무의식적 욕망과 환상이다. 유령의 존재를 믿으면서 동시에 두려움을 느끼는 것은 매우 이율배반적인 태도임에 틀림없지만, 그것은 곧 자신의 내면에 떠도는 정체를 알 수 없는 그 무엇, 다시 말해서 유령과도 같은 존재인 무의식 또는 내적 대상에 대한 태도를 반영하는 것일 수도 있다.

유령의 존재에 대한 인간의 태도는 일반적으로 다음의 네 가지로 구분될 수 있다. 유령은 분명히 존재한다, 유령은 결코 존재하지 않는다, 유령이 있거나 없거나 나와는 상관없는 일이기 때문에 관심 없다, 유령의 존재는 입증하기 어려운 일이기 때문에 긍정도 부정도 할 수 없다는 불가지론 등이다. 이런 태도는 신의 존재에 대한 태도나 무의식의 존재에 대한 태도에도 그대로 적용될 수 있다.

물론 무의식의 존재를 믿는 사람들은 정신분석이나 분석적 정신치료의 도움을 기꺼이 받는다. 반면에 행동주의 심리학자 및 종교인, 철학자, 사상가들 가운데에는 무의식의 존재를 부정하는 사람들이 많다. 또한 생업에 쫓기며 정신없이 살아가는 절대다수의 일반인들은 무의식의 존재에 무관심하다. 그리고 일부 소수의 학자들은 일정한 거리를 두고 불가지론적 입장을 보인다.

그렇게 본다면, 무의식에 관심을 보이고 그 존재를 인정하는 사람의 수는 지구상에 생존하고 있는 70억 인류 가운데 극소수에 불과함을 알 수 있다. 다시 말해서 인간의 절대다수가 무의식에 관심을 보이지 않는다는 얘기다. 귀신 및 유령의 존재를 인정하는 사람은 전체 인구의 1/3에 달하는데도 말이다. 참으로 기묘한 현상이 아닌가.

따라서 프로이트가 〈신 정신분석 강좌〉에서 무의식의 존재를 믿는 사람들보다 성모 마리아의 기적을 믿는 사람들이 훨씬 더 많을 것이라는 푸념 섞인 하소연을 전혀 이해 못할 바도 아니다. 그것은 과학적 진실이 반드시 대중적 관심과 호응을 얻을 수 없다는 현실적인 어려움을 반영하는 동시에 정신분석 자체가 어디까지나 일반인을 상대로 한 치료적 작업임을 전제로 태어난 학문이라는 점에서 매우 역설적으로 들리기도 한다.

그런 점에서 그 정확한 실체 파악이 용이하지 않은 인간 정신 분야를 다루는 정신분석의 본질상 그것은 순수과학도 문학도 아닌 그 중간 지점에 자리 잡은 학문일 수밖에 없다는 냉엄한 현실을 겸허한 태도로 인정하고 받아들여야 할 것이다. 물론 과학은 아직도 죽은 자의 유령이나 외계인의 존재조차 과학적으로 입증하지 못하고 있다. 하물며 그 실체를 규명하기 어려운 무의식이나 감정 문제에 대해서는 두말할 것도 없다.

따라서 성직자도 의사도 아닌 제3의 새로운 직업으로 정신분석가의 출현을 알린 프로이트의 선언은 지금까지도 그 어딘가에 안주하지 못하고 여전히 세계의 변방을 서성이고 있는 정신분석의 현주소를 이미 예고한 것이나 다름없다. 대중은 항상 진실을 원하는 듯하면서도 결정적인 순간에 가서는 진실을 외면하고 마는 매우 이율배반적인 모습을 보이기 마련이기 때문이다.

살아있는 유령

정신분석이 탄생한 직접적인 동기와 배경은 당연히 살아있는 신경증적 인간의 심리적 갈등을 해결해 주기 위한 것이었다. 그리고 지금 이 순간에도 수많은 분석가나 정신치료자들이 혼신의 힘을 기울여 환자를 분석하고 있는 이유도 그런 목적에 의한 것임은 너무도 자명한 일이다. 카우치에 누운 환자는 자유연상을 통하여 자신의 무의식을 드러낸다. 정확히 말하면 무의식 자체를 드러내는 것이 아니라 무의식의 존재와 그 영향력을 암시하는 수많은 단서들을 드러내 보이는 것이다.

따라서 정신분석가는 카우치에 누워 있는 환자를 분석하는 것이 아니라 그가 드러내는 무의식적 단서들을 분석하는 것이다. 분석가는 남다른 인내심을 지니고 환자의 내면에 감추어진 무의식의 흐름을 포착하고자 한다. 그것은 마치 환자의 내면에 떠도는 유령 같은 존재를 찾아 헤매는 숨바꼭질 놀이와 같다. 그런 점에서 분석가는 살아있는 인간의 내면적 유령세계를 탐색하는 것과 같다.

프로이트와 카우치

프로이트는 《정신분석 강좌》에서 그 실체가 모호한 무의식 내용이 자유연상을 통해 의식 표면에 떠오르는 과정이야말로 인화지를 통해 서서히 그 윤곽을 드러내는 사진 영상과 비슷하다고 주장한 바 있는데, 양화로 드러나기 이전의 초기 음화 상태가 바로 무의식 상태를 반영하는 것으로 볼 수 있겠다. 음화로 나타난 모습이야말로 분명한 모습을 드러내지 않는 유령의 형태가 아니겠는가. 분석가의 임무가 무의식의 언어를 의식의 언어로 재번역하는 작업인 것처럼 유령 같은 무의식의 모습을 보다 선명한 의식의 모습으로 드러나도록 돕는 일도 분석가가 맡은 주된 임무라 할 수 있다.

헝가리 출신의 유대인 작가 아서 쾨슬러는 저서 《기계 속의 유령》에서 인간의 자기파괴적인 사악한 성향은 결국 원시적 뇌기능과 현대적 뇌기능의 부조화에 기인한 결과로 보고, 인류 문명의 파국을 방지하기 위해서는 생물학적 약물의 개입이 불가피하다고 주장했다. 물론 그의 주장은 실현 가능성이 거의 없는 내용으로, 인간 정신의 불완전성을 오로지 생물학적 또는 진화론적 불량품으로만 간주한 것은 실로 유감이 아닐 수 없다. 그는 단지 생물학적 착오에 의해 드러난 인간 정신의 결함을 기계 속의 유령으로 비유했을 뿐이다. 또한 그것은 매우 부분적인 측면만을 다룬 것이기도 하다. 다만 뇌의 기능을 기계에, 그리고 정신의 기능을 유령에 비유한 것은 탁월한 상징적 표현이라 하겠다.

인간의 무의식은 너무도 그 실체가 모호하고 광대무변한 존재로 어떻게 보면 존재하지 않는 듯이 보이는 존재라 할 수 있다. 그러나 우리가 전기의 실체를 직접 육안으로 볼 수 없음에도 불구하고 전기의 존재를 인정하고 그 혜택을 누리며 살고 있듯이 무의식의 존재 역시 그 영향으로 드러난 작용을 통해 그 실체를 어느 정도 우리가 인식할 수는 있다.

대상관계이론에서 말하는 내적 대상관계라는 것도 일종의 유령 같은 존재와의 관계인 셈이다. 일생 동안 마음 깊이 간직된 내적 대상은 바로 나의 부모형제와 친지들의 상이며, 우리 자신도 모르게 끊임없이 그런 인물상들과 내적인 관계를 맺으며 교류한다는 것이다. 하지만 내적 대상과의 관계가 현실 속에서 여의치 않게 될 경우, 인간은 그런 관계의 지속을 전지전능한 신이나 외계인에게 투사함으로써 그 해결책을 자신의 외부에서 찾기도 한다.

따라서 살아있는 인간의 내면에는 모든 의미 있는 내적 대상들이 유령처럼 배회하고 있을 뿐만 아니라 그것은 외부로도 투사되어 나름대로 의미 있는 관계를 지속하고자 하는 시도를 보이기 마련이다. 그리고 그런 심리적 유령의 존재는 시간의 흐름에 따라 그 의미가 희석되어 갈 수밖에 없지만, 경우에 따라서는 대를 이어 그 영향력을 행사하기도 한다.

다시 말해서 프로이트는 그것을 개인적 차원의 무의식으로 설명했을 뿐이고, 융은 집단무의식 차원에서 설명한 것이며, 다윈은 진화론적 차원에서 해명하고자 했을 뿐이다. 그리고 오늘날의 유전학자들은 유전자 차원에서 그것을 해명하고자 하는 것이다. 그러므로 죽은 자의 유령은 결코 영원히 사라진 것이 아니라 산 자의 무의식 속에 그 흔적과 영향력을 부분적으로 남기고 있다는 점에서 우리의 마음속에 계속 살아남아 함께 동거하고 있는 존재라고 볼 수 있다.

죽은 자의 흔적이 산 자의 기억 속에 남아 여전히 그 영향력을 행사하는 것이다. 탈무드도 그렇고 성자들도 그렇다. 하물며 부모가 남긴 흔적은 어떻겠는가.

유령과의 숨바꼭질

카우치에 누워 자유연상free association을 하는 환자의 독백은 단순한 담론에 불과한 것이 아니다. 그가 전개하는 이야기의 내용뿐 아니라 그가 드러내는 감정적 반응을 통하여 분석가는 환자의 과거사를 재구성하고 그로부터 얻은 역동적인 통찰을 환자와 공유하는 것이다. 그런 점에서 환자의 자유연상은 그의 내면에 떠도는 유령들과의 대화라고 할 수도 있다. 그중에는 살아있는 유령도 있고 이미 죽은 유령도 있다. 그것은 눈에 보이는 유령과의 대화가 아니라 보이지 않는 무의식과의 대화다.

예를 들어, 아버지에 대한 회상을 통하여 환자는 자신의 과거를 재생시키고 그의 내면에 간직된 아버지에 대한 추억과 환상, 그리고 묵은 감정 및 앙금을 드러낸다. 실제로 정신분석에서는 인간 무의식 속에 숨어있는 마음속의 아이를 찾아내고 그 아이를 의식으로 데려와서 보다 성숙하게 자라날 수 있도록 돕는 과정을 치료의 주된 작업으로 여긴다.

따라서 정신분석가들은 자기들만의 은어로 환자를 뇌-아기brain baby라고 부르기도 하는데, 비록 뇌는 성인의 뇌지만 심리적으로는 아직 미완성의 존재라는 점에서 하는 말이다. 우리는 이런 표현을 정신분석가의 교만을 드러내는 것으로 오해해서는 안 된다. 정신분석가 자신도 완성을 향해 가는 현재진행형의 존재라는 점을 인정한다는 전제하에서 하는 말이기 때문이다. 따라서 분석가가 주로 상대하는 부분은 바로 그런 환자들의 내면세계에 존재하는 심리적인 아기 상태를 말한다.

그리고 여기서 말하는 마음속의 아이란 우리가 평소에 잊고 사는 마음속의 유령과도 같은 존재로서 생을 마감할 때까지 간직하고 사는 우리 자신의 소중한 일부이기도 하다. 그러나 이에 한 걸음 더 나아가 우리 자신의 아이다운 모습뿐만 아니라 아이의 마음속에 간직된 내적 대상들과의 관계 역시 소중한 일부가 된다. 결국 정신분석은 우리 자신의 내부에 숨은 아이뿐만 아니라 그와 관계를 맺었던 수많은 내적 대상들이라는 유령들도 함께 간직한 채 갈등하며 살아가는 심리적 현실을 다루는 학문이라 하겠다.

정신분석은 결국 유령과도 같은 존재인 무의식을 찾아 떠나는 기나긴 자아의 여정이다. 그리고 그 과정은 바로 유령과의 끝없는 숨바꼭질에 견줄 수 있다. 환자 및 분석가의 자아는 서로 협력하여 그 유령의 정체를 밝히기 위해 노력하지만, 그 분명한 실체는 여간해서 드러나지 않는다. 왜냐하면 환자의 자아는 자신의 무의식을 드러내는 일에 강하게 저항하기 때문이다.

마치 그것은 에드거 앨런 포의 추리소설 《도둑맞은 편지》에서 숨겨진 편지를 찾아 원래의 주인에게 되돌려주는 작업과도 비슷하다. 인간의 무의식은 유령처럼 그 정확한 모습을 여간해서는 잘 드러내 보이지 않는다. 도둑맞은 편지의 내용이 끝내 밝혀지지 않듯이 무의식의 정체는 정확히 알 도리가 없다. 하지만 상당한 단서를 남기기 때문에 우리는 분석을 통하여 그 윤곽을 어느 정도 가늠할 수는 있다.

도둑맞은 편지의 주인이 겪는 불안과 당혹감을 통하여 그 내용을 짐작할 수 있듯이 우리는 자아가 겪는 어려움을 통해서 자아를 압박하는 무의식의 존재 방식을 짐작하게 되는 것이다. 분석가는 은밀한 내용이 담겨 있는 편지의 은닉 장소를 찾기 위해 사소한 단서도 놓치지 않으려 한다. 하지만 소설에서도 보듯이 온 집안을 뒤지는 수색 작업은 실패로 돌아간다. 편지는 의외의 장소에서 그 정체를 드러낸다. 의외의 장소란 누구도 예상치 못한 그러나 너무도 당연한 편지함이었던 것이다.

무의식도 마찬가지라 할 수 있다. 분석가가 찾고자 하는 심리적 유령의 존재는 인간의 마음속 깊이 숨어 있는 듯하지만, 실은 가장 표면적인 언어행동 속에 깃들어 있기 마련이다. 따라서 분석가는 환자의 자유연상을 통한 의식의 흐름 속에 담겨진 무의식적 단서를 포착하는 일에 집중하는 것이다. 예를 들어, 환자가 자신의 부부관계에 대해서 말할 때, 어떤 지점에서 갑자기 잦은 기침으로 연상을 이어가지 못할 경우, 분석가는 바로 그 지점에 주목하고, 그 의미를 집중적으로 탐색하는 것이다. 여기서 물론 기침 현상은 환자의 자아가 무심코 보이는 자연발생적인 행동으로, 이런 현상이 의미 있는 것은 자아로 하여금 기침을 하지 않을 수 없게끔 만드는 근본적인 동기, 다시 말해서 무의식에 대한 접근을 스스로 차단하고자 하는 저항의 표시라는 점이다.

이처럼 미묘한 순간 포착이야말로 정신분석의 백미인 셈이다. 이는 마치 숨바꼭질처럼 보이기도 하는데, 이런 숨바꼭질은 환자와 분석가 사이에서 항상 벌어지는 현상이기도 하다. 왜냐하면 환자는 자신의 핵심적인 갈등과 환상을 은폐하고자 하는 저항을 보이는 반면에, 분석가는 무의식적 진실을 노출시켜 해석하고자 하기 때문이다. 따라서 환자와 분석가 사이에는 항상 은폐와 노출이 반복되는 숨바꼭질 놀이를 통하여 끝없는 진실 찾기 게임이 벌어지기 일쑤다. 정신분석은 결국 산 자의 마음속에 숨어 있는 유령을 찾는 작업에 비유할 수 있다. 그 유령의 정체는 어린 아기의 모습이기도 하고 내적 대상일 수도 있다. 또는 그 정체를 좀처럼 드러내지 않는 심층 세계의 무의식일 수도 있다.

정신분석은 개인적 역사의 재해석인 동시에 재구성 작업이기도 하다. 그리고 환자는 그런 작업을 통하여 자신에 대한 새로운 이해에 도달하고 비로소 갈등에서 벗어난다. 그것이 비록 완벽한 해방은 아니라 하더라도 보다 탄력적인 자아 기능의 회복을 통하여 사회생활 및 대인관계의 폭을 넓혀 나갈 수 있는 유리한 고지를 확보하기에 이르는 것이다. 산 자의 유령이든 죽은 자의 유령이든 간에 그런 내적 관계의 재해석과 재구성을 통하여 환자의 삶은 보다 새로운 모습으로 재탄생한다.

그런 점에서 정신분석은 삶의 질을 향상시키는 데 도움이 되는 익충이지 결코 해충이 아니다. 그러나 정신분석을 공공의 적이나 천적으로 간주하고 인류의 해충이라며 매도하는 사람들이 여전히 존재하는 것도 사실이다. 비록 그들은 핵무기보다 정신분석을 더욱 위험한 존재로 받아들이는 어리석음을 보이지만, 진정으로 인간 존재에 위협이 되는 것은 오히려 무책임한 낙관주의와 달콤한 환상의 유혹일 것이다. 프로이트가 거부되고 비난 받는 이유도 그런 유혹과 미망에서 벗어날 수 있는 길을 과감히 제시했기 때문이다.

사실 절대다수의 인간은 그런 유형의 부담스러운 통찰을 원하는 것이 아니라 단지 편안하게 듣기 좋은 자장가를 원하기 마련이다. 하지만 이 험난한 세상을 살아가는 노정에는 고통스러운 통찰도 필요하고 때로는 편안한 자장가도 필요하기 마련이다. 비록 바른말은 귀에 거슬리기 마련이지만, 불편한 진실에 도달하는 길은 참으로 길고 험난할 수밖에 없다. 다만 고통스럽다는 이유만으로 심리적 통찰을 배제하려든다면 그것은 실로 인간을 심리적으로 더욱 퇴행시키는 결과만을 낳을 뿐이다.

프로이트가 정신분석의 목적으로 '이드가 있던 곳에 자아가 있도록 한다.'라고 선언한 것은 다른 말로 해서 무의식이라는 유령의 지배에서 벗어나 참되고 성숙한 자아로 거듭난 상태로 살아가도록 돕는다는 말이 아니겠는가. 그런 점에서 정신분석은 탈무드와 마찬가지로 실로 황당무계한 꿈이나 달콤한 사탕발림이 아니라 매우 현실적이고도 실용적인 대안을 제시한 셈이다. 탈무드 정신에 충실한 유대인이라면 결코 뜬구름 잡는 허황된 말이나 비현실적인 감언이설로 사람들을 현혹시키지 않는다. 사실 지구상에서 그들처럼 현실에 충실하고 생존에 목을 맨 사람들도 찾아보기 어려울 것이다. 그렇게 볼 때, 정신분석과 탈무드는 한 배를 탄 동지와 같다고 할 수 있겠다.

해석과 공감

현대 정신분석에서 환자를 치료하는 분석가의 주된 무기는 해석 interpretation과 공감empathy이다. 물론 정통파 분석가들은 해석만으로 충분하다고 주장하기도 하지만, 환자 유형의 다변화로 인해 오늘날에 와서는 감정이입적 태도 또는 공감적 접근의 필요성에 대한 목소리도 커진 것이 사실이다. 물론 이미 오래전부터 분석가의 해석에 대해 노골적인 불만과 비난이 퍼부어진 사실 또한 부인하기 어렵다. 사람은 누구나 진실을 원하는 듯이 보이면서도 막상 진실에 직면하게 되면 두려움과 불편함을 느끼고 회피하고픈 충동에 이끌리는 매우 이율배반적인 태도를 보이기 마련이다.

내면적 진실에 대한 분석가의 해석에 동의하지 않을 권리는 물론 누구에게나 있다. 심지어는 분석을 받는 환자에게도 그럴 권리가 있다. 살인을 저지른 범인에게도 묵비권을 행사할 수 있는 권리가 주어지지 않는가. 그런 마당에 치료를 받는 환자는 두말할 것도 없다. 하지만 환자는 결코 죄인이 아니다. 자신의 심리적 결함을 고백하는 사람은 자신의 범행을 자백하는 죄수와는 그 차원이 전혀 다른 것이다. 고백과 자백은 그렇게 다른 것이다.

당연한 말이지만, 정신분석에서 카우치에 누워 자유연상을 하는 환자의 행위는 고백도 아니요 자백도 아니다. 그것은 거의 독백에 가깝다. 분석가는 그의 독백을 곁에서 듣고 그가 겪고 있는 정신적 고통과 갈등의 원인이 된다고 여기는 무의식적 단서에 대해 해석을 해 주는 것일 뿐이다. 비록 죄의식에 사로잡힌 환자의 말이라 할지라도 그의 죄를 인정하거나 속죄를 요구하는 것이 아니라 왜 그가 그런 죄의식에 빠져야만 했는지 그 동기를 탐색하는 것이다.

그런 점에서 자유연상은 자신의 죄를 고백하고 용서를 구하는 고해성사와도 질적으로 전혀 다른 것이다. 유대교의 랍비 또한 홀륭한 조언자 노릇을 해 주긴 하지만, 그것은 어디까지나 의식적 수준에 머무른 행위일 뿐이다. 따라서 올바른 해석이 주어지기 위해서는 상대의 심층세계에 대한 올바른 이해가 선행되어야만 한다. 그런 이해가 수반되지 않은 해석은 항상 엉뚱한 곳에 삽질만 하는 내용일 수밖에 없으며, 그렇게 이루어진 해석은 전혀 도움이 되지 않는다. 오히려 역효과만 일으킬 수도 있다.

그래서 분석가는 많은 시간을 할애해 상대를 이해하기 위한 노력을 기울이기 마련인데, 그러기 위해서는 오로지 상대의 말에 집중하며 귀를 기울이는 자세가 필요하다. 물론 이럴 경우 상대의 입장에 서서 접근할 수 있다면 그에 대한 이해가 더욱 용이해질 수도 있을 것이다. 공감적 이해라는 말도 그래서 나온 것이다. 이를테면 과부 사정은 과부가 더 잘 안다는 말처럼 공감적 이해는 분석과정에서도 매우 중요한 위치를 차지하는 것이 사실이다. 다만 해석이 동반되지 않은 공감적 이해는 활시위를 떠나지 않은 화살과 같은 것으로 그 어떤 변화를 기대하기 어려운 것도 사실이다. 따라서 해석과 공감은 항상 실과 바늘의 관계처럼 늘 함께 이루어져야만 한다.

설명과 이해

오래전부터 이 세상에는 실로 다양한 설명과 이해 방식이 존재해 왔다. 독일의 철학자 카를 야스퍼스가 보기에 프로이트의 정신분석은 인간 심리의 본질에 대한 이해에 도달함이 없이 단지 그럴듯한 설명을 가한 것에 불과했다. 야스퍼스의 주저《일반정신병리학》에서 프로이트에 대해 그가 내린 평가절하는 인간 내면의 본질은 결코 이해할 수 없다고 단언한 자신의 신념에 근거한 것이기 때문에 어찌 보면 매우 당연한 결과이며, 또한 그의 불가지론적 태도 역시 철학적인 관점에서 본다면 오히려 솔직한 심정일 수도 있다.

그러나 철학은 인간의 무의식을 다루는 것이 아니라 의식의 일부를 이루는 이성을 다룬다는 점에서 그 어떤 한계를 지닐 수밖에 없다. 따라서 현상학적 태도를 취하는 것은 어쩌면 당연한 결과일 것이다. 다만 겉으로 드러난 현상에만 가치를 두는 태도는 무의식적 동기의 탐색에는 전혀 도움이 될 수 없다. 그것은 행동에만 초점을 맞추는 학습심리나 행동심리학도 마찬가지라 할 수 있다.

칸트는 일찍이 말하기를, '사실 없는 관념은 공허한 것이며, 관념 없는 사실은 장님과 같다.'라고 주장했다. 이를 임상적 차원에서 바꿔 말하면 '임상 없는 이론은 공허하고, 이론 없는 임상은 눈먼 장님과 같다.' 또는 종교적 차원에서 '실천 없는 믿음은 공허하고, 믿음 없는 실천은 눈먼 장님과 같다.'라고 할 수도 있겠다.

이와 마찬가지로 야스퍼스의 주장은 풍부한 임상적 경험에 기반을 둔 것이 아니라 철학적 추론에 입각한 것이기에 어딘가 공허하다. 프로이트가 가장 혹독한 비판을 받은 부분은 특히 그의 형이상학적 개념 및 초심리학적 이론에 관한 것이었다. 그러나 시종일관 형이상학적 개념으로 점철된 야스퍼스의 《일반정신병리학》에 대한 비판의 소리는 좀처럼 들리지 않는다. 이는 너무도 불공평한 현상이 아닐 수 없다.

무슨 이유로 사람들은 야스퍼스에 대하여 침묵하는 것일까? 더욱이 그의 《일반정신병리학》 초판이 나온 시점은 프로이트의 명성이 전 세계적으로 알려진 시기이며, 그에 대한 찬반 여부를 떠나 각계의 분야에서 치열한 논쟁과 논란의 시비가 그치지 않던 시점이라는 사실을 고려할 때, 인간의 정신병리를 다루는 주저의 비판 부분에서조차 프로이트의 존재를 철저히 무시한 사실은 야스퍼스가 프로이트에 대해 어떤 태도를 지니고 있었는지 알 만하다. 마치 언급할 가치조차 없다는 듯이 철저한 무관심의 태도로 일관한 점은 대철학자 하이데거와 마찬가지로 그 역시 자신이 처한 당시 독일사회의 시대정신으로부터 결코 자유로울 수 없었음을 나타낸 것이 아니겠는가.

철학자들이 무의식의 존재를 손쉽게 인정하지 못하는 이유는 인간 이성에 대한 전적인 신뢰 때문일 것이다. 물론 이성은 매우 중요하지만 인간의 감성 또한 중요하다. 데카르트의 '나는 생각한다, 고로 존재한다.'는 유명한 명제는 인간의 이성적 사고에 대한 절대적인 신뢰를 대변하는 금언이지만, 반면에 파스칼은 '인간은 생각하는 갈대다.'라고 함으로써 감정에 흔들리는 인간 사고의 불완전성에 대해 지적한 바 있으며, 쇼펜하우어도 특히 성적인 감정에 취약한 인간 존재에 대한 불신을 드러내기도 했다. 또한 니체는 인간의 기억을 왜곡시키는 자기 기만성의 실체를 날카롭게 비판하기도 했다.

하지만 이들 모두는 자유연상을 통해 드러난 무의식적 단서에 대한 경험이 없이 오로지 철학적 사색과 추론에 의존하여 그런 통찰에 도달한 것이다. 따라서 이들은 인간의 생각과 존재 사이에 존재하는 감정적 문제는 물론, 더 나아가 무의식적 갈등이 존재한다고 주장한 프로이트의 말을 선뜻 받아들이기가 어려울 것이다. 여기에 한술 더 떠서 인간의 주체는 내가 생각하지 않는 곳에 존재한다고 주장한 라캉의 선언 역시 이해하기 더욱 어려울 것이 분명하다. 결국 사르트르는 그 실체가 모호한 무의식의 존재를 부정하고 인간의 자유의지에 대한 믿음을 선언하기에 이르렀으며, 심지어는 자신에게 초자아란 존재하지 않는다고까지 단언하기도 했다.

자유의지에 대한 확고한 믿음으로 '동성애를 포기하는 일은 레스토랑 종업원이 식당을 그만두는 일보다 더 손쉬운 일이다.'라고까지 자신 있게 단언한 사르트르에 대해 미국의 저명한 철학자 월터 카우프만은 그의 경솔함을 비판하고, 경직된 독일 강단철학보다는 오히려 쇼펜하우어나 니체의 솔직한 태도가 프로이트에 더욱 가깝다고 하였다. 반면에 미국의 정신분석가 로버트 웰더는 모든 과학적 진실은 관찰과 경험을 토대로 이루어지는 것이지만, 과학의 발전은 축적된 지식을 발판으로 삼아 끊임없는 수정과 변화를 추구해 나간다는 점에서 정신분석은 결코 교조적인 학문이 아니며, 과학지향적인 속성을 지닌다고 하였다.

물론 프로이트 자신도 임상적 관찰과 경험에 따라 스스로 이론적 수정을 여러 차례 시도했으며, 그 후계자들 또한 프로이트의 이론에 반론을 제기하며 다양한 변화를 시도했다는 점에서 정신분석은 고식적인 단순 설명 구도에서 벗어나 인간정신의 심층세계를 이해하기 위한 온갖 노력을 기울여온 것이 사실이다. 물론 그 이해는 아직까지 충분하다고 보기 어렵겠지만, 모든 이론과 기법은 처음부터 완벽한 상태로 출발하는 것이 아님을 우리는 너무도 잘 알고 있다.

해석의 효능과 한계

인간의 자존심은 자신을 향한 모든 해석을 거부한다. 더 나아가 자신이 속한 집단에 대한 해석도 거부하기 쉽다. 자신이 좋아하는

제2부 프로이트와 정신분석

인물에 대한 해석이나 비평도 역시 마찬가지다. 따라서 모든 새로운 해석은 대중적으로 인기가 없다. 대다수의 인간은 자신이 의존하고 있는 사고의 틀과 울타리 안에 안주하고 싶기 때문이다. 혹시나 새로운 해석의 수용으로 인해 자신의 고유한 사고의 틀이 무너지면 어쩌나 하는 두려움 때문에 많은 사람이 항상 새로운 것을 원하는 것처럼 말은 하면서도 동시에 두려움을 갖기 마련이다.

그럼에도 인간의 삶 속에 나타난 그 어떤 사물과 현상들에 대해 나름대로의 해석을 통해 해답을 얻고자 하는 노력들은 꾸준히 이어져 오고 있다. 그중에서도 정신분석적 해석은 인류가 예기치 못했던 통찰력을 가져다준 것이 사실이다. 그것은 종교적 통찰과는 전혀 다른 차원의 심리적 통찰이었다. 우리 속담에 '달면 삼키고 쓰면 뱉는다'는 말이 있다. 그런 점에서 해석은 결코 달콤하지 않다. 그러나 약이 되는 줄 알면 쓰더라도 참고 마신다. 비록 쓰지만 해석이 약효를 발휘하는 것은 자기에 대한 통찰을 가져다주기 때문이다. 모든 변화는 그에 대한 각고의 대가를 지불하지 않고서는 손쉽게 이루어지는 것이 아니다.

정신분석학은 일종의 해석학이라는 견해가 예전부터 제기되어 왔다. 개인적 내면의 무의식적 진실을 밝힌다는 점에서 정신분석은 그 나름대로의 이론적 도구를 이용하여 전혀 새로운 안목의 해석을 시도해 온 것이 사실이다. 그러나 정신분석적 해석학은 그 출발부터 오늘날에 이르기까지 아직도 대중의 전폭적인 이해와 호응을 얻지는 못하고 있는 실정이다. 그것은 인간의 자존심을 건드리기 때문이다. 모든 깨달음이 마음을 비운 상태라야 가능하듯이 해석 또한 그렇다. 모든 통찰은 철저한 내성 능력 및 자기비판 능력을 요구한다. 따라서 그것은 집단적 가치관에 순응하도록 이끄는 공개적인 자아비판과는 엄연히 구분된다.

자신의 내면을 서두르지 않고 오랜 기간에 걸쳐 집중적으로 탐색하는 가운데 드러나는 단서들에 대해 가해지는 정신분석가의 반복적인 해석은 환자의 자기에 대한 통찰을 심화시켜 준다. 그리고 그런 통찰에 힘입어 환자는 자기에 대한 이해의 폭을 넓혀가는 것이 분석과정의 핵심이라 할 수 있다. 이는 분명 자아비판 과정이 집단적 가치관의 일방적인 학습과 세뇌에 기반을 둔 매우 비윤리적 작업이라는 점에서 분석을 통한 비판적 안목과는 분명히 구분되는 일이다.

그럼에도 여전히 정신분석 과정을 일종의 세뇌작업에 비유하는 사람들도 있다. 그러나 그렇게 본다면 거의 모든 종교적 교리학습이나 학교수업도 일종의 세뇌작업이라 할 수 있다. 정신분석은 이론적 교육현장이 아니라 나타난 현상을 해석하는 작업의 장이다. 그리고 더욱 중요한 사실은 환자의 인격을 결코 무시하거나 비난 또는 도덕적 판단을 가하지 않는다는 점일 것이다. 분석가는 그만큼 환자의 무의식을 존중하고 신중한 태도로 접근한다는 말이다.

미국의 저명한 유대계 문예비평가 수잔 손탁은 그녀의 주저인 《해석에 반대한다》에서 모든 해석은 그 본질을 훼손한다고 주장했다. 물론 일리가 전혀 없는 말도 아니지만, 이처럼 해석을 전적으로 거부하는 태도는 본질의 보존에는 도움이 될 수 있을지 모르지만 변화를 추구하는 사람들에게는 도움이 될 수 없다. 또한 그토록 보존하고자 하는 본질이 과연 완전한 것인가에 대한 의문을 허용하지 않는 근본주의적 발상이 아닐 수 없다. 그것은 성경 자체를 문자적으로만 받아들이고 새로운 해석을 거부했던 중세 암흑기의 기성교회들이 보인 고식적인 태도를 상기시킨다.

개신교의 발전은 성서해석학의 발전과 더불어 이루어졌음은 주지의 사실이다. 다만 미국의 유명한 기독교 저술가 제임스 사이어는 성서에 대한 해석학적 오류들의 다양한 예들 가운데, 부정확한 인용의 오류, 왜곡된 번역의 오류, 문맥상의 오류, 지나친 구체화의 오류, 말장난의 오류, 비유의 오류, 사변적 해석의 오류, 선택적 인용의 오류, 증거 불충분의 오류, 혼란된 정의의 오류, 명백한 추론을 가장한 오류, 결합의 오류, 세계관 혼동의 오류 등을 예로 들면서 무분별한 해석의 오류로 인한 병폐를 경고하기도 했다.

물론 이런 해석적 오류는 실제로 환자의 자유연상 내용을 해석하는 분석가들에서도 나타날 수 있다. 하지만 분석가는 자기 스스로의 분석경험을 토대로 그리고 자신의 해석적 오류에 영향을 줄 수 있는 개인적 갈등 요인의 가능성에 대해서도 충분한 주의를 기울인다는 점에서 전혀 그 차원이 다르다고 할 수 있다. 프로이트가 분석가의 역전이적 행동화를 경계하는 차원에서 중립성neutrality을 그토록 강조한 이유도 그런 해석적 오류를 최소화하기 위함이었다.

환자에게 고통스러운 부담을 주는 줄 알면서도 의사가 온갖 검사를 하는 이유는 병의 정확한 원인을 알고 적절한 치료를 통하여 병으로부터 회복시켜 주기 위함이다. 그러나 환자들은 검사과정의 힘든 것을 견디지 못하고 쓸데없이 많은 피를 뽑는다며 의사에게

화를 내거나 불만을 터뜨릴 수도 있다. 그것은 고통 때문에 검사의 목적을 잠시 잊었기 때문이다. 해석도 비슷한 과정을 밟을 수 있다.

역설적인 일이지만 인간은 해석을 원하는 동시에 거부하기도 한다. 모든 해석이 공격이요 비난이며 모욕으로 받아들여질 수도 있기 때문이다. 인간은 변화를 원하는 동시에 두려움을 갖는다. 하지만 변화에는 용기가 필요하다. 미지의 세계에 대한 두려움은 자연스러운 현상이다. 인간 내면의 탐색은 그만큼 두려움을 동반한다. 물론 진정으로 자신의 변화를 원하는 사람은 그런 두려움을 극복하고 탐색을 시도해 나가야만 한다.

환자 입장에서 그런 두려움과 불쾌감을 극복하기 위해서는 분석가의 공감적 이해의 태도가 큰 도움이 될 수 있다. 그런 점에서 볼 때, 독실한 기독교신자인 치료자가 불교신자인 환자의 입장을 얼마나 이해할 수 있겠으며, 감당하기 어려운 시련과 불행을 겪어보지 못한 분석가가 홀로코스트로 모든 가족을 잃어버린 환자의 참담한 심정을 무슨 수로 이해할 수 있겠는가. 공감적 이해란 이렇게 어려운 것이다.

그래서 프로이트는 오로지 환자의 무의식에만 집중할 것을 요구하고 모든 분석가는 자신의 감정을 억제한 상태로 중립적인 자세를 유지하는 가운데 자신이 이해한 사실만을 해석해 주도록 주문했던 것이다. 그러나 분석가 자신도 인간인지라 이런 자세를 계속 유지하는 일도 그리 손쉬운 노릇이 아니다. 이처럼 정신분석에서 추구하는 통찰에 이르는 길은 결코 순조롭지 않다. 거기에는 상당한 용기와 인내심이 요구된다. 그럼에도 정신분석가의 해석적 도움이 통찰에

　　　　　　　　　　　　　　　　　제2부 프로이트와 정신분석

이르는 지름길임을 그 누구도 부인하기 어려운 것이 사실이다.

　물론 세상에는 정신분석가의 도움 이외에도 심리적 통찰에 이를 수 있는 길은 얼마든지 존재한다. 다만 정신분석이 지닌 가치는 거의 모든 종교적 메시지가 전하는 것처럼 영적인 깨달음을 통해 고통스러운 현실에서 벗어나 내세의 평안함을 약속하는 것이 아니라 고통스러운 현실을 견디어 나갈 수 있는 힘과 탄력성을 부여하는 일에 주력하는 데 있다고 본다. 그래서 프로이트도 정신분석이 전혀 새로운 인간으로 거듭나게 하는 것이 아니라 비극적인 현실을 견디어나갈 수 있도록 도와주는 것일 뿐이라는 겸손한 태도를 보인 것이다. 그런 태도는 결국 탈무드의 정신과 일맥상통하는 것이 아니겠는가.

제3부

탈무드의 흔적을 찾아서

탈무드 정신이 정신분석의 밑거름이 되다

자아의 발달과 적응

탈무드는 말한다. '자신을 아는 것이 곧 지혜'라고 말이다. 물론 탈무드 이전에도 그리스의 위대한 철인 소크라테스는 '너 자신을 알 라.'고 하면서 자신이 다른 철학자들보다 나은 점이 있다면 그것은 '자신이 아무것도 모른다는 사실을 잘 알고 있다는 것'이라고 했다. 이처럼 인간은 자기 자신에 대해서조차 제대로 알지 못하고 수천 년의 세월을 보내왔으며, 자신의 일부인 무의식의 존재를 깨닫기까 지 프로이트라는 유대인 천재를 기다리지 않으면 안 되었다.

그런데 정신분석의 발달이론이 나오기 훨씬 이전에 이미 탈무드 는 남자의 일생을 일곱 단계로 구분해 비유하고 있다. 한 살은 왕,

두 살은 돼지, 열 살은 어린 염소, 열여덟 살은 말, 결혼하면 당나귀, 중년은 개, 노년은 원숭이에 각각 비유한 것이다. 이는 프로이트의 정신-성 발달이론psycho-sexual development을 더욱 확장시킨 에릭슨의 8단계 지아발달 이론과 아주 흡사한 면이 있다. 그리고 처음부터 탈무드가 아니라 그리스신화에서 핵심 개념을 빌려 이론을 정립한 프로이트도 결국에는 자아발달에 중점을 두는 쪽으로 이론적 수정을 해나갈 수밖에 없었다.

탈무드에서 한 살을 왕에 비유한 것은 모두가 왕을 섬기듯 비위를 맞추어 주고 모든 것을 받아주기 때문이다. 두 살은 이리 뛰고 저리 뛰는 시기인지라 돼지에 비유했으며, 열 살은 깔깔거리고 떠들어대며 뛰노는 시기라 어린 염소에 비유했다. 열여덟 살은 성장해서 자기 힘을 남에게 자랑하고 싶어 하기 때문에 말에 비유하고, 결혼하면 가정이라는 무거운 짐을 지고 가야 하는 시기라 당나귀에 비유했다. 중년은 가족 부양을 위해 사람들의 호감을 얻어야 하는 시기라 개에 비유하고, 노년은 애들처럼 되기 때문에 원숭이에 비유한 것이다.

탈무드의 구분은 남자 위주의 관점이라는 점에서 프로이트와 일치하지만, 오이디푸스기를 생략했다는 점에서 다르다. 오히려 프로이트는 오이디푸스기에 너무 집착한 나머지 유아기와 성인기 이후에는 거의 관심을 기울이지 않았는데, 이런 결함은 에릭슨의 정신-사회 발달이론psycho-social development에 의해 수정, 보완되었다. 왜냐하면 에릭슨은 자아의 발달이 일생을 통해 죽을 때까지 이루어진다고 보았기 때문이다.

오래전부터 유대인은 강박적이라고 할 정도로 부모의 양육방식에 대해 유달리 강한 집착을 보여 왔다. 출생 직후에 할례를 행하는 독특한 관습도 신과 맺은 언약과 징표 때문이기도 하지만, 건강한 성의 발달과 철저한 위생관념을 강조한 유대인의 선견지명을 나타낸 종교적 의례라 할 수 있다. 물론 한때 프로이트의 제자였던 빌헬름 라이히는 할례의 심리적 외상 효과에 대해 언급하고 맹렬히 비난한 적도 있지만, 오히려 유대인만큼 외설이나 도색문화에 빠지지 않고 건전한 성생활을 영위하는 민족도 드물 것이다. 통계적으로도 입증된 사실이지만 유대인에게는 자궁암이나 유전적 희귀질환이 타민족에 비해 훨씬 적다는 보고도 있다.

탈무드가 유대인에게 가장 큰 영향을 끼친 점이 있다면 바로 인격발달과 적응력 함양에 있어서 교육의 중요성을 강조한 사실이라고 할 수 있다. 지구상에서 유대인만큼 현지 적응에 민첩함과 유연성을 보인 민족은 중국 화교를 빼면 그리 흔치 않을 것이다. 따라서 유대인은 자신들의 미래를 걸머질 유일한 재산이라고 할 수 있는 아이들의 성장과 교육에 남다른 관심과 애정을 쏟아왔던 것이다. 그런 관심은 결국 학문적 열정으로 이어졌는데, 인격발달이론과 아동심리, 가족역할의 중요성에 대하여 뛰어난 업적을 남긴 인물들은 여지없이 유대인 학자들이었다.

정신분석의 핵심은 한마디로 건강한 자아의 확립이며, 갈등으로부터의 해방이다. 따라서 인간이 태어나 죽을 때까지 이어지는 인간 심성의 발달에는 어린 시절 부모와의 관계가 결정적인 요인으로 작용한다는 것이다. 다시 말해 올바른 심성의 발달에는 공감적인

모성의 역할과 건전한 부성의 역할이 매우 중요하다는 사실을 지적한 것이다. 그런 점에서 탈무드는 우리에게 매우 놀라운 통찰을 전해 준다.

탈무드의 비유에 의하면, 인간은 심장 가까이 유방을 지닌 데 반하여 동물은 심장에서 먼 곳에 유방이 위치하고 있는데, 이는 신의 깊은 배려에 의한 것이라는 말이다. 즉, 인간은 동물과 달리 젖을 먹을 때부터 엄마의 심장 고동소리를 들으며 자라게 되고 동시에 아기와 엄마 사이에는 서로 밀착된 상태에서 심장을 통한 정서적 교류와 상호간의 조율이 가능해진다는 뜻으로 이런 해석은 뛰어난 심리학적 통찰과 관찰에서 비롯된 주장이 아닐 수 없다.

그래서 탈무드는 어머니를 잃은 아이는 마치 문고리 없는 문과 같다고 한 것이다. 그러나 탈무드는 인생의 출발도 중요하지만 그가 어떤 삶을 살다 갔는지가 더욱 중요함을 강조한다. 탈무드는 이를 두 척의 배에 비유했는데, 한 척은 이제 막 출항준비를 마친 배이고, 또 다른 한 척은 항구에 막 입항한 배다. 그런데 정작 부두에는 출항하는 배를 환송하는 사람들로 북적댔지만, 입항한 배를 환영하는 인파는 보이지 않았다.

탈무드는 이런 모습이 매우 잘못된 것으로 보고 있다. 왜냐하면 출항하는 배의 앞날은 그 어떤 고난을 당할지 아무도 예측할 수 없기 때문에 그렇게 요란하게 환송하는 게 이상하다는 말이다. 오히려 어려운 역경을 헤치며 맡은 바 책임을 완수하고 무사히 돌아온 배를 진정으로 반갑게 맞아주어야 마땅하다는 것이다. 참으로 지당한 말씀이다.

그것은 마치 우리의 인생과도 같은 것이어서 사람들은 갓 태어난 아기에게 많은 축복을 내리지만, 이제 막 죽음을 맞이한 사람이야말로 진정한 축복의 주인공이 되어야 한다는 주장이다. 아기의 앞날은 아무도 알 수 없는 것이지만, 자신의 책임을 완수하고 죽은 사람은 축복을 받을 만한 자격이 충분하기 때문이라는 것이다. 결국 탈무드는 삶의 과정에 더욱 큰 무게를 두는 매우 현실적인 입장을 보인다는 점이 특징이라 하겠다.

그런 점에서 출생과 죽음의 의미에 대하여 탈무드는 매우 그럴 듯한 비유를 들고 있는데, 인간이 태어날 때 두 손을 움켜쥐고 나오는 것은 이 세상 모든 것을 움켜잡고 싶기 때문이며, 이와는 반대로 죽을 때 두 손을 펴고 이 세상을 떠나는 이유는 남아 있는 사람들에게 모든 것을 내주기 때문이라는 것이다. 다소 해학적인 표현이지만 나름대로 깊은 의미를 전하는 내용이 아닐 수 없다.

우리는 그저 공수래공수거라 하면서 빈손으로 왔다가 빈손으로 가는 것이 인생이니 욕심 갖지 말고 살라는 뜻으로 새겨듣지만, 유대인은 이왕 태어난 인생이니 무엇인가 얻고 이루며 복되게 잘 살되 떠날 때는 미련 없이 모든 것을 남기고 갈 것을 말하고 있기 때문이다. 이러니 누가 인생을 더욱 열심히 살지는 독자들이 알아서 판단할 일이다.

나는 누구인가

프로이트의 초기 발달이론은 전적으로 성을 위주로 한 리비도 이론에 따른 것으로 징신-성 발달이론이 주축을 이루고 있기 때문에 지금까지도 부도덕한 이론가로 매도당하기도 하지만, 그것은 그의 이론 수정 및 보완 과정을 고려하지 않은 매우 의도적으로 계산된 비난이라고 간주될 수 있다. 사실 인간의 성을 도외시하고 심리현상을 이해하고자 하는 것은 인간의 뇌를 빼놓고 가슴만으로 감정문제를 논하려는 것과 다를 바 없다.

물론 프로이트 자신도 오로지 성을 통해서만 인간의 심리적 현상을 이해한다는 것이 무리임을 깨닫고 후기로 갈수록 과감하게 이론적 수정을 가하였고, 그 결과 오늘날의 자아심리학이 자리 잡기에 이른 것이다. 결국 자아의 기능에 중점을 두기 시작하면서 현실적응문제가 자연스럽게 대두되기 시작했을 뿐만 아니라 자아의 발달과정에 모든 관심이 쏠리게 되었다.

물론 자아의 적응기능은 미국으로 건너간 유대계 분석가 하인츠 하르트만에 의해 더욱 강조된 것이기도 하지만, 적응문제란 낯선 미지의 땅에 새롭게 정착해야만 했던 유대인 분석가 자신들에게도 무의식적 욕망이나 초자아의 능력보다 더욱 시급한 현실적인 화두로 작용했을 것이다. 따라서 자아심리학이란 다른 말로 해서 적응심리학이라 해도 결코 과언이 아니라는 말까지 나왔다.

그런데 프랑스의 분석가 라캉은 적응을 강조하는 자아심리학에 대해 극도의 혐오감을 표시하고 시도 때도 없이 맹공을 가했다. 그에게는 자아의 적응보다 욕망 자체를 다루는 것이 더욱 본질적인 과제였기 때문이다. 하지만 항상 쫓기며 살았던 유대인에게는 현실 적응 문제가 다른 무엇보다 시급한 과제였을 것이다. 하기야 현실 적응의 어려움을 겪어보지 못한 라캉으로서는 적응이라는 단어 자체에 극심한 거부감을 느꼈기 쉽다.

현실적응에 대한 거부감은 소비에트 사회 역시 마찬가지였다. 혁명을 통해 부조리한 현실을 뒤엎은 공산주의자들에게 현실에 적응한다는 말 자체가 너무도 비굴하고 반동적인 언사이기 때문이다. 그들에게는 적응이 아니라 집단적 세뇌가 더욱 시급한 과제였기 때문에 결국에는 파블로프의 학습심리학을 채택하고 정신분석을 소비에트 사회에서 영구 추방하기에 이른 것이다. 더구나 나치 독일은 유대인의 적응 자체를 거부하고 아예 씨를 말려버리고자 했으니 이래저래 자아심리학은 사면초가에 처한 입장이 되고 말았다.

하지만 자아의 적응 문제는 단순히 외적인 환경에 대한 적응만을 문제 삼는 것이 결코 아니다. 프로이트의 구조이론에 따르면, 인간의 자아는 외적인 압력뿐만 아니라 내적 압력에도 대처해 나가야 하는 것이기 때문이다. 내적 압력의 주된 근원은 무의식적 욕망의 세계를 대변하는 이드와 도덕적 검열 기능을 행사하는 초자아에서 비롯된다. 쉽게 말해서 한 매력적인 부인을 소유하고픈 욕망에 사로잡힌 한 남성의 자아는 주체할 수 없는 성적 욕망에도 시달리지만 동시에 불륜에 대한 죄책감에도 시달려야 하는 것이다.

이처럼 내부적으로 이루어진 팽팽한 긴장관계는 외적으로 주어진 조건으로 인해 자아의 부담을 더욱 증폭시키기 마련이다. 따라서 자아는 그런 외적 압력들에 대해서도 적절한 대처방안을 강구해야만 한다. 물론 자아의 대처능력은 어느 날 갑자기 얻어지는 것이 결코 아니다. 출생 후부터 끊임없이 개발하고 터득해 온 독자적인 대처방식의 결과로 나타나는 것이 지금 이 순간 보이고 있는 자아의 수준이기 때문이다. '세 살 버릇 여든까지 간다'는 옛 속담은 결코 과장이 아니다. 문제는 수단방법을 가리지 않고 적응에 성공하기만 하면 되느냐에 있는 것이다. 당연히 그 답은 '아니다'에 있겠지만, 양심을 대표하는 초자아의 강도와 기준 차이에 따라 자아의 행동 또한 달라지기 마련이다.

신적인 존재에 유달리 강한 집착을 보여 온 유대인은 전통적으로 엄격한 도덕률에 입각한 초자아 기능을 발휘해 왔다. 물론 모든 종교의 기능은 초자아 형성에 깊은 영향을 주는 것이 사실이다. 그러나 어려서부터 적절한 부모의 개입과 감독을 겪지 못하고 성장한 일부 사람들에서 보듯이 매우 엉성하고 헐거운 초자아 기능의 소유자들은 양심에 반하는 비인간적인 범죄를 저지르고도 전혀 죄의식을 느끼지 못하는 경우도 많다.

정신분석에서는 이런 경우를 도덕 정신병moral psychosis 또는 도덕적 광기moral insanity라고 부르기도 하는데, 사이코패스로 알려진 반사회적 성격이 그 대표적인 예에 속한다. 하지만 오늘날에 이르러 사회 전반적으로 도덕불감증 현상이 만연해 있다는 점에서 볼 때 초자아 발달 문제는 건전한 사회를 지양한다는 차원에서 매우 중요한 이슈가 될 뿐만 아니라 초자아 발달에 가장 큰 영향을 줄 수 있는 부모의 양육태도 및 가족관계의 바람직한 구성이야말로 다른 무엇보다 진지하게 다루어져야 할 사회적 문제라고 본다.

물론 지나치게 가혹한 초자아도 문제다. 역사적으로도 인간이 저지른 잔혹한 사건들의 이면에는 가혹한 초자아가 주범 노릇을 했던 경우들이 많았음을 알 수 있다. 특히 종교적인 명분을 내세워 행해진 잔혹행위일 경우에는 양심의 가책이나 죄의식마저 마비시킨 경우들이 많았다. 이처럼 가혹한 초자아의 압력에 마주친 자아의 기능은 자연히 위축되거나 심하게 왜곡되기 마련이다. 그것은 마치 지붕의 무게를 견디지 못하고 뒤틀려 버린 기둥처럼 자아의 비틀림을 초래하기 십상이다.

하지만 이드의 욕망과 초자아의 감시 사이에서 일생 동안 시달리며 살아가는 자아의 불행한 모습은 프로이트의 염세적인 인간관을 반영하는 것으로 비판받기도 했다. 반면에 에릭슨의 발달이론은 프로이트의 성 위주로 전개된 발달단계에서 성적인 요인을 배제하고 대신에 각 단계마다 완수해야만 하는 사회적 역할과 임무에 초점을 맞추었으며, 더욱 특기할 사항은 자아의 완성이 청소년기로 끝나는 것이 아니라 전 생애를 거쳐 계속 발전해 간다고 본 것이다. 다시 말해서 인간의 자아는 출생 직후부터 죽음에 이르기까지 일생 동안 발달해 간다는 것인데, 에릭슨의 이런 입장은 대중적으로 프로이트의 이론보다 훨씬 수월하게 받아들여졌다. 물론 학문적 이론이 반드시 대중적 취향에 맞아야 한다는 법은 없다.

자아의 본질

　고대 그리스의 델피 신전 입구에 새겨진 금언은 '너 자신을 알라.'였다고 한다. 소크라테스가 던진 명인으로 알려진 이 말은 곧 서구인들의 삶에 있어서 오랜 세월 동안 삶의 중요한 지침이 되어 왔다. 그리고 나의 정체와 본질에 대한 길고 긴 탐색은 종교와 철학의 기본 주제가 되어 왔으며, 결국 프로이트의 정신분석에 이르러 커다란 분기점에 도달했다고 볼 수 있다.

　정신분석에서 나를 지칭하는 자아의 개념은 이미 보편화된 지 오래여서 오늘날에 이르러 그런 용어 사용에 이의를 제기하는 사람은 거의 찾아보기 어렵다. 더욱이 자아심리학이 정신분석의 주류를 이루고 있는 현시점에서 자아의 존재에 시비를 건다는 것은 자아심리학 자체에 대한 도전으로 볼 수도 있다.

　그러나 현실원리에 입각한 적응주의에 대한 반발은 결국 자아라는 용어 자체에 대한 불만으로 이어졌으며, 인간 무의식의 주종을 이루는 이드와 초자아의 존재를 부인할 수 없는 입장에 있다 하더라도 이들과 갈등하는 자아의 존재는 항상 수많은 논란의 대상이 되어 온 것도 사실이다.

　따라서 카를 융, 위니캇, 코헛 등의 학자들은 일찌감치 '자기self'라는 용어를 사용함으로써 자아 개념으로 설명하기 어려운 인간 심리의 깊은 심층을 다루고자 했으며, 라캉은 자아라는 개념에 반하여 '주체Sujet'라는 용어를 사용했다. 다만 대표적인 자아심리학자에 속하는 에릭슨은 사회적 존재로서의 자아기능에 전혀 이의를 달지 않았다.

현실에 적응해야 한다는 자아의 절대 명제는 상대적으로 자아의 억압 기능을 정당화시킨 결과를 초래한 반면에, 인간 심층의 핵심적 측면을 의미하는 자기는 비록 철학적인 용어이기는 하나 적응보다는 인간 심리의 원초적 바탕을 이루는 심층적 세계의 경험과 구조를 가리키기 위한 목적으로 사용된 경향이 짙다.

비록 프로이트는 자아 및 자기라는 용어를 혼용해서 사용했지만, 자아라는 용어에 대해서 프로이트가 실제로 사용한 말은 라틴어 에고Ego가 아니라 독일어 나Ich였다. 즉, 프로이트가 말했던 무의식적 욕구나 환상, 현실적 요구 사이에서 갈등을 중재하고 타협을 도모하려 애쓰는 존재로서의 자아는 다름 아닌 지금 그리고 여기서 신경증적 갈등상태에 놓여 있는 나 자신을 의미하는 것이었다. 따라서 갈등하는 자아란 나의 내부에 존재하는 무의식적 세계뿐 아니라 내가 마주한 현실과의 관계에서 고뇌하는 모습의 나인 것이다.

물론 프로이트가 'Ich영어의 I'라는 용어를 사용할 때에는 이중적인 의미를 띤 경우도 많았으며, 더 나아가 고의적으로 애매모호한 입장을 유지한 것처럼 보이기도 한다. 너무 의미가 분명해질 경우 오히려 자신이 의도했던 본래의 취지에 어긋날 수도 있기 때문이다. 프로이트 입장에서 본다면 성 이론에 입각한 이드 심리학을 지양하고 자아 개념을 위주로 한 구조이론으로 이론적 수정을 가하는 데 있어서도 갈등이 컸음직하다. 실제로 그는 생애를 마칠 때까지도 리비도에 대한 집착을 버리지 못했기 때문이다.

따라서 그는 이드를 통제하는 자아의 역할이 말처럼 그렇게 순탄치만은 않다는 점을 누누이 강조했다. '이드가 있던 곳에 자아가 있게 될 것이다.'라는 그의 유명한 명제는 오늘날에 이르러 정신분석의 목적을 분명히 해 주고는 있지만, 그의 솔직한 고백에 의하면, 정신분석의 임무란 완벽하고도 새로운 자아의 변화에 있는 게 아니라 비극적인 현실의 고통을 어느 정도 견디어 나갈 수 있도록 도움을 주기 위한 것일 뿐이라는 매우 겸허한 태도를 보여 준 것도 사실이다.

솔직히 말해 영국의 정신분석가 존 스트래치가 번역한 '에고'라는 표현은 프로이트가 본래 의도했던 의미와 상당히 다른 방향으로 왜곡 전달될 수 있는 소지가 다분히 존재한다. 자기밖에 모르는 매우 이기적인 사람을 우리는 흔히 egoistic하다는 표현으로 지칭하기에 더욱 그렇다. 그래서 라플랑슈와 퐁탈리스가 펴낸《정신분석 사전》에서는 자아에 대한 정의에서 프로이트가 말한 자아란 인격의 중심이 되는 심역일 뿐 아니라 신경증적 갈등에서 인격의 방어 축을 대표하는 것으로 자아는 서로 모순되는 요구들을 중재하려고 애쓰는 심적 장치로 보았다.

또한 미국 정신분석학회에서 발행한 용어사전에 의하면, 자아는 세 가지 마음의 기구들 중의 하나로서 의식적, 무의식적 내용들로 이루어져 있으며, 자아의 주된 과제는 외부세계 및 초자아와 좋은 관계를 유지하는 동시에 본능적 욕구충족을 적절한 수준에서 만족스럽게 해결하는 것으로, 이런 과제를 수행하기 위해서 자아는 내적, 외적 자극을 감소시키는 데 필요한 보호 장치를 사용한다는 것이다. 분명한 점은 여기서 자아는 전체로서가 아니라 특정한 기능으로 평가되어야 한다는 사실이다.

철학에서 즉자적即自的이란 말은 즉물적即物的에 대비되는 표현인데, 헤겔이 말한 즉자적 존재라 함은 자기 자신에 대한 반성적 관계가 결여된 무자각적 상태를 의미하는 것으로, 즉자는 다른 것과 교류하여 자신의 자립성을 잃게 되는 대타對他로 발전하고 다시 자기 자신과의 관계를 통하여 대자對自로 발전하게 된다는 것이다. 이런 헤겔의 철학에 가장 큰 영향을 입은 분석가는 자크 라캉이라 할 수 있다.

라캉은 프로이트가 말한 자아는 우리 자신의 진정한 주인으로 간주될 수 없다고 주장했는데, 그 가장 큰 이유는 자아는 우리 각자의 내부 사정에 대해 너무 어둡기 때문이라고 하였다. 진정한 주인은 자기 집안 내부 사정에 속속들이 알고 있어야 한다는 것이 그의 주장이기 때문이다. 따라서 그는 자아라는 용어 대신 주체의 개념을 내세웠다. 라캉은 자아와 주체를 구분하고 자아가 상상계의 산물이라면 주체는 상징계의 일부로 간주했는데, 여기서 말하는 주체란 무의식의 주체를 말한다. 따라서 라캉에게는 분석의 효과가 근본적으로 나타나는 것이 자아가 아니라 주체라는 입장을 견지했다.

어쨌든 우리의 삶을 주도하고 이끌어 가는 주체세력으로서 대내외적인 압력을 해결하며 살아가야만 하는 자아의 일생은 매우 고달플 수밖에 없다. 물론 프로이트는 자아라는 용어를 철학적 의미로 사용한 것이 결코 아니지만, 정작 자아의 본질이 무엇인지 또는 나는 도대체 누구인지, 혹은 나의 정체는 과연 무엇인지 등에 대해 질문한다면 실로 난감해질 수밖에 없다.

이처럼 어렵고도 근원적인 철학적 질문에 답하기 위해 수많은 성자들과 철학자들이 수천 년간 씨름해 왔다고 볼 수 있는데, '천상천하 유아독존天上天下 唯我獨尊'이라는 불타의 선언은 자기밖에 모르는 독선적인 태도를 뜻하는 것이 아니라 모든 업보와 윤회, 그리고 모든 관계의 그물망에서 벗어난 해탈의 상태, 그야말로 이 세상 한 가운데 홀로 깨달음에 도달한 이상적 경지를 말한 것이다. 물론 소크라테스는 너 자신을 알라고 말했지만, 그는 나 자신을 알기 위한 구체적인 방법론에 대해서는 언급하지 않았다.

저명한 유대 철학자 마르틴 부버는 그의 저서 《나와 너》에서 이인칭이 없는 일인칭은 존재할 수 없음을 설파하고, 오로지 너라는 존재로 인해서 내가 존재할 수 있다는 점을 상기시킨 바 있는데, 그런 인식이 결여될 때, 나와 너의 관계는 무너지고 단지 나와 그것의 관계로 전락한다고 경고했다. 우리의 관계가 나와 그것의 관계로 전락할 때, 인간은 타락한다고 본 것이다. 따라서 인간이 타인을 죽일 수 있는 것은 상대를 단지 일개 사물인 그것에 불과한 것으로 간주하기 때문이라는 것이다. 아무런 양심의 가책도 없이 숱한 학살과 고문이 벌어지는 일도 상대를 나와 의미 있는 관계 속의 너로 인식하지 않기 때문에 가능해진다고 보는 이유가 바로 여기에 있는 것이다. 신학과 탈무드에 정통했던 마르틴 부버는 카를 융과 치열한 신학적 논쟁을 벌인 것으로도 유명하다.

앞에서도 언급했듯이 프로이트가 말한 자아의 개념은 실로 모호하면서도 광범위하다. 생각하고 판단하며 기억하고 느끼는 동시에 행동하고 멈추는 모든 범주가 자아의 몫이기 때문이다. 또한 현실과 타협하고 자신을 방어하며 욕망을 억누르는 일도 자아의 몫이다. 자아의 중요한 기능 가운데 하나로 방어기제를 말하고 있지만, 자아 스스로가 자신의 무의식적 방어기제를 인식하지 못한다는 점에서 의식적 자아와 무의식적 자아가 동시에 존재한다고 볼 수 있다.

자아가 인식하지 못하는 기능이 있다면 인간의 자아는 두 부분으로 분리되어 있다고 간주할 수밖에 없다. 물론 분석상황에서는 환자와 분석가 모두 경험적 자아experiencing ego와 관찰적 자아observing ego라는 별도의 두 가지 기능에 의존함으로써 환자에게 드러난 문제점을 해결하고자 한다. 예를 들어, 환자의 관찰적 자아 입장에서 볼 때, 자신이 상대하고 있는 정신분석가가 자신의 아버지가 아니라는 사실을 잘 인식하고 있음에도 불구하고 그의 경험적 자아는 치료자가 마치 자신의 친아버지인 것처럼 착각하고 퇴행적 행동을 드러내 보일 수 있다.

흔히 우리가 일상용어로 사용하는 몰아의 경지라는 말에서도 알 수 있듯이 나를 잊은 상태가 몰아적 상태라면 예술가들이 식음을 전폐하다시피 하며 자신의 창조적 작업에 몰입하는 현상은 어떻게 이해할 수 있을까. 현실적 환경을 망각한 예술가의 경우에 몰아의 경지에서도 창조적 작업을 계속 수행해 나가는 그 주체는 과연 무엇인가. 거룩함과 희열에 가득 찬 종교적 체험에 몰입한 사람의 자아는 그 순간 어떤 일을 수행하고 있는가. 이처럼 인간의 자아는 실로 수수께끼 같은 존재가 아닐 수 없다.

자아는 우리의 모든 의식적 활동을 주도하는 동시에 이드의 원초적 욕망과 환상을 통제하고 초자아의 간섭과 질책으로부터 벗어나 자신의 심리적 평형을 유지하고자 한다. 자아는 그런 내적 압력뿐 아니라 외적 압력으로부터도 자신을 지탱하려고 노력한다. 프로이트가 묘사한 자아의 운명은 이처럼 이드와 초자아 사이에서 갈등하는 존재이며, 내부적 압력과 외부적 압력 사이에서 조정과 화해를 모색하는 존재라는 점에서 매우 고달픈 존재이기도 하다. 또한 자아의 뿌리가 이드에서 비롯되었음을 주장함으로써 결코 이드에서 자유로울 수 없는 자아의 불행이 마치 인간의 운명인 것처럼 들리기도 한다.

이처럼 프로이트가 마치 덫에 걸린 상태로 묘사한 자아의 모습은 매우 염세적인 운명론처럼 보이기도 한다. 따라서 그런 비극적인 모습의 자아를 다소 자유롭게 해방시킨 장본인은 프로이트의 후계자이며 진정한 자아심리학의 주창자라 할 수 있는 하인츠 하르트만이었다. 그는 인간의 자아는 생의 출발부터 이드에 전적으로 예속된 존재가 아니라 출생 시부터 이드와는 무관하게 자율적으로 움직이는 존재, 다시 말해서 갈등에서 자유로운 자아 기능이 존재하며 이러한 자율적 자아 기능을 토대로 자신에게 주어진 현실에 능동적으로 적응하려는 태도를 유지한다고 주장한 것이다.

그런 하르트만에게 현실적응 문제는 당연히 자아의 가장 중요한 기능으로 떠오르게 되었다. 프로이트가 말한 매우 소극적인 자아는 고통스러운 현실을 적절히 견디어 나갈 수 있는 데 주된 목표를 둔 것이었던 반면에, 하르트만의 자율적인 자아는 능동적인 현실 적응을 이루어 나가는 데 그 주안점을 두었다고 볼 수 있다. 물론 프로이트는 이드의 약화와 자아의 강화를 분석의 목표로 내세웠지만, 말년에 이르러 그가 보인 입장은 매우 강력한 이드를 통제할 수 있을 정도로 충분히 변화될 수 있는 자아란 그리 손쉬운 일이 아니기 때문에 추가적인 분석의 기회가 이루어져야 한다고 주장했던 것이다.

프로이트의 자아 개념에 불만을 느낀 많은 학자는 자아라는 용어 대신에 자기라는 용어를 즐겨 사용하기 시작했다. 하지만 그들이 사용한 자기 개념이라는 것도 모호하기 짝이 없다는 점에서는 프로이트와 크게 다를 바 없다. 굳이 구분하자면, 자아보다는 더욱 심층적인 의미를 지닌 나의 핵심적인 부분을 가리키는 정도로 이해할 수 있을지도 모른다. 다시 말해서 프로이트가 말한 자아가 전체적인 나무의 모습을 지닌 것이라면, 자기란 그보다 핵심적인 나의 일부를 이루는 뿌리를 지칭한 것일 수 있다.

주로 젊은 층에서 자주 사용하는 우리말에 배우자를 정답게 부르는 호칭으로 '자기'라는 말을 사용한다. 보다 성숙한 호칭으로는 '당신'이라는 말을 쓴다. 용법상 자기와 당신의 차이는 단지 퇴행적이냐 아니냐의 차이뿐일 수 있겠지만, 정작 자신을 가리킬 때는 '자기'라는 말을 사용하지 않는다. 따라서 우리 자신을 지칭할 경우에는 매우 번거롭게도 '자기 자신'이라고 말한다. 외국인이 들으면 '자기야'라고 배우자를 정겹게 부르는 우리말이 몹시 곤혹스럽게 들릴

지도 모른다. 영어로 직역하면 'Hey Self'가 될 테니 무슨 말인지 도통 이해하지 못할 것이 뻔하다.

나에 대응하는 말은 너이며 자신에 대응하는 말은 당신이다. 그렇다면 퇴행적인 의미로 사용하는 자기는 무엇에 대응하는 말인가. 유감스럽게도 자기에 대응하는 말은 존재하지 않는다. 왜냐하면 퇴행적 단계에서는 나와 너, 자신과 당신이라는 인위적 구분이 불필요하기 때문이다. 내가 너이며 자신이 당신이기 때문이다. 따라서 자기라는 말은 나의 심층적인 부분만을 일컫는 것이 아니라 내 안에 상대를 포함한 합일적 차원에서 사용되는 말이기도 하다.

프로이트가 묘사한 자아의 일생은 분명 비극적이며 어둡기만 하다. 물론 자아는 의식을 관장하는 정신기능의 핵으로 작용하지만, 이성과 상식을 대표하는 자아의 기능은 이드와 초자아, 그리고 현실 간에 끝없는 중재를 시도하면서 살 수밖에 없는 고달픈 존재로 신경증적 갈등에서 결코 자유로울 수 없기 때문이다. 프로이트는 정신분석이 그런 비극적인 자아의 운명을 다소 완화시킬 수는 있겠지만, 그렇다고 해서 이드의 압력으로부터 완전히 자유로울 수는 없다고 보았다. 따라서 인간은 어차피 근원적인 불안과 갈등을 안고 살아갈 수밖에 없는 존재이기는 하나, 정신분석을 통해 자아의 무거운 짐을 어느 정도 덜어줄 수는 있다고 주장한 것이다.

하지만 이미 오래전부터 탈무드는 인간의 욕망을 제대로 조정할 수 있는 자아야말로 올바른 자아임을 강조해왔다. 그것은 곧 정신분석의 목적이 이드 욕망을 제어할 수 있는 건강한 자아의 확립에 있다고 주장한 프로이트의 견해와 한 치의 어긋남도 없는 내용이다. 종교적 관점에서 보자면 인간은 신과 동물 사이에 위치하는 존재로 볼 수 있겠지만, 프로이트 역시 그와 비슷한 관점에서 마음의 구조 이론을 세운 것으로 볼 수 있다. 왜냐하면 눈에 보이지 않는 양심과 도덕을 상징하는 초자아와 온갖 동물적 본능과 욕망을 대표하는 이드 사이에 끼어 끊임없이 갈등하고 타협과 화해를 시도하는 존재가 자아이기 때문이다.

탈무드는 또한 우리가 가장 믿을 만한 친구는 바로 거울 속에 있다고 함으로써 자기 자신에 대한 올바른 이해를 촉구하기도 한다. 그러나 혼자 힘으로 자기의 실체를 이해한다는 것은 거의 불가능에 가깝다고 할 수 있다. 그래서 프로이트는 정신분석가의 도움이 필요하다고 본 것이며, 그러기 위해서는 분석가의 중립성을 특히 강조하고 분석가는 환자에게 거울 역할을 해 주어야 한다고 주장한 것이다.

다시 말해서 분석가는 자신의 개인적인 신념이나 가치관을 환자에게 주입시키지 않도록 최대한 억제하고 오로지 자신에게 비춰진 환자의 모습만을 되비춰 주어야 한다는 것이다. 정신분석의 목적은 환자 자신의 무의식적 실상을 깨닫게 해 주는 것이기 때문이다. 그렇게 함으로써 환자는 자기 자신에 대한 이해의 폭을 더욱 넓혀 나갈 수 있게 되는 것이다. 그런 점에서 분석가의 역할은 제자에게 모범을 보이고 훌륭한 지적 자산을 공급해 주는 여느 스승들과는 그 역할 면에서 매우 다르다고 할 수 있다. 특히 거울의 역할을 프로이트가 강조한 것은 탈무드에서 말한 거울의 비유와 일맥상통한다고도 볼 수 있다.

어쨌든 자아의 기능과 본질에 대한 심도 있는 탐색은 자아심리학의 기초를 닦은 프로이트에 힘입어 오늘날에 이르기까지 자아심리학이 정신분석의 핵심 이론으로 자리 잡고 있으며, 그 이론적 발전에는 프로이트의 딸 안나 프로이트, 하인츠 히르트만을 비롯해 에릭 에릭슨, 오토 페니켈, 쿠르트 아이슬러, 에른스트 크리스, 마가렛 마알러 등의 수많은 유대인 분석가들의 공헌이 크게 뒷받침되었음을 부인하기 어렵다.

이처럼 자아의 발달과정에 대한 유대인 학자들의 남다른 관심은 아동심리에 대한 탐색으로 이어져 소아분석의 꽃을 피우게 했으며, 그 결과 멜라니 클라인의 대상관계이론이 탄생하게 된 것이다. 결국 이 모든 일련의 이론적 발전과정을 살펴보면, 오랜 세월 탈무드에서 그토록 강조해 온 건전한 심성의 발달에 대한 관심이 알게 모르게 보이지 않는 배경을 이루고 있음을 알 수 있다. 따라서 정신분석이론이 어느 날 갑자기 하늘에서 떨어진 게 아니라 유대인의 오랜 염원이 학문적 형태로 꽃을 피우게 된 것이 아니겠는가.

꿈과 해석

유대인은 자신들을 가리켜 스스로 '드림 피플dream people'이라고 불러왔다. 그 어떤 절망 속에서도 결코 좌절하지 않고 꿈과 소망을 안고 살아간다는 의미겠지만, 고달픈 노예생활과 비참한 게토생활 속에서도 신이 약속한 젖과 꿀이 흐르는 땅에 대한 꿈을 결코 저버린 적이 없다는 점에서 그들은 실로 매우 특이하고도 집념이 강한 민족임에 틀림없다.

그런 유대민족 가운데 3세기 무렵 바빌론에서 활동하던 뛰어난 현자 한 사람이 있었으니 그의 이름은 수라학파의 현자로 알려진 탈무드 학자 히스다였다. 그는 일찍이 말하기를 "해석되지 않은 꿈은 뜯어보지 않은 편지와 같다."고 했는데, 그 시절에 꿈의 해석에 대하여 이처럼 적절한 표현을 한 인물도 드물 것이다. 그가 활동하던 시기는 우리나라로 치면 고구려가 한사군 세력을 이 땅에서 가까스로 몰아낸 고대시절에 해당되니 더욱 할 말을 잃게 만든다. 이 쨌든 히스다의 이 한마디에는 이미 정신분석의 핵심적인 개념이 고스란히 들어있지 않은가. 그 후 무려 1700여 년이 지난 20세기 초에 프로이트의 《꿈의 해석》이 출간되었지만, 탈무드는 그와 동일한 개념을 이미 오래전부터 말해 왔던 것이다.

프로이트는 꿈을 일종의 소망 충족적 표현으로 간주했지만, 이미 탈무드에서 오래전부터 그와 똑같은 주장을 펼쳤다. 단적인 예로, 이웃집 아내에게 부정한 욕정을 품고 있던 남자가 꿈속에서 그녀와 성관계를 갖는 꿈을 꾸었다면 탈무드에서는 그것을 길조라고 보았는데, 그 이유는 꿈을 꾸었다는 것은 그만큼 자신을 억제하고 있다는 증거로 간주한 것이다. 실제로 성관계를 가졌다면 그런 꿈을 꿀 리가 없다는 논리다. 따라서 그런 꿈을 꾼다는 것은 대단히 좋은 일로 본 것이다. 정신분석적으로 말하자면, 현실적인 욕망이 꿈속에서 대리적 충족을 꾀한 셈이 되는 것이며, 동시에 꿈을 통하여 승화된 결과를 낳았다고 본 것이다. 이는 곧 탈무드의 저자들이 이미 꿈이 지닌 심리적 메커니즘에 대해 어느 정도 인식하고 있었다는 증거가 아니겠는가.

구약에는 유명한 꿈 이야기들이 많이 나온다. 다니엘, 야곱 등을 포함한 수많은 선지자의 꿈은 주로 예언적 측면에서 다루어졌지만, 꿈의 의미와 상징성에 대하여 고대인들은 나름대로의 시대적 사유

방식에 근거한 해석 방식을 갖고 있었다. 하지만 이러한 고대인들의 예언적 방식에 기초한 해석 방식은 프로이트보다 오히려 카를 융과 일치하는 면이 많다. 그런 점에서 같은 꿈을 다루면서도 탈무드와 프로이트는 소망충족의 차원에서, 그리고 고대인과 융은 예언적 기능 차원을 강조함으로써 그 입장을 달리했던 것을 알 수 있다.

이처럼 탈무드의 꿈에 대한 인식이나 접근 방식은 상당 부분에서 프로이트와 유사한 측면이 많음을 알 수 있는데, 그렇다면 프로이트가 꿈을 일종의 소망충족으로 본 것은 탈무드의 견해와 전혀 무관한 것일까. 프로이트는 꿈을 무의식에 이르는 왕도라고 하면서 꿈 해석에 심혈을 기울였으며, 무의식을 이해하는 지름길로 여겼다. 따라서 고대인들이나 융이 미래를 예측하는 지름길로 꿈을 인식한 반면에, 탈무드와 프로이트는 그와 달리 소망충족의 측면에서 인식했으니 무의식뿐 아니라 꿈을 대하는 기본적인 태도 면에서도 융과 프로이트는 전혀 다른 길을 걷게 된 것이다. 더욱이 탈무드의 해석은 지극히 현실적인 동시에 인간적이며, 또한 그런 점에서 탈무드와 프로이트는 일치한다.

탈무드의 또 다른 예는 유대인이 이미 암시의 효과도 잘 알고 있었다는 사실을 가리킨다. 로마의 장교 한 사람이 유대인 랍비에게 물었다. "유대인은 매우 현명하다고 들었는데, 그렇다면 오늘밤에 내가 무슨 꿈을 꾸게 될지 미리 알려주지 않겠소?" 랍비는 말하기를, "페르시아 군대가 로마를 습격해서 로마군을 대파하고 로마를 지배하게 됨으로써 로마인들을 노예로 삼는 꿈을 꿀 것이오."라고 답해 주었다. 다음 날 그 장교는 실제로 그런 꿈을 꾸고 나서 랍비를 찾아와 그의 예언 능력에 대해 놀라움을 표시했다. 하지만 그것은 예언이 아니라 암시의 효과였음을 탈무드는 지적하고 있다. 물론 랍비의 현실적인 소망은 로마의 패망이었겠지만 멍청한 로마 장교는 그런 사실조차 눈치 채지 못한 것이다.

정신분석에서 가장 강력한 무기는 바로 해석이다. 그런 점에서 정신분석은 일종의 해석학이라 할 수 있다. 그리고 해석학의 원조는 바로 성서해석학이다. 수천 년에 걸친 성서해석의 전통은 결국 탈무드라는 거대한 지혜의 산실을 낳고, 그렇게 집대성된 탈무드야말로 고통스러운 삶에서 체득된 다양한 지혜들이 속속들이 녹아 있는 유대인판 명심보감이 아니겠는가.

그토록 오랜 세월 동안 비천한 신분 제약 속에서 온갖 멸시와 박해를 당하면서도 유대인이 정신적인 천민으로 전락하지 않은 유일한 까닭은 다름 아닌 탈무드가 있었기 때문일 것이다. 끊임없는 회의와 좌절 속에서도 그들은 항상 새로운 해석과 의미를 탐구하면서 삶의 희망과 용기를 얻었던 것이다. 홀로코스트 생존자였던 오스트리아의 유대인 정신과의사 빅토르 프랑클이 지옥의 수용소에서 깨달은 것도 그 어떤 절망적 상황에 놓이더라도 새로운 의미를 찾는 일이 중요하다고 보았기에 의미치료logotherapy라는 새로운 학파를 창시했던 것이 아니겠는가.

이처럼 불합리한 현실과 상황을 끊임없이 해석하고 의미를 추구해 가는

의미치료

오스트리아의 정신과의사 빅토르 프랑클이 제창한 실존적 정신치료의 한 형태로 아들러의 권력에의 의지(will to power)나 프로이트의 쾌락에의 의지(will to pleasure) 등에 반대하고 의미를 향한 의지(will to meaning)를 강조했다. 따라서 의미치료에서는 아무리 불행한 운명에 처했더라도 삶의 의미를 찾는 일이 인간 행동에 가장 강력한 원동력이 된다고 믿는다.

제3부 탈무드의 흔적을 찾아서

유대인의 습성은 도저히 변화의 조짐이 보이지 않는 암담한 현실보다는 차라리 자신들의 변화를 추구해 나가면서 항상 새로운 의미를 추구하는 것이 오히려 그들에게는 고통스러운 삶을 거부하지 않고 수용해 나갈 수 있는 힘의 원천이 될 수 있었던 것이다. 이러한 뿌리 깊은 해석의 전통은 하루아침에 형성될 수는 없는 것으로, 빠져나갈 출구가 전혀 보이지 않는 절망적인 상황 속에서도 삶을 포기하지 않고 견디어 나갈 수 있는 유일한 생존방식이기도 했다.

정신분석은 의미도 알지 못한 채 불합리한 삶의 갈등과 고통 속에 몸부림치는 사람들을 대상으로 그런 고통의 의미를 해석하고 깨닫게 해줌으로써 더 이상의 불필요한 갈등의 반복을 종식시켜 주는 것을 목표로 삼아 세상에 나온 심층요법으로, 프로이트가 나타나기 이전에는 존재하지도 않았던 전혀 새로운 방식의 심리적 치료법이었다.

물론 랍비들의 정신적 인도와 이를 모방한 가톨릭 사제들의 고해성사의식은 무지한 대중들의 삶을 올바른 길로 인도하는 강력한 제도적 장치가 되기도 했지만, 고해성사는 어디까지나 영혼구제의 차원에서 이루어진 것이지 치료적 개념은 아니었다. 오히려 유대교 랍비들의 역할은 상당히 세속적인 문제까지도 개입하여 도움을 줌으로써 단순히 영적 차원에 머물지 않고 함께 고통을 나누며 더불어 살아가는 태도를 보였다는 점에서 더욱 인간적이라는 느낌을 받는다.

정신분석가의 역할이 유대인의 특성에 가장 적합한가 하는 문제는 이미 오래전부터 논란이 되었던 부분이기도 하다. 그러나 유대인만이 분석능력에 적합하다는 의미는 아닐 것이고, 오히려 오랜 해석의 전통이 그들에게는 충분한 이점이 될 수도 있음을 의미한다고 봐야 할 것이다. 실제로 정신분석의 역사에서 탁월한 업적과 능력을 발휘한 사람 중에는 분명히 뛰어난 유대인들이 절대다수를 치지해 온 게 사실이다.

그럼에도 불구하고 그들의 눈부신 업적의 이면에는 유대인의 천부적 재능뿐만 아니라 그들 특유의 남다른 기질, 이해할 수 없는 인간정신에 대한 끈질긴 관심과 의욕, 그리고 끊임없는 의구심과 질문을 던짐으로써 모순되고 비합리적인 인간행동의 수수께끼를 밝히고자 하는 부단한 탐구정신 등이 절묘하게 결합되어 나타난 현상으로 보는 것이 더욱 타당할 것이다.

한 인간이 육십 평생을 살면서 잠자는 데 보내는 시간은 대략 20년이 걸린다고 한다. 그중에서 약 5년간은 꿈꾸는 시간이라고 볼 때, 인간의 삶에서 꿈이 차지하는 비중은 결코 과소평가할 수 없는 부분이라 하겠다. 그런 점에서 인간은 한평생 20년간 일과 노동에 바치고 길에서 오가는 시간만도 5년이 걸리며 10년의 세월을 먹고 마시는 데 바친다고 볼 수 있다. 나머지 시간은 말할 것도 없이 성생활에 바치는 셈이다.

이토록 중요한 삶의 일부를 차지하는 꿈의 실체는 아직도 완전히 규명된 것은 아니다. 그럼에도 꿈이 의도하는 목적과 그 나타난 현상을 해석하는 데 현대과학 및 정신분석이 이룬 업적은 실로 대단한 것이었다. 인간과 달리 동물의 꿈은 더욱 연구하기 어렵겠지만, 수면측정도구의 발전에 힘입어 상당한 진척이 이루어져 온 것이 사실이다.

동물 가운데서도 꿈을 꾸는 동물은 새, 유대류, 사람 등이 포함되는데, 물고기와 양서류는 꿈이 없는 동물로 알려져 있다. 기린은 신체 구조상 서서 잠을 자는 것으로 알려졌으며, 곰과 개구리, 뱀, 박쥐 등은 겨울 내내 잠만 자는 동물이다. 눈뜨고 자는 동물로는 비둘기가 유명하고, 돌고래는 한쪽 뇌로만 잠을 잔다고 한다. 이처럼 수면과 꿈은 동물의 종류에 따라 그 양상도 제각각이다.

프랑스의 작가 장 콕토는 〈꿈〉이라는 제목의 짧은 시에서 "꿈은 잠이 누는 똥"이라고 노래했다. 즉, 꿈이란 잠의 부산물이며 동시에 그 배설물로 본 것이다. 하지만 이러한 시인의 입장과는 달리 프로이트는 꿈을 의식과 무의식 사이에 이루어진 타협의 산물로 보고 그 상징적 의미를 통하여 나름대로 그 어떤 통찰에 이르게 할 수도 있음을 처음으로 입증했다. 그래서 '꿈은 무의식으로 가는 왕도'라고 감히 주장했던 것이다.

꿈 해석과 해몽의 역사

인류가 탄생한 이래 인간은 꿈에 대하여 지대한 관심과 두려움을 동시에 느끼며 살아왔다. 그런 관심은 동서를 불문하고 일치된 현상이라고 하겠다. 동양에서는 장자의 나비 꿈이 가장 유명하다. 하지만 장자가 실제로 그런 꿈을 꾸고 한 말인지 철학적 은유

장자의 나비

중국 도교의 창시자 장자가 꾸었다는 나비의 꿈을 말한다. 꿈속에서 나비가 되어 날아다니던 장자가 꿈에서 깨어난 뒤 자신이 나비가 된 꿈을 꾼 것인지, 아니면 원래 나비인 자기가 사람이 된 꿈을 꾸고 있는 것인지 의문을 갖게 되었다는 설화 내용에서 비롯된 내용이다. 무위자연의 사상을 잘 드러낸 일화다.

히포크라테스

고대 그리스의 의사로 서양의학의 아버지로 불린다. 인간의 병리를 4체액설로 정리했으며, 간질 발작도 신의 저주가 아니라 신체적 질병으로 간주함으로써 의학을 신비주의적, 주술적, 종교적 범주에서 분리시켰다. 그가 세운 히포크라테스 선서는 오늘날 전 세계 의사들의 윤리 지침으로 채택되어 시행되고 있다.

로 지어낸 이야기인지는 확실치 않다. 짐작컨대 후자 쪽에 더 가깝지 않을까 생각된다. 종족 보존의 차원에서 태몽 또한 매우 중요하게 다루어져 왔으며, 거기에 그치지 않고 미래에 대한 예언적 측면에서 꿈이 다루어진 경우, 수많은 사람과 국가들이 그 해석 여부에 따라 전혀 예상치 못한 비극적인 운명을 맞이한 경우도 많았다.

의학적인 목적으로 꿈이 취급된 경우는 서양의학의 아버지 히포크라테스Hippocrates에서부터 시작되었다. 그는 기원전 수세기에 이미 꿈에 대한 해석을 통해 심리적 접근을 한 것으로 기록에 전해진다. 즉, 마케도니아 왕 페르디카스의 꿈을 해석하고 그 해결책을 일러줌으로써 왕의 정신증상을 치유한 것인데 그 내용은 대충 다음과 같다. 페르디카스는 어느 날 갑자기 주기적 발열, 수면장애, 집중력 장애, 근육약화, 노상배회 등의 증상을 보이기 시작했는데, 그 어떤 의사들도 그 병을 설명하지 못했다. 그래서 당시 명의로 알려진 히포크라테스가 특별히 초빙을 받아 왕을 진찰하게 되었는데, 왕의 꿈 내용을 자세히 듣고 난 후 히포크라테스가 내린 진단명은 다름 아닌 상사병이었다. 꿈을 이용한 정신치료적 개입으로서는 아마도 가장 최초의 시도가 아니었나 생각된다.

히포크라테스의 꿈 해석은 부왕에 대한 감정 및 부왕의 애첩 필라에 대한 연정을 억제함으로써 생긴 증세라는 것이었으며, 그 처방은 짝사랑의 대상인 필라에게 찾아가 자신의 감정을 솔직하게 고백하도록 권유한 것이었다. 히포크라테스의 해석과 처방에 대한 반응은 즉각적으로 나타났는데, 왕은 발끈 성을 내며 곁에 있던 창을 집어 내던지고는 자신의 막사 안으로 사라져 버렸다. 왕의 신경질적인 반응에 히포크라테스는 자신의 생각이 옳았음을 확신했다는 것인데, 이는 곧 왕이 보인 저항을 통하여 치료자가 자신의 해석이 적중했음을 확인했다는 뜻으로 이해되는 대목이다. 어쨌든 왕은 히포크라테스의 지시에 따른 결과, 증상이 씻은 듯이 사라졌다는 기록이다.

알렉산더 대왕의 꿈은 더욱 상징적이다. 대왕이 군대를 이끌고 페니키아의 도시 티루스를 포위한 채 맹공격을 가했지만 적의 항거 또한 만만치 않아서 성은 함락될 기미조차 영 보이지 않게 되었다. 초조해진 대왕은 어느 날 밤 꿈을 꾸었는데, 그 내용은 대왕이 자신의 방패 위에서 춤추는 사티로스를 목격한다는 장면이었다. 사티로스는 그리스 신화에 나오는 반인 반수의 정령이다.

이에 대한 예언가 아리스탄데르의 해석은 다음과 같다. 즉, Satyr라는 단어를 Sa와 tyros로 분리하여 해석하고, Sa Tyros란 결국 '티루스는 그대의 것이다.'라는 의미이니 왕의 승리를 가리키는 메시지임을 강조하면서 즉각 공격 명령을 내릴 것을 권유했는데, 실제로 그대로 한 결과 손쉽게 성을 함락시킬 수 있었다는 것이다.

당시 아리스탄데르가 내린 언어적 의미의 해석은 거의 프로이트 방식에 버금가는 수준이다. 물론 사티로스가 술과 여자의 신임을 고려한다면 대왕의 성적 욕망을 간과했다는 허점도 지적할 수는 있겠지만, 그럼에도 아리스탄데르의 꿈 해석은 언어적 의미의 상징적 합성을 통한 해석이었다는 점에서 매우 특기할 만한 시도였다고 볼 수 있다.

앞서 언급한 유대인 랍비 히스다의 "해석되지 않은 꿈은 뜯어보지 않은 편지와 같다."는 말은 곧 "꿈은 무의식으로 가는 왕도"라고 주장한 프로이트와 일맥상통하는 놀라운 발언이 아닐 수 없다. 즉, 꿈에는 우리의 의식에서 알 수 없는 숨겨진 메시지가 담겨 있다는 점을 두 사람 모두 지적한 말이기 때문이다. 그런 점에서 본다면 꿈 내용에는 뭔가 중요한 메시지가 담겨 있을 것이라는 인식이 고대인들에게도 존재했던 것으로 믿어진다. 다만 그것이 꿈 꾼 사람의 무의식적 욕망을 충족시키기 위한 것이라는 역동적 차원의 개념이 결여되었을 뿐이다.

꿈의 작업

꿈의 세계는 비현실적인 마술과 환상으로 가득 찬 세계다. 그래서 많은 사람이 현실에서 이루어질 수 없는 일을 꿈속에서나마 이루어 보고 싶은 욕망을 지니며 살아간다. 그런 점에서 꿈이란 인간의 삶에서 큰 위안거리가 되고도 남음이 있었던 것이다. 그리고 그런 이유 때문에 자면서 꾸는 꿈과 개인적으로 바라는 소망을 같은 의미로 사용해 온 것이 아니겠는가. 그래서 "이 다음에 당신의 꿈은 뭐요?"라고 할 때는 장래 소망을 물어보는 것으로 이해하기 마련이다.

할리우드를 꿈의 공장이라고도 부른다. 영원한 떠돌이 신세임에도 불구하고 항상 그 어떤 소망을 품고 살아왔다고 해서 유대민족을 일컬어 '드림 피플'이라고 부르기도 한다. 마틴 루터 킹 목사의 그 유명한 연설도 "I have a dream"으로 시작한다. 드림팀, 드림필드, 드림랜드, 드림북, 드림 박스, 아메리칸 드림 등 꿈이라는 단어가 붙는 경우는 항상 희망적이고 환상적이며 최고 중의 최고를 의미할 때 사용되는 경우들이 많다. 마치 골드나 킹이라는 단어가 붙으면 최고를 의미하듯이 말이다.

꿈과 마술은 밀접한 관련을 맺고 있다. 마술의 특징은 트릭을 이용한 눈속임에 있는데, 꿈 역시 그와 비슷한 트릭 과정을 통하여 꿈꾼 당사자를 눈속임한다. 영화라는 예술이 시각적인 트릭을 이용한 환상 매체라는 점을 생각한다면, 꿈이라는 매체를 통하여 인간은 잠잘 때마다 자신의 소망 및 욕구 충족의 유용한 수단으로써 삶의 평형을 유지한다고도 볼 수 있다. 일종의 드림 박스로서의 꿈의 기능은 뇌와 마음 사이의 콘도미니엄 역할을 수행한다고도 볼 수 있다. 그런 점에서 인간은 매일 밤마다 꿈을 통해 여러 편의 환상적인 영화를 관람하는 셈이다.

꿈은 흔히 역설적인 내용을 드러내 보이지만, 그런 점에서 단순한 눈속임의 차원에 머무는 마술과 다르다고 할 수 있다. 마술은 재미와 흥미를 유발하지만, 상징적 의미나 역설은 존재하지 않는다. 그럼에도 꿈과 마술은 나름대로의 논리를 갖추면서 매우 유아적인 마술적 사고를 반영한다는 점에서 공통분모를 지니고 있다.

꿈에서 불가능은 없다. 모든 것이 가능하다. 현실의 법칙에 구애받지 않기 때문이다. 혹자는 이렇게도 말한다. '무의식은 결코 의식화될 수 없다. 일단 의식화되면 이미 무의식이 아니기 때문이다.' 비슷한 논리로 이렇게 말할 수도 있다. '인간은 결코 죽지 않는다. 일단 죽고 나면 이미 죽음을 모르기 때문이다.' 그렇다면 꿈은 어떠한가? 꿈에서 깨어나면 꿈은 이미 깨지고 만 것이기 때문에 부서져 흐트러진 거울조각처럼 이미 복원이 불가능한 것일까?

그러나 프로이트는 그렇지 않다는 점을 분명히 밝혔다. 그는 꿈의 자료를 통하여 이미 상당한 왜곡과 편집이 개재되었음에도 불구하고 그 무의식적 의미를 알아낼 수 있다고 확신했는데, 그러기 위해서는 꿈의 작업이 어떤 과정을 거쳐 나타나는가를 이해해야 된다고 주장했다. 그리고 실제로 수많은 꿈 자료를 통해 그 상징적 의미를 추출해 낸 것이다.

인간의 의식적인 담론뿐 아니라 꿈 내용에 있어서도 텍스트와 콘텍스트의 문제는 항상 제기되는 과제가 아닐 수 없다. 즉 '나는 왕이요, 황제이며 대통령이다.'라는 텍스트에 대하여 그런 주장을 곧이곧대로 받아들일 사람은 아무도 없을 것이다. 따라서 사람들은 그 진정한 의미를 알기 위해서 전체적인 문맥의 차원에서 다루고자 할 것이다. 그렇게 함으로써 그 말이 농담으로 한 말인지, 망상에서 비롯된 말인지, 아니면 꿈 내용을 말한 것인지 구분이 가능해지는 것이다.

꿈 내용은 흔히 잠재몽latent dream과 발현몽manifest dream으로 구분되는데, 우리가 보통 기억하는 꿈들은 발현몽 내용이 주를 이룬다. 하지만 그 내용은 여러 단계의 정교한 작업과정을 거치기 마련이어서 본래의 그 의미와 의도를 담고 있는 잠재몽 내용을 알기가 결코 용이하지가 않다. 예를 들어, 잠재몽에서는 자위행위를 뜻하는 마스터베이션의 의미가 발현몽에서는 미스터 베이츠로 둔갑해서 전혀 엉뚱한 의미로 나타나기 때문이다. 이처럼 꿈은 발현몽 자체만으로는 그 본래의 의미를 파악하기가 용이하지 않기 때문에 전체적인 콘텍스트, 즉 꿈을 꾼 당사자의 심리세계 전반에 관한 이해가 수반되지 않고는 핵심에서 벗어나기 십상이다.

프로이트는 꿈을 한 개인의 환상과 소망충족을 드러내는 일종의 무대로 간주했다. 그리고 하나의 꿈으로 나타나기까지 여러 단계에 걸친 꿈의 작업dream work이 이루어지게 되는데, 압축과 전치displacement, 상징화, 이차적 정교화 등의 과정을 거쳐서 비로소 우리의 의식 표면에 기억되는 것이라고 했다. 만약 이런 과정들을 거치지 않고 본래 뜻하는 의미들이 있는 그대로 의식상에 떠오른다면, 우리의 자아가 그런 내용을 인정하고 그대로 담아두기에는 너무도 감당하기 어려운 내용들이기 때문에 자아는 여러 번의 수정작업과 방어기제를 동원하지 않을 수 없는 것이다. 따라서 프로이트는 자아가 동원하는 응급조치들이 과연 무엇을 위한 작업이었는지 그 의도를 이해하게 되면 그 사람의 무의식 내용에 상당히 근접한 단서를 얻을 수 있다고 한 것이며, 그런 기법적 원칙은 비단 꿈뿐이 아니라 환자의 자유연상을 통해서도 얼마든지 가능하다고 본 것이다.

꿈과 상징

프로이트에 반대하는 사람들의 대부분은 그 주된 이유가 그의 성에 대한 지나친 강조 때문이라고 주장한다. 그러나 프로이트는 사람들이 흔히 믿듯이 꿈의 모든 내용을 성적인 의미로 해석한 것은 아니었다. 그런 오해는 그의 기념비적인 저서 《꿈의 해석》을 제대로 읽지 않았다는 사실을 입증할 뿐이다. 실제로 꿈이 의도하는 바를 알아낸다는 것은 용이하지도 않을뿐더러 인간의 무의식은 좀처럼 그 실체를 드러내지 않는다.

더욱이 우리는 무의식 자체를 알아내는 것이 아니라 그 단서를 짐작할 뿐이다. 하지만 그 단서는 환자의 통찰력 획득에 상당한 힘을 발휘하기 때문에 치료적 관점에서 주목하는 것이지, 단순히 맞다, 틀리다의 차원에서 그 의미를 찾는 것이 아니다. 꿈을 비롯한 인간의 심리적 세계는 다원적인 의미를 형성하는 수가 많기 때문에 단순한 성적 의미만으로는 그 핵심을 놓치기 쉽다.

'훔친 사과가 맛있다.'는 말도 있지만, 이런 담론은 개인적, 사회적 상황에 따라 선뜻 인정받기가 곤란할 수도 있다. 왜냐하면 비윤리적, 비도덕적 메시지를 의미하기 때문이다. 점잖은 자리에서 우리는 여자를 따먹는다는 비속어를 사용하기 어렵지만, 당연히 그 의미는 여자를 과일에 비유한 것이라는 점을 직감적으로 알고 있다. 따라서 꿈에 과일을 따먹는 장면이 나왔을 때 그것이 곧 성적인 의미를 내포하고 있음을 짐작할 수 있는 것이다.

프로이트가 꿈의 해석에서 방대한 자료 제시를 통하여 정리한 성적인 상징들은 그야말로 상징일 뿐이다. 그럴 수도 있고 아닐 수도 있다. 하지만 상당 부분은 중첩된 의미들이 동시다발적으로 나타난다고 볼 수 있으며, 전후 배경의 심리적 과정을 이해한 상황에서라면 상당한 설득력을 지니고 환자에게 그 의미가 전달될 수 있을 것이다.

실제로 꿈에 흔히 나타나는 꽃, 과일, 거울, 숲, 모자, 깃털, 상자, 물레방아, 절구, 맷돌, 방망이, 권총, 동산, 계곡, 절벽, 계단, 엘리베이터, 사다리, 기차, 비행기, 동굴, 터널, 지하실, 물, 홍수, 다리 등의 주제들은 성적인 의미를 갖는 수가 많은 것이 사실이며, 이를 완강하게 부인하는 저항적 태도를 통해 그 성적인 의미를 더욱 구체적으로 확인하는 수도 많다. 앞서 소개한 페르디카스 왕의 반응처럼 말이다.

중요한 점은 꿈 내용 자체의 의미 해석이 아니라 꿈 내용을 단서로 하여 이어지는 환자의 연상이 더욱 중요하다는 사실이다. 그리고 그런 연상을 통하여 보다 명료한 의미 탐색이 가능해지는 것이며, 아무리 성적인 의미가 분명하다 해도 거기에는 공격적 의미도 함께 중첩되는 경우도 많기 때문에 치료자의 일방적인 해석이라기보다는 환자와의 협력을 통한 의미 탐색과정이라고 보아야 할 것이다.

인간이 동물과 다른 점은 언어와 도구의 사용뿐 아니라 상징의 기능을 유효적절하게 구사할 줄 안다는 사실이다. 어쩌면 인간의 문명생활은 상징적 기능과 함께 출발했다고 해도 과언이 아니다. 종교적 상징, 문화적 상징, 정치적 상징, 역사적 상징, 이념적 상징,

성적 상징, 예술적 상징 등, 다양한 상징체계는 문명생활의 필수불가결한 존재였기 때문이다. 따라서 개인적으로나 집단적으로 상징은 인격기능이 유지되는 한, 없어서는 안 될 부분이 되었다.

꿈은 온갖 상징으로 가득 차 있다. 그중에서도 보편적 상징은 인간 심성의 본질에 더욱 근접한 보편타당한 호소력을 갖는 것이지만, 그렇다고 해서 반드시 개인적 의미 상징을 모두 내포한다고는 보기 어렵다. 더욱이 치료적 차원에서 본다면, 개인적 상징이 더욱 큰 의미를 차지하기 때문에 상대적으로 보편적 상징의 가치는 이차적인 것으로 간주되기 마련이다. 예를 들어, 십자가라는 종교적 상징이 갑자기 꿈에 나타났다고 해서 반드시 그 사람의 종교적 심성을 반영한다고 단언할 수 없는 것과 같다. 그 외에도 문화적 상징, 집단적 상징의 표상으로 꿈에 나타나는 내용들 역시 치료적 차원에서는 부차적으로 다루어지기 마련이다. 단적인 예로, 꿈에 낫과 망치를 봤다고 해서 반드시 공산주의 이념을 드러낸 것으로 속단하기 어렵다는 뜻이다. 개인적 차원에서 볼 때 거세공포를 상징하는 것일 수도 있기 때문이다.

경우에 따라서는 의미와 무의미 차원에서 꿈의 가치를 논하기도 한다. 당연한 말이지만 정신분석은 인간의 모든 심리적 현상에는 나름대로 의미가 있다고 본다. 반면에 불교적 메시지에 따르면 인간의 현상계에는 그 어떤 의미도 없다고 본다. 무의미하기 때문에 마치 떠도는 구름처럼 덧없다고 보는 것이다. 그렇다면 꿈도 과연 아무런 의미도 없다는 말인가? 아니면 그 의미를 모른다는 말인가? 무의미하다고 믿는 것과 그 의미가 전혀 알려지지 않았기 때문에 모르고 있다는 사실 사이에는 상당한 인식론적 간격이 놓여 있다고 볼 수밖에 없다.

언젠가 읽은 책에서 어느 스님이 던진 말씀이 생각난다. 스님 왈, 세상에 프로이트처럼 불쌍한 인간도 없다는 것으로, 그 이유인즉슨 우리의 삶 자체가 덧없는 꿈에 불과한 것인데, 그런 부질없는 꿈에 매달려 한 평생을 보냈으니 그보다 더 딱한 일도 없다는 의미에서다. 그러나 그런 말씀 자체가 동어반복적인 논리적 오류의 전형이라고 하겠다. 물론 스님의 인식체계에서는 논리 자체가 무의미한 것이니 반론 자체가 성립될 수 없는 것이기도 하겠지만, 그와 같은 논법에 따르자면 '세종대왕처럼 불쌍한 인간도 없다. 글이란 무의미하고 덧없는 것일진대, 그것도 부질없는 문자에 얽매여 한 평생을 바쳤으니 그보다 더 딱한 일도 있겠는가.' 또는 '채플린처럼 불쌍한 인간도 없다. 영화의 실체는 결국 허상의 연속에 불과한 것인데, 그런 허상에 매달려 한 평생을 보냈으니 그보다 더 딱한 일도 있겠는가.' 등의 식으로 말하는 것과 하나도 다를 바 없기 때문이다.

물론 누가 현실적으로 인류에 더 큰 공헌을 남겼으며 감동과 설득력을 지녔는지 판단하는 일은 각자가 알아서 할 일이겠지만, 꿈과 현실은 엄연히 다른 것이다. 하지만 그런 구분 없이 꿈과 현실을 동일한 차원에서 말하고 움직이는 사람들도 있다. 망상을 지닌 정신병 환자들이 그렇다. 그들은 환상과 현실을 구분하는 자아의 능력이 붕괴되었기 때문에 자기 자신을 객관적으로 평가하고 검증하지 못한다. 소위 '꿈꾸며 걷는 사람'이란 비유는 환상과 현실을 구분하는 데 실패한 환자들을 일컫는 말이다.

꿈은 암호요 비밀편지와도 같다. 프로이트는 그 감추어진 의미, 소망 등을 해독해 내었다. 그에게 꿈의 해석은 완결이 아니라 시작에 불과한 것이었으며, 무의식을 밝히는 왕도로써 그 임상적 가치를 확대시켰다. 반면에 융은 꿈의 의도 및 목적에 주안점을 두었으며, 꿈의 신비성과 예언적 가치를 강조하였다. 꿈에 대한 접근에서조차 두 사람은 방향이 전혀 달랐다고 볼 수 있다.

정신분석의 출현을 알린 가장 최초의 기념비적 저서 《꿈의 해석》은 20세기의 출발을 알리는 1900년에 나왔다. 프로이트는 이 저서를 통하여 꿈 내용에 미치는 무의식계의 작용 및 그 의미를 논하기 위해 무려 1,000여 개에 달하는 꿈 자료를 동원했다. 하지만 이처럼 방대한 자료를 집대성한 이 저서는 초판 600부가 팔리는 데 불과했다. 세상은 꿈의 해석을 원치 않은 것이다.

그것은 오늘날에 와서도 마찬가지다. 꿈은 단지 꿈에 불과한 것일 뿐 아무런 의미가 없다거나 혹은 일장춘몽처럼 덧없고 부질없는 것에 신경 쓰느니 차라리 보다 현실적으로 가치 있는 일에 신경을 쓰는 게 낫다는 식으로 받아들이기 쉽다. 반면에 꿈에 집착하는 경우도 있다. 불길한 꿈일수록 그렇다.

그러나 꿈의 해석은 강요하는 일이 아니다. 그것은 분석을 원하는 사람들을 돕기 위한 하나의 방편이기 때문에 원하지 않는 사람들에게 강요할 성질의 것이 아니란 뜻이다. 단지 무의식을 이해하기 위한 새로운 지평을 열었다는 점에서 그 가치를 인정받는 것일 뿐이다. 꿈의 해석을 받아들이고 받아들이지 않는 것은 전적으로 개인의 자유에 속하는 문제다. 그럼에도 프로이트의 꿈 해석은 매우 설득력 있게 많은 사람에게 그리고 다양한 분야에 영향을 끼쳤다.

물론 그의 입장에 반대하는 사람들도 많았다. 가장 대표적인 인물로 융은 꿈의 의미에 대해 프로이트와 견해를 달리 했다. 프로이트가 꿈을 소망충족 차원에서 접근했다면 융은 그와는 반대로 예시적 차원에서 접근했기 때문이다. 두 인물은 꿈에 대한 태도에서도 동상이몽을 보인 셈이다. 융과 프로이트의 동상이몽은 꿈에서 출발하여 무의식의 본질에 대한 견해 차이, 그리고 성에 대한 태도 차이로 이어졌다.

단적인 예로, 융은 자신의 꿈을 통해 제1차 세계대전의 발발을 미리 예견했다고 주장하기도 했다. 그렇다면 무슨 이유로 그보다 더 큰 재앙이었던 제2차 세계대전의 발발은 사전에 예견하지 못했는지 궁금해진다. 추론컨대, 융은 프로이트와 치열하게 경쟁하던 시절에는 전쟁 발발을 예고하는 꿈을 꾸었으나 기묘하게도 나치가 프로이트를 런던으로 추방함으로써 자신의 눈앞에 더 이상의 강력한 경쟁자가 제거된 이후로는 전쟁 발발을 예견하지 못했다. 융이 할 수 없는 일을 나치가 대신 나서서 처리해 준 셈이 되었으니 융에게는 더 이상의 전쟁이 불필요해졌기 때문일까.

이처럼 꿈에 대한 융의 접근 방식은 신의 편재성에 기초한 기독교 복음주의적 꿈 해석과 유사하다. 단적인 예로 우리가 매일 꾸는 꿈을 통해서 신은 항상 우리와 소통을 이루고자 하기 때문에 꿈은 신이 인간과 교류하기 위해 만든 일종의 통신장치라는 것, 따라서 꿈의 해석은 신의 메시지를 얻을 수 있는 매우 유용한 작업임을 강조하는 입장도 있다. 하지만 모든 것을 이렇게 신의 뜻으로만 돌리는 것은 오히려 우리 자신의 품위를 떨어트리는 일이 될 수도 있다.

반면에 다소 절충적인 입장에서 미국의 대중작가 데니스 린은 꿈이 무의식을 반영하는 것임에 틀림없지만 꿈을 통해 보나 초월적인 경지로 나아갈 수 있는 통로가 된다고 함으로써 그 역시 결론적으로는 신비주의적인 방향으로 독자들을 유도한다. 이는 융의 입장과도 일맥상통하는 것이다. 물론 꿈은 해석 나름이지만 보다 진실에 접근하기 위해서는 과학적인 접근법이 요구될 수밖에 없다. 그럼에도 꿈의 다양한 상징성을 탐색한 부분에 대해서는 융의 업적이 매우 크다고 할 수 있다.

융과는 달리 프로이트는 꿈을 소망충족의 한 형태로 보았다. 동서를 막론하고 꿈꾼다는 동사는 무언가를 바란다는 의미로도 사용된다. '꿈은 이루어진다.' 혹은 '부자가 되기를 꿈꾼다.' 등의 표현은 소망충족적 열망을 반영하는 말이다. 그런 점에서 프로이트의 관점은 매우 보편타당한 진리를 내포한다. 물론 그것이 전부는 아니다. 상징의 세계는 실로 다양한 의미가 복합적으로 얽혀져 있기 때문이다. 따라서 모든 상징을 성적인 차원에서 해석하는 것은 지나친 비약임에 틀림없다.

프로이트가 무의식계를 원초적 욕망으로 들끓는 용광로에 비유했다면, 융은 창조적 힘을 발휘할 수 있는 정신적 에너지가 넘쳐나는 근원지로 주목했다. 다만 프로이트가 신비주의적 사고방식을 미숙한 원시적 사유의 산물로 간주한 반면에, 융은 인간이 지향해야 할 근원적인 지표로 받아들였다. 물론 모든 종교적 차원은 신비주의적 색채를 특징으로 한다. 그리고 종교적 신비주의가 고통에 빠진 인간을 돕는 데 큰 힘이 되어 준다는 점에 대해서는 이의를 제기하기 어려운 것도 사실이다.

그럼에도 신비주의가 만병통치약이 될 수 없는 이유는 역사적으로 그에 따른 병폐와 부작용이 너무도 컸기 때문이다. 개인적 차원의 신비주의는 상관없다 치더라도 그러한 신비주의가 집단화되면 다른 집단에 영향력을 행사하기 마련이며, 그것이 여의치 않게 될 경우, 상대 집단을 이단시하거나 적으로 간주하며 엄청난 강제력과 폭력을 행사한다는 사실이 역사적으로도 충분히 입증되었기 때문이다.

앞에서 살펴본 바와 같이 융과 프로이트는 꿈의 상징과 해석에 있어서 전혀 상이한 접근을 보였다. 융의 신비주의적 접근은 꿈의 예언적 가치에 중점을 두었던 반면에, 프로이트는 신경증적 소망충족의 결과로 보았다. 따라서 꿈에 대한 융의 태도는 목적론적이며, 프로이트는 인과론적 태도를 견지한 것으로 볼 수 있다. 종교가 목적론적인 반면에 과학은 인과론적 태도에 기초한 것이라고 볼 때, 융은 신비주의적 목적론자이며 프로이트는 합리주의적 인과론자임을 알 수 있다.

따라서 오늘날에 이르기까지 수많은 대중에게 절대적인 영향력을 행사하는 종교인들이 융을 지지하고 옹호하는 이유를 이해할 만도 하다. 그런 점에서 '종교는 인민의 아편'이라고 설파한 마르크스의 주장이 종교를 강박신경증의 한 유형으로 파악했던 프로이트의 태도보다 대중적인 차원에서 수용하기가 더욱 용이했던 이유도 따지고 보면 무신론적 관점에서 종교의 본질을 뒤집어 엎은 프로이트에 비해 신의 존재나 종교 자체를 부정하기보다 도구적 차원에서 종교의 역기능을 비판한 마르크스가 차라리 서구인들에게는 수용하기가 상대적으로 수월했기 때문이 아니겠는가.

어쨌든 프로이트는 꿈이야말로 무의식으로 가는 왕도라고 감히 단언했지만, 오늘날에 이르러 정신분석에서조차 꿈은 그다지 중요하게 다뤄지지 않고 있다. 오히려 융 심리학 쪽에서 더욱 꿈의 상징성을 비중 있게 다루고 있는 실정이다. 그런 점에서 융은 비록 꿈의 상징적 가치뿐 아니라 예언적 가치를 동시에 강조했지만, 그의 예언적 입장은 전혀 새로운 것이 아니라 고대사회로부터 이어져 온 오랜 전통을 재확인한 것에 지나지 않는다.

미래를 점치는 예언몽豫言夢에 익숙해져 있는 사람들에게는 그런 주장이 매우 친근하게 들리겠지만, 그와 비슷한 유혹은 이 세상에 얼마든지 존재한다. 그리고 그런 주장들이 매우 카리스마적인 인물로부터 나오게 되면 사람들은 더욱 큰 신뢰감으로 그의 말에 이끌리기 마련이다. 상당한 지식을 쌓은 지성인들조차 사이비 종교에 빠져 헤어나지 못하는 경우가 있는데, 이는 본인 자신도 인식하지 못하고 있던 미해결의 무의식적 갈등에 기인하는 것이기 쉽다.

그런 점에서 미국의 철학자 월터 카우프만은 사람들의 마음을 편안하게 해 주는 몽환적인 내용의 주장에 손쉽게 현혹되는 대중현상에 대해 깊은 우려를 표시하는 가운데 진실은 항상 우리를 불편하고 긴장하게 만들기 때문에 거부하고 싶은 충동을 불러일으키기 마련이며, 그런 특성 때문에 프로이트는 모든 사람들을 긴장시킨다고 주장했다. 하지만 숨은 진실로 이끄는 모든 해석은 두렵기도 한 반면에 근본적으로 자아의 성장을 돕는 것이기 때문에 결국에는 그런 두려움에서 벗어나 무거운 갈등의 짐을 내려놓고 보다 자유로운 심리적 해방감을 맞이하게 되는 것이다.

꿈과 예언자들

창세기에 보면 형제들의 농간에 휘말려 이집트에 노예로 팔려간 요셉이 파라오의 요청으로 그의 꿈을 해석하면서 앞으로 7년간의 풍년과 7년간의 흉년이 닥칠 것임을 예언해 줌으로써 그 공로로 높은 지위를 얻어 권세를 누렸다는 일화가 나온다. 또한 고대 바빌로니아인들은 유대인이 꿈 해석에 뛰어난 전문가들이라는 점을 인정하기도 했다. 구약성서에 나오는 선지자 다니엘의 경우, 당시 바빌론 제국의 왕 느부갓네살이 다니엘을 불러 자신의 꿈을 해석하도록 요구했는데, 다니엘은 그 꿈 내용을 듣고 왕이 앞으로 7년간 광기에 시달릴 것임을 예언했으며 이는 실제로 적중했다.

이처럼 꿈의 해석에 큰 업적을 남긴 프로이트 이전에 이미 그의 머나먼 유대인 조상들은 꿈 해석 전문가로 활동하며 상당한 인정도 받았음을 알 수 있다. 물론 구약성서에 나오는 다양한 꿈들 가운데서도 꿈 꾼 사람의 소원이나 의도가 반영되어 있을 뿐만 아니라, 특히 요셉과 다니엘의 해몽 방식은 정신분석적 이론에 입각한 해석 기법과 상통하는 부분도 있다는 주장까지 나오기도 한다. 반면에 목사이면서 융 심리학의 분석가이기도 한 존 샌포드는 융 심리학의 입장에서 고대 성서에 나오는 꿈들의 풍부한 상징성에 주목하고, 특히 미래를 예측하는 유용한 도구로 꿈의 상징성을 강조한 융의 입장을 대변하기도 했다.

물론 구약뿐 아니라 신약에도 꿈은 매우 중요한 역할을 하는 것으로 나타난다. 예를 들어, 마태복음은 첫 부분에서부터 꿈 이야기로 넘치고 있는데, 마리아의 잉태를 알고 파혼을 결심한 요셉의 꿈에 천사가 나타나 그녀를 아내로 맞아들이라고 지시한 내용, 아기 예수의 탄생을 경배하러 왔던 동방박사의 꿈, 그 후에 요셉의 꿈에 나타난 천사가 이집트로 피신할 것을 지시할 뿐만 아니라 이스라엘로 다시 돌아갈 것을 요구한 내용, 그리고 유대 땅으로 가지 말고 갈릴리 지방으로 갈 것을 구체적으로 지시한 내용 등은 고대인들이 어떤 중요한 결정을 내려야 할 시점에 얼마나 꿈 내용에 의존했는지 알 수 있는 대목이다.

하지만 모든 성서적 예언에 대해 전통적 기독교 입장에서 내리는 설명과 해석은 오히려 진부하기까지 하다. 왜냐하면 신의 왕국을 건설하려는 웅대한 뜻을 담고 있다는 관점에서 모든 꿈을 예언적 메시지로 이해하기 때문이다. 그런데 프로이트는 이처럼 종교적 목적론에 입각한 해석이 아닌 과학적 인과론의 입장에서 꿈에 접근한 최초의 인물이었으니 당연히 전통 기독교사회에서 배척당할 수밖에 없었을 것이다. 물론 그렇다고 해서 프로이트가 모든 예언적 가치를 부정한 것은 결코 아니었다. 다만 그에게는 미래에 벌어질 사건보다 과거에 있었던 일들이 더욱 중요한 관심의 대상이었을 뿐이다.

특히 성서적 예언에 많은 관심을 기울인 미국의 유대계 정신분석가 제이콥 알로우는 주로 환시나 환청 등을 통한 예언적 경험이 서구사회의 도덕적 기준에 끼친 영향을 언급하면서 그 단적인 예로 모세, 사무엘, 이사야, 예레미아, 에제키엘 등을 들었다. 그는 예언자 자신의 심리적 상태에 주된 관심을 두고 그런 예언들과 사회적 관계의 상호 연관성에 초점을 맞추었지만, 중요한 점은 그런 현상들이 미리 예정된 사건들이 아니라는 것이다.

미국 정신분석학회 회장을 역임한 제이콥 알로우는 92세까지 장수하고 세상을 떴는데, 평생 동안 부부금슬도 남달리 좋았을 뿐만 아니라 성서와 탈무드에도 정통해서 한때 자신에게 분석을 받던 랍비가 탈무드 중에 그 뜻이 모호한 구절을 넌지시 암시하자 즉각 그 의미를 이해하고 환자의 연상내용과 연결 지어 해석해 주었다는 일화가 있다. 당시 그 랍비는 분석가의 해박한 탈무드 지식에 대해 놀라움을 금치 못했다고 한다.

성서에 나오는 선지자들 외에도 역사적으로 유명한 예언가들은 수없이 많다. 그중에서도 가장 잘 알려진 인물은 단연 인류 종말에 관한 예언시를 남긴 유대인 의사 노스트라다무스라고 하겠다. 그외에도 계시록을 남긴 요한, 파티마의 예언을 전한 포르투갈 소녀 루치아, 미국의 에드가 케이시와 딕슨 여사 등이 유명하다. 우리나라에서는 도선국사의 도참설, 무학대사, 정감록, 격암유록, 증산교의 강증산, 송하비결의 송하노인, 탄허스님의 예언을 비롯해 수많은 예언가가 끊이지 않고 배출되어 가히 세계 제일가는 예언자들의 나라로 꼽히는 데 손색이 없을 정도다.

궁금한 점은 동양을 대표하는 인도, 중국, 일본이나 서양을 대표하는 독일, 영국, 이탈리아, 스페인, 그리스 등의 나라에서는 역사적으로도 그토록 대중적 선풍을 일으킨 예언서나 예언가들이 보이지 않는다는 사실이다. 가장 유명한 예언가들은 주로 유대인, 한국인, 미국인 등에서 나온 점이 특이하다. 그러나 온갖 예언이 횡행하는 사회는 그 어떤 심각한 위기를 맞이하고 있거나 집단적인 불안정성을 나타내는 징표일 수도 있다.

그런 점에서 말세론과 관련된 예언들이 끊이지 않고 이어져 오고 있다는 것은 그만큼 생존에 위협을 느낄 만한 사건들이 많다는 뜻이며, 특히 그런 시련들로 인해 남다른 고통을 많이 겪은 유대인과 한국인, 그리고 서구의 몰락을 감지한 인물들에 의해 더욱 말세론이 힘을 얻게 된 것으로 본다. 세기말이란 용어는 본래 서구 기독교에서 나온 말이다.

한 세기가 끝나고 새로운 세기를 맞이하는 전환점에서 서구 기독교인들은 항상 종말론을 앞세워 예수가 재림하여 다스리는 천년왕국을 기다려 왔다. 말세란 새로운 천년왕국이 시작되기 직전에 7년간 이어진다는 환란기를 두고 하는 말이다. 우리나라에도 이와 비슷한 인류의 종말을 예고하는 선지자들이 있었는데, 남사고, 강증산 등이 나타나 미래에 대한 예언을 남김으로써 말세론의 효시가 되었다. 최근에는 송하노인이 남겼다는 예언서가 나타나 한반도의 핵전쟁을 예고함으로써 수많은 사람들을 불안하게 만들기도 했다.

역사적으로 볼 때, 꿈과 정치는 매우 밀접한 관련을 맺어 왔다. 따라서 권력자의 주위에는 항상 예언가와 점술가, 역술인 등이 자리 잡고 앉아 국가의 대소사를 결정하는 데 중요한 영향력을 행사해 왔음을 알 수 있다. 그리고 권력자 및 예언가의 꿈은 항상 중요한 사안의 결정 단계에서 매우 강력한 힘을 행사한 것이다. 앞에서도 언급한 바 있듯이 예언자 아리스탄데르의 해몽에 따라 알렉산더 대왕은 페니키아의 도시 티루스를 공격해 일거에 함락시킨 것이 그 단적인 예에 속한다.

이처럼 고대인들은 꿈의 신비한 마력을 믿었으며, 그 어떤 초자연적 힘에 의한 예언적 의미로 받아들이는 경향이 강했다. 하지만 오늘날에 와서는 예언적 가치보다 꿈의 상징적 의미를 중시하게 되었으며, 고대인들과는 달리 현대인들은 예전처럼 꿈을 두려워하지 않게 되었다는 점이 중요하다. 그것은 전기가 발명된 이후 상대적으로 밤을 두려워하지 않게 된 사실과 매우 비슷하다. 그럼에도 불구하고 우리는 여전히 꿈에서 돼지나 똥을 보면 망설임 없이 복권을 사러가는 것이다.

우리는 흔히 꿈은 꿈일 뿐이며 꿈은 헛된 것이라고 말해 왔다. 또한 일장춘몽이라 하여 우리 인생은 꿈처럼 덧없는 것이라고도 말해 왔다. 하지만 꿈은 단지 헛된 가상적 현상에 불과한 것이 아니라 우리에게 유용한 상징적 정보를 알려주는 수단일 수도 있음을 프로이트는 밝힌 것이다. 꿈의 상징적 의미를 통해 우리 자신의 내면적 진실에 접근해 갈 수 있는 길을 터줌으로써 프로이트는 정신분석의 첫걸음을 옮긴 셈이다. 물론 오늘날 꿈의 임상적 가치는 예전에 비해 현저히 줄어들었지만, 우리가 알 수 없는 무의식의 세계를 처음으로 알린 유용한 수단으로서 꿈이 지닌 가치까지 부인하기는 어려울 것이다.

성과 결혼

　고대로부터 오늘날에 이르기까지 유대인의 위생관념은 철저하기로 정평이 나있다. 특히 할례의식, 피임법, 성생활, 음식 및 배우자 선택에 이르기까지 탈무드는 세세한 부분마다 훌륭한 지표가 되어 민족 정체성 확립은 물론 종족 보존에도 크게 기여했다고 볼 수 있다. 중세 암흑기에 유대인이 흑사병을 퍼뜨렸다는 유언비어가 나돌게 된 이유 중의 하나도 알고 보면 유대인의 다수가 흑사병에 걸리지 않고 멀쩡하게 살아있다는 사실을 알게 되면서부터였다는 주장도 있다.

　그만큼 유대인은 탈무드의 가르침에 따라 평소에 철저한 위생관리를 몸에 익혀 놓았기 때문에 그랬을 것이다. 당시 프랑스의 유대인 의사 노스트라다무스는 흑사병을 퇴치하는 데 앞장서서 많은 활약을 한 것으로도 명성이 자자했지만, 특히 서양의학은 유대인의 절대적인 공헌에 힘입어 발전해 온 것이 사실이다. 적어도 20세기에 접어들어 노벨 의학상 수상자의 절대다수는 유대인이 차지하고 있으니 의학에 대한 그들의 남다른 집념이 어느 정도인지 짐작할 수 있다.

다른 무엇보다 성과 결혼, 가족과 관련된 분야에서는 유대인 학자들의 업적이 타의 추종을 불허한다고 볼 수 있다. 성병 퇴치에 공헌한 파울 에를리히, 피임약을 개발한 그레고리 핑커스, 가족치료의 선구자 나단 애커만, 그리고 그 누구보다 성에 대한 심도 있는 탐구로 온갖 비난의 대상이 되었던 프로이트 등이 그 대표적인 예에 속한다. 한때 프로이트의 제자이기도 했던 빌헬름 라이히는 섹스폴 운동을 전개해 성교육을 통한 계몽활동에 전념하기도 했으며, 오늘날 미국사회에서 성 치료의 권위자이며 성 심리 상담가로 대중적인 인기를 얻고 있는 루스 웨스트하이머도 홀로코스트 생존자인 유대인 출신 여성이다.

이처럼 유대인 학자들은 실로 눈부신 활약을 보였지만, 그들의 업적이 단순한 우연에서 비롯되었다고 보기에는 너무도 집요하고도 동시다발적인 현상으로 이루어졌다는 점에서 당연히 그들에게 오랜 세월 정신적 기둥 노릇을 해온 탈무드에 주목할 수밖에 없는 것이다. 특히 성에 대한 탈무드의 가르침은 중세 이후 금욕주의 미

덕을 강조한 기독교사회의 전통적인 입장과는 달리 매우 관용적이
고도 융통성 있는 태도를 보임으로써 더욱 큰 관심을 갖게 만든다.

탈무드의 성

탈무드가 보여 주는 성에 대한 태도는 무척이나 흥미롭다. 탈무
드에 의하면, 성은 자연의 일부로서 극히 자연스러운 것이며, 따라
서 성행위에 있어서도 부자연스러운 것은 있을 수 없다는 입장을
보인다. 히브리어로 성은 야다YADA로 발음하는데, '야다'란 상대를
안다는 의미이기도 하다. 동시에 히브리어로 안다는 말은 성관계를
갖는다는 뜻도 함께 지니고 있다. 예를 들어, 창세기에 아담이 이브
를 알고서 아들을 낳았다는 구절은 곧 아담이 이브와 성관계를 갖
고 나서 자식을 얻었다는 뜻이 된다. 즉 '야다'는 새로운 창조의 행
위를 뜻하며, 사랑한다는 것은 곧 상대를 아는 것이 된다. 앎과 사
랑이 동의어인 셈이다.

더군다나 유대교에서는 성직자의 금욕생활을 애당초 인정하지

않았다. 인간에게 성을
금지시킨다는 것은 도저
히 있을 수 없는 일로 본
것이다. 그래서 탈무드
에서는 인간의 성을 냇물
에 자주 비유하는데, 너
무 넘쳐나는 것도 반대로

너무 메마른 것도 모두 경계한다는 의미에서 그런 비유를 든 것이다. 적어도 탈무드의 입장은 청결하게 즐기는 쾌락에 대해서는 신의 선물로 감사하게 받아들이도록 가르쳐왔다. 이는 지나친 금욕주의나 쾌락주의를 배제한 중용의 미덕을 강조한 것이라고 본다. 비록 과학이 발달되지 못한 시점에서 나온 탈무드라 할지라도 성에 대해 이만큼 솔직하고 관대한 율법서는 존재하지 않을 것이다.

앞에서 소개한 미국의 성 심리학자 루스 웨스트하이머는 유대인 전통에서 얼마나 성의 쾌락을 존중하고 영예롭게 간주했는가에 대해 연구하면서, 탈무드의 성지식이야말로 무절제한 성의 범람과 방종이 심각한 이 시대에 오히려 훌륭한 지침이 될 수 있음을 지적했다. 하지만 전통적으로 동성애에 대해서만큼은 탈무드도 엄격히 금지시키는 태도를 보여 왔다. 따라서 유대인은 타민족에 비해서 동성애자가 현저하게 적을 뿐만 아니라 성병이나 자궁암의 발병도 매우 낮은 것으로 집계되고 있다. 또한 마약중독자나 포르노 배우에도 유대인은 극히 적은 것으로 밝혀지고 있다.

탈무드에서는 모든 성관계가 올바르고 청결하게만 이루어진다면 기쁨의 원천이 되는 것으로 간주한다. 따라서 성을 추하게 여기거나 수치스럽게 받아들일 필요도 없다고 말한다. 더 나아가 아내가 없는 사람은 온전한 인간이 될 수 없다고까지 말한다. 그런 이유 때문에 모든 랍비들조차 반드시 결혼을 해야만 되었던 것이다. 애당초 금욕주의와는 거리가 먼 태도라 하겠다. 금욕을 철저히 강조한 불교와 중세 기독교를 상기해 볼 때 탈무드의 선견지명에 감탄을 금치 못하게 된다.

오히려 탈무드에서는 성을 일컬어 생명의 강으로 부르고, 강물이 때로는 홍수를 일으켜 모든 것을 파괴시키기도 하지만, 때로는 온갖 풍성한 열매를 맺게 함으로써 세상을 유익하게 만들기도 하듯이 성 역시 그와 같다고 한다. 탈무드의 이런 주장은 성에 대한 프로이트의 태도와 거의 일맥상통하는 내용이기도 하다. 프로이트 역시 초기에는 성적 억압의 부정적인 결과로 나타난 히스테리 증상에 주목했으며, 어린 시절 겪게 되는 성적인 외상의 결과에도 주의를 기울인 것이다.

또한 탈무드는 남자의 성적 흥분이 주로 시각적 자극을 통해 일어나는 반면에, 여자는 주로 피부의 촉각을 통해 성적 흥분을 느낀다고 말하고 있는데, 그 때문에 전통적으로 유대인 상인들은 거스름돈을 내줄 때에도 여자에게는 손으로 직접 건네지 않고 가까운 곳에 돈을 놓아둠으로써 손님이 집어가게 만들며, 남자들의 시선을 자극하지 않기 위해 여성들의 옷차림에 대해서도 주의를 주는 것이다.

부부간의 성관계에 대해서도 탈무드는 충분한 애무 시간을 갖도록 충고하고 아내의 허락 없이 강제로 관계를 갖는 일은 강간과 다름없기 때문에 반드시 아내를 잘 설득해야만 한다고 주의를 준다. 또한 아내가 월경 중일 때에는 성관계를 금하고 있으며, 흉년이 들거나 전염병이 돌고 있을 경우에는 적절한 피임법을 시용하도록 권장한다. 이처럼 탈무드는 남녀의 성에 대해서도 매우 세심한 배려와 충고를 아끼지 않는다. 그리고 무엇보다 중요한 점은 성에 대한 긍정적인 태도라 하겠다. 서구 기독교사회의 오랜 금욕주의 전통에 비하면 성에 대해서만큼은 매우 개방적인 태도를 유지해 왔음을 알 수 있다.

전통적으로 유대교는 성적 쾌락주의도 금욕주의도 모두 배격한다. 즉, 기쁨의 정당한 원천을 보고도 그것을 누리지 않는 사람은 그런 기쁨을 주신 신의 뜻에 반하는 것으로 간주된다. 다시 말하면 인간이 행복을 추구하고 생을 즐기는 것이 당연하다고 믿어 왔다. 따라서 독신주의는 오히려 건강을 해친다고 여김으로써 특히 결혼하지 않는 남자는 경멸의 대상이 되었다. 즉, 적절한 성의 배출을 가로막는 것은 건강에 해롭다는 주장인데, 이는 프로이트의 이론과도 그 맥을 같이 하는 것이다. 특히 그는 정신분석의 목적을 "이드가 있던 곳에 자아가 있게 한다."라는 말로 요약함으로써 이드의 쾌락주의, 초자아의 금욕주의 모두를 배격하고 있음을 알 수 있다. 탈무드의 정신을 그대로 반영하고 있는 것이다.

유대인은 탈무드의 가르침에 따라 성도 신이 내려주신 선물로 생각하고 감사한 마음으로 성의 쾌락을 즐기되 부도덕한 오용은 엄격히 제한을 두어 지켜왔다. 오늘날 지구상에서 포르노와 외설적 도색문화에 침식되지 않은 유일한 민족은 유대인을 포함한 셈족 계열이 될 것이다. 그런 점에서 프로이트의 이론을 성적으로 불결하고 타락한 이론으로 매도하며 격렬하게 비난했던 서구 기독교 사회야말로 오히려 적반하장식의 태도를 보인 셈이다. 왜냐하면 당시 서구사회는 성적으로 몹시 방탕하고 성병이 만연해서 수많은 지식인마저 매독으로 죽어가던 시절이었기 때문이다. 오히려 당시 불치병으로 간주되던 매독의 공포로부터 서구인을 해방시켜 준 장본인은 유대인 과학자 파울 에를리히였으니 세상일은 참으로 알다가도 모를 일이다.

따라서 겉으로는 금욕적 가치를 내세우면서도 실제로는 성적으로 몹시 문란했던 서구사회의 이중성은 프로이트의 이론적 도전 앞에 위기감을 느낄 수밖에 없었을 것이다. 이는 곧 있는 그대로의 성적 본능을 신의 배려와 자연의 일부로 이해하고 받아들이는 데 어려움이 없었던 유대인들과는 달리 성에 대해 이율배반적인 모순된 태도를 유지했던 서구인의 인식론적 차이에서 비롯된 결과였다. 그런 점에서 중세 암흑기를 통해 오랜 세월 금기시되었던 성의 문제를 공개적으로 들고 나온 프로이트야말로 진정한 성해방의 선구자로 간주해야 마땅할 것이다. 성에 대한 터부를 깬 최초의 의사였다는 점에서 하는 말이다.

탈무드에 나오는 일화 가운데 이런 이야기가 있다. 상사병에 걸린 어떤 남자를 진찰한 의사가 그에게 충고하기를, 그 여자와 잠을 함께 자면 병이 나을 수 있을 것이라고 하였다. 그 남자는 곧바로 랍비를 찾아가 상의했는데, 랍비는 절대로 그녀와 야다性交를 하면 안 된다고 말했다. 그 이유는 이 세상 사람들이 모두 눈이 맞았다고 해서 무조건 성관계를 맺게 되면 세상질서가 무너지기 때문이라는 것이다. 이런 일화가 전해 주는 메시지는 프로이트의 이론에서 말하는 이드의 충족과 초자아의 통제, 그리고 자아의 갈등 및 타협기능과 일치한다.

탈무드가 전하는 한 가지 중요한 사실이 또 있다. 남자는 전적으로 여자 하기에 달렸다는 사실이다. 한때 전 국민의 사랑을 받았던 여배우 최진실을 하루아침에 유명하게 만들었던 상품광고의 내용도 바로 남자란 여자 하기 나름이라는 말이었지만, 탈무드에서도 이와 똑같은 이야기를 전하고 있다. 착하기로 소문난 어떤 부부가 어쩌다가 이혼을 하게 되었는데, 그 후 남편은 행실이 좋지 못한 여자와 재혼하여 그녀처럼 나쁜 남자가 되고 말았지만, 원래 아내는 나쁜 남자와 재혼했음에도 불구하고 그 남자는 결국 아내처럼 착하고 어진 성품으로 바뀌었다는 것이다. 이런 점으로 보아 탈무드는 결코 남성우월주의와는 거리가 멀다고 하겠다.

그것은 다음과 같은 가르침을 통해서도 확인할 수 있는 사실이다. 탈무드에는 시집가는 딸에게 전하는 어머니의 가르침을 말하고 있는데 그 내용은 다음과 같다. '사랑하는 딸아, 네가 만일 남편을 왕처럼 받든다면, 너의 남편은 너를 여왕처럼 모실 것이다. 그러나 너의 행실이 마치 하녀 같으면 너의 남편은 너를 하녀처럼 다룰 것이다. 만일 네가 너무 자존심을 내세워 남편에게 봉사하기를 꺼려한다면, 남편은 힘으로 너를 하녀로 만들고 말 것이다. 항상 가정을 위해 마음을 쓰고, 특히 남편의 소지품을 소중하게 다루어라. 그리하면 남편은 네 머리 위에 왕관을 기쁜 마음으로 바칠 것이다.'

이런 가르침은 결코 남편에게 절대적으로 복종하도록 강요하는 말이 아니다. 오히려 하녀처럼 굴면 하녀 대접을 받을 것임을 경고하고 있지 않은가. 그렇다고 해서 너무 자존심만 내세우게 되면 상대가 더욱 거칠게 나올 것이라고 주의를 주고 있다. 애정은 상대적이다. 이런 중요한 사실을 탈무드는 이미 오래전에 터득하고 자녀교육의 지침으로 가르쳐 온 것이다. 탈무드 교육의 가장 중요한 부분을 이루고 있는 점 가운데 하나는 바로 바람직한 어머니상이라 할 수 있는데, 역사적으로 보더라도 위대한 업적을 낳은 유대인의 배경에는 항상 훌륭한 어머니의 존재가 있었다는 사실을 알 수 있다.

오늘날 급진적 페미니스트들이 놓치고 있는 점도 바로 이런 탈무드의 지혜가 아닐까. 현실적인 평등관계도 중요하겠지만, 남편과 아내, 남성과 여성으로서 주어진 독자적인 정체성의 확립과 그에 따른 타협의 과정 또한 무시할 수 없는 요인이 되겠는데, 이런 점은 무조건 평등만을 요구하며 투쟁 일변도로 나가는 영미계의 페미니스트들과는 달리, 오히려 성별 차이의 독자성을 강조하는 프랑스의 보다 이성적인 페미니스트들에서 발견할 수 있는 매우 합리적인 입장과 비슷하다고 할 수 있다.

여성운동가들은 아담의 갈비뼈에서 여자를 만들었다는 창세기 내용 자체부터가 남성우월주의에서 비롯된 전형적인 예라고 하면서 비난을 퍼붓고 있지만, 그렇다고 해서 해부학적 차이조차 똑같이 만들 수야 없는 노릇이 아닌가. 다소 궤변처럼 들리기도 하지만, 그 이유를 탈무드는 다음과 같이 말하고 있다. 신이 처음 여자를 창조할 때 남자의 머리로 여자를 만들지 않은 것은 여자가 남자를 지배하지 못하도록 하기 위함이며, 또한 남자의 발로 여자를 만들지 않은 것은 남자의 노예가 되어서도 안 되기 때문이라는 것이다.

여기에 한마디 덧붙이기를, 남자의 갈비뼈로 여자를 만든 것은 여자가 늘 남자의 마음 가까이 있게 하기 위함이며, 그래서 남자가 특히 여자의 유혹에 잘 넘어가는 것은 자기의 잃어버린 부분을 되찾으려 하기 때문이라는 것이다. 물론 말도 되지 않는 소리라고 일축해 버리면 그만이지만, 잘 생각해 보면 단순히 웃어넘길 농담만은 아닐 듯싶다. 왜냐하면 탈무드가 말하고자 하는 내용은 단지 지배와 피지배의 관계에 기초한 종속이론을 가리킨 것이 아니기 때문이다. 오히려 탈무드는 다음과 같이 경고한다. 이유 없이 아내를 학대하지 말라. 신은 지금도 당신 아내의 눈물방울을 빠짐없이 세고 있기 때문이다. 그런 점에서 탈무드는 남성 본위의 지혜서가 아니라 여성과 아내, 아이들 본위의 가르침을 전하는 매우 휴머니즘적인 삶의 지침서라 하겠다.

사랑의 미로

프로이트는 인간의 정신건강을 어디에 근거를 두고 정의하느냐는 질문에 대해 일과 사랑, 두 가지 측면에서 얼마나 조화를 이루며 살아가느냐에 달려 있다고 답했다고 한다. 그의 말대로 인간의 애정관계는 삶의 질과 방향을 결정지을 수도 있을 만큼 실로 중요한 원동력을 제공한다. 애정관계의 실패로 인해 온갖 고통과 좌절, 파멸이 뒤따르기도 한다. 실제로 우리 삶에서 일과 사랑 모두에서 성공하기란 그리 용이한 일이 아니다. 일에 성공해도 사랑이 여의치 않거나 사랑에 성공했으면서도 일에 실패하는 경우도 많기 때문이다. 일과 사랑 모두에 실패함으로써 아예 생을 포기하는 사람도 있다.

특히 애정문제는 인류 역사가 시작된 이래 인간의 삶과 죽음을 좌지우지할 정도로 강력한 힘을 발휘해 왔지만, 생각처럼 손쉽게 해결되지 않는 마치 수수께끼와도 같은 의문점 가운데 하나였다. 정신분석이 나타나기 이전에도 수많은 철학자, 사상가, 종교인, 예술가들이 그런 의문에 답을 주기 위해 무진 애를 썼지만, 그 결과는 오늘날에 와서도 크게 달라진 게 별로 없어 보인다. 오히려 프로이트는 인간의 정신과 인격 발달에 성을 혼합시킴으로써 신의 숭고한 피조물인 인간 존재를 도덕적으로 타락시켰다는 사회적 비난을 감수해야만 되었다.

그럼에도 프로이트 이전과 이후의 세계는 인간의 성과 사랑에 대한 인식론적인 측면에서 크게 변모했다. 그리고 인간의 이해할 수 없는 수많은 행동의 이면에는 적절히 해소되지 못한 성적인 갈등 요소들이 내재되어 있음을 밝혀냄으로써 프로이트는 인간을 성적으로 타락시킨 것이 아니라 오히려 현실적인 해결책을 제시했던 것이다. 물론 영적인 구원을 갈망하던 사람들에게는 옹골지게 인간의 성을 강조한 프로이트만큼 껄끄러운 장애물도 없었을 것이다.

그런데 탈무드에서는 한 랍비의 가르침을 통해 성생활이 얼마나 인격 함양에 큰 도움이 되는지 일깨워주고 있다. 랍비가 '무엇이 과연 거룩한 것인가'라는 질문을 학생들에게 던졌다. 제자들의 대답이 제각각이자 랍비는 거룩함은 '무엇을 먹을 것이며, 섹스를 어떻게 할 것인가'에 달려 있다고 말해 주었다. 학생들이 반신반의하자 랍비는 그 이유를 자세히 설명해 주었다. 인간이 안식일을 지키고 계율에 따라 음식을 가리며 생활하는 것은 누가 봐도 손쉽게 알 수 있는 일이지만, 그가 집에 돌아가 홀로 무엇을 먹고 어떤 성생활을 보내는지에 대해서는 누구도 알지 못하는 일이라는 것이다. 그리고 음식과 섹스야말로 그가 동물에 가까운 인물인지 천사에 가까운 인물인지 여부를 결정짓는 잣대가 되는 것으로 이 두 가지를 통해 자신의 인격을 성장시킬 수 있는 자야말로 진정으로 거룩한 사람이라는 설명이다. 이런 랍비의 설명은 프로이트보다 훨씬 더 솔직하고 설득력이 있어 보이지 않는가.

우리는 죽을 때까지 평생을 두고 끊임없이 무언가를 찾고 누군가를 그리워한다. 왜? 그 이유는 아무도 모른다. 모르지만 괴롭기 때문에 그런 고통에서 벗어날 길을 그토록 애타게 찾는지도 모른다. 사람들은 그 와중에서 각자 자신이 선택한 길만이 올바른 길이라고 서로 우기며 심지어는 다투기까지 한다. 그런 다툼은 또 다른 고통을 불러일으키는데도 말이다. 그래서 인간은 자가당착의 악순환에 빠지고 자기기만과 자기도취의 늪에서 헤어나지 못하는가 보다.

세상의 그 어떤 사상이나 철학, 종교도 인간심리에 대한 과학적 탐구를 적대시하거나 도외시한다면 결코 그런 자기모순의 반복적인 허상에서 벗어나기 힘들다는 사실을 현재까지 알려진 심리학적 지식들이 여실히 보여 주고 있다. 허공에 핀 꽃을 따려는 어리석음이야말로 정신분석에서 깨닫게 해 주려는 기본 테제라는 점에서, 어떻게 보면 불교적 중심 테마와도 일맥상통하는 면이 없지 않다.

문제는 방법론적인 면에서 장기간에 걸친 개인분석과정이 필요하다는 점 때문에 대승적 차원보다는 소승적 깨우침의 차원에 머물 수밖에 없다는 핸디캡이 있으나, 자기 자신의 내면세계를 탐구하고 반복적인 훈습을 통한 자각의 과정은 남다른 용기가 아니고서는 도달하기 매우 어려운 길이기도 하다. 물론 거기에는 상당한 돈과 시간, 그리고 인내심도 필요하다. 분석을 하는 사람이나 받는 사람들은 어찌 보면 대단한 지적 허영심의 욕심쟁이들일지도 모른다. 일생에 한번 그토록 치열하게 자신에 대한 내적 탐색과 모험에 도전장을 던져본다는 사실만 해도 실로 대단한 욕심이기 때문이다.

그런데 우리가 부인할 수 없는 행동적 모순의 근저에 도사린 인간 욕망의 실체를 제대로 이해하기 위해서는 우리 삶의 주된 추진력으로서의 성과 애정문제를 반드시 다루어야만 한다. 애정문제는 인류역사를 통해서도 알 수 있듯이 인간의 숱한 불행과 비극적 사건의 배경에 음으로 양으로 작용해 왔다고 할 수 있다. 단적인 예로, 한 왕비를 쟁탈하기 위해 무수한 인명을 앗아간 트로이 전쟁을 들 수 있다. 가장 최근에 빚어진 비극적 사건으로는 네팔 왕국의 왕세자 디펜드라가 자신의 애정문제에 대한 어머니의 간섭에 불만을 품고 왕과 왕비를 포함한 일가족 모두를 총기로 난사해 몰살시킨 사건을 들 수 있다.

그래서 예로부터 이처럼 비극적인 현실을 수시로 목격해야만 했던 수많은 영적 지도자는 한목소리로 외치며 여성을 멀리하라고 가르쳐 왔다. 이는 물론 남성본위의 발상이긴 하지만 수천 년 동안 고금동서를 통해서 알 수 있듯이 보다 높은 경지에 오르기 위한 전제조건으로 금욕을 요구해 왔던 것이다. 즉, 목적을 위한 수단에 방해가 된다는 이유에서였다.

그러나 조금만 달리 생각해 본다면 혹시 금욕 자체가 목적이 아니라 성에 대한 회피나 두려움 때문에 금욕으로 도피하고자 하는 것은 아닌지 고려해 봄 직도 하다. 그러지 않고서야 그토록 집요하고 치열하게 평생을 두고 이성과 담을 쌓도록 스스로 강요하진 않을 것이기 때문이다. 그리고 자연이 우리에게 부여한 성을 인위적으로 차단하려는 그런 의지가 과연 어디에서 비롯된 발상인지 궁금하지 않을 수 없다.

더군다나 굳이 남녀를 구분해 창조하고 두고두고 자손을 낳으며 오래도록 번성하라는 창조주의 뜻을 이해한다면, 그토록 자발적으로 심리적인 거세를 스스로 요구하는 이유가 무엇일까 궁금해진다. 물론 종파나 교파에 따라서는 그런 자연의 순리를 받아들여 성직자도 결혼을 허용하는 종교적 혁신이 일어나기도 했지만, 그럼에도 수많은 대중은 지금도 여전히 금욕하는 성자나 성직자들에 대해 신비스러운 외경심과 존경심을 지니고 따르고 있으니 참으로 수수께끼 같은 현상이 아닐 수 없다.

인간은 태어나서 죽는 순간까지 성으로부터 자유로울 수 없다. 유아시절부터 노인에 이르기까지 영육의 갈등은 모든 문학의 중심 테마가 되어 왔으며, 그런 영육의 갈등은 심각한 종교적 문제의 중심 테마이기도 했다. 프로이트의 업적은 이처럼 성의 노예로 전락하지 않기 위해 필사적으로 몸부림치는 인간심리의 근

인간의 타락. 페테르 파울 루벤스 作(1629)

본을 철저히 밝혔다는 것인데, 그의 주장은 너무도 취약한 인간의 자존심과 치부를 건드린 결과가 되었기에 순순히 받아들이기 어려운 점도 많았을 것이다. 이는 마치 건드려선 안 될 금단의 열매를 따먹고 영원히 낙원에서 추방된 아담과 이브의 경우와 매우 흡사하다. 그들처럼 프로이트 역시 천기를 누설하고 천리를 어긴 혐의로 따가운 여론재판의 피고석에 올라 유죄판결을 받은 처지였기 때문이다. 그런 점에서 볼 때, 인간은 성에 대해서도 여전히 이중적 태도를 보이고 있는 셈이다.

다른 동물과 달리 인간만은 시간과 장소에 구애됨이 없이 집요하게 성에 집착하고 매달리며 씨름해 온 존재라 할 수 있다. 인류 최초의 처절한 전쟁으로 기록된 트로이 전쟁도 결국 스파르타의 왕비 헬렌을 사이에 두고 트로이의 왕자 파리스와 스파르타의 왕 메넬라오스의 과도한 집착에서 비롯된 값비싼 대리전쟁이었던 것이다. 이처럼 지도적 위치에 있는 사람들의 사적인 문제가 한 시대의 역사를 바꿔놓을 수도 있을 만큼 배후에서 막강한 영향력을 행사할 수도 있는 것이 바로 인간의 성이다.

성과 애정은 사실 옷만 바꿔 입힌 동일인이다. 성관계와 애정관계는 이웃사촌이 아니라 같은 것이다. 다만 그런 남녀관계의 현장은 사랑만이 넘쳐나는 것이 아니라 애증이 서로 교차하는 곳이기도 하다. 물론 사랑이 없는 기계적인 관계도 존재한다. 그러나 감정의 교류가 전혀 없는 관계란 있을 수 없다. 감정을 숨기거나 느낄 수 없을 정도로 미약할 수는 있겠지만, 그렇다고 해서 감정이 애초에 존재하지도 않거나 어디론가 증발해 버린 것은 결코 아닐 것이다.

인류역사 이래 인간은 성과 애정문제에서 완전히 벗어나 자유를 누려본 적이 거의 없다고 해도 과언이 아니다. 물론 예외적인 소수의 성자나 종교인들은 그런 질곡에서 벗어나 완전한 자유의 경지에 올라 드높은 깨우침에 도달했다고는 하지만, 대다수의 보통사람들은 젖 먹던 시절부터 생을 마감하는 순간까지도 애정문제에서 결코 벗어날 길이 없었다. 그래서 마치 주어진 업보처럼 애정의 굴레를 쓰고 한 평생을 울다 웃다 온갖 사연을 싣고 살다가는 것이 인간의 운명처럼 일컬어져 오기도 했다. 미적분보다 어려운 것이 수수께끼 같은 애정방정식이요, 성적인 욕망 또한 인간을 집요하게 괴롭혀 온 풀리지 않는 숙제였다. 이처럼 힘겨운 애정문제야말로 인간의 가장 근원적인 문제이면서도 심층적으로 다루기 어려운 부분이기 때문에 학문영역보다는 오히려 예술 및 종교 분야에서 보다 적극적인 관심을 지니고 이 문제를 심도 있게 다루어 왔다고 할 수 있다.

사랑의 선택

프로이트는 배우자 선택에 있어서 각자의 내재된 갈등과 충족되지 못한 욕구 등이 보이지 않는 영향력을 행사하게 된다고 하였다. 다시 말해서 사랑의 대상을 찾고 선택하는 과정에는 그 사람의 무의식이 깊이 관여된다는 것이다. 우리는 어릴 때, 흔히들 부모로부터 "이 다음에 크면 넌 엄마 아빠 중에서 누구랑 결혼할래?"와 같은 장난기 어린 말을 듣고 입장이 매우 난처했던 기억들이 있을 것이다. 이런 양자택일의 질문 앞에 남아는 아빠의 눈치를 보기 마련이고, 여아의 경우는 엄마의 눈치를 보기 마련이다. 영악한 아이는 눈치 빠르게 엄마, 아빠 모두하고 결혼할 거라고 말함으로써 위기를 모면하기도 한다. 프로이트는 전이적 사랑의 강렬함에 놀라움을 금치 못하면서 결론짓기를, 오이디푸스 갈등의 핵심적인 대상을 향한 무의식적 욕망의 추구는 모든 정상적인 애정관계의 한 일부가 된다고 감히 단언했다.

그런데 프로이트의 제자였던 헝가리의 분석가 산도르 페렌치에 의하면, 인간은 성행위를 통하여 잃어버린 자궁으로 다시 복귀하고자 하는 시도를 끊임없이 반복한다고 주장함으로써 정신분석학계 내에서조차 너무도 비과학적인 억지논리로 취급되어 완전히 따돌림을 당하고 말았다. 물론 그의 이런 주장은 지나친 논리의 비약이요, 허튼 상상력의 소산이라고 치부할 수도 있겠으나, 원초적 단계로 복귀하고픈 욕구는 분명히 존재한다. 대상관계이론에 의하면, 인간은 누구나 일생 동안 어릴 때 각인된 대상 이미지를 내면에 간직하고 살면서 끊임없이 그런 내적 대상과의 관계를 반복하려는 경향을 보인다고 하는데, 당연히 남녀 간의 배우자 선택과 애정관계에서도 그런 대상관계의 영향과 간섭을 받는 것으로 본다.

전통적으로 과거 우리 사회에서는 배우자 선택의 중요한 기준으로 궁합이라는 것을 보았다. 궁합에는 속궁합과 겉궁합이 있다. 겉궁합은 외부적 조건들의 조화를 말한다. 집안, 환경, 배경, 성격, 직업, 태도 등이 조화를 이루면 일단 합격이다. 그러나 보다 미묘한 속궁합은 외모만 봐서는 쉽게 알 수 없다. 속궁합이란 성적으로 서로 잘 조화를 이룰 것이냐 하는 문제를 완곡하게 빗대어 부르는 말일 것이다. 간단히 말해서 이불 속 궁합과 이불 밖 궁합이라고 할 수 있겠다.

하지만 여자의 생리 혹은 성기를 직접 눈으로 확인할 수는 없는 노릇이니 당연히 관상이 요구되었을 것이다. 즉, 입술의 모양, 습기, 윤기 등을 따지고 눈썹이나 눈매, 보조개, 양 미간의 거리, 턱의 구조, 광대뼈, 이마의 모습과 크기, 콧날의 각도와 모양, 치아의 배열, 혀놀림, 피부색과 탄력성 등을 따져서 여자의 성기능을 추론했던 것이다. 이토록 정교한 궁합의 절차가 발달하지 못한 서구사회는 결국 혼외정사 문제가 더욱 클 수밖에 없지 않았겠는가.

첫눈에 반해 연애에 빠진 자녀들의 성급한 혼사 결정에 대해 많은 부모들이 불안해하는 이유는 단순히 고루한 사고방식이나 불신 때문에서가 아니다. 오랜 삶의 경험과 관찰을 통해서 얻은 지식이 있기 때문이다. 그것은 상대에 대한 깊이 있는 이해의 과정이 따르지 않은 채 뜨거운 열정에만 사로잡힌 결정이기 때문에 마음을 놓지 못하는 것이다. 상대의 인격에 대한 충분한 이해를 토대로 하지 않은 뜨거운 열정은 상대의 부분적인 매력에 국한된 것일 가능성이 높기 때문에 그런 감정은 얼마 가지 않아 깊은 실망과 좌절로 이끌기도 한다.

특히 예상치 못한 상대의 허물이나 결함이 드러나게 되면서 상대에 대한 환상이 깨질 때 더욱 그렇다. 물론 당사자들은 젊은이의 순수한 열정을 이해하지 못하고 외부적 조건만을 따지는 부모에 대해 더욱 반감을 지니고 자신들의 순수성을 고집하며 서로 충돌하는 수가 많다. 그러나 어느 한쪽만이 잘못되었다고 말할 수도 없다. 모두가 일리 있는 주장이기 때문이다.

문제는 대상 선택에 관여하는 무의식적 동기의 존재를 이해하는 것이 중요하다는 점에 있다. 예를 들어, 어려서부터 항상 남성들과 경쟁하는 데 온힘을 쏟으며 지내온 여성이 아주 소극적이고 유약한 심성의 남자를 배우자로 선택한 결혼에서 역설적으로 그토록 우유부단한 남편에 대한 불만 때문에 치료를 받게 된 경우도 있다. 그녀는 남아선호사상이 심한 어머니 밑에서 컸는데, 오빠에 대한 편애를 목격하면서 단지 남자라는 이유만으로 온갖 특혜를 누리는 불합리한 관습에 커다란 저항감을 느꼈으며, 항상 어머니에게 휘둘리는 연약한 아버지에 대해 한없는 동정심을 지니며 성장했던 것이다. 그런 성장 배경이 그녀의 배우자 선택에 본인 자신도 의식하지 못한 가운데 작용했다고 볼 수 있다.

소위 이혼을 밥 먹듯 하는 사람들은 지속적이면서 깊은 인간적 관계를 형성하고 유지해 나가는 데 두려움을 안고 있는 사람들이기 쉽다. 그리고 대부분의 경우에 그들은 흔히 자신들의 문제를 인식하지 못하고 무조건 상대 탓으로만 그 원인을 돌리곤 한다. 따라서 그들은 새로운 관계, 새로운 배우자를 만나면 보다 행복한 생활을 이루어 나갈 수 있다고 착각하지만, 자신의 인격적 결함을 개선시키고 보완해 나가지 않는다면 결국 과거의 오류와 실패를 반복할 가능성이 매우 높다.

프로이트가 말한 반복강박의 개념은 배우자 선택과 부부 갈등문제에도 그대로 적용이 가능한 아주 유용한 개념이다. 반복강박이란 과거에 해결하지 못한 외상적 경험이나 갈등적 요소를 일생 동안 반복해서 재연해 나가는 경우를 말하는데, 그런 악순환의 반복은 배우자뿐 아니라 다른 모든 인간관계를 통해서도 나타난다. 특히 다른 이성에 대한 불신이나 두려움, 불안 등이 유달리 강한 사람은 배우자 선택에 더욱 큰 어려움을 겪을 수밖에 없을 것이며, 본인 자신도 그런 문제로 심적인 고통을 겪는 수가 많다.

우스갯말이지만, 인간은 판단력장애로 결혼하고, 인내력장애로 이혼하며, 기억력장애로 재혼한다는 말까지 있다. 모든 결혼문제의 핵심을 찌른 명언이 아닐 수 없다. 그런데 이혼에 대해 전통적으로 반대하는 입장을 보여 온 유대교의 랍비들도 이와 비슷한 논리를 폈다. 즉, 한 번 결혼에 실패한 사람은 다시 재혼하더라도 똑같은 실패를 되풀이하기 쉽기 때문에 이혼을 반대한다는 것이다. 따라서 모든 배우자 선택의 심리적 배경뿐 아니라 애정관계의 유지 문제, 그리고 왜곡된 관계를 반복하는 문제 등은 모든 인간이 일생 동안 헤쳐 나가야 될 미완의 숙제와도 같은 것이라 할 수 있다.

사랑과 미움

인간의 감정 중에서 가장 근원적이면서 원초적인 감정에 속하는 것이 무엇이냐고 한다면, 그것은 바로 사랑과 미움의 감정이라고 할 수 있다. 그런데 인간의 사랑과 미움은 그 실체가 매우 분명해 보이는 듯하면서도 마치 소금과 후춧가루가 제멋대로 뒤섞인 채 혼합되어 있는 상태처럼 그 실체를 파악하기가 결코 용이하지 않다. 하지만 인간심리의 내면을 좀 더 세밀하게 살피다 보면 어느 정도의 윤곽을 파악할 수는 있다. 물론 그런 탐색의 유용한 접근방법 중의 하나가 정신분석이다.

사랑의 감정은 아주 사소한 계기를 통해서도 엄청난 미움의 감정으로 돌변하는 경우가 종종 있는데, 이토록 이해할 수 없는 현상 앞에서 사람들은 몹시 곤혹스러워하거나 낭패감을 경험할 수밖에 없을 것이다. 인간의 삶을 움직이는 두 개의 수레바퀴가 있다면, 그것은 곧 사랑과 미움의 감정이라고 해도 결코 무리가 없을 것이다. 다시 말해서 애증의 감정은 따로 분리될 수가 없는 동전의 앞뒷면이요, 일심동체라 할 수 있다.

물론 미움이 없는 사랑만으로 충만된 세상을 일찍부터 인류는 갈망해 왔다. 하지만 그것이 과연 가능할지는 아무도 모른다. 감정적 문제는 노력만으로도 안 되고 생각을 바꿔도 여의치가 않다. 미움, 적개심, 분노, 증오심, 질투심, 공격성을 완전히 지상에서 소멸시킬 수 있을까? 그리고 반드시 소멸시켜야만 할까? 그런데 이를 어쩌랴. 사랑과 미움은 태어날 때부터 따로 떼어놓을 수도 없는 인간의 불가피한 조건인 것을.

물론 모든 종교에서는 줄곧 사랑을 외쳐 왔지만, 미움이 없이는 불의에 대항할 수도 없고 악에 저항할 수도 없으며, 가족을 위협하고 생명을 해치고자 하는 무장 강도를 물리칠 수도 없다. 원수를 사랑하라는 예수의 말씀은 하나의 위대한 역설이다. 그 말씀을 액면 그대로 받아들인다면 그것은 목숨을 담보로 내건 엄청난 일회성 도박이 아닐 수 없다. 잘못하면 원수에게 목숨을 잃을 수도 있기 때문이다. 그처럼 위대한 역설은 아무나 행할 수 없는 것이기에 더욱 가치가 있는 것이겠지만, 서로 총부리를 겨누고 있는 전장에서 그런 말씀은 무용지물이 될 수밖에 없다. 그것이 냉혹한 현실이니 어쩌겠는가. 상황이 그러하니 군목조차도 전투에 나서는 병사들에게 신의 가호를 빌 수는 있겠지만, 적군을 사랑하라는 말은 차마 할 수가 없을 것이다.

내면에 자리 잡은 증오심을 감추고 겉으로 아무리 사랑을 외친다 해도 그것은 자기 스스로를 기만하는 행위인 동시에 상대를 기만하는 것이기도 하다. 더군다나 자신의 내부에 숨어 있는 미움을 본인 스스로도 깨닫지 못한 경우도 많다. 엄마 품에 안겨 젖을 빠는 아기는 이미 사랑과 미움이 무엇인지 경험한다. 자신에게 좋은 것은 사랑이고 나쁜 것은 미움이기 때문이다. 따라서 좋은 것은 엄마 젖이고 나쁜 것은 독이다. 그런 유아적인 이분법적 사고의 흔적은 성인이 되어서도 그대로 남아 사람들은 모든 것을 흑과 백, 선과 악, 천사와 악마, 적과 동지, 정통과 이단 등으로 구분하기를 좋아한다.

모든 것을 좋고 나쁜 것으로 이분하는 유아적 단계에서 진일보하게 되면 사랑과 미움의 점진적인 통합이 가능하게 되지만, 그런 통합에 어려움을 보이는 사람들도 세상에는 결코 적지 않다. 인간은 그처럼 불가해한 사랑과 미움의 교차로에서 항상 모순을 느끼고 갈등하며 방황한다. 결혼은 바로 그런 사랑과 미움의 실천 무대인 셈이다. 그렇게 서로 모순된 감정의 공존으로 양가적 감정ambiva-lence상태의 혼란을 심하게 겪은 사람일수록 사랑을 주고받는 삶의 현장에 직면하면서 그 혼란은 더욱 배가된다.

사랑과 공격성에 관한 연구로 정평이 나 있는 미국의 저명한 유대계 정신분석가 오토 컨버그에 의하면, 인간의 애정관계는 사랑만으로 점철된 것이 결코 아니며, 사랑 못지않게 공격성도 깊이 연루된다고 주장했다. 인간의 성행위를 관찰해 볼 때, 사랑만으로 이루어지는 성행위는 밋밋하고 싱겁기 짝이 없으나, 공격성이 적절히 가미된 성행위일 경우에 비로소 본인들이 경험하는 흥분의 강도나 만족도에 있어서 훨씬 강렬하고 자극적이 된다는 것이다.

사랑의 역설은 가학-피학적 성격에서 가장 두드러진다. 상대를 괴롭히고 상대로부터 괴롭힘을 당하는 상황을 반복적으로 연출하며 만족을 구하는 이들 성격은 사랑과 미움의 이분법적 구분을 마치 비웃기라도 하듯 매우 이율배반적인 모습을 보인다. 이들은 마치 고슴도치 부부가 상대에 접근하며 바늘로 찌르고 찔리면서도 서로 떨어지지 못하는 양상에 비견될 수 있겠다. 실제로 이 세상에는 걸핏하면 욕하고 때리는 남편과 수시로 매 맞는 아내들이 많으며, 그럼에도 끝내 헤어지지 않고 붙어 사는 경우가 있는데, 그런 병적인 밀착 관계를 프로이트는 도덕적 사도마조히즘moral sado-masochism이라고 부른 것이다. 물론 남성은 무조건 가학적이고 여성은 피학적이라는 도식도 사실은 맞는 말이 아니다. 가학과 피학은 동전의 양면과도 같은 것으로 한 개인이 동시에 지니고 있는 수도 있기 때문이다.

도덕적 사도마조히즘

사도마조히즘은 원래 쾌락적인 만족을 얻기 위한 변태적 성도착증을 뜻하나, 프로이트는 성도착 차원뿐 아니라 도덕적 차원의 사도마조히즘에 대해서도 관심을 기울이고 정신적으로 가학적, 피학적인 태도를 취하는 경우를 그렇게 불렀다. 모진 학대를 가하는 남자와 그런 고통을 기꺼이 감수하며 사는 여자의 기묘한 결합에서 그런 성향을 찾아볼 수 있다.

침대 위의 여섯 사람

인간은 누구나 꿈이 있고 자신의 소망을 현실에서 성취하고자한다. 환상과 현실의 구분은 정신건강을 측정하는 유용한 방편이되기도 하지만, 병적으로 두드러지지 않을 경우에는 그 구분이 매우 어렵기도 한 부분이다. 위대한 천재들은 평범한 사람들보다 상상력과 환상능력 면에서 뛰어난 것이 사실이다. 하지만 대다수의평범한 사람들은 자신들의 환상과 욕망의 실체를 제대로 인식하지못하고 살아간다. 그리고 자신들의 내면에 자리 잡은 환상과 욕구를 자신과 가장 가까운 배우자에게 투사하거나 전치시키기 쉽다. 투사란 자신의 의식에서 받아들이기 어려운 부정적 특성을 타인에게 떠넘기는 현상이며, 전치란 자신의 부정적 감정을 상대적으로덜 위험한 곳으로 옮기는 경우를 말한다.

정신분석적으로 말하면 배우자에 대한 전이적 태도가 두 사람의 관계에 영향을 주는 수가 많다는 뜻이다. 심지어는 잠자리에서조차 이런 전이적 태도로 갈등을 겪는 수가 적지 않다. 가장 흔한예로는 조루나 발기부전, 불감증의 형태로 나타나는데, 대다수의심리적 성기능 장애는 이와 같은 심리적 원인에 의한 경우가 많다. 전이란 어린 시절 의미 있는 인물, 예를 들어 부모에게 지녔던감정적 태도가 배우자나 다른 제3자에게 향해져 나타나는 경우를말하며, 분석 상황에서는 분석가를 향해 그런 태도를 보이는 수가많다.

그런데 놀랍게도 탈무드에 이런 말이 나온다. 재혼한 사람끼리 결혼하면 그 침대 위에는 네 사람이 자게 된다고 말이다. 물론 이 말은 아무리 마음을 정리하고 새 출발을 했다 쳐도 두 남녀의 마음속에는 과거에 헤어진 배우자에 대한 기억들이 자리 잡고 있어서 결코 마음이 편치만은 않을 것이라는 뜻에서 한 말이겠다. 이 얼마나 놀라운 심리학적 탁견인가. 프로이트도 무릎을 칠 만한 예리한 지적이 아닐 수 없다.

미국을 대표하는 저명한 심리학자 윌리엄 제임스는 일찍이 환자와의 면담시간에는 적어도 여섯 명이 함께 마주하고 있다고 하였다. 즉, 자신이 각자 스스로 알고 있는 두 사람, 상대방이 서로에 대해서 알고 있는 두 사람, 그리고 서로 알 수 없는 각자의 내면 깊숙이 자리 잡고 있는 진정한 자기로서의 두 사람, 이렇게 6인이 마주보고 면담에 참여하고 있다는 말이다. 그야말로 아주 적절한 지적이다.

그런 점에서 분석가와 환자의 관계를 각자의 인격구조 측면에서 바라보자면, 환자의 이드와 자아, 초자아는 분석가의 이드와 자아, 초자아와 서로 상응하고 있는 상태에서 치료관계를 이어간다고 할 수 있는데, 이는 곧 분석 상황에서 단지 두 개체만이 마주하는 게 아니라 3쌍의 정신 구조들이 서로 마주하며 상호작용을 이루어 나간다고 볼 수 있다. 정신분석에서는 그런 경우 전이와 역전이 차원에서 문제를 다루어 나가기 마련이다.

이와 마찬가지로 두 남녀가 커플을 이루어 관계를 맺어 나갈 경우에도 역시 각자의 이드에 해당하는 성적 욕망이나 적개심 또는 시기심 등이 드러날 수 있고, 각자의 원초적 욕망에 대한 초자아적 반응으로 욕망을 제어하거나 죄책감 내지는 감정의 억제 등이 나타날 수도 있다. 동시에 욕망의 충족과 죄책감 및 두려움 사이에서 적절한 타협책을 모색하기 위한 다양한 자아기능의 방어적 태도들이 동원되기도 한다.

그런 점에서 남녀가 한 침대를 사용할 때 두 사람 각자의 이드와 자아, 초자아가 서로에게 작용할 수 있으며, 이는 달리 말해 한 침대 위에 3쌍의 인격구조가 서로 대응한다는 관점에서 6인용 침대라는 상징적 비유도 가능해진다. 더 나아가 내적 대상관계의 측면에서 보자면, 여성의 자아와 그녀의 내면에 간직된 부모상, 그리고 남성의 자아와 그의 내적인 부모상도 무의식중에 상호작용할 수 있다는 점에서 문제는 더욱 복잡해진다. 한 침대 위에 무려 여섯 사람이 서로 미묘한 심리적 관계를 이루어 나갈 수 있다는 말이 된다.

모든 남녀관계가 물 흐르듯 순조롭지만 않은 것은 이처럼 복잡한 내적 장치들이 동원되기 때문이다. 심지어는 신혼 첫날밤부터 이런 갈등과 모순에서 비롯된 마찰로 상호 불신의 늪에 빠지는 부부도 있다. 의식적으로는 성적 결합을 원하면서도 무의식적인 공포 때문에 본의 아니게 성관계를 회피하거나 거절하는 경우도 있다. 그런데 이처럼 침대 위에서 벌어지는 갈등 관계는 환자를 카우치에 눕히고 자유연상을 시키는 정신분석치료 현장에서도 재연될 수 있다. 분석적 치료공간을 차지하고 있는 두 사람, 즉 환자와 분석가 각자의 자아와 이드, 그리고 초자아가 동시에 마주하며 상호작용하기 때문이다.

단적인 예로, 분석가를 성적으로 유혹하고자 하는 환자의 전이적 태도가 두드러졌을 때, 분석가의 이드 역시 흔들림을 경험할 수 있지만, 그와 동시에 분석가의 초자아가 자신의 이드에 대하여 강력한 제동을 걸고 나오게 되면 그에 따라 분석가의 자아는 자신의 치료적 위치와 본분을 고려하여 적절한 거리를 유지하기 위한 중립적 자세를 유지하는 가운데 오히려 환자의 그런 전이적 감정이 어디서 비롯된 것인지 탐색을 시도하게 되는 것이다.

교류분석으로 유명한 캐나다 출신의 정신과의사 에릭 번은 인격의 일부로 어른, 아이, 부모의 역할을 담당하는 세 가지 부분을 말했는데, 이를 프로이트의 이론에 적용하면 어른의 기능은 자아에, 아이의 기능은 이드에, 부모의 기능은 초자아에 견줄 수 있겠다. 결국 표현만 다를 뿐 내용상으로는 대동소이한 것으로 볼 수 있다. 하지만 일반 대중이 이해하기에는 에릭 번의 용어가 더욱 편리한 개념일 것이다.

자신의 내면에 내재된 부모상의 관점에서 본다면, 남자는 본인 말고도 자신의 아버지상과 어머니상이 함께 하면서 여자를 상대하고 있으며, 여자 쪽도 마찬가지로 자기 외에 여성 자신의 아버지와 어머니상이 함께 하며 남자를 상대하고 있다고 볼 수 있다. 즉, 남녀 당사자 외에 그들 각자의 내면에 자리 잡은 부모상이 두 남녀의 관계에 알게 모르게 관여할 수 있다는 뜻이다. 물론 정상적으로 건강하게 자란 성인들에서는 이런 문제가 발생하지 않겠지만, 어린 시절에 특히 많은 상처를 받고 갈등 속에서 자란 사람들일수록 애정관계에서 비롯된 불화 문제로 심리적 고통에 시달리는 경우가 많은 것이 사실이다.

따라서 그런 사실은 본인들도 인식하지 못하겠지만, 부부간에 혹은 남녀 간의 성관계나 애정관계에서 갈등이나 불화의 소지가 발생하게 될 경우, 그런 사태의 배후에는 이처럼 보이지 않는 부모상과의 잠재된 무의식적 갈등관계가 문제의 핵심으로 작용하는 수가 많다. 예를 들어, 각자의 오이디푸스 갈등 해결에 실패한 남녀가 서로 결합되었을 경우를 상정해 볼 때, 남자는 자신의 근친상간적 욕망에 따른 죄책감 혹은 아버지의 징벌 및 거세위협이 두려워서 발기가 되지 않거나 조루상태에 빠질 수 있으며, 여자는 자신의 근친상간적 욕망에 대한 죄책감으로 불감증에 빠질 수도 있다.

어머니에 대한 근친상간적 욕구가 강한 남성이 자신의 욕망을 억압하는 데 실패하거나 자신의 배우자에게 어머니상을 투사적으로 동일시할 경우, 성관계를 시도할 때마다 강한 죄책감으로 발기가 안 되거나 삽입에 실패할 수가 있다. 그러나 신기하게도 이상적 대상이라고 할 수 없는 비천한 신분의 여성이나 창녀들과의 성관계는 오히려 죄책감 없이 정상적으로 성관계를 치르는 수도 있는데, 프로이트는 그런 경우를 마돈나-창녀 콤플렉스Madonna-whore complex라고 불렀다. 왜냐하면 거룩한 성모 마리아를 대하듯이 자신의 어머니에 대한 지나친 이상화로 인해 감히 범접할 수 없는 순결한 이미지를 어머니에게 부여하고 있던 남성일 경우, 상징적 어머니라고 할 수 있는 배우자에게 근친상간적 욕망에 따른 강한 죄책감을 느끼는 반면에, 돈으로 사고파는 창녀에게서는 그런 죄책감을 느끼지 않아도 되기 때문이다.

이보다 훨씬 소극적인 형태로 애정관계를 회피하는 수도 있는

일요신경증

헝가리의 정신분석가 산도르 페렌치가 사용한 용어로, 주말 휴일에 배우자와의 성적 접촉 또는 긴밀한 정서적 교류 기회를 회피하기 위해 다른 업무나 여가 활동을 핑계 삼아 집에 붙어있지 않은 경우를 말한다.

데, 예를 들면, 헝가리의 분석가 산도르 페렌치가 말한 일요 신경증sunday neurosis이 그렇다. 직장 생활을 하는 남성의 경우, 일요일은 집에서 쉬며 아내와 함께 오붓한 시간을 보내야 함에도 불구하고, 낚시나 골프, 사냥 등을 핑계로 집을 비우고 야외로만 나가는 수가 있는데, 이런 행동의 배경에는 아내와의 접촉을 가급적 회피하고자 하는 무의식적 동기가 작용한다는 것이다.

인간의 삶에서 특히 결혼생활에서 애정과 성을 빼고 이야기한다는 것은 어불성설이다. 동양사회에서는 전통적으로 부부는 성이 아니라 정으로 산다는 견해가 지배적인 미덕으로 간주되어 왔다. 그러나 서구사회는 정情 개념에 적합한 말 자체가 존재하지 않고 성과 사랑을 별다른 구분 없이 강조해 왔다. 특히 종교적, 사회적 윤리 기준에 묶여 그동안 불행한 결혼생활을 그대로 감수하며 살아야만 했던 수많은 사람이 오늘날에 와서는 그런 제약들이 상당 부분 사라지게 되면서 손쉽게 이혼도 가능하게 되었지만, 그에 따른 부작용으로 결혼의 소중한 가치에 대해 너무도 안이하게 편의적으로 해석하는 경향들이 생겨났다.

인간의 삶에서 성과 애정이야말로 가장 중요한 삶의 원동력이라는 점에서는 이의가 있을 수 없다. 따라서 원만한 애정관계야말로 성숙한 인격과 심성기능을 평가할 수 있는 유용한 척도가 된다. 그러기 위해서는 미분화된 유아적 잔재이기도 한 사랑과 미움의 통합이 반드시 요구되는 것이다. 일과 사랑의 조화를 강조했던 프로이트의 말처럼 인격의 성숙과 발달은 각자의 애정 관리를 어떻게 잘 유지해 나가느냐 여부에 달려 있다고 해도 과언이 아닐 것이다. 그런 점에서 결혼이야말로 인격적 성숙을 테스트하는 무대요 리트머스 시험지라 할 수 있다. 결국 부부간에 이루어지는 인격의 각 부분들 간의 조화는 마치 음악의 화음과도 같은 것으로 성숙한 애정관계는 행복한 육중주를 연주하지만, 미성숙한 애정관계는 온갖 불협화음으로 가득 찬 연주로 인해 파멸로 치닫기 쉽다. 6인용 침대란 바로 그런 의미에서 사용한 상징적 은유인 셈이다.

그런데 부부의 침대에 대해 탈무드는 이렇게 말하기도 한다. 진정 서로 사랑하고 있는 부부라면 아무리 좁은 침대에서도 함께 휴식할 수 있지만, 서로 증오하고 있는 부부라면 아무리 큰 침대라도 좁기 마련이라고 말이다. 그래서 탈무드는 아내의 허락 없이 강제로 섹스를 하는 행위도 금하고 있다. 그리고 섹스는 일종의 창조행위이기 때문에 섹스 없이는 결코 자기완성에 도달할 수 없다고까지 말한다. 이는 곧 유대인이 성에 대해서조차 신이 내려주신 축복의 선물로 받아들였음을 알 수 있게 하는 대목이 아니겠는가.

탈무드에서는 애정의 힘이 얼마나 큰 것인지 강조하기 위해서 다음과 같은 예를 들고 있다. 세상에는 12가지 종류의 강력한 것들이 있는데, 그중에서 돌은 쇠에 깎이기 마련이며, 쇠는 불에 녹고, 불은 또한 물을 끼얹어 꺼버린다. 그러나 물은 구름에 흡수되며, 구름은 바람에 의해 흩어지고 만다. 그리고 그토록 강한 바람도 인간만은 없앨 수 없으며, 반면에 인간은 공포나 괴로움에 무참히 깨지고 만다. 그런 두려움을 잠재우기 위해 술을 마시지만, 술은 잠을 자면 해결된다. 그러나 잠 역시 죽음을 물리치지 못하며, 죽음 또한 애정의 힘 앞에서는 무릎을 꿇고 만다는 것이다. 죽음보다 강한 사랑의 힘을 탈무드는 이렇게 강조한 것이니 프로이트를 너무 타락한 범색론자로만 몰아붙이지 않았으면 한다.

신은 천지를 창조한 이후 인간을 만들어 생육하고 번성하여 땅에 충만하라고 지시했다. 그래서 만물의 영장이 된 인간은 동물과는 달리 발정기에 국한되는 법이 없이 마음대로 자손들을 낳고 번성하게 되었다. 하지만 그에 따른 부작용도 생겨나기 시작했으니 오직 인간에게만 무제한으로 허용된 성 때문에 불필요한 잡음과 불화가 따르기 시작한 것이다.

탈무드는 그런 부작용을 최소화하기 위해 실로 다양한 처방을 내렸는데, 그중에서 가장 중요한 가르침은 결혼에 신중을 기하라는 것이다. 그만큼 결혼은 부부간의 애정뿐 아니라 자식을 낳고 키우는 무거운 짐이기 때문에 땅은 서둘러 사되 결혼만은 신중하게 결정하라는 주문이다. 심지어 여자를 고를 때는 겁쟁이가 되라고까지 말한다. 왜냐하면 뜨거운 정열은 그 생명이 오래가지 못하기 때문이며, 사랑과 연애가 만능은 아니라는 것이다.

따라서 사랑은 잼처럼 달지만, 빵이 없으면 먹기 어려운 것과 같이 사랑과 결혼은 적절한 조화를 이루어야 그 행복이 보장될 수 있다는 것이다. 이는 마치 뜨거운 사랑과 은근한 정으로 이루어진 결혼의 애정생활을 우회적으로 표현한 말처럼 들리기도 한다. 그래서 탈무드는 사랑의 부작용으로 질투를 경계하고, 자기 아내를 아는 것보다 열 나라를 아는 일이 더 쉽다고 충고한다.

이처럼 탈무드는 고리타분한 윤리 도덕적 교훈 이전에 성의 본질과 결혼의 실상에 대한 매우 구체적이고도 실제적인 조언을 던지고 있다. 그리고 그 내용은 놀라울 정도로 정신분석적 이해방식에 접근해 있음을 알 수 있다. 물론 탈무드의 지혜가 프로이트의 이론보다 천여 년이나 앞선 것이니 그저 경탄스러울 뿐이다. 다만 성에 대한 태도에서 매우 폐쇄적인 입장을 고수했던 서구인들에 비해 상대적으로 매우 개방적이었던 탈무드임을 고려한다면, 프로이트의 성 이론 역시 서구사회에서 그토록 혹독한 비난을 당한 것도 결코 무리가 아니었다고 생각된다.

정신과 신체

사람의 마음속에 맺힌 것이 풀리지 않아서 병이 생길 수 있다는 사실을 일찍부터 유대인은 잘 알고 있었으며, 모든 병 가운데 마음의 병이야말로 가장 큰 병이라고 믿었다. 그래서 탈무드는 마음을 지배하는 사람이야말로 가장 강한 자가 된다고 강조해 왔다. 그리고 그런 배경을 바탕으로 오늘날에 이르러서도 마음과 정신을 연구하고 치료하는 정신분석 및 정신의학, 심리학 분야에서 무수히 많은 유대계 학자와 의사들이 왕성한 활동을 벌이고 있다고 볼 수 있다. 모든 학문 중에서 법학과 경제 그리고 의학, 심리학 분야는 독보적으로 유대인의 활약이 두드러진 영역이었는데, 그중에서도 특히 정신분석은 유대인의 독무대였다고 해도 과언이 아닐 것이다.

전통적으로 수천 년간 유대인은 어린 나이부터 철저한 탈무드 교육으로 무장되어 왔다. 탈무드는 일종의 정신교육이다. 탈무드를 연구하는 학자들은 랍비의 호칭으로 존경을 한몸에 받으면서 온갖 인생살이의 대소문제들을 상담하고 자문에 응해 주는 역할까지 도맡아 왔다. 오랜 세월에 걸쳐 집대성된 탈무드의 방대한 체계는 기라성처럼 즐비한 유대인 학자들의 탁월한 업적에 창조적인 영감을 제공해 준 지혜의 보물창고였다고 할 수 있는데, 조상 대대로 혹독한 박해와 불합리한 천대를 받으면서도 끝내 절망하지 않고 묵묵히 그런 고통과 수모를 감수하며 극복해 온 유대인의 강인한 정신력과 인내심의 이면에는 바로 탈무드가 버티고 있었던 것이다.

탈무드는 장님과 절름발이의 일화를 통해 인간은 육체만으로는 아무것도 할 수 없으며, 영혼만으로도 아무것도 할 수 없다고 하면서 두 가지가 합쳐질 때 좋고 나쁜 일을 떠나서 무엇이든 할 수 있다는 입장을 보였다. 더 나아가 인간의 신체기관은 마음에 좌우된다는 사실을 지적하고 가장 강한 사람은 결국 자신의 마음을 조절하는 인간이라 했으니 사실 따지고 보면 탈무드야말로 정신과 신체의 밀접한 관련성을 연구한 정신신체의학의 원조라 할 수 있다.

정신신체의학psychosomatic medicine의 기틀을 마련한 인물로는 헝가리 출신의 유대계 분석가 프란츠 알렉산더가 유명하지만, 서구의 의사들은 지금까지도 여전히 정신과 육체를 이분법적으로 구분한 데카르트의 영향에서 벗어나질 못하고 있다. 오히려 일찍부터 유대계 학자들이 정신과 신체의 상호관련성에 대해 연구하고 나름대로 학설을 내세웠지만, 서구 의학자들은 약속이나 한 듯이 말도 되지 않는 비과학적인 주장이라고 한마디로 일축해 왔던 것이다. 그러나 유대계가 선도적인 역할을 주도해 온 역동정신의학에서는 임상적으로 아주 유용한 이론으로 받아들여 환자치료에 적극적으로 활용하고 있다.

탈무드는 인간의 정신뿐 아니라 육체의 소중함도 일깨워 준다. 따라서 유대인은 어려서부터 자신의 신체를 청결히 간수하고 조심스럽게 관리하는 법을 몸에 익혀 왔다. 기독교나 이슬람교에서 성행하던 자학적으로 자기징벌을 가하는 종교적 의식 같은 것이 유대인사회에서 볼 수 없는 이유를 이해할 수 있을 것도 같다. 하기야 오랜 세월 노예나 다름없는 대우를 받으며 혹독한 채찍질에 숙달된 유대인이 스스로 자기 몸에 채찍질을 하겠는가. 어떻게든 살아남기 위해서는 온전한 몸과 정신상태의 유지가 무엇보다 우선이었음을 터득했을 것이다.

특히 탈무드는 모든 병 가운데 마음의 병만큼 괴로운 것도 없다고 말한다. 그래서 남자를 늙게 만드는 네 가지 요인으로 불안과 노여움, 자식들과 악처를 들었는데, 그것에 비하면 고통의 근원을 생로병사에 두었던 부처님의 말씀은 너무도 거창해 보인다. 하지만 탈무드는 마음의 병을 언급하면서도 인간의 몸은 마음에 의존한다고 하면서 정신과 신체 사이에 밀접한 관련성이 있음을 강조한다. 그리고 인간과 동물의 차이점으로 인간의 마음은 유방 가까이에 위치하지만, 동물의 마음은 유방과 멀리 떨어져 있음을 말하고 이는 곧 신의 배려에 의한 것으로 본다.

이를 토대로 미루어 보건대, 고대 유대인은 마음이 위치하는 곳을 심장이라고 믿었던 것 같다. 물론 동양인들도 마음 心자를 심장에 갖다 붙이기는 했지만, 어쨌든 특이한 점은 동물에게도 마음이 존재한다고 본 것으로 이는 동물에게도 불성이 깃들어 있음을 설파하신 부처님의 말씀과도 일맥상통한다고 볼 수 있겠다. 하지만 유심론적 경향이 높은 불교에서는 인간의 육체에 대해 일시적인 허상의 집합체로 보고, 언젠가는 흩어져 버릴 덧없는 현상에 불과하다고 여기는 경향이 큰 데 반해, 탈무드는 정신뿐만 아니라 육신의 소중함을 강조하고 정결하게 가꿀 것을 요구한다는 점이 다르다고 하겠다. 다시 말해서 정신과 신체를 모두 똑같이 귀하게 여기는 것이다.

그런 이유 때문에 전통적으로 유대인은 위생관념에 철저했으며 음식문화도 그다지 발달하지 못했다. 신체를 학대하는 고문 등 가혹한 형벌제도 또한 찾아보기 힘들며, 대규모의 감옥제도나 노예제도 또한 존재하지 않았다. 모든 성전은 금속을 사용하지 않고 오로지 돌로만 쌓았으며, 온갖 화려한 그림이나 조각상들로 치장하지도 않았다. 우상을 섬기지 말라는 신의 계명을 충실히 따른 결과다. 백성들의 의식주 또한 평범하기 그지없었다. 유대인만큼 근검절약이 몸에 밴 민족도 드물 것이다. 이처럼 정신과 신체의 조화를 이루며 오랜 세월 검소하고도 경건한 생활만을 유지해온 유대인사회에 딱히 내세울 예술이나 찬란한 문화적 유산이 없는 것은 실로 당연한 결과였다.

인간의 정신과 신체가 밀접한 관련을 맺고 있음을 이미 깨닫고 있던 탈무드의 현자들과는 달리 서구인들은 특히 데카르트의 심신 이분법에 따라 인간의 몸을 마치 시계장치와도 같은 기계론적 관점에서 이해함으로써 정신과 육체를 제각기 분리해 생각하기에 이르렀다. 따라서 행동상의 모든 이상 징후는 모두 뇌와 신체의 고장에 의한 것으로 간주했을 뿐 심리적 원인에 의한 것이라고는 미처 생각하지 못한 것이다.

그러나 프로이트에 의해 비로소 심리적 원인에 대한 본격적인 탐색이 이루어지기 시작하면서 20세기 의학은 전혀 새로운 국면에 접어들기 시작했다. 심리적 원인에 의해 신체 마비가 나타나는 경우를 프로이트는 일찍이 전환 히스테리라 불렀는데, 여기서 전환 conversion이란 감정적 갈등이 신경기능을 통해 표출되는 무의식적 방어기제를 의미하는 것으로, 이와는 달리 종교적으로는 개종이란 뜻으로도 사용되는 말이다.

프로이트가 활동하던 시대에는 특히 정서적으로 불안정한 히스테리hysterie 여성들에서 갑자기 사지 마비를 일으키거나 간질 발작과 유사한 경련, 또는 목이 돌아가는 사경증torticollis, 말을 하지 못하거나 앞을 보지 못하는 등 다양한 형태의 신경 발작 증세들이 비일비재로 발생했다. 당시 대부분의 의사들은 이런 기묘한 증세 모두를 뇌기능의 이상 징후로 간주했지만, 프로이트는 그런 증상들의 배후에 심리적 갈등이 존재한다는 사실을 밝혀내고 카타르시스 등의 심리적 접근법으로 얼마든지 증상을 없앨 수 있음을 자신의 임상경험을 토대로 감히 주장했던 것이다.

하지만 그의 증례 발표회에 참석한 독일인 의사들은 노골적으로 프로이트에게 야유와 조소를 보내고 말도 되지 않는 헛소리에 불과한 것이라며 모욕을 주었다. 비록 학계의 인정을 받지는 못했지만 그 후 프로이트는 다양한 임상 증례를 모아 책으로 출간했는데, 1895년에 발표한 《히스테리 연구》가 바로 그것이다. 동료였던 요제프 브로이어와 공저로 발표한 이 책에서 프로이트는 히스테리 증세의 심리적 배경은 물론 치료적 접근법까지 상세히 소개하고 있다.

전환의 기제는 처음부터 매우 광범위한 개념으로 소개되었기 때문에, 예를 들어 식사 도중에 기분 나쁜 소리를 듣고 갑자기 위경련을 일으키거나 토하는 증세를 보일 경우도 일단은 전환의 기제로 설명되기도 했다. 이처럼 부정적인 감정이나 갈등으로 야기된 신체 증상은 우리 일상생활에서 자주 경험되는 현상으로, 단적인 예를 든다면, 시어머니로에게 욕을 먹은 며느리가 부엌에서 칼로 음식을 썰다가 갑자기 오른손에 마비를 일으킨다거나, 또는 남편과 말다툼 중에 너무 흥분한 나머지 혀가 마비되어 말을 하지 못하는 경우도 있다. 정신적 충격으로 실신해 쓰러지는 경우도 마찬가지다. 군대 입대를 두려워한 젊은이가 갑자기 오른손 집게손가락 마비 증세를 보일 경우도 있는데, 이때 왜 하필이면 집게손가락인가 하는 의문이 들 수 있지만, 그것이 방아쇠를 당기는 손가락이라는 점에서 본다면, 입영 거부의 명분을 남기려는 무의식적 의도임을 우리는 곧 알 수 있게 된다.

그러나 예로부터 전환 히스테리 증세는 대부분 여성들에서 나타났기 때문에 그 어원에서도 알 수 있듯이 히포크라테스가 활동하던 고대 그리스사회에서는 그런 증세들이 출현하는 원인은 여성의 몸

안에서 자궁이 이리저리 옮겨 다니기 때문이라고 생각했던 것이다. 그것을 학계에서는 자궁 방황설wandering womb theory이라고 불러왔다. 히스테리의 어원이 되는 그리스어 '히스테라'는 곧 자궁이라는 뜻이다. 그래서 오늘날 정신의학 공식 신난명에서는 히스테리라는 명칭이 사라지고 없다. 여성을 폄하한다는 오해를 불러일으킬 수 있다는 이유에서다.

하지만 이런 현상은 여성들에게서만 일어나는 것이 결코 아니다. 남성들에서도 얼마든지 목격할 수 있는 현상이다. 필자 역시 다양한 전환 증세를 실제 임상에서 수시로 접하는 수가 많았는데, 일례로 부부관계 도중에 갑자기 목이 돌아간 한 남성 환자의 경우는 바로 옆방에 주무시는 어머니를 지나치게 의식한 나머지 증세가 나타난 것으로, 그는 부부관계를 할 때마다 습관적으로 옆방 쪽으로 고개를 돌려 어머니가 혹시 자신들의 소리를 듣지나 않을까 신경을 곤두세우곤 했던 것이다.

어느 젊은 여성 환자는 갑자기 사지마비 증세를 일으켜 신경외과에 입원했다가 뇌에 아무런 이상 징후도 발견되지 않자 휠체어에 실려 정신과로 전과되었는데, 면담을 통해 알아낸 사실은 결혼을 약속한 남자가 대학 졸업식을 마치고 귀가하던 중에 교통사고로 갑자기 사망했다는 것이며, 그런 충격에서 가까스로 벗어난 환자는 어느 날 직장 야유회를 가던 중에 관광버스 안에서 동료들과 함께 춤을 추다가 접촉사고로 갑자기 버스가 급정거하면서 쓰러진 이후로 사지마비를 일으킨 것이다. 그동안 잊고 있었던 약혼자의 죽음에 대한 고통스러운 기억이 비슷한 교통사고를 당하는 순간 갑자기 상기된 것으로 보인다. 입원 당시 환자는 다음날이면 다리 마비가 풀릴 것이라는 필자의 암시를 받자 실제로 마비가 풀렸으며, 사흘 뒤에는 완전히 회복되어 춤까지 출 수 있게 되었다. 그런 점에서 예수가 앉은뱅이를 일으켜 세웠던 기적도 어쩌면 강력한 암시의 효과에 의한 것일지도 모른다.

물론 오늘날에 와서는 앞서 인용한 경우들처럼 전형적인 사례들은 매우 보기 힘들어진 것이 사실이다. 의학정보의 대중화로 인해 환자의 무의식적 의도가 제대로 먹혀들지 않기 때문이다. 잘못하면 꾀병이라는 소리나 듣고 창피만 당할 수도 있다. 심리적 원인에 의한 신체증상을 보이는 환자들이 가장 듣기 싫어하는 말도 꾀병 환자라는 호칭이다. 그런 점에서 명절 때만 되면 시댁 가기가 싫어서 몸이 아프다는 이유로 정신과에 입원하는 소위 명절 증후군 환자들은 너무도 속 보이는 순진한 꾀병 환자라 할 수 있다. 이처럼 다양한 형태로 나타나는 전환반응은 일종의 비언어적 신체언어로 간주할 수 있겠는데, 달리 말해서 멜로드라마적인 무언극에 비유할 수도 있다는 뜻이다.

말문이 막히면 온몸으로 운다는 말도 있듯이 신체언어는 인간의 사고와 감정을 전달하는 데 없어서는 안 될 중요한 표현수단이다. 헝가리의 분석가 페렌치는 환상의 히스테리적 물질화hysterical materialization라는 어려운 표현을 썼지만, 쉬운 말로 해서 심리적 갈등을 신체적 현상으로 표현한다는 의미로 사용한 용어이며, 결국 히스테리의 모토는 "나의 사전에 해부학이란 없다."라는 뜻으로 풀이된다. 실제로 히스테리성 마비증세는 해부학적 지식으로 설명이 곤란한 게 사실이다.

　전환증상이 갖는 무의식적인 목표는 다음과 같이 풀이된다. 첫째, 금지된 소망의 표현을 허용한다. 둘째, 고통이나 장애를 통해서 징벌을 가한다. 셋째, 위협적이거나 혼란된 삶의 곤란한 상황으로부터 안전하게 격리시켜 준다. 넷째, 대인관계 면에서 새로운 방식, 즉 병자의 역할sick role을 통해 사람들로부터 관심의 대상이 되고 위로도 받는 기회를 마련해 준다. 이와 같은 목표 아래 수시로 출몰하는 전환증상들은 마치 미확인 비행물체와도 같이 임상현장에서 실로 다양한 모습으로 나타났다 사라지곤 하기 때문에 의사들을 혼란시키는 경우가 많다.

　전형적인 운동 및 감각신경계 이상증세는 현대에 이르러 상당히 감소되었다는 보고지만, 이는 선진국형 병원 통계에 기초한 일방적인 주장이기 쉬우며, 병원 문턱이 높아 의료혜택을 제대로 받기 어려운 저소득층이나 정신의학적 지식이 널리 공감대를 이루지 못하고 있는 사회계층에서는 여전히 다양한 신체기능 장애를 동반한 전환 증상이 빈발하는 것으로 알려져 있다.

　여기에는 신경기능이상, 의식장애, 호흡기, 심혈관계, 위장관계, 비뇨생식기 및 피부질환 증상을 모두 포함시킬 수 있으며, 단적인 예로 타자수의 갑작스러운 손가락 마비, 사격훈련장에서 긴장한 병사들에서 나타나는 집게손가락 마비, 양말에 덥힌 발목까지만 감각 마비를 일으키는 양말형 마비, 전기가 오는 듯한 팔다리 저림 현상, 다리가 풀려 걷지 못하는 보행장애, 졸도 및 현기증, 고개가 옆으로 돌아가는 사경증, 유사간질성 경련발작, 요실금, 성적 불감증, 목걸

이를 걸친 부분에만 나타나는 목걸이형 발진 등등 실로 다양하다.

이처럼 다양한 신체기관을 통해 표출되는 전환반응에서 우선 궁금한 점은 왜 하필이면 어느 특정한 부위만을 선택해서 증상이 일어나느냐 하는 신체순응성의 문제가 될 것이다. 이에 관여하는 결정 요인은 다음과 같이 고려해 볼 수 있다.

첫째, 무의식적인 성적 환상과 이에 상응하는 신체부위의 성적 의미로, 예를 들어 머리나 팔다리 부위를 통해 성적 환상이 표출되는 경우를 말한다.

둘째, 실제적인 신체적 결함이 있는 경우에도 기질적 원인에 의한 증상을 기초로 전환증상이 나타날 수 있다. 특히 이럴 경우 감별이 쉽지 않다.

셋째, 결정적인 억압이 일어난 상황에 따라 부위를 선택한다. 예를 들면, 누군가를 목 졸라 죽이고 싶을 정도의 적개심을 억누를 수밖에 없는 상황에서 양손 마비를 일으킨다거나, 공중변소에서 배뇨시 옆 사람이 훔쳐볼까 봐 긴장하다가 배뇨이상을 보인다든지, 밥맛 없는 친구를 만나 함께 식사를 하던 중에 갑자기 나타난 구토반응, 또는 차마 눈뜨고 볼 수 없는 꼴을 보고난 직후의 시각장애 등의 예가 이에 해당된다.

넷째, 무의식적 욕망을 상징적으로 표현하는 기관의 기능에 따라 선택되는 경우도 있다. 그러나 대부분의 의사들은 이런 견해에 동조하지 않는 수가 많은데, 예를 들어 삼키고 싶은 욕망이 입, 호흡기, 피부기관을 통해 표현되거나 내뱉고 싶은 욕망이 소화기 또는 호흡기를 통해 표현된다는 식의 견해를 들 수 있다. 또한 외부로 돌출한 기관, 즉 코, 팔다리, 머리 등은 남근 및 남성적 소망을 드러내는 데 반해, 내부로 함입된 기관, 즉 목구멍, 콧구멍, 귓구멍, 항문 등은 질 또는 여성적 소망을 드러낸다는 등의 설명에 대해서는 지나친 비약이나 추론이라는 반발이 따르기 마련이다.

물론 드러난 어떤 현상에 대해서는 실로 다양한 해석이 존재한다. 소위 장님 코끼리 더듬기 식의 설명은 얼마든지 가능하기 때문이다. 예를 들어, 코카콜라 병의 비유를 들자면, 보는 이의 관점의 차이에 따라 똑같은 콜라병을 두고도 어떤 사람은 남근의 상징으로 보고, 어떤 이는 여성 신체의 상징으로 보기도 하는 등, 제 눈에 안경 식의 해석학적 오류의 가능성이 없는 것도 아니다. 하지만 광고 심리학 차원에서는 그런 상징성을 매우 중요하게 다루는 동시에 실제 광고에 활용하기도 한다.

지금까지 소개한 히스테리 증세뿐 아니라 우울증이나 화병, 불안증의 반응으로 신체증상이 동반되는 경우도 많다. 특히 우리 사회에 가장 빈번하게 나타나는 증세는 호흡기능, 순환기능, 소화기능 등을 통해 출현하는 수가 많은데, 그것은 일상적으로 우리가 사용하는 말의 어휘에서도 얼마든지 확인할 수 있다. 예를 들어, '사람 혈압 올리지 마!'라고 했을 때, 누군가의 화를 돋우면 혈압이 오를 수도 있음을 알고 하는 말이다. '내 손이 운다.'는 말은 두들겨 패주고 싶을 정도로 화가 나지만 억지로 참고 있다는 의미이며, '밥맛없는 친구'라는 표현은 재수 없게 구는 사람을 보면 식욕까지 떨어진다는 뜻이다.

우리 속담에 '사촌이 논을 사면 배가 아프다'라는 말이 있는데, 남이 잘되는 모습을 보고 약이 오르면 갑자기 배가 살살 아플 수도 있다는 것으로 이 역시 심리적인 갈등이 신체증상으로 나타나는 경우를 가리키는 것이다. 소위 과민성 대장증후군이란 스트레스나 다른 심리적 갈등 때문에 일어난 배탈을 뜻하는 것으로 역겨운 감정을 느낄 때 구토 증세를 일으키는 현상과 오십보백보라 하겠다.

전통적으로 동양사회는 '심신일여心身—如'라는 말에서도 알 수 있듯이 마음을 잘 다스리면 몸의 기능도 얼마든지 정상적으로 잘 유지할 수 있음을 가르쳐 왔는데, 정신과 신체를 별개의 것으로 구분하여 다루어 왔던 서양인들에 비하면 양생법에 관한 한 동양인들이 훨씬 앞섰다고 볼 수 있다. 다만 위생학 및 세균학 분야에서 앞서나간 덕분에 서양의학이 동양의학보다 한결 우위를 점하게 됐지만, 심신의학 분야는 여전히 서양의학에서 찬밥 신세를 면치 못하고 있다.

그런 점에서 볼 때, 탈무드에서 보이는 유대인의 위생 관념은 매우 철저했음을 알 수 있다. 유대인은 탈무드의 가르침에 따라 물을 마실 때도 사용 전후에 반드시 컵을 닦으며, 자신이 사용하던 컵을 남에게 줄 때도 반드시 닦은 후에야 컵을 건네준다. 그리고 화장실에 가고 싶을 때도 억지로 참지 말 것을 지시한다. 탈무드에는 누구를 만날 때나 식사를 할 때나 그 어떤 경우에도 축복의 말을 반드시 하며, 심지어는 화장실에 갈 때에도 축복의 말을 한다고 적혀 있다.

이와 관련된 이야기로 한 랍비는 화장실에 갈 때 무슨 말을 하느냐는 의사의 질문에 대한 답으로 "우리 인체는 여러 부분으로 이루어졌는데, 그중에서 몸속에 갇혀 있어야 할 것은 갇혀 있고, 열려져 있어야 할 것은 열려 있어야 합니다. 만약 이것이 반대로 이루어지면 큰일 나기 때문에 나는 언제나 열릴 것은 순조롭게 열리고, 닫힐 것은 순조롭게 닫혀 있게 해 달라고 기원합니다."라고 했더니 그 의사는 랍비의 말이 해부학에 정통한 사람의 말과 너무도 같다는 점에서 감탄을 금치 못했다는 것이다.

유대인은 이처럼 개인위생에도 통달했지만 죽은 사람의 시신을 관리하는 일에도 철저함을 보였다. 일단 사람이 죽으면 그 몸을 깨끗이 씻고 죽은 다음날 되도록 빠른 시간 내에 매장하는 것을 원칙으로 한다. 매장을 끝낸 가족들은 집에 돌아와 일주일간 기도를 반복한다. 그리고 상주는 일주일 동안 외출을 삼가고 사람들의 조문을 받으며, 그 기간이 끝나면 가족들은 집 둘레를 한 바퀴 돌고 바깥 출입을 시작한다. 그것은 그 이상 슬픔에 잠겨 있으면 몸에 해롭기 때문이라고 여겼기 때문이다. 유대인의 생각으로는 죽은 사람이 계속해서 살아있는 사람을 지배해서는 안 되며, 살아남은 사람은 앞으로도 계속 굳세게 살아가는 일이 중요하다고 여긴 것이다.

장례식을 마치고 집에 돌아온 가족들이 함께 모여 달걀을 먹고 집 둘레를 한 바퀴 도는 것은 인간의 생명도 둥근 원처럼 시작도 끝도 없이 계속 돌고 있음을 나타내는 것이다. 식음을 전폐하다시피 하며 무덤 곁에서 3년 상을 치러야 효자 소리를 들었던 과거 우리 조상들에 비하면 유대인의 사고방식이 얼마나 현실적인지 실감할 수 있다.

하지만 유대인들은 죽은 자에 집착하지 않는다. 생존에 대한 집착이 유달리 강한 유대인은 삶을 찬미하고 살아있다는 사실에 감사하며 철저한 자기관리로 자신들의 생명을 유지하는 일에 모든 것을 바친다. 따라서 공부도 열심히 한다. 건전한 삶을 유지하기 위해서 그들은 몸과 마음을 청결히 간수하는 지혜를 탈무드에서 얻는다. 그런 탈무드를 통해 우리가 알 수 있는 사실은 정신과 신체의 밀접한 상호관련성이며, 그중에서도 특히 마음의 병과 상처에 대해 유대인이 많은 관심을 기울이고 있었음을 알게 된다. 프로이트를 비롯한 세계적인 정신의학자나 심리학자들이 유대인 사회에서 유독 많이 배출된 것도 결코 우연이 아님을 반증하는 대목이 아니겠는가.

양심과 도덕

탈무드에서 가르치는 모든 내용은 결국 율법을 잘 지키라는 것이다. 불교에서는 열반에 들기 위해 모든 탐욕과 삿된 망상을 물리치기 위한 방편으로 팔정도八正道를 제시하고 있으며, 기독교에서는 회개와 용서를 바탕으로 예수의 가르침을 따름으로써 구원의 길을 제시하고 있다. 하지만 탈무드는 깨달음을 얻은 성자의 입장에서 던지는 가르침이 아니라 신이 모세에게 직접 내린 계율을 토대로 방대한 주석을 달아 전하는 일종의 교훈서요 삶의 지침서라 하겠다.

그 내용은 이야기 형식을 띠고 있기 때문에 입에서 입으로 구전되어 전달하기에 매우 편리할 뿐만 아니라 내용 자체도 매우 실용적이면서 구체적인 일화로 채워져 있어 누구나 손쉽게 접근하고 이해할 수 있도록 짜여 있다. 따라서 유대인 어린이들은 어려서부터 어른들이 들려주는 탈무드의 이야기에 자연스럽게 몰입되어 가기 마련이다.

불교에서는 훈습薰習이란 용어를 사용하고 있는데, 마치 연기가 알게 모르게 사람 몸에 배어들 듯이 인간의 심성 또한 주위 환경의 온갖 영향에서 자유롭지 못함을 일컫는 말이기도 하다. 프로이트 역시 초자아 개념을 통하여 인간의 도덕적 양심을 이루는 부분의 발달에 부모의 역할이 지대함을 강조한 바 있다.

다시 말해서 도덕적 양심을 대표하는 초자아 형성에는 부모나 스승의 가르침과 가치관, 인생관 등이 자연스럽게 아이의 인격 일부로 흡수되어 초자아의 특성을 이루게 된다는 주장이다. 따라서 인간의 초자아는 출생 직후부터 존재하는 것이 아니라 자아가 성장하는 과정의 부산물로 출현하는 독립된 기능으로 본 것이다. 우리 속담에 '콩 심은 데 콩 나고 팥 심은 데 팥 난다'는 말도 있지만, 부모의 건강한 초자아 기능은 자녀의 초자아 형성에 가장 중요한 영향을 끼칠 수밖에 없다.

어떻게 보면 유대인에게 비쳐진 신의 모습은 가부장적이고 엄격하기 그지없는 아버지상의 상징적인 표현일 수도 있다. 반면에 가톨릭교회의 자애롭기 그지없는 성모 마리아상은 원초적인 어머니상을 반영한 것일 수 있다. 엄부자모嚴父慈母라는 말도 있듯이 엄한 아버지와 자상한 어머니의 존재는 건전한 심성 발달에 적절한 힘의 균형을 유지하도록 돕는다.

그러나 아버지라는 존재를 알기 전에는 옳고 그름의 판단에 어머니의 역할이 거의 절대적이다. 옳고 그름의 판별은 올바른 이성적 자아의 발달에 매우 중요한 과정인 동시에 건전한 초자아 형성에도 영향을 줄 수 있는 인간 심성의 기본을 이루는 기능이 아닐 수 없다. 예부터 모든 집에는 가훈이라는 것이 있어 왔으며, 모든 학교 교실에는 급훈이라는 것이 걸려 있다. 소위 콩가루 집안이라는 것은 그런 이상과 규율, 도덕과 양심에 혼란이 빚어진 집안을 비하적으로 지칭하는 말이기도 하다.

오늘날 우리 사회에 진정한 어른이 없다고 하는 것도 마찬가지 선상에서 이해할 수 있는 말이다. 무엇이 옳고 그른지 분별을 잃고 혼란에 빠지기 쉬운 아동들과 청소년층에게는 삶의 지혜를 이끌어 줄 수 있는 어른들의 개입이 반드시 필요하기 때문이다. 유대인 사회에서는 오랜 세월 그런 역할을 탈무드와 랍비가 대행해 준 셈이다. 일종의 사회적 멘토 노릇을 담당한 것이다.

물론 유대인 사회뿐 아니라 전 세계를 상대로 옳고 그름의 문제를 정면으로 다룬 인물이 있다. 한때 우리 사회에서도 베스트셀러가 된《정의란 무엇인가》의 저자 마이클 샌델 교수가 바로 그 주인공이다. 그는 지난 20년간 하버드 대학에서 정의에 대한 강의로 일약 유명인사로 떠올랐지만, 그가 유대인이라는 사실을 아는 사람은 그리 많지 않을 것이다. 더욱이 그의 강의를 듣고 사회로 진출한 학생들의 수가 무려 14,000명에 달하며, 대중매체를 통해 공개적으로 그의 강의 내용을 접하게 된 전 세계 젊은이들까지 합하면 샌델 교수의 영향력은 가히 폭발적이라 할 수 있다.

특히 양심과 도덕, 그리고 질서에 대한 그의 신념은 매우 확고한데, 그의 그런 확신은 어찌 보면 매우 탈무드적이기도 하다. 왜냐하면 그의 주된 비판은 미국사회에 만연한 개인주의와 자유주의 및 시장논리의 병폐에 대해 가해진 것으로, 따라서 그는 어디까지나 추상적이고도 독립적인 자아로서의 개인이 아닌, 사회공동체의 연장선상에서 의미를 갖는 연고적 자아를 강조함으로써 사회적 연대와 시민적 덕목을 중시하는 공동체주의를 지양하기 때문이다. 이는 곧 탈무드 정신과 그 맥을 같이 하는 게 아닌가.

더 나아가 그는 이 세상에 돈으로 살 수 있는 것과 없는 것이 있음을 분명히 하고, 돈으로 살 수 없는 가치까지 시장논리가 침범해서는 안 될 것임을 강조했는데, 이와 같은 그의 기본 철학적 신념의 토대 역시 탈무드의 내용과 크게 다르지 않다. 그가 주장한 공동체주의도 탈무드 사상에 기초한 것이 분명하다. 예를 들어, 난파한 선원들이 구명보트에 몸을 싣고 한없이 표류하고 있을 때, 허기진 배를 채우기 위해 사경을 헤매고 있는 한 어린 소년을 희생시켜 식량으로 삼기로 한 경우, 과연 이들의 결정은 정의에 부합될 수 있겠는가 하는 질문이 바로 그것인데, 최대 다수의 최대 행복을 추구하는 공리주의적 입장으로 본다면 그런 결정은 정의에 부합될 수 있다는 것이다.

이와 같은 샌델 교수의 사례적 접근방식은 탈무드를 공부한 랍비들의 접근방식을 매우 닮았다. 원래 유대인 사회에서는 탁월한 지도자나 영도자가 따로 없었다. 그럼에도 그들은 공동체의식으로 굳게 뭉쳐 살면서 오로지 구약성서와 탈무드에 기초한 믿음을 바탕으로 고달픈 삶을 꾸려나간 것이다. 그런 그들에게 탈무드를 가르치는 랍비의 존재는 유일한 정신적 스승이 될 수밖에 없었다.

따라서 한 사람의 잘못은 자칫하면 유대인 공동체 모두의 생명을 위협할 수도 있다는 사실을 그들은 이미 체험을 통해 너무도 잘 알고 있었다. 그런 이유로 유대인에게 단독 범행은 있을 수 없다. 왜냐하면 유대인은 모두 한 가족이기 때문에 개인 한 사람이 죄를 범해도 여러 사람이 함께 죄를 지은 것으로 여기기 때문이다. 그런 인식을 지니고 있으니 각자 자신의 몸가짐을 조심하지 않을 수 없을 것이다.

그래서 유대인은 자기 혼자서 지은 죄에 대해 용서를 빌 때에도 나라고 하지 않고 반드시 우리들이라는 표현을 쓴다. 비록 내가 지은 죄가 없음에도 불구하고 다른 누군가에 의해 절도행위가 이루어졌다면 그래도 나는 신 앞에 잘못을 빌어야 한다. 그 이유는 내 자신의 자선행위가 부족한 탓으로 누군가 다른 사람이 절도행위를 벌인 것으로 간주하기 때문이다.

예를 들어, 복권 당첨이나 주식 투자로 떼돈을 번 사람이 있다면, 그는 반드시 자선을 베풀거나 기부금 등을 통해 자신이 취한 이익의 일부를 사회에 환원시켜야 하는 것이다. 이렇게 보면 유대인은 제로섬 경제학에도 일가견이 있음을 알 수가 있다. 왜냐하면 내가 이득을 취한 배경에는 그만큼 손해를 본 사람들의 덕을 본 것으로 간주하기 때문이다.

그들은 그런 돈의 흐름과 생리를 너무도 잘 알고 있기 때문에 아무리 합법적으로 이득을 취했다 할지라도 지나친 돈의 편중과 독식은 곧 화를 부를 여지가 많다는 점을 경험을 통해 터득하고 있는 셈이다. 실제로 지구상에서 유대인만큼 은밀히 자선을 베푸는 민족도 그리 흔치 않다고 한다. 탈무드의 정신을 그대로 실천하고 있는 것이다.

물론 예수 그리스도는 오로지 율법에만 사로잡힌 바리새인과 사두개파에 대해 독사의 자식들이라 부르며 강하게 질타했다. 그것은 회개와 용서, 그리고 무엇보다도 사랑을 도외시한 율법지상주의에 대한 거부의 몸짓이었다. 예수는 인간을 옥죄는 율법을 새롭게 재해석함으로써 인식론적 혁명을 이룬 셈이다. 더 나아가 편협하고 배타적인 선민 중심의 메시지가 아니라 인류 보편적인 진리의 복음을 전함으로써 유대민족의 메시아가 아니라 인류 전체를 구원하는 메시아 사상으로 거듭나게 한 것이다. 그렇게 해서 예수는 역설적인 사실이지만 유대인 사회가 배출한 유일한 성자가 되었다.

원래 유대인 사회에서는 성자가 존재하지 않았다. 위대한 선지자들은 많았어도 성자가 존재하지 않았다는 사실은 그만큼 신이 정한 율법에만 얽매여 있었다는 것을 의미한다. 오로지 복종만이 있었을 뿐, 신이 진정으로 원하는 바가 무엇인지에 대해서는 감히 따져볼 엄두조차 내지 못한 것이다. 그만큼 신의 존재는 유대인에게 경외의 대상이었다. 하지만 예수는 그토록 두려운 신의 모습을 무한대의 사랑을 베푸는 존재로 탈바꿈시킨 것이다.

부처님이나 예수 그리스도가 금식하며 기나긴 고행에 들어갔을 때 갑자기 그 모습을 나타낸 마귀는 온갖 유혹으로 두 성자의 마음을 어지럽혔다. 그리고 두 성자는 마귀의 속삭임을 단호히 물리치고 깨달음을 얻은 것이다. 물론 여기서 마귀란 인간을 타락시키는 뿌리 깊은 탐욕적 세계를 의인화시킨 존재로 볼 수 있겠다. 도덕적 양심과 온갖 음란한 탐욕과의 싸움에서 승리한 이들 두 성자는 인간을 불행에 빠트리는 주된 원인이 결국 진리에 도달하지 못했기 때문이라고 본 것이다. 부처님은 그것이 무명 때문이라고 했지만, 예수는 자신의 복음을 통해서 진리의 세계로 들어갈 수 있음을 설파한 것이다.

오늘날 우리 사회에 주목을 받고 있는 《정의란 무엇인가》라는 주제 역시 대중들로부터 폭발적인 인기를 끌고 있는 이유 가운데 하나는 그만큼 우리 사회에 정의보다는 불의가 판치고 있다는 증좌이기도 하다. 그러나 옳고 그름의 판단은 그렇게 칼로 무 자르듯 일도양단 식으로 간단히 규정될 성질의 것이 아니다. 인간은 원래 자기 본위로 생각하고 느끼기 쉽기 때문이다. 심지어 공정한 판결을 내려야 하는 법관조차도 주관적 입장을 개입시키는 경우도 있지 않은가.

프로이트의 관점에서 보자면 모든 행동의 집행자로서 인간의 자아는 항상 무의식의 영향을 받고 있기 때문에 그다지 신뢰할 수 없는 존재라 할 수 있다. 자아는 자기 자신조차 기만하는 경우도 많기 때문에 더욱 그렇다. 눈 가리고 아웅, 붓 대롱으로 하늘 보기, 손바닥으로 하늘 가리기 등의 옛말이 생긴 이유도 자기 스스로를 왜곡된 방식으로 달래기 위해 동원되는 자아의 기만적 술책 때문이다.

상황이 이럴진대 평범한 속인들이 감히 진리의 세계를 엿본다는 일은 하늘의 별따기처럼 어려운 노릇이 아니겠는가. 더욱이 지나치게 엄격하고 가혹한 초자아 기능을 지닌 사람들 역시 진리의 세계에 접근하는 데 어려움을 겪을 수밖에 없을 것이다. 하나를 알아도 둘은 모른다는 표현은 그래서 생긴 말이다. 물론 하나를 알고 열을 알면 얼마나 좋겠는가. 하지만 인간의 심성은 적절한 힘의 균형을 잃었을 때, 항상 문제를 일으키기 마련이다. 색을 밝히면 공부를 못하고, 책만 밝히면 여자 앞에서 숙맥이 되는 경우도 허다하다. 미인박명이라는 말도 있고, '작은 고추가 맵다'는 말도 있다. 이처럼 모든 덕목을 두루 갖추기란 참으로 어려운 일이다.

　오래도록 인간의 초자아가 가장 민감하게 반응해 왔던 두 가지 분야는 성과 공격성이라 할 수 있다. 그리고 이들 성과 공격성의 노골적인 표현과 노출은 대부분의 사회에서 금기시되었다. 이슬람 문화권에서는 지금도 여성들의 얼굴이 공개적으로 노출되지 않도록 율법의 이름으로 금하고 있다. 서양문화사에 있어서 흔히들 중세 암흑기라는 표현을 쓰는 이유도 인간의 욕망을 지나치게 억압하는 금욕주의가 세상을 지배했던 시대였기 때문이 아니겠는가. 반면에 수십만의 여성들을 고문하고 산 채로 화형에 처하며 스스로 마녀임을 자백하라고 강요했던 성직자들 입장에서는 그 시대야말로 암흑시대가 아니라 가장 축복받은 시대였다고 할 수도 있겠다. 인간의 본성을 억압하고 경시하는 특성은 오늘날에 이르기까지 공산주의 사회에서 그 맥을 연연히 이어가고 있다.

　따라서 초자아는 너무 느슨하고 허술해도 문제고, 지나치게 엄격하고 가혹해도 문제다. 양심 부재의 인간은 죄를 짓고도 전혀 뉘우침이나 죄의식을 느끼지 않기 때문에 문제이며, 양심이 지나치게 강한 사람은 죄의식 또는 수치심을 이기지 못하고 자살하는 수도 있어 문제다. 미국의 살인마 찰스 맨슨은 45년에 걸친 투옥생활에도 불구하고 83세 나이로 죽을 때까지 자신의 죄를 인정하시 않았으며, 러시아의 작가 고골리는 특별한 잘못을 저지르지 않았음에도 죄의식을 이기지 못하고 스스로 굶어죽었으니 개인마다 초자아의 수준도 실로 천차만별인 듯싶다.

　그런 점에서 다음과 같은 유대인의 농담은 자못 냉소적이기까지 하다. 세 명의 병사가 금지된 포커 게임을 하다가 들켜서 군법회의에 회부되었는데, 이들 세 명은 제각기 가톨릭과 개신교, 유대교 등으로 종교가 서로 달랐다. 먼저 가톨릭신자인 병사가 말했다. "판사님, 저는 성모 마리아께 맹세코 포커 게임을 절대로 하지 않았습니다." 그다음으로 개신교신자인 병사가 말했다. "저 역시 마르틴 루터에게 맹세코 게임을 하지 않았습니다." 그러자 유대인 병사가 이렇게 말했다. "판사님, 혼자서 하는 포커 게임도 있습니까?"

　이와 비슷하게 탈무드의 내용은 상대적으로 매우 온건하며 해학적이기까지 하다. 그리고 그 내용이 결코 딱딱하거나 난해하지 않기 때문에 어린이들도 손쉽게 접근하고 오래 기억할 수 있다는 장점도 지니고 있다. 다른 무엇보다 탈무드의 장점은 매우 실용적인 사례들을 풍부히 담고 있다는 데 있으며, 그런 이유로 설득력 또한 매우 강하다. 원래 유대인은 유머 감각에 뛰어나서 과거 무뚝뚝한 독일인을 웃긴 것도, 오늘날 미국인을 웃겨주는 희극인들 대부분이 유대인이라 해도 과언이 아닐 것이다. 오죽하면 할리우드 영화 〈펑

크 캐딜락〉의 주인공이 "유대인 친구들이 없어지면 누가 대신 코미디를 만들지?"라는 대사를 읊조릴까.

더군다나 유대인은 서구인에 비해 그렇게 금욕적이지도 않아서 성에 대해 관대한 입장을 지녔던 반면에, 부당한 폭력과 억압에 대해서는 결코 손쉽게 굴복하지도 않았다. 굴복하지 않았다는 것은 반드시 힘으로 대항하고 복수했다는 의미가 아니라 비록 행동으로 저항하지 않는다 하더라도 정신적으로는 끝까지 버티며 자신들의 입장을 고수했다는 뜻이다. 그것은 강압에 못 이겨 어쩔 수 없이 기독교로 개종한 뒤에도 남몰래 탈무드를 읽으며 유대인으로서의 정체성을 유지하고자 애쓴 모습에서 알 수 있다.

그런 점에서 '몸은 비누로 닦고 마음은 눈물로 닦는다.'는 탈무드의 말처럼 유대인의 심경을 대변한 구절도 없을 것이다. 물론 이런 태도를 언행불일치의 전형으로 볼 수도 있겠지만, 달리 선택의 여지가 없는 상황에서 그나마 자신들의 얼과 민족 정체성을 끝까지 놓치지 않으려는 유대인의 필사적인 노력은 실로 눈물겹기까지 하다.

그래서 탈무드에서도 말하기를, 사람의 마음을 해치는 자는 몸을 해치는 자보다 그 죄가 더 크다고 하는가 하면, 남을 속이는 일보다 자기를 속이는 일이 더 어렵다고 실토한다. 비록 상대의 강압에 의해 어쩔 수 없이 마음에도 없는 행동을 보이기도 하지만, 그런 이율배반적인 행동을 하는 자기 자신의 모순에 대해서까지 외면할 수는 없다는 뜻이다. 그렇기 때문에 마음의 상처에는 달리 바를 약도 없다고 하소연하는 것이다. 그리고 그런 탈무드의 하소연에 응답이라도 하듯이 프로이트는 약도 없는 마음의 상처를 치유하고자 심리적 치료기법을 개발해 내기에 이른 것이다.

탈무드는 또 이렇게 말한다. 의지에는 주인이 되고, 양심에는 노예가 되라고 말이다. 그러면서 인간에게 가장 가끼운 벗은 지성이요, 가장 무서운 적은 욕망이라고 타이른다. 탈무드의 이런 주장은 이드의 욕망을 물리치고 자아가 그 자리에 있게 하는 것이 정신분석의 목표라고 내세운 프로이트의 주장과 무엇이 다르겠는가. 탈무드가 보여 주는 인간 심리에 대한 이해는 프로이트의 업적에 결코 밀리지 않는다.

탈무드에서는 악의 존재를 절대적인 것으로 보지도 않거니와 기를 쓰고 그 존재를 부정하려 들지도 않는다. 예를 들어, 타인에 비해 뛰어난 사람은 악에 대한 충동 역시 강하다는 말이나, 세상에 올바른 일만 하는 사람은 있을 수 없으며, 반드시 나쁜 일도 함께 하고 있다는 말 등은 너무도 예리하게 인간 심리의 이면을 꿰뚫어 보는 탁견이 아닐 수 없다.

그래서 만약 악의 충동이 없다면, 인간은 집도 짓지 않고, 아내를 얻지도 않을 것이며, 자식들도 낳지 않고, 일도 하지 않을 것이라는 게 탈무드의 지적이다. 다시 말해서 악은 인간으로 하여금 생존을 이루어 나가는 데 없어서는 안 될 필요악적 존재이기도 하다는 말이다. 문제는 어떻게 악을 적절히 다루고 통제할 것이냐에 달렸다는 주장인 셈인데, 이는 곧 사랑과 미움의 적절한 통합이야말로 보다 균형 잡힌 심리적 건강의 관건이 된다는 현대 정신분석이론의 주장과 일맥상통하는 내용이 아니겠는가.

분노와 적개심에 기반을 둔 공격성은 모든 종교에서 악으로 간주되어 배척의 대상이지만, 유감스럽게도 인간은 사랑만으로 살아갈 수 없기 마련이다. 사랑과 이타심을 실천하려면 모든 경쟁시험에 떨어짐으로써 자기를 희생하고 타인을 도와야 할 것이며, 조국을 침략해서 약탈과 살인을 서슴지 않는 적군을 상대로 총을 쏠 수도 없을 것이다.

밤을 새워 공부하기 위해서는 사랑에 충만한 마음이 요구되는 것이 아니라 독한 마음으로 임해야 하듯이 불의에 대항해 싸울 때도 사랑이 아니라 분노와 공격성을 동원해 싸우는 것이다. 탈무드는 정신분석 이전에 이미 이와 같은 세상의 이치를 깨닫고 있었던 셈이다. 그렇기 때문에 탈무드에서는 착한 사람의 나쁜 점이 악한 사람의 좋은 점보다 낫다고 한 것이다.

물론 탈무드는 원죄의식에 입각해서 인간의 죄는 태어날 때부터 안고 나오는 것으로 보고, 사춘기 무렵부터 점차 악한 충동이 선한 충동을 압도하게 되기 마련이며, 따라서 죄는 처음에는 손님으로 다가오지만 그것을 그대로 방치할 경우에는 결국 주인을 내쫓고 자기가 집주인 노릇을 하게 된다고 보는 것이다. 그런 이유 때문에 교육과 도덕은 절대적으로 필요한 것이고, 죄는 미워하되 사람은 미워하지 말라고 가르치는 것이다. 인간은 누구나 알게 모르게 죄를 짓고 살기 때문이다.

탈무드는 여기에 중요한 사실 한 가지를 덧붙이고 있는데, 그것은 인류를 아끼고 사랑하기는 쉬워도 사람을 아끼고 사랑하기는 쉽지 않다는 점이다. 이 말은 곧 자신과 직접적 관련이 없는 추상적 존재로서의 인류애는 누구나 입으로 외칠 수 있는 일이지만, 자신과 직접적으로 이해관계를 맺고 있는 이웃사랑을 실천한다는 일은 그리 손쉬운 노릇이 아님을 지적한 것으로, 오늘날 말로만 사랑과 평화를 외치면서 실제로 자기 이웃에 대해서는 냉담하기 그지없는 사람들에게는 실로 가슴 뜨끔한 일갈이 아닐 수 없다. 이처럼 탈무드의 예리한 지적은 인간의 잠든 양심을 흔들어 일깨울 뿐만 아니라 진정한 인간의 도리가 무엇인지에 대해 다시 한번 우리 자신을 되돌아보게 만드는 힘이 있는 것이다.

말과 대화

탈무드는 딱딱한 교리 체계가 아니라 대화체의 이야기 형식으로 되어 있어 읽고 기억하기 쉽게 되어 있다. 하지만 그 내용의 깊이까지 손쉽다는 것은 아니다. 유대인도 워낙 방대한 규모의 탈무드이기 때문에 모든 내용을 이해한다는 것은 불가능하겠지만, 어린 시절부터 그중에서도 교훈적이면서 이해하기 쉬운 부분들에 대하여 반복적으로 가르침을 받으며 자라기 마련이다. 일단 성인이 된 유대인이 전적으로 탈무드의 가르침에 산다고 볼 수는 없다 하더라도 대인관계에서의 말과 행동, 처신, 태도 등에 있어서는 상당히 탈무드적인 특성들이 드러나는 수가 많다. 그래서 탈무드를 단지 출세

헨리 키신저

미국의 유대계 정치인으로 닉슨 행정부에서 국무장관을 역임했으며, 탁월한 외교술로 미중정상회담을 성사시키고 베트남 전쟁 종식에 크게 공헌함으로써 노벨평화상을 받았다.

와 성공을 위한 가이드나 처세술에 관한 책쯤으로 오해하는 사람들도 있다.

물론 유대인의 뛰어난 상술은 상대의 심리상태를 정확히 파악하는 것을 전제로 한다. 따라서 그들은 탁월한 심리 전략을 토대로 누구보다 뛰어난 상술을 발휘해 온 것이다. 그뿐만이 아니다. 미국의 닉슨 행정부에서 국무장관을 지낸 유대인 출신의 헨리 키신저Henry Alfred Kissinger는 뛰어난 말솜씨와 설득력으로 전 세계를 누비며 맹활약을 펼쳤는데, 그의 탁월한 외교 전략은 누구나 인정할 정도로 타의 추종을 불허하는 것이었다. 하지만 키신저의 놀라운 능력은 어느 날 갑자기 하늘에서 떨어진 것이 결코 아니다. 그것은 지구상에서 가장 큰 돈줄을 쥐고 있는 미국의 유대계 자본가 조지 소로스에게도 적용되는 말이기도 하다.

이들의 뛰어난 능력과 수완의 배경에는 분명 탈무드의 가르침이 자리 잡고 있다고 본다. 무엇보다 상대를 설득할 수 있기 위해서는 말이라는 수단을 적절히 동원할 수 있어야 하며, 상대의 심리 파악에도 일가견이 있어야 할 것이다. 성공적인 대화는 생명의 보존에도 유익한 도구가 될 수 있었기에 유대인은 남달리 인간의 언어활동에 주목하고 관심을 기울여 온 것이 아니겠는가. 말 한마디 잘못해서 목숨을 잃는 경우가 유대인에게는 허다하게 벌어진 일이었으니 충분히 그럴 만도 했을 것이다.

언어에 대한 유대인의 관심은 당연히 수많은 언어학자를 배출한 배경이 되었다. 세계적으로 유명한 언어학자 촘스키와 야콥슨이 모두 유대인이며, 프랑스의 유대계 인류학자 레비-스트로스는 야콥슨의 영향을 크게 받아 구조주의를 발전시켰는가 하면, 국제공용어의 이상에 불탔던 폴란드의 안과의사 자멘호프는 에스페란토를 창시해 인류평화운동을 벌였다. 자멘호프보다 세 살 위인 프로이트 역시 언어에 특별한 관심을 기울였는데, 그의 많은 저술에서 볼 수 있듯이 프로이트는 상당한 언어적 감수성을 지녔을 뿐만 아니라 환자 분석에서도 언어적 표현의 뉘앙스, 말실수의 의미, 심지어 침묵의 의미까지 세심하게 다루는 모습을 보였다. 다른 무엇보다 중요한 사실은 프로이트야말로 말과 대화의 수단을 통한 최초의 심리적 치료방법인 정신분석을 창시했다는 점일 것이다.

이처럼 유대인이 유달리 언어에 강한 집착을 보인 이유는 특히 언어소통에 따른 어려움을 많이 겪었기 때문일 것이다. 그들은 오랜 세월 정처 없이 여기저기를 떠도는 생활에 익숙해 있었지만, 그만큼 새로운 환경에 적응하는 데 있어서 언어상의 난관부터 극복해야만 했다. 그런 번거로움을 덜기 위해 그들은 '이디쉬어'라는 매우 독특한 합성어를 만들어 오랜 기간 사용하기도 했다. 그들은 어디를 가나 이디쉬어로 연극을 공연했으며, 독자적인 신문이나 책자를 발간했는데, 1978년 노벨 문학상을 받은 폴란드 출신의 미국 작가 아이작 싱거도 이디쉬어로 소설을 쓴 것으로 유명하다.

그러나 현지인들과 교류하기 위해서는 어차피 이방인의 언어를 습득해야만 했기에 그들은 자연스럽게 다양한 언어를 구사하는 데 일찍부터 통달해 있었다. 다양한 언어구사는 상거래와 무역업에 매우 유리한 조건을 마련하는 동시에 각국의 문화를 두루 섭렵하고 익힐 수 있다는 이점도 제공했다. 상술에 있어서 유대인을 당할 수 없게 만드는 요인 중의 하나도 언어문제뿐 아니라 상대의 심리를 파악하는 데 남다른 감각을 지니고 있기 때문이다.

물론 그들은 돈 관리에 철저한 재질도 지니고 있지만, 탁월한 대화술과 언어심리를 기반으로 상대를 설득하는 일에 타의 추종을 불허할 만큼 놀라운 순발력과 예측능력을 발휘함으로써 헨리 키신저 같은 외교술의 달인을 배출한 것이다. 그리고 그들의 그런 능력과 재주는 갑자기 하늘에서 떨어진 것이 아니라 오로지 탈무드를 통해서 배우고 익힌 결과라 할 수 있다. 그런 능력에 힘입어 키신저는 1973년 노벨 평화상을 수상했으며, 그 외에도 이스라엘의 베긴 수상, 라빈 수상, 페레스 대통령 등이 국제평화에 대한 공로로 노벨 평화상을 받았다.

그런 점에서 탈무드는 무엇보다 특히 입조심을 강조한다. 현대 랍비 가운데 가장 훌륭한 율법학자로 손꼽히는 텔루쉬킨은 타인에게 상처를 주는 말은 마치 독화살과 같아서 일단 입 밖으로 나가면 활시위를 떠난 화살처럼 도로 주워 담을 수도 없고 씻을 수도 없다고 했다. 물론 그런 충고는 탈무드에서 누누이 타이르고 있는 내용으로, 입을 다물지 못하는 사람은 대문이 활짝 열린 집과 같아서 언제 도둑을 당할지 모르기 마련이며, 말이란 다리와 같아서 튼튼한다리가 아니면 건너지 않는 것처럼 말은 항상 신중해야 한다고 가르친다. 그래서 남의 입에서 나온 말보다 자기 입에서 나온 말에 더욱 신경을 쓰고, 남을 헐뜯는 말을 하느니 차라리 자기 자랑을 하는 편이 더 낫다고 충고한다.

특히 남을 비방하고 헐뜯는 말은 살인보다 위험한 것으로, 비록 살인은 한 사람만 죽이지만, 중상은 그 말을 퍼뜨리는 사람 본인을 포함해서 그 말에 반대하지 않고 들어주는 사람, 그리고 그 말의 대상이 된 주인공 모두를 죽인다는 것이다. 그러니 물고기가 항상 입으로 낚이듯이 인간도 역시 입 때문에 화근에 걸려들기 일쑤여서 입을 조심하지 않으면 낭패를 보기 십상이라는 경고다. 오죽하면 예수님도 '사람의 입으로 들어가는 것은 깨끗하나 입에서 나오는 것은 더럽기 그지없다.'라고 하셨을까. 어쩌면 예수님도 탈무드 내용을 잘 알고 계셨을 것이다.

따라서 탈무드는 '밤에 이야기할 때는 소리를 낮추고, 한낮에 이야기할 때는 주위를 살피라.'고 충고하고 있는데, 이런 말은 '밤말은 쥐가 듣고 낮말은 새가 듣는다'는 우리 속담과 거의 똑같다고 할 수 있다. 하지만 '즐겁게 오래 살고 싶으면 오로지 코로 숨만 쉬고, 입은 다물고 있으라.'는 탈무드의 요구는 매우 냉소적이기까지 하다. 어쨌든 다툼과 불화를 잠재우는 가장 좋은 약은 침묵이라거나 자신의 어리석음을 감추기에는 침묵이 최고라는 말은 상당히 설득력이 있는 말이다.

그래서 탈무드는 말하기를, '어진 사람은 자기가 직접 본 것만을 말하고, 어리석은 사람은 귀로만 전해들은 것을 말한다.'고 했다. 그리고 '현명한 사람은 자기가 무슨 말을 하고 있는지 잘 알고 있지만, 어리석은 사람은 자기가 단지 떠들고 있다는 사실만 안다.'고 했다. 탈무드의 이런 말들은 너무도 예리한 지적이라 할 수 있는데, 마치 카우치에 누워 머리에 떠오르는 대로 자유연상을 하지만 정자 자신이 한 말의 의미를 모르는 환자의 모습뿐 아니라 중립적인 태도를 유지하며 환자의 자유연상 내용에 대해 해석을 해 주는 분석가의 모습을 가리킨 것처럼 들리기도 한다. 더 나아가 정확한 실상을 알지도 못한 채 떠도는 소문에만 휩쓸려 부화뇌동하는 오늘날의 집단 행동을 빗대는 말로 들린다면 지나친 확대해석일까?

전통적으로 유대인의 법에서는 본인 자신이 스스로 불리한 증언을 하는 것은 무효로 간주하기 때문에 어차피 자백이란 인정되지 않았다. 오랜 경험을 통해서 고문에 의한 억지 자백의 경우가 많았음을 잘 알고 있기 때문이다. 그런 이유로 오늘날 이스라엘에서도 자백에 의한 죄는 무효로 간주된다. 아우슈비츠 학살의 원흉 아이히만이 끝까지 자신의 무죄를 주장했음에도 불구하고 이스라엘 법정이 그에게 유죄를 선고하고 사형을 집행한 것은 그의 자백에 의한 것이 아니라 명백한 증거를 내세워 내린 판결이었다.

더구나 원래 유대인의 법정에서 사형을 언도할 때도 판사들의 전원일치로 이루어진 판결은 무효로 간주되었다. 왜냐하면 그 어떤 재판에서도 항시 다른 견해가 나오기 마련인데 전원 일치된 견해는 공정성에 문제가 있다고 보았기 때문이다. 참으로 놀라운 혜안이 아닐 수 없다. 그야말로 솔로몬의 후예다운 발상이다. 그런 점에서 만장일치제를 고수했던 고대 신라의 화백제도나 박근혜 대통령 탄

핵 심판 결정이 헌법재판소의 재판관 8명 전원일치로 대통령직 파면을 선고한 사실을 우리는 과연 어떻게 받아들여야 할까. 법정신에도 수준 차이가 있음을 인정할 수밖에 없는 노릇이다.

그런데 여기서 갑자기 자백을 이야기하는 것은 정신분석에서 시행하는 자유연상도 일종의 강요에 의한 억지 자백이 아니냐는 논란이 있기 때문이다. 분석을 받는 환자는 카우치에 누워 아무런 제약 없이 자유롭게 떠오르는 내용을 있는 그대로 이야기하는 것이 원칙이다. 따라서 아무리 부도덕하고 상식적으로 용납될 수 없는 비밀스러운 내용이라 할지라도 사실대로 이야기해야 하는 것이다. 이런 특이한 상황 자체에 대한 거부감으로 인해 매우 비인간적인 처사라는 비난도 생기는 것이다.

하지만 자유연상은 자백과 명백히 다르다. 그것은 환자 스스로의 판단과 결정에 의한 것으로 사전에 그렇게 하기로 분석가와 굳게 약속한 것이기 때문이다. 물론 그것은 자신의 내면을 탐색하기 위한 목적에서 동의한 것이다. 그리고 그 내용은 절대 비밀이 엄수되기 마련이다. 더군다나 분석은 절대 강요될 성질의 것이 아니다. 자유연상은 자신을 이해하기 위한 수단에 불과한 것이지, 자백의 경우처럼 그 내용을 가지고 분석가가 환자에게 불리한 상황에 이용하는 것도 아니다.

따라서 자유연상은 결코 강요된 것이 아니라 환자 스스로 동의한 상태에서 자발적으로 이루어지는 치료수단일 뿐이다. 치료를 거부할 의사가 있는 환자일 경우 동의하지 않으면 그만이다. 설혹 환자가 분석을 간절히 원한다 하더라도 자신을 과감히 드러낼 수 있는 능력이 부족하다고 판단될 경우에는 분석가 쪽에서 오히려 치료를 거부할 수 있다. 예를 들어, 거짓말이 몸에 밴 반사회적 인격의 소유자는 정신분석의 대상에서 제외되기 마련이다.

모세가 전한 십계명 가운데 '거짓 증언을 하지 말라'라는 계명이 있듯이 유대인은 거짓말에 대해 매우 엄격한 태도를 유지해 왔다. 그러나 탈무드에서는 다음과 같은 두 가지 경우에는 예외적으로 거짓말을 해도 좋다고 허용한다. 그것은 누군가 자신이 산 물건에 대해 의견을 물으면, 설령 그 물건이 좋지 않더라도 좋은 것이라고 말해 줄 것이며, 친구가 결혼했을 때에는 반드시 그의 부인이 미인이라 행복하게 살 것이라고 말해 주라는 것이다. 물론 탈무드에서는 모든 중매쟁이들이 어차피 거짓말을 할 수밖에 없음을 인정하고 있다.

정신분석의 자유연상에서도 있는 그대로 사실만을 말해야 한다는 점에서는 거짓 증언을 하지 말라는 계명이 그대로 적용된다고 볼 수 있지만, 사실을 말하지 않는다고 해서 문제가 될 것은 없다. 그럴 경우에는 저항의 차원에서 사실을 있는 그대로 말하기 어려운 배경을 탐색하기 때문이다. 그럼에도 환자는 본의 아니게 사실을 왜곡시켜 말하기 일쑤다. 하지만 분석가는 바로 그런 부분을 집중적으로 탐색하고 그 이유를 밝히는 것이 주어진 임무이기도 하다.

대부분의 인간은 살아가면서 온갖 괴로움과 아픔을 스스로 달래며 견딜 수밖에 없는 경우가 허다하다. 어떤 경우에는 홀로 가슴에 묻고 죽을 때까지 안고가야 하는 수도 있다. 그 누구도 알아주지 않는 아픔이나 슬픔이 너무도 많은 것이 우리 인간 사회다. 말 못할 사연, 누구도 믿어주지 않는 억울함, 말하고 싶어도 차마 입이 떨어지지 않는 부끄러운 내용들, 이런 일들이 이 세상에는 얼마나 많은지 모른다.

벙어리 냉가슴 앓듯이 홀로 간직할 수밖에 없는 이유는 대부분의 사람들이 타인의 고통에 무관심하며 또한 그것을 공유하기 거부하기 때문이다. 왜냐하면 남의 괴로운 이야기를 듣는 일 자체가 괴롭기 때문이다. 이왕이면 다홍치마라고 재미있고 웃기는 이야기가 아니라면 굳이 아까운 시간을 속 답답하게 만드는 울적한 이야기로 채우기를 원치 않기 때문이다.

큰 용기를 내어 정신치료를 받는 환자의 경우에도 처음부터 마음속 이야기를 쉬 꺼내지 못하는 수가 많다. 물론 치료자에게 털어놓고 싶은 말이 많아서 찾아오지만, 막상 마음속 깊은 내용을 털어놓는 일에 망설이는 경우가 대부분이다. 그것을 정신분석에서는 저항이라고 부른다. 분석가들은 특히 그런 무의식적 저항에 주목하고 그 의미를 탐색하기 마련이다. 하기야 환자들은 하고 싶은 말도 많겠지만, 차마 입이 안 떨어져서 말하지 못하는 내용도 있고, 무슨 말을 해야 될지 모르는 수도 있다. 더욱이 무의식적인 내용은 본인 자신도 알 수 없기 때문에 어차피 분석가의 도움을 빌릴 수밖에 없다.

원래 대화치료라는 용어는 프로이트가 만든 것이 아니라 분석을 받던 환자 입에서 나온 말이었다. 사실 따지고 보면 순수하게 언어만을 사용해 환자를 치료하는 방법은 프로이트의 정신분석이 최초였다. 신기하게도 그 이전에는 전혀 그런 치료방법을 생각하지 못했던 것이다. 말과 대화 외에는 다른 도구가 일체 필요 없는 새로운 치료기법의 발명은 당시로서는 실로 기발한 방식이었을 것이다. 환자가 누울 카우치와 치료자가 앉을 의자만 있으면 되기 때문이다.

사실 그런 치료 형태라면 심지어 비좁은 감방 안에서라도 얼마든지 가능하지 않겠는가. 더군다나 유사시에는 장소만 옮겨 치료를 계속해도 되기 때문에 한치 앞을 내다볼 수 없는 영원한 뜨내기 신세의 유대인만이 고안해 낼 수 있는 매우 특이한 방식의 치료법이라 할 수 있다. 필요는 발명의 어머니라고 했다. 아무것도 가진 것이 없는 유대인은 언제 또 추방되어 정처 없는 유랑의 길을 떠나야 할지 모르는 신세로 오랜 세월 단련되어 왔기에 빈손으로 모든 일을 시작하고 오로지 두뇌에 의지해 작업하는 일에 아주 숙달되어 있었다. 정신분석 또한 그런 유대인의 운명에 실로 절묘하게 딱 들어맞는 치료법이기도 했다.

실제로 프로이트 역시 다른 유대인과 마찬가지로 나치 독일에 전 재산을 빼앗기고 80대 노구의 몸으로 정처 없이 해외 망명길에 올라야 했다. 그리고 빈털터리 신세로 런던에 정착한 그는 그곳에서 죽을 때까지 환자들을 분석했다. 만약 그가 망명을 거부하고 빈에 그대로 눌러 앉았다면 어찌 되었을까? 아우슈비츠 가스실에서 벌거벗은 몸으로 비참하게 숨을 거두었을지도 모른다. 상상만 해도 끔찍한 일이다. 하지만 그의 누이동생 넷은 결국 그렇게 나치 수용소에서 최후를 마쳤다. 그런 참담한 수모를 겪고도 그는 나치를 원망하거나 비방하는 말을 단 한마디도 내비치지 않았다. 누가 시킨 것도 아닌데 자신도 모르게 탈무드의 가르침에 따른 대처방식을 그대로 실천해 보인 셈이다.

이처럼 비극적인 운명을 타고난 유대인이었으니 말과 대화는 유대인의 생존을 좌우하는 매우 중요한 도구일 수밖에 없었다. 더군다나 신분상승이나 사회적 진출의 길이 막힌 그들은 대부분 상업에 종사함으로써 생계를 꾸려나가야만 했으니 유대인의 상술이 발달한 것도 상대의 심리를 파악하고 말로 설득하는 남다른 재능에 힘입은 결과가 아니겠는가. 프로이트도 그런 상인의 아들이었다. 따라서 정신분석 및 정신치료의 발전이 유대인 주도로 이루어져 온 것은 지극히 당연한 결과였다고 본다. 그래서 적어도 이 분야만큼 유대인이 타의 추종을 불허하며 두각을 나타낸 이유도 대화의 중요성을 누누이 강조한 탈무드의 영향 때문이 아닐까 하는 것이다. 하지만 어디 대화치료뿐이겠는가. 저명한 유대 철학자 마르틴 부버도 나와 너의 관계를 통한 실존주의적 성찰로 인해 대화의 철인이라 불리지 않는가. 하기야 수천 년 동안 신과의 대화를 줄기차게 이어 온 민족이니 대화의 달인이 안 될 수가 없겠다.

언약과 계약

　유대인은 인류 최초로 신과 계약 관계를 맺은 민족이다. 수천 년 전부터 그런 계약 개념과 약속 파기, 그에 따른 징벌 등이 구약성서를 통해 일관되게 흐르는 주된 내용이 아니겠는가. 따라서 계약 개념은 유대인의 주된 생계수단이 되었던 상업과 금융 영역에서 오랜 역사를 지니고 발전될 수밖에 없었으며, 그런 전통을 토대로 오늘날에 이르기까지 탁월한 경제학자들과 자본가들은 거의 유대인 출신들이 독차지해 왔다.

　자본주의 사회 경제학의 아버지라고 할 수 있는 아담 스미스의 《국부론》에 감히 맞서 《자본론》을 쓴 공산주의 창시자 카를 마르크스의 경제학은 그 후 세계 정치에 막강한 영향력을 끼쳤지만, 이토록 기념비적인 저서가 유대인의 머리에서 나왔다는 점을 고려한다면, 부의 소유와 분배에 관한 유대인의 지대한 관심을 알 수 있게 된다.

물론 돈에 대한 집착이라는 면에서 우리는 유대인 하면 우선 악덕 고리대금업자로 유명한 베니스의 상인 샤일록을 연상하기 마련이지만, 실제 유대인 사회에서는 전통적으로 계약과 신용을 다른 그 어떤 가치보다 소중히 여겼다는 점을 알 수 있다. 또한 빼앗길 위험이 많은 현금 대신에 어음, 수표, 전표, 주식 등을 창안한 것도 유대인이며, 할부금 제도 역시 그들의 머리에서 나온 것이니 계약 관계란 유대인의 모든 삶을 지배한 불변의 철칙이었음을 알 수 있다.

구약舊約은 낡은 언약을 말하고, 신약新約은 말 그대로 새로운 언약을 뜻한다. 물론 이런 인위적인 구분과 명칭은 기독교 관점에서 나온 것으로 유대인은 자신들의 히브리 성경을 그저 타나크라고 부른다. 하지만 낡은 구약의 메시지를 청산하고 새로운 약속의 복음을 전한 예수 역시 유대인이었다. 이처럼 신과의 약속을 지킨다는 것은 유대인들로서는 거의 강박적으로 집착할 수밖에 없는 민족의 사활이 걸린 문제였다. 모세가 전한 십계명도 신이 정한 계명, 즉 율법을 말하는 것으로 이미 수천 년 전부터 약속과 율법은 유대인의 민족적 특성을 이루는 양대 기둥과도 같은 것이라 할 수 있다. 역사적으로 유명한 경제학자와 법률가에 유대인이 많다는 사실은 결코 우연이 아님을 알 수 있다.

그런 특성은 정신분석에서도 유감없이 드러나는데, 엄밀한 치료적 약속과 치료비 계약, 철저한 비밀 엄수 보장, 분석가의 윤리적 태도 준수 등 환자나 분석가 모두에게 지켜야 할 의무사항이 많은 점이 특징이다. 물론 분석가가 되는 과정 자체도 힘겹기로 유명하지만, 환자 선별에 대한 사전 절차도 매우 까다로운 편이다. 정신분석은 환자가 원한다고 해서 무조건 응해 주는 것도 아니다. 아무리 돈이 많은 권력자라 하더라도 분석 대상에 적합하지 않다고 판단되면 분석을 거절할 수가 있기 때문이다.

정신분석에서 환자는 오로지 자기를 이해하기 위한 목적으로 수년간에 걸친 기나긴 분석과정을 견디어낼 수 있을 뿐만 아니라, 그것도 하루도 거르지 않고 매일 분석가를 만나 자유연상을 해나가는 과정을 거쳐야만 하는데, 그런 과정에서 그 어떤 힘겨운 고비가 있더라도 끝까지 분석을 수행해 나간다는 약속이 매우 중요하다. 따라서 정신분석은 환자와 분석가 모두에게 엄청난 인내심을 요구하기 마련이다. 더군다나 치료비 관리에도 철저해서 치료비를 제대로 지불하지 않을 경우 저항으로 간주해 그 의미를 탐색하기도 한다. 심리치료의 역사에서 이처럼 철저한 약속이행과 인내심을 요구한 전례는 매우 찾아보기 힘든 일로, 그것은 언약과 계약 전통에 익숙한 유대인이 아니고서는 상상도 할 수 없는 일이었다.

우리 사회는 특히 돈에 대해 매우 이중적인 태도를 보이고 있는데, 돈에 집착하고 부귀영화를 추구하면서도 다른 한쪽으로는 돈을 멸시하고 혐오한다는 사실이다. 그래서 부자들이 사는 동네를 도둑촌이라 부르는가 하면, 일확천금을 노리고 복권을 사면서도 정작 수십 년을 피땀 흘리며 일해 성공한 재벌에 대해서는 환멸과 적대감으로 헐뜯는다.

하지만 어디 돈뿐인가. 돈에 대한 이율배반적 태도 말고도 우리는 타인과의 약속에 대해서도 그다지 신경 쓰지 않는 편에 속한다. 살아가면서 시간 약속, 채무 약속, 사랑 약속, 치료 약속, 선거 공약 등 수많은 약속이 있지만, 우리는 그 어떤 계약이나 약속에 속박되는 것에 대해 상당한 부담감을 느끼는 경향이 짙다. 약속을 제대로 이행하지 않더라도 적당히 넘어가 주기를 바라는 기대가 더욱 크다고 할 수 있다.

따라서 우리나라의 경우, 정신분석이나 정신치료를 시행할 경우에도 가장 큰 어려움에 봉착하는 문제가 바로 치료비 문제와 시간 약속에 있다는 사실은 임상에서 잘 알려진 내용이다. 만사에 대충대충 넘어가려는 적당주의 경향과 모든 것을 서둘러 해결하려는 성급함이 철저한 자기 해부가 요구되는 정신분석에 가장 큰 걸림돌로 작용하는 수가 많다. 오히려 만사에 철저하고 약속에 집착하는 사람을 융통성 없고 고지식한 인물로 답답하게 여기는 경향이 농후하다. 그러니 매 시간마다 치료비를 요구하는 의사에 대해서도 돈밖에 모르는 비인간적인 인물로 보기 쉽다. 비록 드러내 놓고 말은 하지 못하겠지만 말이다.

하지만 모든 약속과 계약 이행에 철저한 유대인이나 서구인들은 치료비 문제로 시비를 벌이는 경우가 극히 드물다. 그것은 반드시 경제적으로 여유가 있기 때문만은 아닐 것이다. 약속을 이행하지 않는 것은 거짓을 행하는 것이고, 그것은 곧 신용을 깨트리는 행위

이기 때문에 그로 인한 불이익에 앞서 자신의 명예를 떨어트리는 일이 더욱 두려운 것이다.

앞서도 언급했지만, 유대인은 구약을 통해 신과의 약속을 지키고자 수천 년간 그 어떤 고난과 시련도 이겨낸 것이며, 서구인들은 신약을 통해 예수 그리스도와의 언약을 지키기 위해 그토록 사랑의 복음정신을 외쳐온 것이다. 물론 그 약속은 제대로 지켜지지 못했지만, 그럼에도 그들이 아직까지 세계를 제패하고 있는 보이지 않는 힘의 원동력은 그런 도덕적 배경을 등에 업고 있기 때문이 아니겠는가.

반면에 우리 동양인들은 약속과 같은 인위적인 덕목보다는 자연스러움과 물 흐르듯 유려한 무위의 도를 미덕으로 간주해 온 경향이 농후하다. 따라서 마음의 여유로움과 넉넉함에 더욱 큰 가치를 부여해 왔던 것이다. 마음이 넉넉하고 여유로운 사람은 약속 따위에 연연할 필요가 없지 않겠는가. 동양사회에 기독교가 발을 붙이기 어려운 이유 중의 하나도 신과의 언약에 바탕을 둔 구약과 신약의 존재 때문이 아닌지 자문해 볼 필요가 있다. 물론 예외적으로 우리나라는 기독교가 번성하고 있지만, 그것은 신과의 언약 차원이 아니라 오히려 기복신앙적 요인 때문이 아닐까 한다.

따라서 신과의 약속을 제대로 이행하느냐 그렇지 못하냐에 따라 보상과 벌이 달리 가해지는 유대교 및 기독교의 전통은 오랜 세월에 걸쳐 죄의식 문화를 이룬 반면에, 원래 죄에 대한 개념이 희박하고 수치심 문화에 익숙한 동양사회는 사람의 가치보다 자연을 존중하고 무위사상이 지배적이었으니 약속이나 계약 정신을 기대하기가 어차피 무리였는지도 모른다. 그런 이유로 철저한 약속 이행과 치료 규칙에 기초한 정신분석이나 정신치료가 동양사회에 제대로 정착하지 못하는 것일지도 모른다. 하기야 수천 년의 역사를 자랑하는 동양의학에서 심리학이나 심리치료 분야는 아예 존재하지도 않았으니 더욱 그럴 수밖에 없을 것이다.

누군가와 약속을 맺는다는 것은 곧바로 심적 부담을 주는 행위인 동시에 그 자체가 이미 스트레스로 작용한다. 우리는 흔히 친구 사이에 돈을 빌릴 때도 며칠 후에 반드시 갚을 테니 돈 좀 빌려달라고 말한다. 하지만 그 약속을 정확히 지키는 친구는 별로 없다. 며칠이 몇 달이 되는 수도 많고 심지어는 몇 년이 될 수도 있다. 돈을 꿔준 사람만 날짜를 기억하지 빌려간 사람은 기억하지 못하기 십상이다. 이처럼 대충대충 적당히 넘어가려는 경향은 약속에 대한 강박적인 의무 개념이 없기 때문이다.

이런 태도는 신의 징벌을 두려워하고 전전긍긍하는 유대인이나 서구인들에 비하면 한결 여유롭고 대범해 보일 수도 있지만, 인간 사회에서의 신용등급은 높은 점수를 따기 어려울 수밖에 없다. 우리는 부처님 앞에 엎드려 절하며 불공을 드릴 때도 복을 비는 경우가 많지만, 유대인이나 기독교인은 회개와 용서가 기도의 주된 내용을 차지한다.

따라서 우리는 부처님이나 공자를 두려워하지 않지만, 유대인은 신의 존재를 몹시 두려워한다. 두렵기 때문에 신과의 약속을 철저히 지키고자 자기 자신을 독려하는 것이며, 그런 약속을 잘 지킨 점에 대해 신의 보상을 바라는 것이다. 앞서 얘기했듯이 서양은 죄의식 문화요, 동양이 수치심의 문화라면, 동양사회에서 죄의식의 존재가 분명치 않은 것은 신에 대한 두려움이 덜하기 때문이며, 자신의 행동에 대한 내적 성찰보다 타인의 시선을 더 의식한 나머지 오로지 체면에 목숨을 걸었기 때문이다.

물론 '천벌이 두렵지 않으냐.' '하늘이 내려다본다.'라는 말도 있지만, 그것은 신의 존재처럼 구체적으로 의인화된 표현이 아니라 매우 추상적인 차원의 세상 이치를 나타낸 표현이기 때문에 실감 있게 피부로 와 닿기 어렵다. 왜냐하면 신은 오래전부터 유대인에게 구체적으로 이래라 저래라 직접 말씀을 전했다고 하지만, 우리 민족에게 하늘이 직접 말씀을 내린 적은 없기 때문이다. 따라서 우리는 그 존재가 모호한 하늘보다 오히려 죽음을 관장하는 염라대왕이나 저승사자를 더 두려워했는지도 모른다.

전통적으로 유대인에게 계약의 문제는 매우 엄격한 편에 속한다. 특히 안정적인 토지와 재산 소유가 어려웠던 그들에게 있어서 가장 믿을 만한 생업수단은 오로지 상업밖에 없었다. 관료가 되거나 전문직 종사는 그림의 떡이었을 뿐이다. 적어도 게토 안에 갇혀 지내던 시절에는 더욱 그랬다. 그나마 사회적 진출이 부분적으로 허용된 것은 19세기에 이르러서였다. 대부분의 유대인은 상업과 무역에 종사하거나 고리대금업, 보석세공, 목수, 대장장이, 의류업, 광대, 인쇄업 등으로 생계를 유지하는 것이 고작이었다. 그러니 신과 맺은 계약뿐 아니라 세속적 차원의 계약 역시 그들에게는 생존과 직결된 화두였을 것이다.

유대인 하면 가장 먼저 떠올리는 직업이 악덕 고리대금업자지만, 그런 악덕 이미지가 생긴 배경에는 적어도 돈에 관해 철두철미했던 유대인 특유의 강박적인 계약정신에 혀를 내둘렀기 때문일 것이다. 그런 전통은 이미 18세기부터 유럽 금융계를 장악한 로드차일드 일가나 현대에 이르러 세계 금융

조지 소로스

헝가리 태생의 유대계 미국인으로 세계적인 금융인이자 투자가다. 어릴 때부터 부모에게서 에스페란토를 배워 에스페란토를 모국어로 사용하는 에스페란토 원어민이다.

시장을 석권하는 조지 소로스George Soros와 같은 유대인 거물을 탄생시킨 원동력이 되기도 했다. 이처럼 상거래 및 돈과 관련한 분야에서 특출 난 능력을 발휘한 유대인의 머리에서 실로 기발한 아이디어들이 쏟아져 나옴으로써 오늘날의 다양한 이자제도와 수표, 할부판매 및 주식투자, 유가증권, 약속어음, 신용장제도 등이 정착되기에 이른 것이다.

이는 곧 엄격한 계약제에 입각한 신용 우선의 상거래 확립에 지대한 공헌을 남긴 셈이다. 이처럼 가만히 앉아서 오로지 머리 회전에 의존해 엄청난 이윤을 남기는데 비상한 재주를 지닌 유대인들이 오늘날에 이르러 세계 금융계와 무역업계를 좌지우지하게 된 것은 결코 우연이 아닐 것이다. 하지만 그들이 결코 불법적인 수단을 통

해 부를 축적한 것으로 볼 수는 없다. 더군다나 지구상에서 유대인만큼 지독한 짠돌이들은 둘도 없을 정도로 그들은 근검절약이 몸에 배어 있지만, 돈에 대한 집착 못지않게 자선사업에도 전념하고 있는데, 이 모든 것이 탈무드의 가르침에 따른 결과다.

그래서 탈무드에서도 돈은 어떻게 벌어서 어떻게 쓰는지가 중요한 것이지 돈 자체를 죄악시하지는 않는다. 결국 돈이 문제가 아니라 그 돈을 사용하는 사람이 문제라는 것이다. 현자는 돈의 힘을 알지만 부자는 지혜의 힘을 모른다는 말이나 두툼한 돈지갑이 반드시 좋은 것만은 아니지만 텅 빈 지갑 또한 좋은 것은 아니라는 말에서도 알 수 있듯이 탈무드는 가난을 미덕으로 간주하지 않는다.

더 나아가 돈은 그냥 주는 것보다 빌려주는 것이 더 낫다고 충고한다. 왜냐하면 빌려주고 되갚는 관계가 서로를 대등한 입장에 놓이게 만들기 때문이라는 것이다. 그러나 그중에서도 가장 중요한 일은 약속대로 돈을 갚는 일이며, 그렇게 되면 신용이 몇 배로 늘어 장기적인 안목에서 더욱 유리해진다는 것이다. 계약과 신용 문제가 불가분의 관계에 있음을 강조한 것이다.

이처럼 유대인은 신과의 약속뿐 아니라 인간끼리의 약속 또한 철저히 지키고자 애써 온 민족이다. 그것은 거의 강박적인 수준에 가깝다. 인간이 에덴동산에서 추방된 것도 실은 금지된 선악과를 따먹고 신에게 거짓말을 둘러댄 죄 때문이었다. 신과의 약속을 처음으로 파기했을 뿐 아니라 거짓말까지 동원함으로써 인간은 스스로 신용을 잃은 셈이다. 그런 점에서 아담은 최초의 인간인 동시에, 최초의 신용불량자이기도 했다.

유대인의 강박적인 성향은 이미 그들의 엄격한 율법생활을 통해서도 드러난다. 안식일을 지키고 할례의식과 성인식 등 수많은 의식절차를 정해 따르며, 온갖 금기 음식을 지정해 정결한 심신 상태를 유지하는 데 온 힘을 기울인다. 신이 내려준 십계명 또한 유대인의 행동양식을 규제하는 강력한 제동장치로 작용한다. 그들은 여호와라는 신의 이름조차 감히 입에 올리지 못할 정도로 수많은 터부를 지니고 있다. 그 모든 것이 신과 맺은 계약을 지키기 위함이다. 심지어 탈무드는 아이들과의 약속조차 철저히 지키라고 가르친다. 그만큼 그들은 약속에 대해 지나칠 정도로 민감한 반응을 보여 온 것이다.

언약의 중요성을 강조한 탈무드의 일화로 다음과 같은 내용이 있다. 우물에 빠져 울고 있던 한 소녀가 지나가던 청년의 도움으로 간신히 목숨을 건졌는데, 이 일을 계기로 두 사람은 곧 서로 사랑하게 되었다. 하지만 먼 길을 떠날 수밖에 없게 된 청년은 소녀에게 사랑의 맹세를 하고 언젠가 자기가 다시 돌아와 결혼할 것을 약속하고 그때까지 기다려 줄 것을 요구했다. 두 남녀는 자신들의 약속에 증인이 되어줄 누군가를 찾다가 때마침 족제비 한 마리가 지나가는 것을 보고 족제비와 우물을 증인으로 내세워 서로의 언약을 다짐했다. 그렇게 헤어지고 몇 년이 흐르자 청년은 그 소녀가 변함없이 자기를 기다리고 있음을 까맣게 잊고 다른 여자와 혼인해서 아이까지 낳고 행복한 삶을 보내고 있었다. 그러던 어느 날 풀밭에서 놀다가 잠이 든 아이가 지나가던 족제비에 물려 죽고 말았다. 그후 다른 아이가 태어났는데 그 아이마저 우물에 빠져 죽고 말았다.

남자는 그때서야 비로소 과거에 소녀와 맺었던 언약을 문득 떠올리고 자신의 아내와 헤어진 뒤 그 소녀를 찾아가 결혼함으로써 약속을 지켰다는 것이다.

이와 비슷한 이야기가 또 있다. 사랑에 빠진 두 남녀가 서로 행복한 장래를 약속했으나 어느 날 청년이 먼 길을 떠난 뒤 소식이 끊겼다. 처녀의 어떤 친구들은 그녀를 동정하기도 했지만 그녀를 시기하고 있던 친구들은 그 남자가 절대로 돌아오지 않을 것이라고 비웃었다. 하지만 처녀는 청년의 약속을 굳게 믿고 슬픔을 달래며 끝까지 기다렸다. 마침내 그 청년이 돌아와 눈물로 하소연하는 그 처녀를 달래주며 묻기를, 그토록 괴로운 순간들을 보내면서도 어떻게 자기만을 기다리며 정절을 지킬 수 있었는지 물었다. 그러자 처녀는 웃으며 답하기를, 나는 이스라엘과 같은 몸이라고 말했다.

유대인은 이런 이야기를 통해 자신들의 비참한 처지에도 불구하고 신과의 약속을 믿으며 끝까지 삶을 포기하지 않았던 것이다. 그들이 믿을 것은 오로지 언약과 소망밖에 없었기 때문이다. 그들이 통곡의 벽 앞에서 남다른 감회와 각오를 다지는 이유도 바로 그 점에 있는 것이다. 이처럼 유대인은 언약에 대해서만큼은 매우 강한 집착을 보여 왔는데, 그것은 종교적 차원뿐 아니라 일상적인 가정사 및 직업적인 부분에서도 마찬가지 원칙을 적용한 것이다.

정신분석에서도 가장 중요한 규칙은 약속을 철저히 지키는 일이다. 치료시간, 치료비 지불, 자유연상의 의무, 그 어떤 행동도 해서는 안 되고 오로지 카우치에 누워 말을 통해서만 표현해야 한다는 약속 등이다. 정해진 시간이 다 되면 더 하고 싶은 말이 있어도 다음 시간으로 미뤄야 한다. 분석가에게 그 어떤 조언이나 격려를 듣고 싶어도 그에 대한 답변이 반드시 주어지는 것이 아니며, 침묵을 유지할 경우도 많음을 미리 주지시키고 약속을 받는다. 물론 분석가에 대한 불만이나 비난은 허용되지만 그것도 오로지 말로만 해야 된다. 이 모든 사항이 환자와 분석가 사이에 맺어진 약속과 계약에 의해 이루어지는 것이다.

다시 말해서 정신분석에 가장 적합한 대상은 약속을 잘 지킬 수 있고 솔직하게 자신의 내면을 잘 드러낼 수 있는 능력의 여부에 달려 있다고 해도 과언이 아닐 것이다. 약속 이행의 의무는 분석가 자신도 마찬가지다. 환자와의 약속을 제대로 지킬 수 없는 분석가는 신용불량으로 인해 환자의 신뢰를 얻기 힘들며, 따라서 분석의 진행에도 상당한 어려움을 초래하기 쉽기 때문이다.

그런 점에서 환자나 분석가 모두에게 약속은 치료의 성공을 위한 매우 중요한 열쇠가 된다. 예를 들어, 치료시간을 제멋대로 어기거나 치료비를 제때 지불하지 않을 경우, 두 사람 사이에는 눈에 보이지 않는 심리적 앙금이 생길 수 있으며, 또한 그런 행동은 무언의 저항을 의미하기 때문에 반드시 짚고 넘어갈 문제로 등장한다. 만약 그렇지 않고 적당히 넘어가게 되면 분석의 진행은 더욱 큰 장애물에 맞부딪쳐 도중에 치료관계가 깨지고 마는 경우도 생길 수 있기 때문이다.

프로이트는 자신의 아버지 장례식 참석 시간에 지각하는 바람에 어머니의 편잔을 들은 적이 있었는데, 그 자신의 분석에 따르면 아버지의 권위에 대한 무의식적 반항심 때문이었다는 것이다. 정신분석은 이처럼 사소한 듯이 보이는 에피소드를 통해서도 그 당사자의 무의식적 갈등의 핵심이 무엇인지 탐색하는 작업이다. 물론 자신의 내면 깊숙이 숨겨져 있는 갈등의 단서를 찾아내기 위해서는 남다른 용기와 결단이 요구되는 것이지만, 다른 무엇보다도 자기와의 씨름에 필요한 솔직함과 정직함뿐 아니라 동시에 그것에 두려움을 느끼고 회피하고자 하는 무의식적 저항을 어떻게 극복해 나가느냐 하는 문제가 성공의 관건이 되기 때문에 그래서 환자와 분석가 사이에 굳게 맺어진 약속이 그만큼 중요한 열쇠가 되는 것이다.

유대인의 특성은 매우 강박적이라는 점이다. 프로이트 역시 강박적인 인물이었다. 강박적인 사람의 특징은 완벽주의, 원칙주의, 근검절약과 청결벽, 지나친 사색과 성찰, 감정의 억제와 회피, 절제된 행동, 약속과 의식절차에 대한 집착, 도덕적 우월감, 일과 공부에 대한 집념, 돈과 시간, 정력 낭비에 대한 두려움, 권위적인 인물에 대한 두려움과 피해의식, 질서에 대한 신념과 무질서에 대한 혐오감, 탐욕에 대한 거부감 및 죄의식 등등 이루 헤아리기 어려울 정도다. 그런데 이 모든 특성들이 유대인과 탈무드, 프로이트의 공통분모를 이루고 있는 핵심적인 화두라고 한다면 이를 두고 과연 우연의 일치라고 할 수 있을까.

제3부 탈무드의 흔적을 찾아서

랍비와 분석가

유대교에는 신부나 수녀가 없는 것이 특징이다. 더욱이 예수나 석가모니, 무함마드처럼 교주가 따로 있거나 가톨릭의 교황과 같은 최고 성직자도 존재하지 않는다. 그들에게 최고의 권위는 바로 탈무드 자체이지 성직자가 아니다. 탈무드의 지식을 가장 많이 지니고 있는 사람들이 랍비이며 유대인은 그들을 존경한다. 유대인 사회의 특징은 랍비가 없으면 공동체 사회의 기능이 멈추고 만다는 데 있다.

랍비는 정신적인 지도자인 동시에 율사이며 교육자이면서 인생 상담자이기도 하다. 랍비의 기능이 멈추지 않는 한 유대인 사회는 존립해 나간다. 또한 그들에게 독신주의나 사회에서 고립된 성직자는 존재하지 않는다. 지역사회의 공동체로부터 격리 단절되어 사는 것이 바람직스럽지 못하다고 생각하기 때문이다. 더 나아가 참된 거룩함이란 일상생활을 영위하는 가운데 자기 주변의 병들고 가난한 자들과 함께 고통을 나누고 도와주며 살아가는 모습을 통해 진정으로 성취된다고 믿어 왔다.

따라서 유일한 성직자인 랍비들도 철저한 교육을 받기는 하지만 남들처럼 똑같이 결혼해서 가정을 꾸미고 산다. 인위적으로 성을 억제하는 것은 자연스럽지 못하다고 이미 오래전부터 여겨온 것이다. 그러니 마르틴 루터의 종교개혁을 통해 비로소 성직자의 결혼이 허용된 사실을 두고 유대인은 속으로 그랬을 것이다. '그래, 그러면 그렇지. 당신들은 이제 와서 겨우 인간 본성의 소중함과 고마움을 깨달은 모양이구만.' 어쨌든 오랜 세월 동안 금욕적인 교리에 젖어온 서구인들이 프로이트의 성 이론에 그토록 반감을 드러낸 것은 실로 당연한 결과였지만, 그런 반응은 그만큼 탈무드에 그들이 얼마나 무지했는지 반증하는 자료가 되기도 한다.

"상대방의 입장에 서지 않고서 남을 판단하지 말라." 랍비의 가장 중요한 자질 가운데 하나로 요구되는 이 말은 현대 정신분석에서 말하는 감정이입 또는 공감적 태도와 거의 일치하는 내용이다. 물론 분석가에게도 그런 공감적 태도가 당연히 요구된다. 환자의 고통을 공감하고 공유할 수 없는 치료자는 이미 치료의 절반을 놓치는 셈이 되기 때문이다. 하지만 고통에 대한 공감과 공유란 손쉽게 이루어지는 현상이 결코 아니다. 아무런 고생도 고통도 모르고 자란 치료자일 경우 그런 공감이나 공유가 가당하기나 하겠는가.

전통적으로 랍비들은 동병상련의 입장에서 자신과 같은 처지에 놓인 동족들과 동고동락을 함께 나누며 살아왔으니 그런 공감과 공유가 얼마든지 가능했을 것이다. 유대의 랍비들이 맡은 사명은 교육자요 종교인이며 판정관이요 화해조정관이었다. 소위 호민관의 역할까지 랍비들이 도맡아 온 것으로 볼 수 있는데, 그런 점에서 유대인 사회에서 차지하는 랍비의 비중은 실로 엄청나다고 할 수 있다.

그런데 탈무드에서 보여 주는 랍비의 자질과 모습에서 우리는 프로이트가 말하는 정신분석가의 자격과 자질을 연상할 수도 있다. 하지만 프랑스의 유대계 정신과의사 앙리 바룩은 좀 더 다른 시각에서 프로이트야말로 유대교 신비가나 랍비와 하나도 다를 게 없다고 간주했는데, 물론 그것은 정신분석이 현대의 새로운 이교집단이나 다름없다고 봤기 때문이다. 그러나 앙리 바룩의 주장에는 지나친 논리의 비약과 과장이 엿보인다.

오히려 그의 주장과는 반대로 프로이트는 분석가의 개인적인 믿음체계나 가치관을 환자에게 강요해서는 절대로 안 되며 철저한 중립적 태도를 유지해야 할 것을 요구했다. 따라서 랍비는 율법을 가르치지만 분석가는 환자에게 분석이론을 교육시키는 것이 결코 아니다. 단지 드러난 단서를 통해 환자 자신의 갈등상태를 분석하고 마음의 구조와 기능을 이해하도록 도와줄 뿐이다. 그런 점에서 랍비와 분석가의 임무는 분명히 다르다. 다만 랍비 양성을 위한 교육제도는 분석가의 수련제도만큼 철저하다는 점에서 유사한 측면이

없는 것도 아니다.

우선 랍비에게 요구되는 것은 철저한 인성교육이다. 스승과 제자가 2인 1조로 편성되어 1 대 1의 독대를 원칙으로 하여 집중적인 교육을 받는다. 이런 형태는 교육분석가와 분석 수련생 두 사람이 마주앉아 가르침을 주고받는 슈퍼비전 과정과 비슷하다. 이처럼 스승과 제자로 이루어진 2인조는 3년간 한 테이블에 마주 앉아 함께 공부하며, 졸업을 하게 되면 2년간 학교를 위한 봉사활동에 들어간다. 그리고 랍비의 자격으로 일단 파견되어 계약을 맺게 되는 순간부터 랍비는 교구민들의 온갖 삶의 곤란한 문제들을 상담하는 역할을 수행한다.

탈무드의 권위자로서 랍비는 현자의 역할뿐만 아니라 일상생활의 의식 집행자면서 교육자 노릇도 해야 된다. 존경받는 율사이자 상담자로서 랍비는 인생 대소사의 문제는 물론이고 공동체 내에 시비가 벌어질 경우 어느 한쪽에 치우치지 않는 태도를 견지하며 공정한 판정도 내려주어야 한다. 이처럼 중립적인 태도를 유지하는 특성은 분석가 역시 마찬가지다.

랍비 사회에서 상하관계나 서열, 계급 같은 것은 존재하지 않는다. 이스라엘의 종교학교에서는 보통 9세 무렵부터 탈무드 공부를 시작하는데, 대개의 경우 학생들은 10년에서 15년 동안 탈무드를 연구한다. 그러니 탈무드의 대가가 될 수밖에 없지 않겠는가. 미국에서는 일반 대학의 학사학위를 받은 사람이라야 랍비학교에 지원할 수 있는데, 분석가를 지망하는 사람 역시 최소한 대학 졸업 자격자여야 한다.

더군다나 랍비학교에 들어가려면 아주 까다로운 입학시험을 거쳐야 한다. 탈무드, 성서학, 설교학, 히브리어, 아랍어, 역사, 유대문학, 법률, 심리학, 교육학, 철학, 처세론 등의 과목시험과 기타 논문을 써서 합격해야 된다. 졸업시험 역시 매우 엄격하다. 일단 학교에 들어가면 4년에서 6년간 공부하게 되는데, 특히 탈무드 교육은 유대인 사회에서도 가장 현명하고 뛰어난 인격자가 맡아서 가르친다. 그런데 공교롭게도 정신분석가 자격을 얻는 데도 이와 거의 비슷한 기간이 요구된다.

탈무드에는 현자가 되는 일곱 가지 조건을 다음과 같이 열거한다. 첫째, 자기보다 현명한 사람이 있을 때는 침묵한다. 둘째, 남이 이야기할 때 중간에서 막지 않는다. 셋째, 대답할 때 당황하지 않는다. 넷째, 언제나 핵심을 질문하고 요긴한 것만 대답한다. 다섯째, 당장 해야만 될 것부터 손을 대고 뒤로 미뤄도 될 것은 맨 나중에 한다. 여섯째, 자기가 알지 못할 때는 그것을 인정한다. 일곱째, 진실을 받아들인다.

여기서 말하는 현자란 곧 랍비를 가리킨 것으로 탈무드가 요구하는 현자의 태도를 보면 프로이트가 요구한 분석가의 기본적 태도와 얼마나 흡사한지 놀라움을 금할 수 없다. 분석가는 우선 상대의 말에 귀를 기울이고 되도록 말을 삼간다. 침묵을 유지할 경우도 많다. 환자의 자유연상을 방해하지 않기 위해서다. 환자의 질문에 대

답할 때도 당황하지 않고 차분하게 응수한다.

분석가의 해석이나 질문도 간단명료하게 핵심적인 내용만을 언급한다. 해석도 처음부터 서두르지 않고 표면적인 것에서부터 깊은 내용으로 단계

적으로 접근한다. 환자의 수용능력에 따라 해석을 뒤로 미루는 경우도 많다. 그리고 환자가 지닌 갈등의 의미가 분명할 경우에만 해석하며 그렇지 않을 경우에는 함께 그 의미를 알아보자고 환자를 격려한다.

결국 분석가에게 주어진 임무는 환자의 무의식적 진실을 밝히는 작업이다. 진실이라고 믿는 의식적 태도에도 무의식적 내용에 대한 방어의 결과로 왜곡시켜 믿고 있는 경우가 의외로 많다. 하지만 분석가의 도움으로 자신의 무의식적 진실을 어느 정도 인식하게 되면 환자는 자기 자신에 대해 보다 겸허해질 수 있고 삶을 대하는 태도 또한 보다 탄력적으로 변하게 된다.

에리히 프롬은 탈무드의 예를 인용하면서 유대교 전통에서 자신의 육신을 낳아준 아버지보다 정신적 관계를 맺고 있는 스승이 보다 우선적으로 중요시된다는 사실을 강조했는데, 이는 랍비나 분석가에 대한 정신적 교류나 상호관계를 고려해 볼 때 많은 점을 시사해 주는 대목이다. 물론 정신적 스승이란 굳이 종교적 차원이 아니

더라도 일상생활에서 얼마든지 만날 수 있는 인물이다. 그런 점에서 분석가의 임무는 탈무드에서 요구하는 현자와는 분명 다르다.

분석가는 랍비처럼 정신적 교훈이나 모범을 보여 주는 인물이 결코 아니다. 물론 환자의 입장에서는 정신적 스승으로 여길 수도 있겠지만, 분석가는 환자에게 그 어떤 정신적 자양분을 제공하는 존재가 아니라 환자 자신의 이해를 돕도록 곁에서 거들어주는 사람일 뿐이다. 일종의 수로 안내인이라 할 수 있다. 자기 내면의 탐색을 도와주는 안내자인 셈이다.

따라서 정신분석에서 말하는 분석의 최종적인 목표가 심리적 갈등의 구조와 의미에 대한 깨달음을 뜻하는 통찰에 있다면, 이를 위해 분석가의 남다른 끈기와 인내심, 중립적인 태도와 포용능력, 시의적절한 해석과 공감능력이 요구되기 마련이다. 물론 이런 자질은 랍비에게도 동일하게 요구되는 덕목이기도 하다.

그렇기 때문에 분석가가 되기 위해서는 철저한 교육뿐 아니라 그 자신이 직접 오랜 기간에 걸친 분석을 받아야만 하는 것이다. '과부 심정은 과부가 안다'는 말처럼 환자의 갈등을 해결해 주기 위해서는 치료자 자신의 갈등부터 해결해야만 하기 때문이다. 그런 과정을 거치지 않고서는 환자의 갈등 해결에 근본적인 도움을 주기 어려울 뿐만 아니라 핵심적인 부분도 매번 놓치기 일쑤다.

성경 말씀에 '장님이 장님을 인도하나니, 너희 눈에 든 들보는 못 보면서 네 형제들의 눈에 든 티를 보려고 하느냐' 라는 구절도 있듯이 이는 곧 분석가와 환자의 관계에도 그대로 적용되는 내용이다. 이처럼 장님이 장님을 인도하는 일이 없도록 하기 위해 정신분석가가 되기 위해서는 그 자신이 분석과정을 받아야만 하는 수련제도가 생긴 것이다.

유대인으로 태어난 예수의 혜안은 역시 유대인 신분의 프로이트에 이르러 서구인의 눈을 뜨게 해 준 셈이다. 남의 정신을 치료한다는 사람이 자기 자신에 대하여 눈뜬장님이라면 어찌 타인의 내면을 들여다보고 문제 삼을 수 있겠는가. 그런 점에서 프로이트는 자기 스스로가 많은 문제를 안고 있는 인간이라는 점을 누구보다 잘 인식하고 있던 사람이었다. 그런 이유 때문에 남달리 치열한 자기탐색과정을 거친 것이며, 더 나아가 환자들의 치료과정을 통해 자신과 동일한 핵심적 갈등의 실체를 확인하게 된 것이다.

지금으로부터 무려 이천 년 전에 활동한 랍비 힐렐은 유대인 사회에서 모든 랍비 가운데 가장 훌륭한 스승으로 추앙받는 인물로 그가 남긴 수많은 행적과 언행들은 탈무드에서도 자주 언급되고 있는데, 그가 남긴 말 중에는 많은 사람의 귀감이 되며 분석가에게도 그대로 적용될 수 있는 내용 또한 적지 않다.

단적인 예로, 상대의 입장에 서보지 않고서는 그 사람을 판단하지 말라는 말이 있다. 이는 곧 오늘날 정신분석에서 말하는 감정이입 또는 공감적 태도를 지적한 말이다. 환자의 입장에서 환자를 보고 이해해야 더욱 정확한 이해에 도달할 수 있다는 것이 현대 정신분석에서 주장되고 있는 핵심적인 내용이기 때문이다.

또한 인내심이 부족한 사람은 스승이 될 자격이 없다는 그의 주장도 분석가에게 그대로 적용되는 말이다. 환자들은 치료 초반부터 끝날 무렵까지 수시로 분석가를 괴롭히고 성가시게 만들며 많은 질문을 쏟아내기도 한다. 심지어는 분석가의 사생활에까지 관심을 기울이며 캐묻기도 한다. 이럴 경우 분석가는 환자의 주된 관심이 그 자신의 내면 탐색으로 향하게끔 도와주어야 하는데, 그러기 위해서는 상당한 인내심이 요구되는 것이다. 일일이 환자에게 반응을 보이게 되면 환자는 그만큼 자유연상으로부터 멀어지기 때문이다.

탈무드에서는 남을 행복하게 해 주는 것은 향수를 뿌리는 일과 같다고 했는데, 왜냐하면 상대에게 뿌려준 향기가 자신에게도 되돌아오기 때문이라는 것이다. 따지고 보면 정신분석 또한 불행에 빠진 환자의 갈등을 해결해 줌으로써 마음의 균형을 되찾아주고 삶의 탄력성을 회복시켜 줌으로써 행복을 되찾게 해 주는 작업이라 할 수 있으며, 분석가 또한 그런 결과를 통해 기쁨과 보람을 얻게 되는 것이 아니겠는가. 물론 프로이트는 정신분석을 통해 도울 수 있는 것은 단지 환자로 하여금 온갖 불행에 견디어 나갈 수 있도록 도와줄 뿐이라고 겸손해 했지만, 반드시 그런 것만도 아니다. 분석을 통해 새로운 삶의 활력을 얻는 환자들이 실제로 많기 때문이다.

탈무드는 친구가 화내고 있을 때 성급하게 달래려고 하지 말 것이며, 그가 슬퍼하고 있을 때 위로하려 들지 말라고 충고한다. 또한 당신을 비판하는 친구를 가까이 하고 칭찬하는 친구는 멀리 하라고 가르친다. 분석가들은 이런 충고의 의미를 그 누구보다 너무도 잘 알고 있다. 환자가 격분하거나 눈물을 흘리고 있을 때 분석가는 성급하게 환자의 감정세계에 뛰어들지 않고 조용히 지켜볼 뿐이다. 그의 괴로운 감정을 그만큼 존중하기 때문이다.

그렇게 참고 기다려 줄 때 환자는 비로소 분석가로부터 자신이 존중받는다는 느낌을 갖고 신뢰감을 갖게 되는 것이다. 결국 괴로운 감정은 즉각적인 해결보다 그런 감정의 교류와 공유가 더욱 중요하기 때문이다. 또한 분석가는 바람직한 환자의 행동에 대해서도 성급하게 칭찬을 가하지 않는다. 마음에도 없는 칭찬은 오히려 불신만을 조장하기 일쑤다. 오히려 분석가는 환자의 모든 말과 느낌에 대해 탐색하고 그 의미를 해석한다. 물론 경우에 따라서는 그 내용이 매우 비판적일 수 있어서 환자가 분석가의 해석을 받아들이지 않는 수도 있다. 자존심이 상하기 때문이다.

많은 경우에 사람들은 적절한 이성적 비판을 감정적인 비난과 혼동하는 수가 있는데, 환자들도 마찬가지 반응을 보이기 마련이다. 그래서 탈무드에서는 어떤 끈이라도 너무 세게 당기면 그 끈이 끊어진다고 주의를 주고 있는데, 분석가의 해석도 그런 끈과 같아서 너무 세지도 않고 그렇다고 너무 약하지도 않게 환자 상태에 맞추어 완급을 조절하는 것이다. 그리고 이것도 저것도 여의치 않을 경우에는 조용히 입 다물고 기다리는 것이다. 이 역시 탈무드에 언급되고 있는 내용으로, 사태가 호전되지 않거든 그냥 기다리라고 충고하고 있기 때문이다.

그뿐만이 아니다. 탈무드는 남의 결점만을 찾아내는 사람은 자기 결점을 찾지 못한다고 지적하면서 병자가 병자를 위해 기도할 때 그 기도는 두 배의 힘을 갖는다고 했는데, 분석가 역시 그런 약점을 보완하기 위해 본인 스스로가 환자 입장에 놓여 상당 기간의 분석을 받아야 하는 것이다. 이렇게 볼 때 분석가의 실제 임상은 탈무드의 가르침을 그대로 충실하게 따르고 있음을 알 수 있게 된다.

마지막으로 인용하고 싶은 탈무드의 구절이 있다. 그것은 곧 '마음의 문은 입이요, 마음의 창은 귀'라는 말이다. 우리는 흔히 눈이 마음의 창이라고 말하지만, 탈무드에서는 눈보다 입과 귀를 더욱 강조하고 있다는 점이 매우 흥미롭다. 그리고 그런 관점은 정신분석에도 그대로 적용되고 있어서 더욱 놀랍다. 왜냐하면 환자들은 마음의 문을 열고 입으로 자신의 괴로움과 갈등을 이야기하는 것이며, 분석가는 마음의 창을 열고 그의 귀를 통해 환자의 말에 집중하기 때문이다. 사실 따지고 보면, 분석가의 가장 주된 임무는 환자의 말에 귀를 기울여 듣는 일이다. 더군다나 환자는 카우치에 누워 자유연상을 하고 분석가는 환자 머리맡에 자리 잡고 앉아서 귀를 기울이기 때문에 두 사람의 시선이 서로 마주칠 일도 없다. 입과 귀만 필요할 뿐 눈은 필요 없는 것이다. 이 얼마나 탈무드적인 가르침에 딱 들어맞는 모습인가.

다만 분석가는 많은 말을 하지 않는다. 주로 환자가 말하고 분석가는 조용히 그의 말을 경청할 뿐이다. 물론 꿀 먹은 벙어리로 일관하는 것만은 아니다. 비록 결정적인 순간에 분석가는 당연히 해석을 가하지만, 그 해석을 결코 남발하지 않는다. 상대를 정확히 이해하지 않고서는 올바른 해석을 가할 수 없기 때문이다. 그것은 음식을 씹는 일과 삼키는 일을 동시에 할 수 없는 것과 같다.

탈무드는 언행에 신중할 것을 누누이 강조하는 가운데 많은 말보다 상대의 말에 귀를 기울이는 일에 더욱 큰 가치를 두고 있는데, 예를 들면 입보다 귀를 상석에 앉히라는 요구가 바로 그렇다. 또한 입이 하나이고 귀가 두 개인 이유는 그만큼 남의 말을 두 배로 더 잘 들으라는 뜻에서 그렇게 만들어진 것이라고 설명한다. 이는 마치 분석가의 자세를 염두에 두고 하는 말처럼 들린다.

그래서인지는 몰라도 독일의 유대계 정신분석가 테오도르 라이크는 분석가에게는 제3의 귀가 필요하다고 주장하기도 했는데, 물론 그것은 마음의 문을 활짝 열고 남다른 직관을 동원해 오로지 환자의 말에만 귀를 기울여야 한다는 뜻에서 한 말이기 쉽다. 그런 점에서 분석가들은 사실상 탈무드의 가르침을 가장 철저하게 지키는 사람들이라 할 수 있다. 하기야 '귀 있는 자 들을지어다.'라는 예수님의 말씀도 들을 마음의 자세를 가리킨 것으로 탈무드의 정신을 그대로 따른 표현이 아닐 수 없다.

사실 살아가면서 겪는 모든 말썽의 원인이 말에서 비롯되는 수가 많음을 우리는 너무도 잘 알고 있다. 그래서 탈무드는 이렇게 말하기도 한다. 새장에서 도망간 새는 다시 잡을 수 있으나, 입에서 나간 말은 붙잡을 수 없다고 말이다. 예수께서도 말씀하시기를, '사람의 입으로 들어가는 음식은 깨끗하나 입에서 나오는 말은 더럽기 그지없다.'고 하셨지만, 그것은 인간의 간교한 거짓과 허언, 망언을 질타하기 위함이었다.

분석가의 임무는 환자의 내면 깊숙이 감추어진 무의식 내용을 탐색하기 위한 것이기 때문에 아무리 부도덕하고 비현실적인 내용일지라도 그것에 상관하지 않고 있는 그대로 받아들인다. 따라서 환자의 입을 통해 나오는 그 어떤 자유연상 내용에 대해서도 도덕적인 비판은 절대 금기인 셈이다. 바로 이런 점이 랍비와 분석가의 가장 큰 차이점이라 할 수 있다. 그런 점에서 랍비의 역할은 의식을 다루고 지지적인 반면에, 분석가의 역할은 중립적인 태도로 무의식을 다룬다고 할 수 있겠지만, 타인을 돕는다는 큰 울타리 안에서는 정신분석 역시 상당 부분 탈무드의 지혜를 본받고 있음을 알 수 있다.

에필로그

수천 년의 기나긴 세월을 나라 없는 백성으로 살면서도 멸망하지 않고 기적처럼 살아남은 유대민족의 힘의 원천은 역시 탈무드라고 자신 있게 말할 수 있다. 또한 탈무드를 통하여 그들이 생존법칙에 통달하게 된 근저에는 무엇보다 교육의 중요성을 일찍부터 깨달은 점에 기인한다고 볼 수 있다. 유대인만큼 매일 공부하는 민족도 없을 것이다. 그들은 신을 섬기는 유일한 길은 열심히 공부하는 것뿐이라는 믿음을 지니고 있기 때문이다.

탈무드는 무수히 많은 유대인 출신의 사상가, 철학자, 종교가, 예술가, 과학자, 의사, 법률가, 경제학자, 정치가, 자본가들에게 섬광처럼 번득이는 영감의 원천이 되어 왔다. 특히 정신분석의 발달사에서 유대인을 빼놓고 이야기한다는 것은 어불성설이 될 만큼 절대적인 공헌을 해온 게 사실이다.

정신분석의 수련 과정에서도 알 수 있듯이 지식의 전수와 교육분석은 필수적이다. 일단 분석가 자격을 인정받게 되면 다른 아무 것도 필요 없다. 단지 카우치와 의자, 그리고 입과 귀, 머리만 있으면 된다. 전형적인 탈무드 스타일의 기발한 발상이다. 그런 점에서 프로이트는 일종의 '상징적인 랍비'였다고 할 수도 있다.

실제로 분석가의 훈련 과정은 종교적 냄새만을 제거한 랍비 교육체제와 비슷하다. 프로이트가 의식했건 못 했건 간에 정신분석이론의 기본 개념 중 일부는 탈무드에서 영감을 얻은 것으로 보일 정도로 일치한다. 꿈이론, 소망충족, 자아와 초자아, 초기의 외상이론과 성이론, 환상이론, 갈등이론, 억압의 개념, 반복강박 등 핵심적인 이론의 밑바탕에는 그와 유사한 탈무드적 교훈과 기본 개념이 자리 잡고 있다.

프로이트를 비롯해 많은 분석가는 정신분석과 유대인을 관련시키려는 시도에 대해 반사적으로 거부반응부터 일으킨 경우가 많았기 때문에 역사적으로도 이런 주제는 거의 터부시되어 온 경향이 농후하다. 물론 그토록 본능적인 과민성은 유대인이라는 비천한 신분으로 인해 말할 수 없는 인종적 수모와 고초를 겪었기 때문이기도 하겠지만, 특히 아리안심리학의 우월성을 강조한 나치 독일 및 카를 융에 의해 유대심리학으로 비하되고 매도당했던 뼈아픈 기억이 아직도 생생하기 때문에 더욱 그럴 것이다.

에필로그

또한 아무리 부분적인 탈무드의 영향을 언급하더라도 결국 지나친 논리의 비약을 통해 정신분석 자체의 고유한 가치와 독자성에 손상을 입히는 일이 발생하지 않을까 하는 우려 때문에 그랬을 수도 있을 것이다. 하지만 '구더기 무서워 장 못 담그랴'는 우리말 속담처럼 이제는 그런 뿌리 깊은 피해의식에서 벗어나 자유로운 창의적 시각에서 자체 평가할 수 있는 시점에 도달했다고 볼 수 있겠다.

뿐만 아니라 유대인 신분으로 20세기 최대의 학문적 업적과 인식론적 혁명을 이룩한 프로이트의 천재성이 단순히 탈무드적인 배경으로부터 자유로울 수 없다는 사실 때문에 정신분석 고유의 가치나 업적이 희석되고 폄하당하는 일은 결코 없을 것이다. 오히려 그 탁월한 교육적 가치 때문에 전 세계적으로 인구에 회자되고 있는 탈무드의 영향이 부분적으로라도 있었다면 정신분석의 도덕적 가치 또한 보장될 수도 있다고 본다.

과거는 물론 오늘날까지도 정신분석은 공산주의와 더불어 우리 시대의 병이라고까지 매도당해 왔다. 그런 주장은 유대인과 공산주의를 독일 사회의 공적으로 간주해 지구상에서 완전히 제거해 버리고자 했던 나치즘과 무엇이 다른가. 그렇게 본다면 부도덕한 유대 심리학을 추방하고 순수한 아리안심리학을 내세운 나치즘과 그에 동조한 융의 심리학은 20세기가 낳은 더 큰 괴질이 아닌가. 하지만 융의 분석심리학을 매도하는 목소리는 거의 들리지 않는다. 종교계의 비호를 받고 있기 때문이다. 반면에 스스로 무신론자임을 공언했던 프로이트의 비판적 종교관 때문에 특히 기독교 전통이 강한 서구사회에서는 반유대주의에 편승하여 정신분석에 대한 불신과

의혹의 눈총이 여전함을 알 수 있다. 현재까지도 프랑스를 제외하고는 보수적인 서구사회 어느 대학에서도 정신분석학과를 따로 개설하여 운영하는 곳이 없다는 사실만 봐도 그들의 배타성이 어느 정도인지 짐작할 수 있다.

이처럼 복잡한 역사적, 종교적, 인종적, 학문적 편견의 배경을 알고 보면 왜 그토록 서구 기독교 사회가 정신분석에 대해 냉소적인 반응을 보여 왔는지 이해할 수 있으며, 심지어 정신분석학회 자체 내에서도 정신분석과 탈무드를 연관시키려는 의도에 대해 지나칠 정도로 과민한 반응을 보여 왔는지 설명이 가능해진다. 하지만 이미 수천 년에 걸친 오랜 핍박을 통해 인간사회의 불합리와 모순에 남다른 민감성을 보여 온 유대인은 탈무드라는 지혜의 보고를 집대성하면서 자신들의 정체성을 잃지 않고 스스로의 힘을 키워 왔으며, 그런 가운데 모순과 부조리에 가득 찬 세상의 변혁을 끈질기게 시도해 온 것이 아니겠는가.

프로이트를 포함해 정신분석의 역사에서 이론적 대가들의 절대 다수는 유대인 학자들이었음을 부인하기 어렵다. 따라서 그들이 어려서부터 탈무드 교육에서 완전히 자유로울 수 없었을 것으로 짐작하는 데 큰 무리는 없다고 본다. 더욱이 반유대주의 풍토가 기승을 떨던 시대에 태어난 그들은 부조리한 외부 환경에 희망을 걸 수 없는 상황에서 차라리 인간 내면의 변혁에 더욱 큰 관심을 기울일 수밖에 없었을 것이다. 그런 관점에서 볼 때, 정신분석은 지극히 유대인적인 특성을 내포하고 있으며, 탈무드의 영향 또한 완전히 배제할 수 없다고 본다. 다만 부분적으로 탈무드의 영향을 받았다는 사실만으로 정신분석이 유대인의 학문체계에 불과하다는 논리적 비약이 있어서는 곤란하겠다.

전문 용어 해설

강박신경증obssesive-compulsive neurosis: 주로 강박적인 성격에서 보이는 특성으로 이런 사람들은 매우 사변적이며, 강박적인 사고obsession와 강박적 행동compulsion에 매달리고, 완벽주의, 원칙주의, 의구심, 청결벽, 인색함, 주도면밀성, 우유부단성, 감정적 냉담성, 도덕주의, 금욕주의, 일중독 등에 얽매여 매우 고지식하고 융통성 없이 살아가기 쉽다.

개성화과정individuation process: 심리적 독립을 통해 통합적 존재를 지향하는 과정을 말하는데, 달리 말해서 진정한 자기실현self-realization에 도달하는 것을 목표로 하는 접근법이다. 카를 융의 분석심리학은 곧 개성화과정을 이루기 위한 치료법으로 그러기 위해서는 개인무의식뿐만 아니라 집단무의식에 대한 이해가 요구된다고 주장한다.

경험적 자아experiencing ego**와 관찰적 자아**observing ego: 정신분석과정에서 환자와 정신분석가 모두에게서 보이는 자아의 태도를 말한다. 경험적 자아는 자유연상 내용에 몰입되어 나타나는 자아의 주관적 경험을 가리키며, 관찰적 자아는 그런 경험에 대해 객관적으로 관찰하고 그 의미를 생각해 볼 수 있는 이성적 태도를 가리킨다.

공격성aggression: 분노와 적개심, 원한, 불만 등에 의해 자신과 타인 모두에게 극심한 위해나 공포심을 일으킬 수 있는 부정적 충동 에너지를 말한다. 프로이트는 인간 심리의 기본적인 두 가지 성향을 성과 공격성으로 보았는데, 그중에서도 적개심에 바탕을 둔 공격성은 인류 문명을 위협하는 가장 주된 요인으로 꼽았다. 그래서 공격성을 적절히 억압하고 승화시키는 성숙한 자아의 기능이 더욱 강조되기에 이른 것이다.

구조이론structural theory: 인간의 정신을 의식과 무의식, 전의식으로 구분해 설명했던 지형적 이론topographic theory에 불만을 느낀 프로이트는 후기에 가서 이론적 수정을 가해 구조이론을 발표했는데, 인간의 정신을 자아와 이드, 초자아 기능으로 구분해 설명하고자 했다자아와 이드, 초자아 항목 참조.

근친상간적 소망incestuous wish: 이성인 부모에게 지니는 아이의 감정과 태도를 말하는 것으로 반드시 성적인 의미로 사용하는 용어는 아니다. 남아는 어머니에게, 그리고 여아는 아버지에게 더욱 친밀감을 느끼고 접근하는데, 경우에 따라서는 오히려 부모 쪽에서 그런 태도를 조장하기도 한다.

꿈의 작업dream work: 꿈의 기능을 억압된 소망의 충족에 있다고 본 프로이트는 꿈으로 나타나기까지 우리가 의식하지 못하는 여러 단계의 과정이 작용한다고 주장했는데, 그 내용을 기억하는 발현몽manifest dream 이전에 원래의 소망충족적 내용을 담고 있는 잠재몽latent dream이 존재하지만, 의식에서 받아들이기 용이한 내용으로 각색시키기 위해 압축condensation, 전치displacement, 상징화symbolization, 2차적 정교화secondary elaboration 등의 과정을 거쳐 원래의 내용을 적절히 왜곡시킨다는 것이다.

대상관계이론object relation theory: 영국의 정신분석가 멜라니 클라인에 의해 발전된 대상관계이론의 핵심은 생의 가장 초기에 형성되는 모자관계에서 벌어지는 심리적 경험이라 할 수 있는데, 어머니의 젖가슴만을 상대하는 부분 대상part object과 어머니를 총체적인한 인간으로 인식하는 전체 대상whole object의 과정을 거치며 심리적 성숙을 이루어나간다고 본다. 그런 과정을 통해 형성된 대상과의 심리적 경험은 아이의 내면에 계속 간직되어 성인이 되어서도 그런 내적 대상internal object과의 관계를 유지해 나간다고 본다.

도덕 정신병moral psychosis: 도덕, 윤리적 차원에서 초자아 기능에 구멍이 뚫린 상태로 거의 정신병적 수준에 해당하는 성격파탄자를 가리키는 용어다. 대표적인 경우가 반사회성 인격장애라 할 수 있는데, 심리학자들은 사이코패스라고 부르기도 한다. 이들은 비록 정신병 환자처럼 망상이나 환청을 보이진 않고 있으나, 공감능력의 결여로 인해 대인관계 유지에 어려움을 느끼고, 양심의 가책이나 죄의식을 느끼지 못하며, 충동적이고 무책임하기 때문에 법과 사회적 규범에 잘 따르지 못한다. 도덕적 광기moral insanity라고도 부른다.

마돈나-창녀 콤플렉스 Madonna-whore complex: 병적으로 왜곡된 애정관계의 결함을 나타낸 것으로 정상적인 부부관계를 가질 수 없으면서도 창녀와는 성행위가 가능한 비정상적인 상태를 말하는데, 자신이 숭배하는 어머니에 대해 성스럽고 이상적인 이미지를 지니고 있기 때문에 어머니의 상징적 대리인인 아내에게 불안과 죄의식을 느껴 성적인 접근을 하지 못하는 대신 죄의식을 느끼지 않아도 되는 부도덕한 창녀와는 정상적인 성관계를 맺을 수 있게 된다.

무의식the Unconscious: 한 개인의 의식 영역 밖에 존재하는 심층적 정신세계를 뜻한다. 주로 원초적인 욕망과 환상으로 이루어져 있으며, 의식에서 용납되기 어려운 내용이기 때문에 강한 억압을 통해

의식에 떠오르지 못하지만, 보이지 않는 영향력을 항상 의식세계에 가한다. 그러나 무의식의 존재는 꿈이나 공상, 말실수, 노이로제 증상 등을 통해 부분적으로 엿볼 수 있으며, 정신분석에서 다루고자 하는 주된 탐색 대상이기도 하다. 프로이트의 개인무의식 차원을 넘어서 스위스의 정신의학자 카를 융은 집단무의식의 존재를 내세우기도 했다.

반복강박repetition compulsion: 어릴 때 받은 외상적 경험을 극복하기 위해 무의식적으로 그와 비슷한 상황을 재연하고자 하는 욕구를 말한다. 예를 들어 어린 시절 부모에게서 심한 학대를 받은 사람이 직장에서도 잦은 실수를 저지름으로써 상사로부터 계속해서 심한 질책을 받는 경우 무의식적 반복강박을 통해 자신의 어린 시절 경험을 재연하고 있다고 보는 것이다.

방어기제defense mechanism: 의식세계에 떠오르려는 무의식적 충동을 억누르기 위해 동원되는 자아의 기능으로 다양한 방식이 존재한다. 억압, 부정, 투사, 합리화, 퇴행, 승화, 동일시, 반동형성, 전환 등 수많은 방어기제들이 우리가 알지 못하는 사이에 동원되며 그런 방편을 통해 우리 자신의 심리적 균형을 유지하고자 애쓴다.

부친살해욕구patricidal wish: 아동기 시절 특히 어머니를 사이에 두고 아버지와 치열한 경합을 벌이는 남아에서 발견할 수 있는 강한 적개심으로 실제로 아버지를 죽이려고 하는 욕구라기보다는 경쟁

전문 용어 해설

자인 아버지가 눈앞에서 사라져줬으면 하는 바람으로 이해하는 게 더욱 적절할 것으로 본다.

분리－개별화separation-individuation: 아기가 엄마 곁을 떠나 심리적으로 불안을 겪지 않고 보다 자율적인 홀로서기가 가능해질 때까지 과정을 가리킨 용어로 미국의 정신분석가 마가렛 마알러가 처음으로 그 단계를 밝혔다. 아기가 불안해하지 않고 안정적인 모습으로 엄마와 떨어질 경우 대상 항상성object constancy 확립에 성공한 것으로 평가된다.

분리불안separation anxiety: 이별불안이라고도 부른다. 아기가 엄마에게서 떨어질 때 느끼는 강한 불안 심리를 의미한다. 특히 강한 애착관계에 있거나 의존성이 심한 경우 일종의 공포반응에 가까운 극심한 분리불안을 겪기 쉽다. 이유기에 가짜 젖꼭지를 물려주는 것도 아기의 분리불안을 가라앉히기 위한 방편에 속한다.

속죄양scapegoating: 집단 전체의 문제나 결함을 어느 한 사람의 탓으로 돌리는 병적인 방어기제를 뜻한다. 이런 현상은 가정이나 학교, 직장 등에서도 흔히 나타나는데, 희생양이라고도 한다. 최근 사회문제가 되고 있는 왕따현상도 일종의 속죄양 만들기의 결과로 볼 수 있다. 이것과 반대되는 기제는 일반화generalization라고 할 수 있는데, 이는 한 개인의 문제를 집단 전체의 문제 탓으로 돌리는 경우를 말한다.

억압repression: 의식에서 받아들이기 어려운 고통스럽고 불쾌한 기억이나 감정을 무의식 안에 계속 가두어두려는 현상으로 가장 기본적인 방어기제에 속한다. 성적 욕구나 적대적인 감정, 기억하고 싶지 않은 사건 등이 주된 억압의 대상으로 이런 억압의 기제에 의해 본인 자신은 불안을 느끼지 않고 심리적 균형을 유지하게 된다.

양가감정ambivalence: 동일한 대상에 대해 서로 공존하기 힘든 상반된 감정이 동시에 존재하는 상태를 말한다. 예를 들어 사랑과 미움의 감정이 동시에 공존하는 경우가 이에 속한나. 이런 감정의 기원은 어린 시절 경험에서 비롯되기 쉬운데, 예를 들어 애정과 체벌을 동시에 보여 준 부모에 대한 상반된 감정경험 등이 단적인 예라 할 수 있다. 그런 태도는 정신분석 과정에서도 나타나기 마련인데, 자신을 돕기 위해 애쓰는 치료자에 대해서도 친밀감과 적대감을 동시에 느낄 수가 있다.

에로스Eros**와 타나토스**Thanatos: 에로스는 리비도를 중심으로 삶에 활력을 주는 본능 에너지를 말하며 삶을 해체하는 파괴적 본능 타나토스에 반대되는 개념으로 삶의 본능으로 번역되기도 한다. 에로스는 개인의 생존을 보존하는 역할뿐 아니라 종족 보존을 목표로 하기도 한다. 반면에 타나토스는 삶을 지속시키려는 에로스에 반대되는 본능적 에너지로 삶을 파괴하고 해체시키고자 하는 특성을 지니기 때문에 죽음의 본능으로 번역되기도 한다. 따라서 폭력이나 적개심 등 모든 공격적 성향의 출현은 타나토스의 표출로 간주된다. 그러나 오늘날 에로스와 타나토스 개념은 받아들여지지 않고 있다.

에릭슨의 정신사회발달론 Erikson's stages of psycho-social development: 미국의 정신분석가 에릭 에릭슨에 의해 주장된 자아의 발달이론으로 8단계로 나누어 구분하고 각 시기마다 반드시 해결하고 넘어가야할 과제가 주어진다고 주장했는데, 프로이트와는 달리 자아의 성장은 출생 직후부터 노년기에 이르기까지 전 생애를 통해 이루어진다고 보았다.

외재화externalization: 자신의 내부에서 솟구치는 욕망이나 충동을 외부의 탓으로 돌리는 경우를 말하며, 투사의 방어기제가 가장 전형적인 예에 속한다. 이와는 정반대의 과정을 내재화internalization라고 부른다. 예를 들면, 남의 잘못을 자기 자신의 탓으로 돌리는 경우가 이에 해당된다.

이분법적 사고dichotomic thinking: 모든 사물을 두 가지 양극단의 흑백논리로만 받아들이는 매우 유아적인 사고방식의 흔적이다. 천국과 지옥, 선과 악, 천사와 악마, 정통과 이단, 적과 동지, 좋고 나쁜 것, 옳고 그른 것, 이롭고 해로운 것, 뜨겁고 찬 것, 고통과 쾌락 등이 존재할 뿐 그 중간이 없는 게 특징이다.

이중구속double bind: 영국의 인류학자 그레고리 베잇슨이 주장한 이론으로 상호 모순되는 메시지를 동시에 전달하는 경우를 말한다. 예를 들어, 엄마가 아들에게 싸우지 말라고 하면서 동시에 비겁하게 살아서는 안 된다고 말하거나, 또는 딸에게 세상남자들은 모두 늑대들이니 조심하라고 하면서 언제 시집갈 거냐고 다그치는 등 서로 앞뒤가 맞지 않는 말을 동시에 강요하는 경우가 이에 속한다. 어려서부터 이처럼 갈피를 잡을 수 없는 메시지에 계속 노출된 아동은 가치판단에 어려움을 보여 정신병에 걸리거나 사회적응에 실패할 확률이 매우 높다는 것이 베잇슨의 주장이지만 의학계에서는 인정하지 않고 있다.

인지치료cognitive therapy: 미국의 정신과의사 아론 벡이 창시한 정신치료의 한 형태로 왜곡된 부정적 인지내용의 수정을 통해 감정적 문제를 해결한다는 전제아래 단기적인 접근으로 환자를 돕는데, 행동치료의 특성을 가미시켜 오늘날에는 인지행동치료의 형태로 보편화되어 있다.

자기분석self analysis: 정신분석가 스스로 자신을 분석하는 행위를 말하는 것으로 프로이트는 모든 정신분석가에게 자기분석의 필요성을 누누이 강조했다. 그러나 분석가뿐 아니라 환자 역시 자신의 정신분석 경험을 토대로 스스로 자기분석을 해나갈 수 있게 된다.

자궁 방황설wandering womb theory: 고대 그리스인들은 히스테리 현상에 대해 그 원인이 여성의 신체 내부에서 자궁이 돌아다니기 때문에 생기는 것으로 추정했는데, 히스테리의 어원인 그리스어 히스테라는 자궁을 뜻하는 말이며, 그래서 자궁절제술도 히스테렉토미 hysterectomy라고 부른다.

자아심리학ego psychology: 프로이트의 초기이론인 리비도 위주의 이드 심리학id psychology에서 벗어나 자아 기능을 중심으로 정립된 이론을 말한다. 하인츠 하르트만에 의해 발전된 자아심리학은 자아의 충동조절 기능과 현실적응에 중점을 두었는데, 오늘날 정신분석의 주류를 이루고 있는 이론이기도 하다.

자아Ego**와 이드**Id, **초자아**Super-ego: 프로이트가 후기에 수정한 구조이론의 핵심으로 인격의 구조를 자아와 이드, 초자아로 구분했다. 여기서 이드는 무의식적 욕망과 충동을 말하며, 초자아는 도덕적인 양심을 이루는 부분으로 자아에게 끊임없이 압력을 행사한다. 자아는 그런 이드와 초자아 사이에서 적절한 균형을 이루기 위해 타협을 모색하는 의식세계의 주체라 할 수 있는데, 현실과의 타협도 추구한다.

자유연상free association: 정신분석에서 가장 핵심적인 치료방법 가운데 하나로 환자는 카우치에 누워 마음속에 떠오르는 모든 생각과 감정을 그 어떤 제약 없이 자유롭게 이야기하도록 되어 있는데, 그것을 자유연상이라고 한다. 그러나 실제로 자유연상은 생각처럼 그렇게 쉽지가 않다.

저항resistance: 무의식에 대한 접근을 가로막는 환자 자신의 모든 태도를 가리키는 것으로 정신분석이나 정신치료 전 과정을 통해 나타나는 현상이다. 환사들은 사신이 낫기를 바라면서도 이율배반적으로 자신의 내면을 드러내는 데 두려움을 갖기 마련인데, 그런 두려움 때문에 자신의 신경증적 상태에 그대로 머물러 안주하려드는 경향도 보인다. 가장 흔히 보이는 저항은 침묵을 유지하거나 약속시간에 늦는 행동이며, 일방적으로 약속을 깨거나 치료비 지불을 잊는 행위도 저항의 한 표현이다.

적대적 동일시hostile identification: 동일시란 원래 부모의 특성을 자신의 일부로 받아들이는 정신방어기제로 건전한 인격발달 과정에서 가장 중요한 과정으로 간주되는 것이지만, 모든 동일시가 건전한 것은 아니고 경우에 따라서는 매우 미숙하고 병적인 형태의 동일시도 존재한다. 예를 들어 증오와 환멸의 대상을 자신도 모르게 닮는 수가 있는데, 이를 적대적 동일시라 한다. 포악한 술주정뱅이 아버지를 증오하면서도 그런 아버지를 동일시해 그 자신이 아버지처럼 똑같이 술주정뱅이 폭군이 되거나 처자식을 버리고 가출한 아버지처럼 그 자신도 나중에 똑같은 짓을 벌이는 경우가 이에 해당한다.

전이transference**와 역전이**countertransference: 정신분석과정에서 나타나는 매우 특이한 현상으로 환자의 과거에 의미 있는 관계를 맺었던 인물에 대한 감정적 태도가 분석가에게 향해져 나타나는 경우를 전이라 하며, 분석가 역시 동일한 기전에 의해 환자에게 향해지는 특이한 감정적 태도를 경험하는데 그것을 역전이라 부른다. 물론 분석가는 자신의 그런 감정을 적절히 통제하며 중립성을 유지하는 것이 원칙이다. 예를 들어 두려운 아버지 밑에서 자란 환자가 분석가에게서도 동일한 두려움을 갖게 되는 경우를 말한다. 정신분석에서는 이런 전이적 반응을 해석하는 것이 가장 중요한 핵심 과제로 간주한다.

전치displacement: 부정적인 감정이나 긴장감을 상대적으로 위험하지 않은 대상으로 옮겨 자신의 심리적 균형을 유지하고자 하는 정신방어기제의 하나다. '종로에서 뺨 맞고 한강 가서 눈 흘긴다'는 속담이나 화난 김에 돌멩이 걷어차는 행동 등은 전치의 기제를 가리키는 것이다. 엉뚱한 대상에 화풀이하는 대부분의 행동은 전치에 해당된다. 하지만 반드시 나쁜 감정만이 아니라 좋은 감정도 전치될 수 있다.

전환conversion: 의식에서 받아들이기 어려운 감정을 신체 및 신경계 반응을 통해 해소하는 현상으로 예를 들어 갑작스러운 팔다리 마비 증세나 실신, 경련발작, 시력상실, 발성장애 등 극적인 방식으로 나타나는데, 대부분의 경우 심리적 원인에 의한 것으로 상징적 의미를 지니는 수가 많으며, 증세를 보인 당사자는 오히려 감정적으로 평온함을 유지한다. 이런 경우 환자는 자신의 증상을 통해 타인의 관심을 끌고 위안을 받으려는 2차적인 이득을 얻으려는 경향을 보인다.

정신결정론psychic determinism: 모든 결과에는 원인이 있다는 인과론적 법칙에 의거해 현재 겪고 있는 정신적 갈등이나 고통도 과거에 해결하지 못한 문제에서 비롯된 결과라는 의미에서 정신결정론이라고 한다. 프로이트는 모든 노이로제의 원인을 아동기에 경험한 부모와의 관계에서 찾았다.

정신-성 발달psycho-sexual development: 프로이트의 초기이론 가운데 하나로 인격의 발달과정을 리비도의 발전과정과 결합시켜 설명하고자 했는데, 구순기, 항문기, 남근기, 잠재기, 성기기 등 5단계로 구분지어 설명했다. 다시 말해서 구순기oral stage에는 리비도가 엄마 젖꼭지에 집중되는 시기이며, 항문기anal stage에는 대변 가리기에, 그리고 남근기phallic stage에는 남근의 존재 여부에 주된 관심이 기울어진다는 것으로 각 단계마다 적절한 욕구 충족이 이루어지지 못할 경우 신경증을 유발하기 쉬우며, 인격 형성에도 큰 영향을 준다고 주장한 것이다. 그러나 오늘날에 와서는 이런 이론이 전적으로 받아들여지지는 않고 있다.

정신신체의학psychosomatic medicine: 정신과 신체기능 사이에는 긴밀한 관련이 있다고 보는 의학의 한 분야로 심리적 원인에 의해 발병하는 신체질환의 이해와 치료에 많은 업적을 낳았다. 예를 들어 과민성 대장증후군이나 스트레스로 인한 위궤양, 고혈압, 심장질환, 비만, 심인성 천식 등 다양한 질병 치료에 정신치료적 접근이 활용된다.

정체성 혼란identity confusion: 미국의 정신분석가 에릭 에릭슨이 소개한 개념으로 청소년기에 마주치고 해결해야 할 가장 중요한 심리적 과제로 설명했다. 자기 자신의 정체가 과연 무엇인지 혼란을 일으키며 정신적 방황을 겪는 시기가 청소년기라는 점에서 이런 개념을 소개한 것이다. 하지만 남성다움과 여성다움을 발휘하는데 매우 중요한 성별 구분의 차원에서 정체성의 혼란을 느끼는 경우도 있다.

죽음의 5단계the five stages of grief: 미국의 정신과의사 퀴블러-로스가 말한 것으로 임종환자가 겪는 심리적 단계를 부정, 분노, 협상, 우울, 수용 등 5단계로 설명했다. 일종의 애도반응과 유사한 현상인데, 처음에는 자신의 죽음을 부정하고 정서적 둔감상태를 보이다가 그다음에는 자신만이 죽어야 한다는 사실에 화를 내며 기적을 바라고, 3단계로 적절한 타협을 모색하며 불안과 고립감에서 벗어나려시도한다. 그 후 4단계에서는 더 이상 죽음을 피할 수 없다는 절망감에 빠져 무기력해지면서 모든 것을 단념하는 우울상태를 보이다가 최종적으로는 죽음을 받아들이며 화해하는 모습을 보이게 된다.

중립성neutrality: 환자에 대한 정신분석가의 기본자세를 말하며, 환자의 그 어떤 말과 행동에도 엄정 중립을 지켜야함을 요구한다.

도덕적 판단이나 비난과 동조, 또는 옳고 그름 등의 시비를 떠나 치료자의 개인적 감정을 배제한 매우 객관적인 접근을 말한다. 따라서 정신분석가는 자신의 사적인 면을 환자에게 드러내지 않는 것이 원칙이다.

참 자기true self**와 거짓 자기**false self: 영국의 정신분석가 위니캇이 사용한 용어다. 참 자기란 자신이 생생하게 살아있다는 느낌을 통해 창조적인 활동을 추진해 나갈 수 있는 상태를 말하는데, 유아기 시절에 충분한 애정을 세공하는 어머니와의 관계를 통해서 얻어지는 매우 긍정적인 자기 인식상태를 말한다. 반면에 거짓 자기란 일종의 자기 방어로 진정한 애정을 공급하지 못하고 단지 기계적으로 아기를 돌보는 어머니의 거짓된 사랑을 진정한 사랑이라고 믿으며 그것에 순응해 살려는 거짓된 자기 인식을 뜻한다.

출생 외상birth trauma: 오스트리아의 정신분석가 오토 랑크가 주장한 이론으로 프로이트가 주장한 아동기의 오이디푸스 콤플렉스 시기를 훨씬 거슬러 올라가 출생 시 받는 심리적 외상경험이 모든 노이로제의 원인이 된다고 보았다. 그러나 프로이트는 그의 출생 외상 이론을 받아들이지 않았다.

쾌락원리pleasure principle: 무의식의 특징 가운데 하나로 현실 판단에 치중하는 의식에 비해 무의식은 원초적인 쾌락을 만족시키려는 쪽으로 항상 움직인다는 점에서 붙여진 용어다. 이처럼 쾌락지향적인 무의식적 성향이 충족되지 못할 때 고통이나 불쾌감에 빠지며 그런 긴장에서 벗어나기 위해 여러 다양한 방어기제가 동원되기 마련이다.

통찰insight: 원인을 알 수 없는 갈등이나 정신적 고통의 근원을 정신분석가의 반복적인 해석을 통해 이해하게 되었을 때 얻게 되는 깨달음으로 일종의 자기이해self knowledge라 할 수 있다. 통찰에는 지적 통찰과 감정적 통찰이 있는데, 정신분석에서는 감정적 통찰에 이르러야 진정한 통찰에 도달한 것으로 간주한다. 이러한 통찰을 목적으로 치료하는 정신치료를 통찰지향적 정신치료insight-oriented psychotherapy라고 부른다.

퇴행regression: 예기치 못한 위기나 곤경에 처했을 때 자신을 스스로 방어하기 위해 심리적으로 마치 어린 아이처럼 행동하는 경우를 말하는데, 더 이상 앞으로 나아가지 못하고 어린 시절로 되돌아가기 때문에 퇴행이라고 부른다. 가장 전형적인 경우는 정신병 환자에서 볼 수 있으나 정상인에서도 흔히 나타나는 방어기제로 예를 들어 술에 취해 어린애처럼 굴거나 연인끼리 사랑을 나눌 때도 퇴행적인 모습을 보이기 쉽다.

투사projection: 가장 원시적인 방어기제에 속하는 것으로 의식에서 받아들이기 어려운 고통스러운 내용을 사실이 아니라고 부정하고 외부의 탓으로 돌려 마음의 평안을 얻고자 하는 기제다. '물에 빠진 장님이 개천 나무란다' '똥 묻은 개가 겨 묻은 개 흉본다'는 속담 등은 투사의 좋은 예라 할 수 있다. '잘 되면 내 탓, 못되면 조상 탓' 하는 것도 투사에 해당된다.

해석interpretation**과 공감**empathy: 해석은 정신분석 기법에서 가장 중요하게 사용되는 도구로 환자의 갈등이 어디에서 비롯된 것인지 역동적 차원에서 이해한 내용을 정신분석가가 설명해 주는 것을 말한다. 이런 해석을 통해 환자는 자신의 모순된 문제점의 기원을 깨닫고 비로소 갈등에서 자유로워진다. 그러나 해석만으로는 충분치 않은 경우가 많기 때문에 오늘날에 와서는 정신분석가가 환자의 입장에 서서 공감적 이해를 할 필요가 있다는 주장도 만만치 않다. 물론 정신분석에서는 공감이라는 용어보다는 감정이입이라는 용어를 더욱 선호한다. 공감은 타인의 느낌이나 생각, 그리고 그 의미 등에 대해 마치 자신의 경험처럼 받아들이는 현상을 말하며, 타인의 상황에 몰입함으로써 타인의 입장을 자신의 일처럼 이해하게 되는 과정을 말하는데, 그러기 위해서는 안정적이고 성숙하며 관용적인 태도가 요구된다. 의심이 많거나 냉담한 성격의 소유자들은 이런 능력이 결여되어 있기 쉽다.

히스테리hysteria: 감정적으로 몹시 풍부하고 쾌활한 모습을 보여 겉으로 보기에는 상당히 매력적이긴 하나 진지한 사고능력의 빈곤을 보이는 여성들의 성격을 말하는 것으로 타인의 시선을 끌기 위해 매우 극적이며 과장된 행동이나 제스처를 보이기 때문에 정신의

학에서는 연극성 인격으로 부르기도 한다. 정서적으로 매우 불안정하며 변덕이 심하기 때문에 지속적인 애정관계의 유지에 어려움을 보이기도 한다.

참고문헌

강영수(1999). 뒤집어서 읽는 유태인 오천년사. 서울: 청년정신.

박재선(1999). 세계사의 주역 유태인. 서울: 모아드림.

서달석(1989). 유태인의 세계지배전략. 서울: 보이스사.

이병욱(2001). 융과 욥. 정신분석, 12(1), 69-83.

이병욱(2005). 유태인작가들의 정체성 위기. 정신분석, 16(1), 93-110.

이병욱(2006). 정신분석, 과학인가 문학인가. 신경정신의학, 45(6), 493-504.

이병욱(2007). 프로이트 일가의 가족역동. 정신분석, 18(1), 14-27.

이병욱(2008). 프로이트는 이렇게 비유했다. 정신분석, 19(2), 161-172.

이병욱(2009). 꿈과 예언. 정신분석, 20(1), 3-12.

이병욱(2009). 예수와 프로이트의 심리적 통찰. **정신분석, 20**(1), 31-44.

이병욱(2012). **프로이트, 인생에 답하다.** 서울: 소울메이트.

이병욱(2014). **프로이트와 함께하는 세계문학일주.** 서울: 학지사.

이병욱(2016). 작명과 개명에 대한 분석적 소고. **정신분석, 27**(4), 123-132.

이병윤(1990). **정신의학사전.** 서울: 일조각.

이진우(2012). **5000년 유태인의 지혜 탈무드.** 서울: 다인미디어.

이향국(2010). **탈무드: 유태인의 사고에서 배우는 참다운 삶의 지혜.** 서울: 휴버트.

이희영(2005). **탈무드 황금률.** 서울: 동서문화사.

임유진(2012). **탈무드 유머.** 서울: 미래문화사.

최성대(2000). **에덴의 축복으로부터 바벨탑까지(창세기강해).** 서울: 베다니출판사.

최창모(2004). **기억과 편견: 반유대주의의 뿌리를 찾아서.** 서울: 책세상.

Alford CF(1999). *Think No Evil: Korean Values in the Age of Globalization.* Ithaca: Cornell University Press.

Arlow JA(1951). The consecration of the prophet. *Psychoanalytic Quarterly, 20,* 374-397.

Atkinson D(1991). *The Message of Job.* Leicester, UK: InterVarsity Press.

Becker E(1985). *Esacape from Evil.* New York: Free Press.

Berne E(1961). *Transactional Analysis in Psychotherapy.* New York: Grove Press.

Blanton S(1971). *Diary of my analysis with Sigmund Freud.* New York: Hawthorn Books.

Buber M(1983). *Eclipse of God.* New York: Harper & Row Publishers.

Cohen A, Neusner J(1995). *Everyman's Talmud: The Major Teachings of the Rabbinic Sages.* New York: Schocken Books.

Dalby A(2003). *Language in Danger.* New York: Columbia University Press.

Dimont MI(1994). *Jews, God, and History.* New York: Mentor Books.

Erikson EH(1956). The problem of ego identity. *Journal of American Psychoanalytic Associations,* 4, 56-121.

Evans D(1996). *An Introductory Dictionary of Lacanian Psychoanalysis.* London: Routledge.

Ferenczi S(1968). *Thalassa: A Theory of Genitality.* New York: W.W. Norton & Co.

Fine R(1979). *A History of Psychoanalysis.* New York: Columbia University Press.

Freud S(1900). The Interpretation of Dreams. *Standard Edition* 4 & 5. London: Hogarth Press.

Freud S(1901). The Psychopathology of Everyday Life. *Standard Edition 6,* 1-290. London: Hogarth Press.

Freud S(1910). A special type of object choice made by men. *Standard Edition 11,* 163-175. London: Hogarth Press.

Freud S(1913). Totem and Taboo. *Standard Edition 13,* 1-161. London: Hogarth Press.

Freud S(1914). Remembering, Repeating and Working-Through. *Standard*

Edition 12, 145-156. London: Hogarth Press.

Freud S(1915). Observation on transference-love. *Standard Edition 12*, 158-171. London: Hogarth Press.

Freud S(1917). Introductory Lectures on Psycho-Analysis. *Standard Edition 16*, 339-357. London: Hogarth Press.

Freud S(1923). The Ego and the Id. *Standard Edition 19*, 1-59. London: Hogarth Press.

Freud S(1927). The Future of an Illusion. *Standard Edition 21*, 1-56. London: Hogarth Press.

Freud S(1933). New Introductory Lectures on Psychoanalysis. *Standard Edition 22*, 1-182. London: Hogarth Press.

Freud S(1938). A Comment on Anti-Semitism. *Standard Edition. 23*, 287-294. London: Hogarth Press.

Freud S(1939). Moses and Monotheism. *Standard Edition. 23*, 1-138. London: Hogarth Press.

Fromm E(1966). *You Shall Be As Gods: A Radical Interpretation of the Old Testament and Its Tradition*. New York: Henry Holt.

Fromm E(1967). *Psychoanalysis and Religion*. New Haven: Yale University Press.

Fromm E(1973). *The Anatomy of Human Destructiveness*. New York: Norton.

Gay P(1987). *A Godless Jew: Freud, Atheism, and the Making of Psychoanalysis*. New Haven: Yale University Press.

Hartmann H(1939). *Ego Psychology and the Problem of Adaption.* New York: International University Press.

Jaspers K(1963). *General Psychopathology.* Manchester: Manchester University Press.

Jung CG(1934). The State of Psychotherapy Today. *Collected Works 10,* 157-173. Princeton, NJ: Princeton University Press.

Jung CG(1963). *Memories, Dreams, Reflections.* New York: Pantheon Books.

Jung CG(1969). Psychology and Religion: West and East. *Collected Works 11,* 471-608. Princeton, NJ: Princeton University Press.

Katz M, Schwartz G(1997). *Swimming in the Sea of Talmud: Lessons for Everyday Living.* Philadelphia, PA: Jewish Publication Society. 주원규 역(2018). **원전에 가장 가까운 탈무드.** 서울: 바다출판사.

Kaufmann W(1992). *Freud, Adler, and Jung* (Discovering the Mind, Volume 3). New Brunswick: Transaction Publisher.

Kernberg O(1995). *Love Relations: Normality and Pathology.* New Haven: Yale University Press.

Kirzner Y(2002). *Making Sense of Suffering: A Jewish Approach.* New York: Mesorah Publications.

Koestler A(1968). *The Ghost in the Machine.* New York: Macmillan.

Kübler-Ross E(1969). *On Death and Dying.* New York: Macmillan.

Kushner HS(1981). *When Bad Things Happen to Good People.* New York: Schocken Books.

Laplanche J, Pontalis JB(1967). *Vocabulaire de la Psychanalyse*. Paris: Presses Univ de France. 임진수 역(2005). **정신분석 사전**. 서울: 열린책들.

Linn D(1997). *Hidden Power of Dreams*. New York: Ballantine Books.

Maslow AH(1943). A Theory of Human Motivation. *Psychological Review* *50*(4), 370-396.

Meissner WW(1984). *Psychoanalysis and Religious Experience*. New Haven: Yale University Press.

Moore BE, Fine BD(1990). *Psychoanalytic Terms and Concepts*. New Haven: Yale University Press.

Morgan GC(1909). *The Analyzed Bible: the Book of Job*. London: Hodder & Stoughton.

Ostow M, Scharfstein BA(1954). *The Need to Believe: The Psychology of Religion*. New York: International University Press.

Peck MS(1983). *People of the Lie: The Hope for Healing Human Evil*. New York: Touchstone.

Raphael SP(1996). *Jewish Views of the Afterlife*. New York: Jason Aronson.

Reik T(1948). *Listening with the Third Ear: The inner experience of a psychoanalyst*. New York: Grove Press.

Rizzuto AM(1979). *The Birth of the Living God*. Chicago: University of Chicago Press.

Rizzuto AM(1998). *Why Did Freud Reject God?: A Psychodynamic Interpretation*. New Haven: Yale University Press.

Rizzuto AM(2004). Roman Catholic Background And Psychoanalysis. *Psychoanalytic Psychology 21*, 436-441.

Sandel MJ(2009). *Justice: What's the Right Thing to Do?* New York: Farrar, Straus and Giroux.

Sandler J(1960). The background of safety. *International Journal of Psychoanalysis 41*, 352-356.

Sanford JA(1989). *Dreams: God's Forgotten Language.* New York: Harper Collins Publishers.

Sire JW(1980). *Scripture Twisting.* Downers Grove, IL: InterVarsity Press.

Smith DL(2004). *Why We Lie: The Evolutionary Roots of Deception and the Unconscious Mind.* New York: St. Martin's Press.

Sontag S(1966). *Against Interpretation.* New York: Farrar, Straus & Giroux.

Steinsaltz A(1984). *The Essential Talmud.* New York: Basic Books.

Taylor R(1999). *Good and Evil.* New York: Prometheus Books.

Telushkin J(1991). *Jewish Literacy.* New York: William Morrow & Co.

Telushkin J(1996). *Words That Hurt, Words That Heal: How to Choose Words Wisely and Well.* New York: William Morrow & Co.

Vincent JD(1996). *La Chair et la Diable.* Paris: Odile Jacob.

Waelder R(1960). *Basic Theory of Psychoanalysis.* New York: International University Press.

Westheimer R K, Mark J(1996). *Heavenly Sex: Sexuality in the Jewish Tradition.* New York: Continuum Pub Group.

Winnicott DW(1953). Transitional objects and transitional phenomena-A study of the first not-me possession. *International Journal of Psycho-analysis 34*, 89-97.

Winnicott DW(1965). *The Maturational Processes and the Facilitating Environment: Studies in the Theory of Emotional Development.* London: Hogarth Press.

저자 소개

이병욱(Lee, Byung-Wook)

서울 출생으로 고려대학교 의과대학을 졸업하고 동 대학에서 박사학위를 받았다. 한림대학교 정신건강의학과 교수로 재직하면서 정신치료와 정신분석에 주된 관심을 기울여 121편의 논문을 발표하였으며, 대한신경정신의학회 학술부장, 한국정신분석학회 간행위원장과 회장을 역임하고, 제1회 한국정신분석학회 학술상을 받았다. 현재는 개인적으로 인간심리 연구 및 저술 활동에 전념하고 있다.

⟨저서⟩
자화상을 통해 본 화가의 심리세계(학지사, 2019)
어머니는 살아있다(학지사, 2018)
아버지는 살아있다(학지사, 2018)
자살의 역사(학지사, 2017)
영원한 맞수와 적수들의 세계(학지사, 2017)
카우치에 누운 시인들의 삶과 노래(학지사, 2015)
위대한 환자들의 정신병리(학지사, 2015)
프로이트와 함께하는 세계문학일주(학지사, 2014)
세상을 놀라게 한 의사들의 발자취(학지사, 2014)
정신분석으로 본 한국인과 한국문화(소울메이트, 2013)
프로이트, 인생에 답하다(소울메이트, 2012)
마음의 상처, 영화로 힐링하기(소울메이트, 2012)
정신분석을 통해 본 욕망과 환상의 세계(학지사, 2012)

프로이트와 함께 읽는 탈무드
Talmud Reading with Freud

2020년 4월 25일 1판 1쇄 발행
2024년 1월 25일 1판 2쇄 발행

지은이 • 이 병 욱
펴낸이 • 김 진 환
펴낸곳 • (주)**학지사**

　　　　　04031 서울특별시 마포구 양화로 15길 20 마인드월드빌딩 5층

대표전화 • 02) 330-5114　　　팩스 • 02) 324-2345

등록번호 • 제313-2006-000265호

홈페이지 • http://www.hakjisa.co.kr
인스타그램 • https://www.instagram.com/hakjisabook

ISBN 978-89-997-2099-4 03180

정가 15,000원

출판미디어기업 **학지사**

간호보건의학출판 **학지사메디컬** www.hakjisamd.co.kr
심리검사연구소 **인싸이트** www.inpsyt.co.kr
학술논문서비스 **뉴논문** www.newnonmun.com
원격교육연수원 **카운피아** www.counpia.com